国家科学技术学术著作出版基金资助出版

舰船结构爆炸毁伤分析数值仿真与试验

吴卫国　孔祥韶　著

科学出版社

北　京

内 容 简 介

本书阐述舰船结构爆炸毁伤分析的数值仿真与试验方法，主要内容包括舰船抗爆防护结构形式和特点、爆炸与冲击问题分析中普遍采用的数值仿真方法、舰船舱室中的冲击波载荷的特性及其计算方法、弹体对舰船结构穿甲过程的数值仿真和理论分析模型、战斗部爆炸破片形成过程的数值仿真、战斗部内爆（冲击波和破片耦合）载荷对舰船多层防护结构毁伤的模型试验及其数值计算，以及考虑畸变因素的爆炸载荷作用下结构缩比模型试验相似规律分析等内容。

本书适合船舶与海洋工程、武器与弹药工程等相关领域科技人员参考使用，也可作为高校相关专业的研究生教材。

图书在版编目（CIP）数据

舰船结构爆炸毁伤分析数值仿真与试验/吴卫国，孔祥韶著．—北京：科学出版社，2019.11

ISBN 978-7-03-062846-6

Ⅰ.①舰…　Ⅱ.①吴…②孔…　Ⅲ.①军用船-船体结构-爆炸-冲击试验　Ⅳ.①U674.7

中国版本图书馆 CIP 数据核字（2019）第 240160 号

责任编辑：魏英杰 / 责任校对：王萌萌
责任印制：赵　博 / 封面设计：铭轩堂

科学出版社 出版
北京东黄城根北街 16 号
邮政编码：100717
http://www.sciencep.com
北京天宇星印刷厂印刷
科学出版社发行　各地新华书店经销
*
2019 年 11 月第　一　版　开本：720×1000　1/16
2025 年　1 月第四次印刷　印张：17 1/2
字数：351 000

定价：120.00 元

（如有印装质量问题，我社负责调换）

前　　言

2000多年前，古罗马哲学家西塞罗说："谁控制了海洋，谁就控制了世界"。面对日益复杂的国际形势，只有建立强大的人民海军，建立我国的海上长城，才能为"中国梦"的实现保驾护航。近年来随着我国海军现代化进程的加快，海军装备得到长足的发展。在信息化战争条件下，反舰导弹由于其隐蔽性好、命中精度高、战斗部破坏威力大、攻击距离长而成为非对称战争和超视距打击的主要武器，对舰船生命力造成极大的威胁。日益增强的攻击威胁对舰船的抗爆防护提出更高的要求。开展舰船抗爆防护研究，建立准确的舰船结构爆炸毁伤分析数值仿真试验方法，对我国装备发展具有重大的现实意义和战略价值。

由于舰船结构的特殊性，战斗部在其内部爆炸产生的冲击波和高速破片群的毁伤效应更加严重。冲击波和破片群对舰船结构的耦合损伤机理的探究，以及两者耦合效应的合理描述，是对舰船毁伤评估和抗爆设计提出的迫切需求。对于爆炸冲击载荷下舰船结构响应这类瞬态的、包含几何大变形和材料发生塑性损伤，乃至断裂破坏的强非线性问题，非线性有限元存在数值容易不稳定、材料的动态力学行为难以准确描述、多舱室结构破坏使冲击波与结构的耦合面捕捉困难等不足，使基于非线性有限元分析船体结构爆炸响应的方法很难突破瓶颈而被广泛使用。相对实船爆炸试验来说，缩比模型试验具有试验成本低，便于深入研究结构损伤机理的特点。然而，由于材料的动态力学行为与应变率的相关性和试验条件的限制，爆炸载荷下结构响应试验的原型和模型之间不满足完全相似的条件，存在由应变率效应和几何畸变导致的动态响应相似畸变问题等困难。

本书以舰船对反舰导弹被动抗爆防护的视角，从战斗部爆炸载荷和舰船结构特点两个方面破题立意，采用数值仿真和试验相结合的方法展开分析和论述。首先，对水面舰船面临的武器威胁、舰船的抗爆防护结构，以及爆炸与冲击问题的数值模拟方法进行必要的介绍，继而结合舱室中的爆炸特征提出舱内冲击波载荷的数值计算方法。为方便工程应用，给出舱室内爆冲击波压力简化计算方法。针对反舰导弹对舰船的穿甲过程，总结弹体对钢板侵彻过程的数值计算方法，介绍穿甲过程简化分析模型的建立和剩余速度公式的推导过程，并通过数值计算呈现反舰导弹以不同姿态对实际舰船舷侧板架穿甲的规律。对于穿入舰船舱室内的战斗部，主要分析战斗部爆炸的冲击波和破片载荷，以及两者的耦合效应，给出破片速度和等效裸装药的简化计算公式，介绍战斗部壳体破片空间、质量分布和速度特性计算的数值方法。在此基础上，介绍冲击波和破片耦合作用下舰船结构响应的模型试验和数值计算方法，提出冲击波和破片对舰船结构的耦合毁伤模式。最后，从实船缩比试验研究的需求出发，探讨舰船结构爆炸响应缩比试验模型的设计方法，针对模型设计过程中存在的相似畸变问题，介绍结构在爆炸载荷作用下响应的相似规律。

本书是团队研究的成果、集体智慧的结晶。中国船舶重工集团公司第七〇一研究所段宏研究员、海军工程大学朱锡教授参与了本书的讨论，给出了许多宝贵的建议，在此对他们表示由衷的谢意。

本书的研究工作得到了国防基础科研项目、海军装备预研项目、型号科研项目、国家自然科学基金等多个科研项目的资助，在此表示诚挚的谢意。感谢国家科学技术学术著作出版基金给予本书的资助。

限于作者水平，书中不妥之处在所难免，恳请广大读者和专家批评指正。

作　者

目　　录

第 1 章　绪　　论

1.1　水面舰船面临的反舰导弹威胁

随着反舰导弹技术的快速发展，其隐蔽性、命中精度和战斗部装药得到大幅提高，舰艇面临着越来越严酷的爆炸威胁。战斗部爆炸瞬间产生的冲击波和高速破片群会对舰艇的船体结构、舰载设备和人员造成不同程度的损伤，甚至致使舰艇沉没。1967 年 10 月 21 日，以色列驱逐舰“埃拉特”号被埃及导弹艇发射的“冥河”导弹击沉。这一战，以色列损失了这艘 1710 吨的驱逐舰，47 名水兵阵亡，91 人受伤，其中 9 人严重烧伤。埃及海军出动的两艘 75 吨的导弹艇无一伤亡。这次战斗震惊了全世界，从来没有哪一次战斗能使大型舰艇在对抗中还没还手就被如此彻底摧毁。传统的海军大国重新审视自己的海军舰队时，忽然发现面对装备导弹艇的敌人，竟然没有任何对抗手段。这些花费巨大财力、历经数十年建造完善的大舰巨炮都成了摆设。教训最深刻的以色列人，在 1969 年将所有的老式驱逐舰全部淘汰，而历来轻视反舰导弹的西方国家也纷纷开始加快反舰导弹的研制。这一海战史上导弹艇击沉驱逐舰的战例，同时让人们认识到反舰导弹对水面舰船的巨大威胁。1982 年 5 月 4 日，阿根廷“超级军旗”战斗机只用一枚法国制造的“飞鱼”导弹就击沉了英国“谢菲尔德”号驱逐舰，使人们进一步认识到反舰导弹对水面舰艇的破坏力，如图 1-1 所示[1]。

图 1-1　舰船被“飞鱼”导弹命中后的毁伤效果

反舰导弹的攻击过程和特点是，先掠海飞行接近攻击目标，以避开舰船雷达搜索。然后，末端以接近水平姿态撞击舰船舷侧，依靠自身动能穿透舷侧外板，同时触发延时引信。最后,进入舰体内部爆炸,产生强烈的冲击波和高速破片群对舰体内部结构造成破坏。反舰导弹攻击舰船的命中部位在高度上大体有两类,一类在上层建筑或上甲板,另一类在舷侧。舷侧攻击易造成舱室大量进水,致使舰船沉没,因此是大型水面舰船主要防护的位置。半穿甲爆破型反舰导弹凭借自身的动能,穿破舰船舷侧外板,钻入舰体内部,战斗部在舰体内爆炸。爆炸产生的爆轰产物能摧毁爆炸点附近的舰体结构、设备和人员,形成的强大的冲击波对穿甲破孔起到扩孔作用,进而造成舱室大量进水[2]。战斗部的壳体较厚,其质量约占整个战斗部的65%左右,这部分金属在爆炸后形成大量的破片。某些反舰导弹在爆炸时还可产生自锻破片,而舰船在冲击波作用下也易形成破片,这些高速破片会继续打击邻近舱室,造成更严重的破坏。图1-2是美国"鱼叉"Block Ⅱ反舰导弹攻击某集装箱船的过程,掠海飞行接近目标—穿破舷侧外板进入舱内—触发延迟引信,引爆战斗部。

(a) (b) (c)

图1-2 "鱼叉"Block Ⅱ反舰导弹攻击某集装箱船过程

与炸弹、鱼雷等传统的反舰武器相比,反舰导弹具有射程远、命中率高和威力大等优点[3]。其战斗部大体可分为爆破型战斗部、聚能破甲爆破型战斗部和半穿甲爆破型战斗部。由于装药爆炸能量的利用率高,半穿甲爆破型战斗部是目前常用的反舰导弹战斗部,如法国的"飞鱼"、挪威的"企鹅"、美国的"鱼叉"等。在舱内爆炸的半穿甲战斗部,采用延时引信(如延时14ms),使战斗部进入舰体内3～4m后爆炸,这样就可以充分地利用弹药的能量。同样的战斗部装药,采用半穿甲战斗部对目标的破坏效能可提高三倍。一枚反舰导弹(装药量150～200kg TNT)的战斗部足以使典型目标(驱逐舰、护卫舰)失去战斗力。据美国海军的"鱼叉"反舰导弹实弹打靶试验的结果,采用半穿甲战斗部的导弹击中靶舰美国退役护航驱逐舰"Gunason"号(标准排水量1400t,满载排水量2100t)后,破坏的甲板长达9m,打穿的船壳板被破坏到水线以下,整舰几乎沉没[4]。

据统计,20世纪60年代以来,国内外多艘舰船在实战或打靶试验中被反舰导弹损毁。根据对命中位置的统计,约有70%命中船舯或上层建筑。被反舰导弹命中的舰船均受到严重毁伤,甚至沉没。分析反舰导弹毁伤舰船的原因主要有如下几条[5]。

① 在爆炸冲击波与准静态压力等作用下，舷侧出现大破口，舱内大量进水，最终导致舰船沉没。

② 爆炸破片毁伤舰船重要设备，导致战斗力丧失。

③ 后续火灾造成舱内火势蔓延，导致战斗力丧失，甚至由于温度升高而降低钢材承载能力，影响整体强度。

1.2　反舰导弹类型及其对舰船的爆炸载荷

1.2.1　反舰导弹的类型

海战史上首次导弹快艇击沉军舰的战例显示了导弹快艇具有小艇打大舰的作战效能。在其后的局部战争中，导弹快艇得到广泛运用，战果显赫，为越来越多的国家所重视。现在不仅中、小国家和发展中国家拥有导弹快艇，一些海军强国也在大力发展导弹快艇，同时也加快了研制新型反舰导弹的步伐[3]。

现役的普通装药反舰导弹战斗部主要有两种类型，即聚能爆破型(外爆式)、半穿甲爆破型(内爆式)。这两种类型的反舰导弹战斗部的性能如表1-1所示。目前，反舰导弹普遍采用半穿甲爆破型战斗部，在毁伤效应和炸药利用率方面都具有优势。

表1-1　反舰导弹战斗部性能表

类型	作用特点	毁伤效应	炸药利用率	典型导弹
聚能爆破型	触发引信起爆主装药后，爆炸波挤压药型罩，形成金属射流(10 000m/s)，破坏厚重装甲；冲击波和随机破片破坏舰船设备	一般	偏低	“冥河”(苏联)
半穿甲爆破型	侵彻舰体内部，触发延时引信，引爆主装药；冲击波和随机破片摧毁舱内结构和设备	很好	较高	“飞鱼”(法国) “鱼叉”(美国) “鸬鹚”(德国)

反舰导弹至今已发展到第四代。目前，反舰导弹正朝着两条主线发展：亚音速和超音速。欧美等国主要以改进原有型号为主，研究开发超音速反舰导弹为辅。他们一方面着重改进“鱼叉”、“飞鱼”、“鸬鹚”、“迦伯列”和“海鹰”等反舰导弹，提高这些亚音速反舰导弹的性能，增强其杀伤能力，使这些导弹在21世纪仍可服役；另一方面制定超音速反舰导弹研究发展计划。俄罗斯是反舰导弹大国，很早就研究和发展超音速反舰导弹，并装备“日炙”、“宝石”、“阿尔法”、“反冲”、“氪”等[6]反舰导弹。

1.2.2　反舰导弹的爆炸载荷

半穿甲内爆式反舰导弹进入防护结构舱内爆炸，舱壁与爆炸点的距离不等，因此受到的爆炸载荷也不同。对于距离爆炸点较近的结构，爆炸产物直接作用在其表面，接近爆炸载荷。对于距离爆炸点较远的结构，爆炸产物不能直接到达，而是由其膨胀引起的冲击波对结构产生压力（这里指压强，根据领域和行业习惯本书压力均指压强）载荷。无论对于哪种载荷，爆炸现象都是由炸药的爆轰开始的。当炸药中的爆轰波传播到炸药-空气交界面后，就开始了在空气介质中的传播[7-10]。

前人对自由大气中爆炸冲击波的传播所做的研究得到了比较可靠的关于超压和比冲量等冲击波参数的经验公式。但战斗部进入舱内爆炸产生的冲击波在舱内经过多次反射，其流场具有比在自由大气中或外部爆炸情况下更复杂的性质，因此只能采用数值方法求解。现有的爆炸流体动力学程序在处理冲击波强间断时大多采用人工黏性技术。这种方法虽然有一定的优势，但也存在计算误差，因此其对舰船舱内爆炸冲击波载荷计算的适用性需要进一步验证。

1. 战斗部爆炸冲击波和破片载荷

半穿甲内爆式反舰导弹在船体内部舱室爆炸，对船体结构的破坏主要是战斗部的爆炸冲击波和破片群。对于离爆炸点较近的结构，冲击波和破片群的耦合作用将产生更大的毁伤效果。对于战斗部爆炸载荷，关心的问题包括以下三个方面[11]。

① 破片速度。破片群是极具穿透力的高动能点群载荷。破片的速度和质量决定其穿透船体板的能力。

② 破片的空间分布和质量分布。破片群的空间分布在一定程度上影响对结构的破坏，尤其是在接近爆炸的情况下。破片的质量分布是战斗部自然破片统计的一个重要特性。确定某个质量范围内破片的个数，是破片群打击能力划分的重要依据。

③ 冲击波效应。战斗部爆炸后，内部装药的能量主要转变为破片的动能和冲击波。冲击波效应是由战斗部的等效裸装药产生的，即战斗部用于产生冲击波的药量。等效裸装药的准确计算是战斗部冲击波效应评估的重要依据。

用于计算战斗部破片和冲击波（等效裸装药）的经验公式和分析方法在实际应用时存在一定的局限，主要包括以下方面。

① 计算破片速度的公式和分析模型主要针对二维问题，没有考虑类似于圆柱形战斗部端部封盖的影响。从试验现象来看，圆柱形战斗部的破片分布及速度在其高度方向存在明显的差异。

② 由于涉及爆轰产物的膨胀、与壳体之间的流固耦合、壳体塑性大变形和破

裂,采用数值方法计算战斗部的破碎过程还存在一定的困难。

2. 冲击波和破片耦合效应

冲击波和破片是常规弹药爆炸对舰船结构产生的主要破坏效应因素,是舰船抗爆防护结构设计必须考虑的。破片与冲击波对舰船结构的复合破坏效应,与两者单独作用产生的破坏效应存在显著差别。

破片和冲击波的耦合效应不是两者载荷的简单叠加,会对结构产生更严重的破坏,尤其是在近场爆炸的情况下。当反舰武器战斗部在舰船舱内爆炸时,这一问题变得更加复杂。首先,需要对战斗部的破片特性进行评估,包括破片的空间分布和质量分布,以此确定舱室板架结构被打击的范围和板架上的破片穿孔密度。其次,战斗部的冲击波效应也需要量化,也就是要得到等效裸装药量。至此,结构响应计算的第一步工作,即结构的输入载荷才能被确定。这是结构响应计算的必要因素之一。

1.3 舰船抗爆防护结构

1.3.1 航空母舰防护结构的发展

航空母舰是迄今最大的水面舰船。在航空母舰不断发展的过程中,也包含着防护结构的不断更新。美国是较早拥有航空母舰的国家,至今已有90多年设计建造航空母舰的历史,从早期的改装航空母舰发展到“约克郡”级现代航空母舰,到“埃塞克斯”级、“中途岛”级、“福莱斯特”级和“小鹰”级等常规动力航空母舰。美国航空母舰从“企业”级开始进入核动力航空母舰时代,到20世纪60年代美国开始“尼米兹”级航空母舰的建造。下面以美国航空母舰发展为例,对复合多层防护系统的发展过程进行简要概述[6,12]。

“兰利”号(Langley CV-1)航空母舰是美国海军的第一艘航空母舰,由5500吨的海军运煤船“木星”号改装而来,于1924开始服役。

“列克星敦”(Lexington)级航空母舰共有两艘,分别是“列克星敦”号(Lexington CV-2)和“萨拉托加”号(Saratoga CV-3)(图1-3)。“列克星敦”战列巡洋舰于1921年1月8日开工建造。一年后,由于受《华盛顿条约》限制,该舰停工。1922年7月1日,美国海军利用其舰体开始转建标准排水量3.6万吨的航空母舰,并于1925年10月3日下水。图1-4是“萨拉托加”号航空母舰横剖面示意图,水下舷侧仍保留凸起防护外板,向内设有四层隔舱,水线附近设置倾斜式外板和防护装甲(图中尺寸为厚度,余同)。

图 1-3 “萨拉托加”号航空母舰

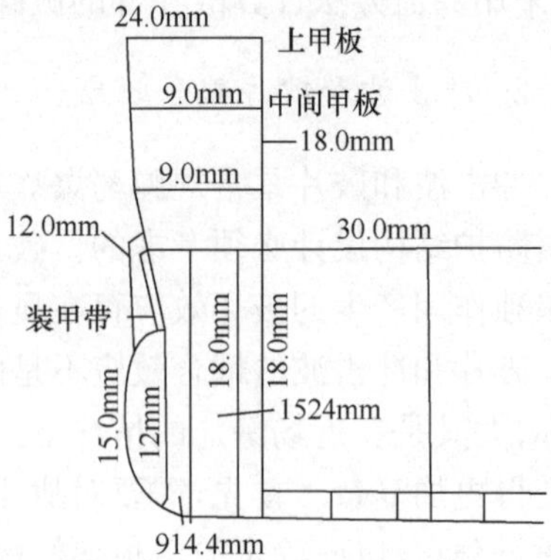

图 1-4 “萨拉托加”号航空母舰横剖面示意图

“突击者”号(Ranger CV-4)是美国第一艘从一开始就作为航空母舰设计的舰船。相比日本和英国的“凤翔”号和“竞技神”号,“突击者”号整整晚了 12 年,但比上述两者更合理,其整体布局显得更加完善。“突击者”号的航速可以达到 29.5 节(1 节=1.852 千米/小时),比同期美国战列舰的航速快。

“约克郡”(Yorktown)级是美国首批现代航空母舰,共有 3 艘,分别是“约克郡”号(USS Yorktown CV-5)(图 1-5)、“企业”号(Enterprise CV-6)和改进型“大黄蜂”号(Hornet CV-8)。与“突击者”号航空母舰相比,加强了水下防护。从图 1-6 可知,“约克郡”级航空母舰去掉了外凸式舷侧,改用直立式,在增大排水量的同时,为防护舱室的布置带来方便,水线舷侧设有 3 层防护隔舱。1942 年,“约克郡”号在海战中沉没,“大黄蜂”号也在随后战沉,可见“约克郡”级的防护性能并不理想。

图 1-5 “约克郡”号航空母舰

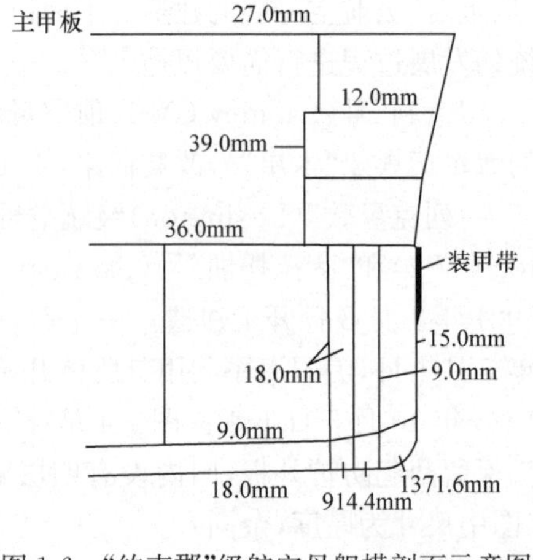

图 1-6 “约克郡”级航空母舰横剖面示意图

"埃塞克斯"(Essex)级航空母舰参照"约克郡"级航空母舰,并吸取先前各级航空母舰的优点,是"约克郡"级的扩大改进型,共建造24艘。"埃塞克斯"级航空母舰的水下、水平防护和对空火力都有所加强,水下舷侧设置4层隔舱,较"约克郡"级多了1层(图1-7)。

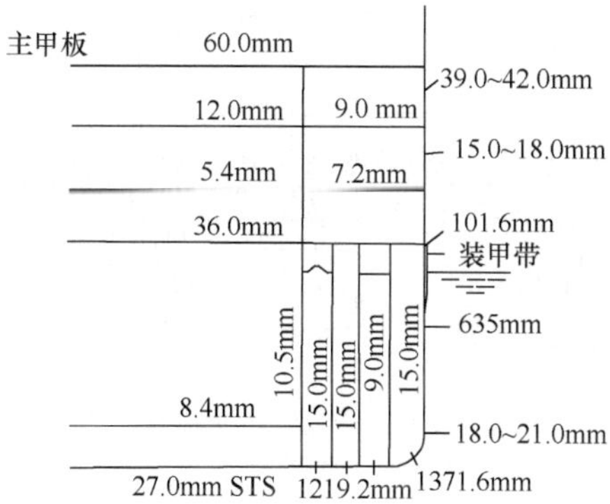

图1-7　"埃塞克斯"级航空母舰横剖面示意图

"中途岛"(Midway)级航空母舰根据英国航空母舰的作战经验和太平洋战争初期美国航空母舰受损的情况(主要遭受航空炸弹和自杀飞机的攻击)加强了飞行甲板防护。"中途岛"号航空母舰如图1-8所示。由于"埃塞克斯"级航空母舰水下舷侧防护能力得到了充分肯定,"中途岛"级仍沿用4层防护舱室(图1-9)。

图1-8　"中途岛"号航空母舰

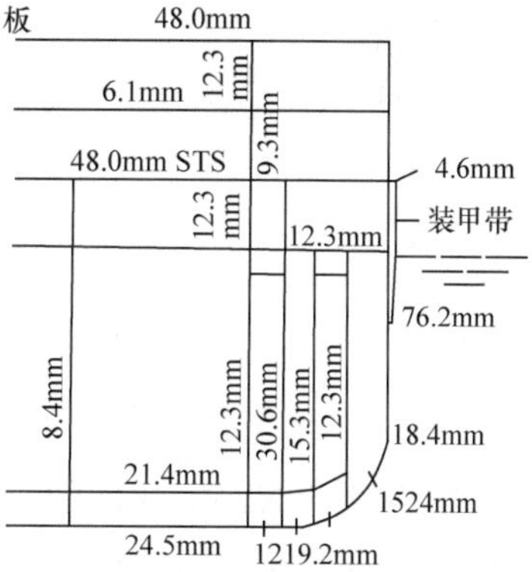

图1-9　"中途岛"级航空母舰横剖面示意图

"福莱斯特"(Forrestal)级航空母舰被称为"超级航空母舰"。在服役过程中仍发现了一些不足,当建造第5艘时对其进行了大幅度改进,此后又连续建造了3艘,称为"小鹰"级。美国海军的最后一艘常规动力航空母舰是"肯尼迪"号(CV-67),它是"小鹰"级的第4艘,但由于变化稍大一些,因此国外将其单列为一级——“肯尼迪”级。“福莱斯特”级水下舷侧防护(图 1-10)仍沿用“中途岛”级 4 层防护舱室设置，而“小鹰”级水下舷侧防护(图 1-11)相对“中途岛”级进行了加强，设置了 5 层防护舱室，且水下纵舱壁设置倾斜式，船底设置双层防护舱。

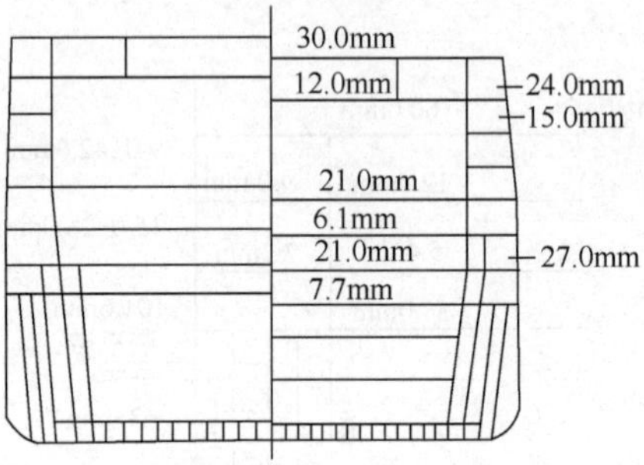

图 1-10　“福莱斯特”级航空母舰横剖面示意图

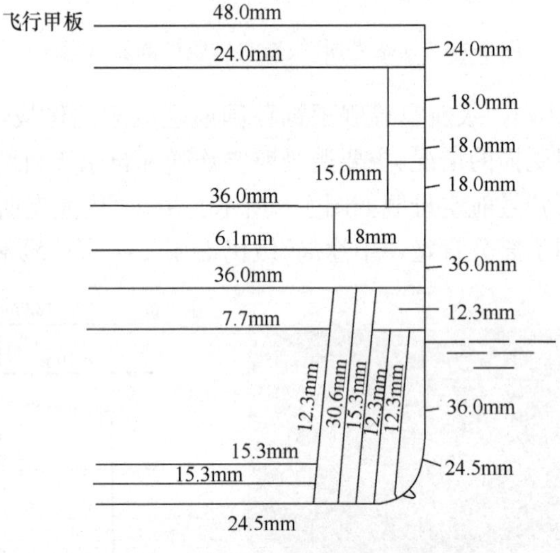

图 1-11　“小鹰”级航空母舰横剖面示意图

“尼米兹”(Nimitz)级航空母舰是当代航空母舰家族中最具代表性的一类。从 1968 年至今共建造 10 艘。“尼米兹”级航空母舰的生存力极强，舰体除设有若干道纵向隔舱，还有 23 道水密横隔壁和 10 道防火隔壁。舰体和甲板采用高弹性钢，可以抵御穿甲弹的攻击，舰舷采用复合多层防护结构，防护隔舱多达 6 层。“尼米兹”级后续舰的多层防护结构一直延伸到机库甲板，两舷水线附近还装有 63.5mm 厚的“凯芙拉”装甲，剖面示意图如图 1-12 所示。后续舰的舷侧复合多层防护系统不但对水线以下舷侧部分进行有利防护，对水线以上反舰导弹易攻击的位置也进行了防护。

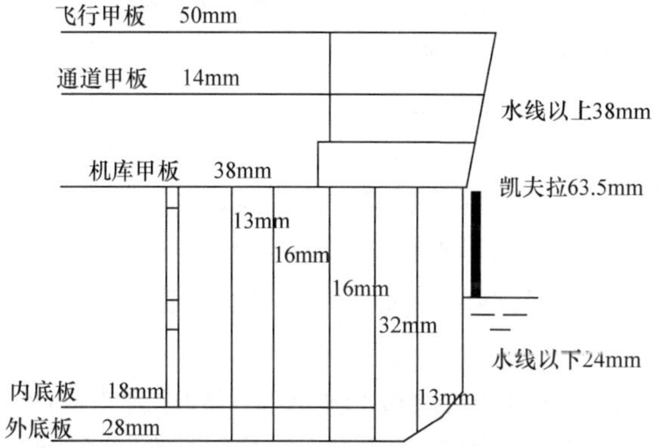

图 1-12 “尼米兹”级航空母舰横剖面示意图

“福特”(Ford)级是继“尼米兹”级之后，美国海军未来型航空母舰。“福特”号(Ford CVN-78)是首舰，2017 年 7 月 22 日正式进入美国海军服役。

在美国航空母舰更新换代期间，舰体的防护结构形式也在不断地变化升级。第二次世界大战期间，打击航空母舰的主要武器有航空炸弹、鱼雷和自杀式飞机。航空炸弹和自杀式飞机主要打击飞行甲板，所以从“埃塞克斯”到“中途岛”级航空母舰不断加强对空防护；鱼雷主要打击水下舰体舷侧，所以航空母舰从最初的三层隔舱发展到五层隔舱，通过多次海战考验，证实了多层舱室的有效防护能力。20 世纪 60 年代后，反舰导弹迅猛发展，并且逐渐成为打击航空母舰等大型水面舰船最有力的武器。它的攻击位置在水线附近的舷侧，因此设计者将“尼米兹”级后续舰的舷侧多层防护结构延伸至机库甲板，还在水线附近以上的舷侧装备有 63.5mm 厚的“凯芙拉”装甲。这样，增大防护范围的舷侧多层防护结构不但可以防护水下的鱼雷，而且可以防护掠海飞行的反舰导弹。美国现役的“尼米兹”级航空母舰的舷侧多层防护结构给我们的启示是，复合多层防护结构抵御反舰导弹的攻击是合理有效的。

1.3.2 驱逐舰对反舰导弹的防护结构

航空母舰的抗爆防护结构以装甲和防护隔舱为主，通过提高装甲的厚度和防护隔舱的尺寸来提高抗爆能力。与航空母舰等大型水面舰艇不同，驱逐舰总尺度与吨位都不允许设置大量的防护装甲结构，抗反舰导弹爆炸防护能力较弱。

由于军事上的重要应用价值，舰艇抗反舰导弹爆炸防护技术一直以来都是国内外研究的热点问题。国外通过多年的探索和应用技术研究，提出箱型梁、抗爆炸舱壁、双层壳等防护结构，并用于水面舰艇。

德国海军于 1987 年开始设计的 F123 舰(5600t，143m 长)，其强力甲板下设有 3 道连续的纵向箱型梁，约占全舰总长的 80%，并设有 6 道防火防爆水密双层横舱壁。箱型梁的作用是当反舰导弹将强力甲板炸毁后，替代强力甲板维持整船总纵强度。双层横舱壁的作用是限制来袭反舰导弹爆炸冲击波和破片的破坏范围，使破损后浸水和火灾范围控制在两道横舱壁之间。经过这种设计的 F123 舰成为当时唯一能抵抗 150kg TNT 当量武器攻击而不丧失生命力的护卫舰。通过在船体设置若干根强度很高的箱型梁，当舰船被命中时，即使甲板或舷侧外板受到较大范围的破坏，仍然可以通过箱型梁来维持船体的总纵强度。箱型梁是一种提高剩余强度的结构，并不是用来保护弹库、油舱等重要舱室的，因此往往还需要与其他防护结构共同使用。

抗爆炸双层舱壁和舱门结构通过利用膜板结构原理提高防气浪冲击与抗破片打击能力，即在固定边缘允许变形的条件下，板的荷载上升至其屈服强度的过程中，舱壁的抵抗力随着变形的大小相应增加。该技术已在德国 F124 型护卫舰和荷兰 LCF 护卫舰上应用。英国的 45 型驱逐舰也采用类似的双层舱壁和防爆、气密、水密门。该防护结构起效的前提是固定边界结构必须能够允许大变形。基于通道隔离的防护结构在主甲板中部和左右舷设置专门的通道结构，一方面是作为行走通道，更重要的是作为一种隔离外部爆炸的防护结构，防止来自舷外爆炸的导弹破片或来自直接命中船体的炮弹等较小型战斗部对内部舱室的损坏。法国已在“拉斐特”级护卫舰上成功应用该技术。日本“金刚”级新型驱逐舰也在作战情报中心等舱室两侧设置宽敞的通道，构成双层结构，以提高其抗爆防护能力。

双层壳体技术在民船特别是油船中应用广泛，在大型军舰中也经常能够发现其身影，因其占用较大舱容以往采用的较少，近年来随着设计理念的转变，相关应用逐渐增多。法国“拉斐特”级护卫舰的露天甲板至水线间设计有双层壳板。美军 DDG1000 型驱逐舰也采用双层底、双舷侧等结构提高舰船抗爆能力。双层壳的主要思想是牺牲外壳以保护内壳，其具体的形式根据防护目标和对象而改变。

1.3.3 关键问题

虽然国外在大型水面舰船舷侧防护结构方面已经有了较成熟的设计思想，但这些设计思想大多是针对传统的反舰武器，而且都是建立在细致的机理研究之上的。如果仅仅按照公开的设计图纸生搬硬套，则无法根据现代反舰武器的特点和威胁有针对性地进行抗爆防护设计，无法保证所设计舰船的整体效能。掌握爆炸载荷下防护结构响应的准确计算和分析方法是研究防护机理、评估防护效能和优化设计舰船防护结构的关键。本质上来说，战斗部爆炸载荷下舰船防护结构响应的过程包含三个基础问题，即战斗部载荷、冲击载荷下材料的动态特性，以及结构在战斗部爆炸载荷下的响应。这三个方面的基础问题又包含以下几个关键问题。

1. 舱内爆炸冲击波载荷及其与结构的相互作用

半穿甲内爆式反舰导弹穿透舷侧外板进入船体内部后，其战斗部的高能装药爆炸将产生强烈的爆炸冲击波，对防护结构造成损伤。要准确预测这种损伤的程度，首先必须准确计算作用在防护结构上的冲击波载荷。战斗部进入舱内爆炸产生的冲击波具有比外部爆炸更复杂的性质，在舱内发生多次反射和会聚且持续时间更长。此外，在舱内爆炸冲击波的作用下，舰船结构会产生变形，甚至破损。结构的变形和破损又会对爆炸冲击波流场产生反作用，影响冲击波的传播。对于复杂的舱内冲击波流场和防护结构，最有效的解决方法是采用流固耦合的数值分析方法。在掌握舱室结构的响应对爆炸冲击波流场影响规律的基础上，就可以有针对性地设计防护结构，使冲击波能够按照有利于防护重要部位的原则传播。因此，如何对舱内爆炸冲击波载荷和结构响应进行准确的数值计算是需要解决的一个关键问题。

2. 战斗部爆炸冲击波和破片载荷的准确评估

半穿甲内爆式反舰导弹战斗部进入船体内部爆炸，由于距离较近，产生的爆炸冲击波和破片效应几乎同时作用于船体结构，因此在考虑舰船结构的毁伤效应时，不得不考虑这两种破坏效应的耦合作用。战斗部爆炸过程是一个高度非线性的问题，包括金属壳体发生大应变率的膨胀和碎裂、形成破片的特性(空间分布、质量分布和速度特性)，而这个过程很难用理论公式或简化模型去分析。此外，在准确计算战斗部壳体能量的基础上才能确定产生爆炸冲击波效应的等效裸装药量。战斗部爆炸载荷是防护结构响应计算的输入载荷，直接影响舰船结构响应计算结果的合理性和可靠性。

3. 战斗部爆炸载荷下舰船结构响应的试验与数值计算方法

缩比模型试验是研究规律和机理的有效手段。对于战斗部在复合多层防护结构内爆炸及结构响应这些高度非线性的瞬态过程，模型试验过程存在很多困难和挑战，包括战斗部的形式、装药量和壳体厚度的选择，试验模型的合理设计和精细加工，试验测试仪器设备的确定和传感器量程的选择等。试验方法是评估船体结构在反舰导弹打击下破坏情况的有效手段。

随着数值计算程序的逐渐完善和相关硬件设备的更新换代，通过数值方法计算结构在爆炸载荷下的响应已成为有效的辅助手段。舰船结构在受到反舰武器战斗部爆炸或接近爆炸的载荷时，结构响应以塑性变形和局部破坏最为常见。但舰船舱室板架结构的边界条件和形式相对比较复杂，很难用经典理论或近似计算公式评估其变形或破坏。数值计算是解决这一问题的有效途径。对舰船结构在爆炸、冲击等载荷作用下塑性变形和破损进行数值模拟时，最重要的问题是建立一个能真实反映材料动态力学性能的本构方程。除了材料的变形和塑性流动行为，失效是工程应用中材料动态特性最重要的特征之一。材料失效是一种具有复杂物理力学机制的现象。金属材料的动态失效过程严重依赖应变率、应力三轴度和加载历史。获得能准确描述材料动态力学行为的本构关系和断裂准则是开展爆炸载荷下舰船结构响应问题研究的基础。建立准确评估战斗部爆炸载荷下结构响应的数值计算方法是研究防护机理、评估防护效能和优化设计防护结构的关键。

4. 爆炸载荷作用下结构缩比模型设计方法

相对于实船爆炸试验来说，缩比模型试验具有试验成本低，便于深入研究结构损伤机理的特点。正是由于缩比模型试验具有这样的优点，在相关的研究工作中被广泛的采用。常用的船用钢（如低碳钢、铝合金等）材料具有良好的韧性，因此在压力加工过程中，可以经历塑性大变形而不发生断裂。当这些材料制成的结构在受到撞击、爆炸等短时强动载荷的作用时，结构将发生快速的塑性大变形，其最终的变形形状将大大不同于构件的初始构形。构件的变形历史和最终形状不但与构件的几何构形、尺寸和支撑条件相关，还与材料的弹塑性性质及其对应变率的依赖性有关。此外，还依赖动载荷的时间和空间分布。由于材料的动态力学行为与应变率的相关性，在缩比结构模型试验中，模型和原型的动态屈服强度是与应变率和缩比系数密切相关的，因此该类问题的结构缩比模型试验有两个问题需要考虑，即缩比模型试验设计依据的相似准则是什么？在完全相似不成立的情况下，能否找到一个合理的方法利用模型试验结果预报实际结构的动态响应？

此外，舰船结构的基本组成构件是加筋板。加筋板属于薄壁结构，即板厚的尺寸远小于长度和宽度的几何尺寸。在实际的缩比模型试验中，常常遇到这样的问题，即试验方案确定的缩比系数对于长度和宽度来说都是很容易满足的，但板厚尺寸因受限于板材规格或模型加工工艺而无法准确满足缩比系数，即发生几何畸变。在静力试验中，通常将板厚作为独立量纲来推导相似准则，即通过设计加工相似畸变模型来克服限制条件，这在实践过程中已被广泛验证和应用。然而，对于爆炸载荷下的结构响应来说，由于载荷的局部效应和响应的惯性效应等特性的存在，不能像静力试验那样仅仅使结构的整体截面特性满足相似关系，需要以基本构件作为研究对象。如何处理由于几何（板厚）尺寸不满足相似缩比关系而导致的相似畸变，探索该类问题的相似畸变规律和准则是爆炸载荷下舰船结构缩比试验模型设计需要解决的难题。

如上所述，半穿甲内爆式反舰导弹战斗部对舰船的打击是一个比较复杂的过程，包含爆炸冲击波和高速破片群等一系列破坏效应。本书主要侧重于以上几个关键问题的论述。

第 2 章　爆炸与冲击问题的数值仿真方法

2.1　爆炸与冲击问题的数值模拟方法介绍

在反舰导弹对舰船的毁伤与结构响应过程中，涉及大量的爆炸与冲击等非线性瞬态动力学问题。为精确描述其作用机理，研究人员必须深入了解各种物理过程，采用合理的技术途径来研究这些复杂的相互作用问题。数值仿真便是重要的方法之一。下面对本书采用数值方法的理论基础和原理做统一的介绍，后续章节不再复述。

爆炸与冲击问题的实质是多物质流体弹塑性动力学问题，按所采用的坐标主要分为拉格朗日方法和欧拉方法。拉格朗日坐标固结在物质上，随物质一起运动或变形，处理自由面和物质界面显然是直观的、自然的，同时由于一个网格或单元始终对应一块物质团，因此能较准确地描述不同部分材料的不同应力历程，允许对不同部分的材料采用不同的本构关系。而且，由于其方程中无对流项，形式相对简单，因此容易建立高精度的稳定格式，得到较精细的流动图案。但是，当物质发生大变形时，拉格朗日网格将发生扭曲，甚至相邻网格彼此相交或重叠，导致无法计算。欧拉坐标是固定的空间坐标系，欧拉网格是不变形的，物质通过网格边界进行交换，物质的大变形不直接影响计算时间步长。因此，欧拉方法能处理大变形问题。但是，采用空间坐标系难以跟踪物质的变形，在计算过程中存在混合网格问题，不能精确处理物质界面。

欧拉方法和拉格朗日方法在处理不同问题时各有优缺点，计算中常常结合两者的优点，因此当今的趋势是研制兼具欧拉方法和拉格朗日方法特点的计算机程序，如任意拉格朗日-欧拉（arbitrary Lagrangian-Eulerian，ALE）、相容拉格朗日-欧拉（coupled Lagrangian-Eulerian，CLE）等方法。

目前，运用拉格朗日方法的流体动力学程序引入许多新的算法，同时吸收了欧拉方法的一些思想，得到了很大的发展。相比之下，运用欧拉方法的程序发展较为落后。因为欧拉方法在处理两种以上的混合网格时输运比较困难，严重限制了其应用。但应该意识到，尽管拉格朗日方法引入一些算法，在一定程度上解决了网格畸变等问题，但仍不可能像欧拉方法那样自然地反映大变形。此外，由于一些高精度的界面跟踪方法和输运量计算方法的引入，欧拉方法的应用已经有了很大的发展。

欧拉方法中的完全多物质问题是数值模拟的一大难点。多物质有两种含义，一种指计算域中物质种类数目为三种或三种以上，另一种指网格内物质种类数目为三种或三种以上。我们称完全实现这两种含义的算法为完全多物质算法。当系统含有多种物质的时候，会使物质界面逐渐模糊，在界面两侧形成一个混合介质的过渡区，出现同一个网格中包含两种或两种以上物质的情况，即混合网格。这样，程序中物质界面处理方法的优劣就显得至关重要。如果处理不好，会产生下列问题，即对分界面产生严重失实的描述；在分界面上，容易产生非物理性的物质扩散；在分界面物质网格上，容易产生数值振荡，严重时常常导致计算的终止。因此，如何确定物质界面的位置，如何计算混合网格的力学量，以及如何计算混合网格通过边界的输运量，一直是欧拉方法面临的问题。准确地跟踪物质之间的界面是计算各种物质输运量的基础。它通常将弹塑性问题包括在内，即在含有两种介质(爆轰产物、空气)的爆炸场中加入具有弹塑性性质的第三种，甚至第四种物质，其本质是气固耦合问题的数值模拟。由于气体运动的更加不确定性，造成它比流固耦合问题更加困难。通常的多物质欧拉方法基本上指的是两种物质，但是对于比较真实的不同物质之间的相互作用过程而言，往往遇到的是三种或三种以上物质同时存在。若用两种物质来简化过程，有时比较勉强，因此研究完全多物质欧拉方法对于许多物理过程的模拟都有重要的现实意义。尤其是，对于武器弹药的设计、研制，以及威力评价意义重大。

除了上述两种传统的数值模拟方法，近年来，无网格方法逐渐兴起，成为计算力学领域的研究热点。由于无网格方法既可以像拉格朗日方法一样跟踪材料变形历史，又不涉及网格畸变问题，因此受到广泛的重视。

2.2 欧拉型计算方法

欧拉方法网格是不变形的，物质通过网格边界流进流出，物质的大变形不直接影响时间步长的计算，因此特别适合处理爆炸、高速冲击等大变形问题。

2.2.1 控制方程组

1. 守恒方程

二维不定常流动除了依赖时间变量 t，还依赖两个空间变量 r 和 z。假定在二维笛卡儿坐标系($\alpha=0$)或轴对称柱坐标系($\alpha=1$)下，不考虑外力、外源和热传导，守恒形式的欧拉流体弹塑性动力学偏微分方程组如下。

质量守恒方程，即

$$\frac{\partial \rho}{\partial t}+\frac{\partial}{\partial z}(\rho v_z)+\frac{1}{r^\alpha}\frac{\partial}{\partial r}(r^\alpha \rho v_r)=0 \tag{2-1}$$

动量守恒方程，即

$$\frac{\partial(\rho v_z)}{\partial t}+\frac{\partial(\rho v_z^2)}{\partial z}+\frac{\partial(r^\alpha \rho v_z v_r)}{r^\alpha \partial r}=-\frac{\partial p}{\partial z}+\frac{\partial S_{zz}}{\partial z}+\frac{\partial(r^\alpha S_{rz})}{r^\alpha \partial r} \tag{2-2}$$

$$\frac{\partial(\rho v_r)}{\partial t}+\frac{\partial(\rho v_r v_z)}{\partial z}+\frac{\partial(r^\alpha \rho v_r^2)}{r^\alpha \partial r}=-\frac{\partial p}{\partial r}+\frac{\partial S_{rz}}{\partial z}+\frac{\partial(r^\alpha S_{rr})}{r^\alpha \partial r}+\alpha\frac{(S_{rr}+S_{zz})}{r} \tag{2-3}$$

能量守恒方程，即

$$\frac{\partial(\rho E)}{\partial t}+\frac{\partial(\rho E v_z)}{\partial z}+\frac{\partial(r^\alpha \rho E v_r)}{r^\alpha \partial r}$$
$$=-\frac{\partial(p v_z)}{\partial z}+\frac{\partial(S_{zz} v_z)}{\partial z}+\frac{\partial(S_{rz} v_r)}{\partial z}-\frac{\partial(r^\alpha p v_r)}{r^\alpha \partial r}+\frac{\partial(r^\alpha S_{rr} v_r)}{r^\alpha \partial r}+\frac{\partial(r^\alpha S_{rz} v_z)}{r^\alpha \partial r} \tag{2-4}$$

把质量守恒方程代入动量守恒方程和能量守恒方程，并考虑总能量和比内能之间的关系，可得到如下非守恒形式的动力学偏微分方程组。

质量守恒方程，即

$$\frac{\partial \rho}{\partial t}+v_z\frac{\partial \rho}{\partial z}+v_r\frac{\partial \rho}{\partial r}+\rho\left(\frac{\partial v_z}{\partial z}+\frac{\partial r^\alpha v_r}{r^\alpha \partial r}\right)=0 \tag{2-5}$$

动量守恒方程，即

$$\rho\left(\frac{\partial v_z}{\partial t}+v_z\frac{\partial v_z}{\partial z}+v_r\frac{\partial v_z}{\partial r}\right)=-\frac{\partial p}{\partial z}+\frac{\partial S_{zz}}{\partial z}+\frac{\partial(r^\alpha S_{rz})}{r^\alpha \partial r} \tag{2-6}$$

$$\rho\left(\frac{\partial v_r}{\partial t}+v_z\frac{\partial v_r}{\partial z}+v_r\frac{\partial v_r}{\partial r}\right)=-\frac{\partial p}{\partial r}+\frac{\partial S_{rz}}{\partial z}+\frac{\partial(r^\alpha S_{rr})}{r^\alpha \partial r}+\alpha\frac{S_{rr}+S_{zz}}{r} \tag{2-7}$$

能量守恒方程，即

$$\rho\left(\frac{\partial e}{\partial t}+v_z\frac{\partial e}{\partial z}+v_r\frac{\partial e}{\partial r}\right)=-p\left[\frac{\partial(r^\alpha v_r)}{r^\alpha \partial r}+\frac{\partial v_z}{\partial z}\right]+S_{zz}\frac{\partial v_z}{\partial z}+S_{rr}\frac{\partial v_r}{\partial r}$$
$$+S_{rz}\left(\frac{\partial v_z}{\partial r}+\frac{\partial v_r}{\partial z}\right)-\alpha\frac{v_r(S_{rr}+S_{zz})}{r} \tag{2-8}$$

其中，p 为压力；ρ 为密度；e 为比内能；E 为内能；r 和 z 分别为径向坐标和轴向坐标；v_r 和 v_z 分别为 r 向和 z 向速度分量；S_{rr}、S_{zz} 和 S_{rz} 为偏应力分量。

2. 应力分解

在一定的加载速率下，材料的响应可划分为体积变形部分和应力偏量部分。一般地，应力 σ_{ij} 可分为体积应力 p 和偏应力 S_{ij}，即

$$\sigma_{ij}=-p\delta_{ij}+S_{ij} \tag{2-9}$$

其中，右边第一项反映体积压缩和膨胀，从状态方程中得到 δ_{ij} 为 Kronecker 函数的值，当 $i\neq j$ 时，$\delta_{ij}=0$，当 $i=j$ 时，$\delta_{ij}=1$；第二项为应力偏量，反映畸变，应力偏量变化率从应变率计算得到。

下面分别介绍体积应力 p 和偏应力 S_{ij} 的具体计算方法。

3. 状态方程

流体力学方程组可能出现的热力学量主要包括密度 ρ、比内能 e、压力 p、温度 T、热力学熵 s 和焓 h 等。根据热力学理论，在热力学状态参量中只有两个热力学量是独立的。状态方程中的压力可以表示为密度和比内能的函数，即

$$p=p(\rho,e) \tag{2-10}$$

由式(2-10)确定的压力包括弹塑性分量，因此在确定静水压力时，必须扣除塑性压力分量，可采用如下方法处理，即

$$p=p\left(1-\frac{2}{3}Y_0/p_{\mathrm{lap}}\right) \tag{2-11}$$

其中，Y_0 为屈服强度；p_{lap} 为压力修正系数。

4. 应力应变关系

在弹性范围内，柱对称坐标系下分量形式的广义胡克定律可以表示为

$$\begin{cases}\dot{S}_{rr}=2G\left(\dot{\varepsilon}_{rr}-\frac{1}{3}D\right)+2R'S_{rz}\\ \dot{S}_{zz}=2G\left(\dot{\varepsilon}_{zz}-\frac{1}{3}D\right)+2R'S_{rz}\\ \dot{S}_{rz}=2G\dot{\varepsilon}_{rz}+R'(S_{zz}-S_{rr})\end{cases} \tag{2-12}$$

其中，变形几何关系为

$$\begin{aligned}\dot{\varepsilon}_{rr}&=\frac{\partial v_r}{\partial r}\\ \dot{\varepsilon}_{zz}&=\frac{\partial v_z}{\partial z}\\ \dot{\varepsilon}_{rz}&=\frac{1}{2}\left(\frac{\partial v_z}{\partial r}+\frac{\partial v_r}{\partial z}\right)\\ R'&=\frac{1}{2}\left(\frac{\partial v_r}{\partial z}-\frac{\partial v_z}{\partial r}\right)\\ D&=\frac{\partial(r^{\alpha}v_r)}{r^{\alpha}\partial r}+\frac{\partial v_z}{\partial z}\end{aligned} \tag{2-13}$$

式中，S_{rr}、S_{zz} 和 S_{rz} 为偏应力；$\dot{S}_{rr}$、$\dot{S}_{zz}$ 和 $\dot{S}_{rz}$ 为应力率；$\dot{\varepsilon}_{rr}$、$\dot{\varepsilon}_{zz}$ 和 $\dot{\varepsilon}_{rz}$ 为应变率；G 为剪切模量；r 和 z 分别为径向坐标和轴向坐标；v_r 和 v_z 分别为 r 向和 z 向速度分量；D 为体积应变。

5. 屈服准则

以上计算得到的偏应力 S_{ij} 仅仅是名义偏应力，实际偏应力需要进行屈服修正。因为爆炸与冲击问题均为高温、高压、高应变率条件下的动态问题，对于理想塑性状态的应力应变关系采用形式上统一的近似方程进行处理，即统一按弹性应力应变关系求出应力偏量，然后再对塑性情况进行修正。

对金属材料，一般采用 von Mises 屈服准则，即当应力偏量第二不变量 J_2 满足下式时，材料发生屈服，即

$$J_2=\frac{1}{2}S_{ij}S_{ij}=\frac{1}{3}Y_0^2 \tag{2-14}$$

当 $S_{ij}S_{ij}<\frac{2}{3}Y_0^2$ 时，材料处于弹性状态，应力应变关系满足广义胡克定律；当 $S_{ij}S_{ij}>\frac{2}{3}Y_0^2$ 时，材料进入塑性状态。

令偏应力修正系数为

$$\beta=\sqrt{\frac{1}{3}Y_0^2/(S_{rr}^2+S_{zz}^2+S_{rz}^2+S_{rr}S_{zz})} \tag{2-15}$$

则

$$S_{ij}=\begin{cases}S_{ij}, & \beta>1 \text{ 弹性变形}\\ \beta S_{ij}, & \beta\leqslant 1 \text{ 塑性变形}\end{cases} \tag{2-16}$$

屈服强度 Y_0 根据下面的热软化效应进行修正，即

$$Y_0=\begin{cases}Y_0(1-e/e_m), & e<e_m\\ 0, & e\geqslant e_m\end{cases} \tag{2-17}$$

其中，e 为比内能；e_m 为熔化比内能。

6. 材料的破坏

材料的破坏准则主要考虑瞬时破坏准则和累积损伤准则。累积损伤准则主要应用于描述混凝土材料的破坏。瞬时破坏准则以静水压力和材料密度的断裂临界值 p_s、ρ_s 为基础，即当 $p\leqslant p_s$，$\rho\leqslant\rho_s$ 时，网格中的材料瞬时发生破坏。材料破坏后，计算网格中的任何剪切应力和静水压力均置为零，$p=0$，$S_{ij}=0$，密度不低于 ρ_s。

7. 人工黏性

为了保证非线性强间断波计算的稳定性，采用人工黏性技术将间断面“光滑化”，即

$$
\begin{aligned}
q_r &= \rho(|\Delta u_r| - \Delta u_r)[a_n(|\Delta u_r| - \Delta u_r) + b_n c] \\
q_z &= \rho(|\Delta u_z| - \Delta u_z)[a_n(|\Delta u_z| - \Delta u_z) + b_n c]
\end{aligned}
\tag{2-18}
$$

其中，a_n 和 b_n 分别为二阶和一阶人工黏性系数；c 为与介质有关的常数。

8. 边界条件

在数值计算中，一般只能取有限的计算域来模拟具体物理问题，因此在计算域的四周和内部都可能存在边界。边界可以是对称轴、固壁、自由面或连续边界。为了处理计算域周围的边界，保持数值程序编码的统一性，在其上、下、左、右各增加一排虚网格，如图 2-1 所示。虚网格中的物理量根据相应的边界条件给出。

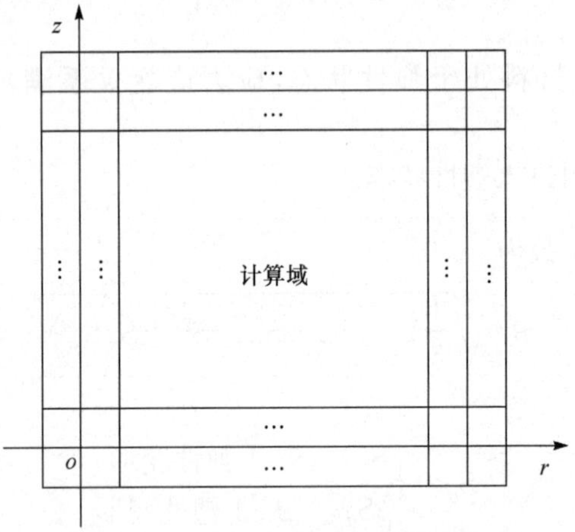

图 2-1　计算域与虚网格

(1) 连续性边界条件

采用连续性边界条件模拟无限边界，使计算域周围虚网格和边界网格之间实现质量、动量和能量的输运，而不反射应力波。设边界网格为 I 格，虚网格为 $I+1$ 格，则采用如下连续边界条件，即

$$
\begin{aligned}
& v_{zI+1} = v_{zI}, \quad v_{rI+1} = v_{rI}, \quad p_{I+1} = p_I \\
& S_{rrI+1} = S_{rrI}, \quad S_{zzI+1} = S_{zzI}, \quad S_{rzI+1} = S_{rzI} \\
& \rho_{I+1} = \rho_I
\end{aligned}
\tag{2-19}
$$

(2) 轴对称边界条件

在二维轴对称问题中，也是在边界网格外设置虚网格，通过对虚网格物理量的适当赋值，使计算能正确反映边界物质的运动。设 $\Omega_{0,j}$ 为对称轴边界外虚网格，是 $\Omega_{1,j}$ 对称轴边界网格，则采用下列轴对称边界条件，即

$$
\begin{aligned}
&v_{z0,j}=v_{z1,j}, \quad v_{r0,j}=v_{r1,j}, \quad p_{0,j}=p_{1,j} \\
&S_{rr0,j}=S_{rr1,j}, \quad S_{rz0,j}=-S_{rz1,j} \\
&S_{zz0,j}=-S_{zz1,j}
\end{aligned} \tag{2-20}
$$

(3) 自由面网格边界条件

有材料的网格至少与一个空网格相邻,这样的网格是自由面网格。自由面网格与空网格的公共格边就是自由面网格边界。计算时,采用下列规定来处理自由面网格边界,即 ρ、S_{rr}、S_{rz}、S_{zz} 均置零,速度按零阶插值置为自由面网格速度。

2.2.2 计算域的离散

若计算域为$\{(z,r)\in\Omega,t_m>0\}$,其中 Ω 为(z,r)平面上的有界域,那么在对偏微分方程组进行差分离散之前,首先应把连续的计算域划分成离散的网格。假定 Ω 是矩形区域($0\leqslant z\leqslant z_m,0\leqslant r\leqslant r_m$),则采用不等间距空间步长,用两族直线($z=i\Delta z_i,i=0,1,\cdots,I_m;r=j\Delta r_j,j=0,1,\cdots,J_m$)将 Ω 剖分成矩形网格(图 2-2 和图 2-3),四周再虚设一排网格,计算域中的网格共$(I_m+2)\times(J_m+2)$个。用 $\Omega_{i,j}$ 表示自左至右第 j 列,自下而上第 i 行的网格,其中心位于(z_i,r_j),则

$$
z_i=\sum_{k=1}^{i-1}\Delta z_k+\frac{1}{2}\Delta z_i, \quad r_j=\sum_{k=1}^{j-1}\Delta r_k+\frac{1}{2}\Delta r_j \tag{2-21}
$$

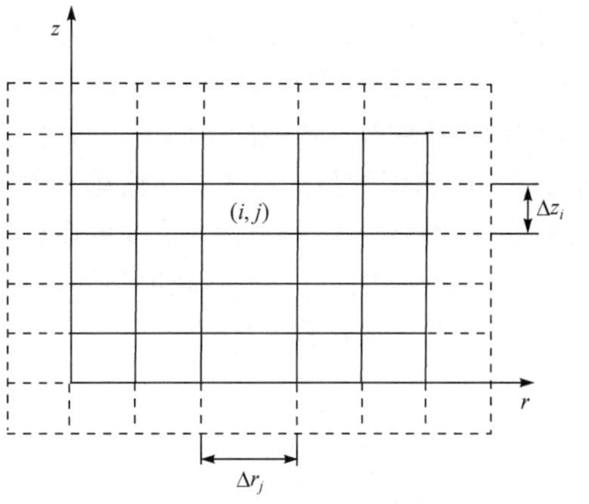

图 2-2　区域划分

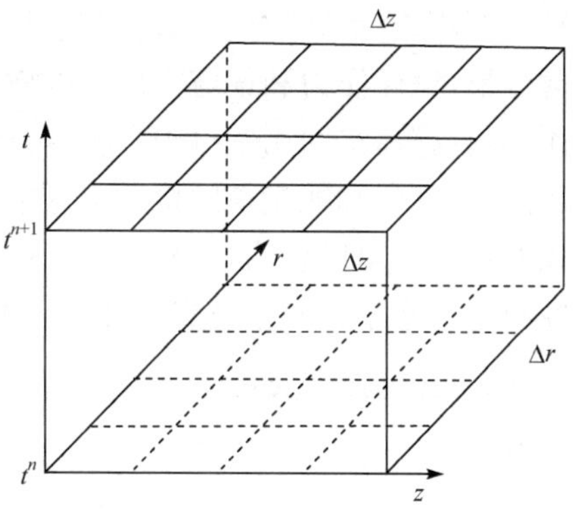

图 2-3　时空网格划分

上、下、左、右四条边界的位置为

$$
z_{i+\frac{1}{2}}=z_i+\frac{1}{2}\Delta z_i, \quad z_{i-\frac{1}{2}}=z_i-\frac{1}{2}\Delta z_i, \quad r_{j+\frac{1}{2}}=r_i+\frac{1}{2}\Delta r_i, \quad r_{j-\frac{1}{2}}=r_i-\frac{1}{2}\Delta r_i \tag{2-22}
$$

由此可求出,$\Omega_{i,j}$ 在平面坐标系或轴对称坐标系下的体积 V_j,上、右边界面积

$S_{i,j}^{z}$、$S_{i,j}^{r}$。对于 $\Omega_{i,j}$ 网格而言，其几何性质如下。

面积 $S_{i,j}^{z}$ 和 $S_{i,j}^{r}$ 为

$$S_{i,j}^{r}=(2j\Delta r)^{\alpha}\Delta z$$
$$S_{i,j}^{z}=\left[2\left(j-\frac{1}{2}\right)\Delta r\right]^{\alpha}\Delta r \tag{2-23}$$

体积 V_j 为

$$V_j=\left[2\left(j-\frac{1}{2}\right)\Delta r\right]^{\alpha}\Delta r\Delta z$$

此外，对时间间隔 $0<t<t_m$，插入 $N-1$ 个点 $0\leqslant t^0<t^1<\cdots<t^{N-1}<t^N=t_m$，则时间步长是 $\Delta t^n=t^{n+1}-t^n$。在具体计算过程中，时间步长 Δt^n 是根据第 n 步计算结果，考虑由 CFL(Courant-Friedrichs-Lewy)稳定性条件确定的，具体形式为

$$\Delta t^n\leqslant\alpha_0\min\left[\min\left(\frac{\Delta z_i}{|v_{zi,j}^n|+C}\right),\min\left(\frac{\Delta r_j}{|v_{ri,j}^n|+C}\right)\right] \tag{2-24}$$

所有的物理量，如压力、密度、比内能、速度、偏应力等均定义在网格中心，人工黏性定义在格边中点。

2.2.3 偏微分方程组的差分离散

从非守恒形式的偏微分方程组出发，计算采用算子分裂格式，每个时间步的计算分两步进行，即拉格朗日步和欧拉步(输运步)。在拉格朗日步中，网格随物质一起变形，考虑压力和偏应力的梯度效应，得到网格速度和比内能的中间值。对时间用向前差分，空间用一阶中心差分，得到的是一阶精度的显式格式。在输运步中，对质量、动量和能量在网格上重新分配，得到新的网格速度、网格内各介质的质量，以及内能。可以认为，是把第一步结束后变形的拉格朗日网格重新映射到固定的欧拉坐标系中。网格位置如图 2-4 所示。以下为具体的计算方法。

1. 应力偏量的计算

$$\overline{S}_{rr}^{n+1}=S_{rr}^{n}+2\Delta t\left[G\left(\dot{\varepsilon}_{rr}-\frac{1}{3}\frac{\dot{V}}{V}\right)+S_{rz}\omega\right]$$
$$\overline{S}_{zz}^{n+1}=S_{zz}^{n}+2\Delta t\left[G\left(\dot{\varepsilon}_{zz}-\frac{1}{3}\frac{\dot{V}}{V}\right)-S_{rz}\omega\right] \tag{2-25}$$
$$\overline{S}_{rz}^{n+1}=S_{rr}^{n}+\Delta t[2G\dot{\varepsilon}_{rr}-(S_{rr}-S_{zz})\omega]$$

由面积加权得到应力偏量计算公式为

$$S_{xx,ij}^{n+1}=\overline{S}_{xx,i+i'-1,j+j'-1}^{n+1}D_{r_-}D_{z_-}+\overline{S}_{xx,i+i'-1,j+j'}^{n+1}D_{r_+}D_{z_-}+\overline{S}_{xx,i+i',j+j'-1}^{n+1}D_{r_-}D_{z_+}+\overline{S}_{xx,i+i',j+j'}^{n+1}D_{r_+}D_{z_+} \tag{2-26}$$

其中，$D_r=-v_{rij}^n\Delta t$；$D_z=-v_{zij}^n\Delta t$；$\left[\dfrac{\Delta r+D_r}{\Delta r}\right]_{取整}=j'$；$\left[\dfrac{\Delta z+D_z}{\Delta z}\right]_{取整}=i'$；$\left[\dfrac{\Delta r+D_r}{\Delta r}\right]_{取小}=D_{r_+}$；$\left[\dfrac{\Delta z+D_z}{\Delta z}\right]_{取小}=D_{z_+}$；$D_{r_-}=1-D_{r_+}$；$D_{z_-}=1-D_{z_+}$。

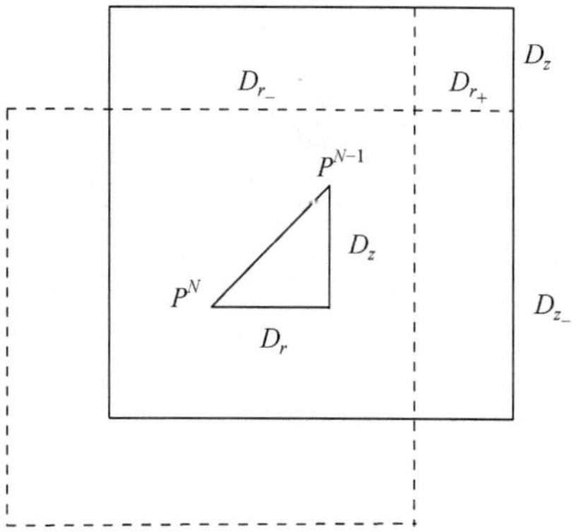

图 2-4　网格位置

2. 拉格朗日步

拉格朗日步又称应力效应步，只考虑压力和偏应力对拉格朗日物质团的作用。动量方程式(2-2)和式(2-3)的微分方程的解可用下列差分方程逼近，即

$$
\begin{aligned}
\bar{v}_{zi,j}^{n+1}=v_{zi,j}^n+\frac{\Delta t^n}{\rho_{i,j}^n}\Bigg[&-\frac{1}{\Delta z_i}\left(p_{i+\frac{1}{2},j}+q_{zi,j}-p_{i-\frac{1}{2},j}-q_{zi-1,j}\right)^n\\
&+\frac{1}{\Delta z_i}\left(S_{zzi+\frac{1}{2},j}-S_{zzi-\frac{1}{2},j}\right)^n+\frac{1}{r_j^\alpha\Delta r_j}\left(r_{j+\frac{1}{2}}^\alpha S_{rzi,j+\frac{1}{2}}-r_{j-\frac{1}{2}}^\alpha S_{rzi,j-\frac{1}{2}}\right)^n\Bigg]
\end{aligned}
\tag{2-27}
$$

$$
\begin{aligned}
\bar{v}_{ri,j}^{n+1}=v_{ri,j}^n+\frac{\Delta t^n}{\rho_{i,j}^n}\Bigg[&-\frac{1}{\Delta r_i}\left(p_{i,j+\frac{1}{2}}+q_{ri,j}-p_{i,j-\frac{1}{2}}-q_{ri,j-1}\right)^n\\
&+\frac{1}{r_j^\alpha\Delta r_j}\left(r_{j+\frac{1}{2}}^\alpha S_{rri,j+\frac{1}{2}}-r_{j-\frac{1}{2}}^\alpha S_{rri,j-\frac{1}{2}}\right)^n\\
&+\frac{1}{\Delta z_i}\left(S_{rzi+\frac{1}{2},j}-S_{rzi-\frac{1}{2},j}\right)^n+\alpha\,\frac{(S_{zz}+S_{rr})_{i,j}^n}{r_j}\Bigg]
\end{aligned}
\tag{2-28}
$$

格边量取格心量的算术平均值，如 $p_{i\pm1/2,j,k}=\dfrac{1}{2}(p_{i\pm1,j}+p_{i,j})$。

由能量守恒方程(2-8)可得如下内能增量，即

$$
\begin{aligned}
\Delta e_{i,j}&=\bar{e}_{i,j}^{n+1}-e_{i,j}^n\\
&=\frac{\Delta t^n}{\rho_{i,j}^n}\Bigg\{-\frac{1}{\Delta z_i}\left[\bar{v}_{zi+\frac{1}{2},j}(p_{i,j}+q_{zi,j})-\bar{v}_{zi-\frac{1}{2},j}(p_{i,j}+q_{zi-1,j})-\bar{v}_{zi,j}(q_{zi,j}-q_{zi-1,j})\right]
\end{aligned}
$$

$$
\begin{aligned}
&-\frac{1}{r_j^{\alpha}\Delta r_j}\left[r_{j+\frac{1}{2}}^{\alpha}\overline{v}_{ri,j+\frac{1}{2}}(p_{i,j}+q_{ri,j})-r_{j-\frac{1}{2}}^{\alpha}\overline{v}_{ri,j-\frac{1}{2}}(p_{i,j}+q_{ri,j-1})\right.\\
&\left.-\overline{v}_{zi,j}(q_{ri,j}+q_{ri,j-1})\right]\\
&+S_{zzi,j}\frac{1}{\Delta z_i}(\overline{v}_{zi+\frac{1}{2},j}-\overline{v}_{zi-\frac{1}{2},j})+S_{rri,j}\frac{1}{\Delta r_j}(\overline{v}_{ri,j+\frac{1}{2}}-\overline{v}_{ri,j-\frac{1}{2}})\\
&+S_{rzi,j}\left[\frac{1}{\Delta z_i}(\overline{v}_{ri+\frac{1}{2},j}-\overline{v}_{ri-\frac{1}{2},j})+\frac{1}{\Delta r_j}(\overline{v}_{zi,j+\frac{1}{2}}-\overline{v}_{zi,j-\frac{1}{2}})\right]-\alpha\frac{\overline{v}_{ri,j}}{r_j}(S_{zz}+S_{rr})_{i,j}\Bigg\}
\end{aligned}
\tag{2-29}
$$

其中

$$
\begin{aligned}
&\overline{v}_{ri,j}=\frac{1}{2}(\overline{v}_{ri,j}+v_{ri,j})\\
&\overline{v}_{zi,j}=\frac{1}{2}(\overline{v}_{zi,j}+v_{zi,j})\\
&\overline{v}_{zi\pm\frac{1}{2},j}=\frac{1}{2}(v_{zi\pm\frac{1}{2},j}+\overline{v}_{zi\pm\frac{1}{2},j})\\
&\overline{v}_{ri,j\pm\frac{1}{2}}=\frac{1}{2}(v_{ri,j\pm\frac{1}{2}}+\overline{v}_{ri,j\pm\frac{1}{2}})\\
&\overline{v}_{zi\pm\frac{1}{2},j}=\frac{\Delta z_i v_{zi\pm 1,j}+\Delta z_{i\pm 1}v_{zi,j}}{\Delta z_i+\Delta z_{i\pm 1}}\\
&\overline{v}_{ri,j\pm\frac{1}{2}}=\frac{\Delta r_i v_{ri,j\pm 1}+\Delta r_{j\pm 1}v_{ri,j}}{\Delta r_j+\Delta r_{j\pm 1}}
\end{aligned}
\tag{2-30}
$$

$\overline{v}_{zi+\frac{1}{2},j}$、$\overline{v}_{zi-\frac{1}{2},j}$、$\overline{v}_{ri,j+\frac{1}{2}}$和$\overline{v}_{ri,j-\frac{1}{2}}$可在上述最后两式相应项上加上“～”即可得到。内能增量按所占体积份额进行分配就可以得到比内能的中间值，即

$$
(\tilde{e}_{\theta}^{n+1})_{i,j}=(\tilde{e}_{\theta}^{n})_{i,j}+\frac{(M_{i,j}^{n}\Delta e_{ij})(\sigma_{\theta}^{n})_{i,j}}{(M_{\theta}^{n})_{i,j}}
\tag{2-31}
$$

其中，$\theta=1,2,\cdots$。

3. 欧拉输运步

按质量、动量和能量守恒的原则将拉格朗日步计算得到的动量、能量和质量进行输运，在原来欧拉长方体网格上重新分配。

4. 压力的计算

根据网格质量、某种介质的比内能、网格体积，以及某种介质的密度，便可用状态方程确定压力。压力的计算可以分两种情况进行，对纯网格用相应的状态方程确定，即

$$(p_\theta^{n+1})_{i,j}=(p(\rho_\theta^{n+1},e_\theta^{n+1}))_{i,j},\quad \theta=1,2,3 \tag{2-32}$$

对混合网格，用式(2-32)计算相应介质的压力 p_θ，然后用部分体积加权法求混合网格的压力，即

$$p=\sigma_1 p_1+\sigma_2 p_2+\sigma_3 p_3 \tag{2-33}$$

其中

$$\sigma_\theta=\frac{V^{(\theta)}}{V^{(1)}+V^{(2)}+V^{(3)}},\quad \theta=1,2,3 \tag{2-34}$$

式中，$V^{(\theta)}$ 为 θ 物质在网格中所占的体积。

2.3　拉格朗日型计算方法

2.3.1　控制方程组

1. 坐标描述

引入拉格朗日方法进行描述，t 时刻的物体构形为

$$x_i=x_i(X_{j,}t),\quad i,j=1,2,3$$

其中，x_i 为质点在固定笛卡儿坐标系中的坐标；X_j 为质点的坐标。

取 $t=0$ 时刻物体的构形为参考，则初始条件为

$$x_i=x_i(X_j,0)=X_i$$

$$\dot{x}_i(X_j,0)=v_i(X_i)$$

其中，v_i 定义了质点 X_j 的初始速度。

2. 动量方程

$$\sigma_{ij}+\rho f_i=\rho\ddot{x}_i \tag{2-35}$$

其中，σ_{ij} 为柯西应力；ρ 为当前密度；f_i 为单位质量力；$\ddot{x}_i$ 为质点加速度。

动量方程要满足面力边界条件、位移边界条件和间断接触交界面条件，在面力边界 S_1 上满足下式，即

$$\sigma_{ij}n_j=t_i(t) \tag{2-36}$$

其中，$n_j(j=1,2,3)$为边界 S_1 外法线方向余弦；t_i 为面力载荷。

在位移约束边界 S_2 满足下式，即

$$x_i(X_j,t)=D_i(t) \tag{2-37}$$

其中，$D_i(t)$为位移约束。

在间断接触交界面 S_1 上满足下式，即

$$(\sigma_{ij}^{+}-\sigma_{ij}^{-})n_j=0 \tag{2-38}$$

3. 质量守恒方程

$$\rho V=\rho_0 \tag{2-39}$$

其中，ρ_0 为初始密度；$V=|F_{ij}|$ 为相对体积，$F_{ij}=\dfrac{\partial x_i}{\partial X_j}$ 为变形梯度。

4. 能量方程

$$\begin{aligned}&\dot{E}=VS_{ij}\dot{\varepsilon}_{ij}-(p+q)\dot{V}\\&S_{ij}=\sigma_{ij}+(p+q)\delta_{ij}\\&p=-\frac{1}{3}\delta_{kk}-q\end{aligned} \tag{2-40}$$

其中，V 为现时构形体积；$\dot{\varepsilon}_{ij}$ 为应变率张量；q 为体积黏性；S_{ij} 为偏应力；p 为压力；δ_{ij} 为 Kronecker 记号（当 $i=j$ 时，$\delta_{ij}=1$；否则 $\delta_{ij}=0$）。

5. 虚功方程

守恒方程的弱解形式为

$$\int_V(\rho\ddot{x}_i-\sigma_{ij}-\rho f_i)\delta x_i\mathrm{d}V+\int_{S_1}(\sigma_{ij}n_j-t_i)\delta x_i\mathrm{d}S+\int_{S_3}(\sigma_{ij}^+-\sigma_{ij}^-)n_j\delta x_i\mathrm{d}S=0 \tag{2-41}$$

其中，V 为现时构形体积；δx_i 在 S_2 上满足位移边界条件。

由散度定理可得下式，即

$$\int_V(\sigma_{ij}\delta x_{i,j})\mathrm{d}V=\int_{S_1}\sigma_{ij}n_j\delta x_i\mathrm{d}S+\int_{S_3}(\sigma_{ij}^+-\sigma_{ij}^-)n_j\delta x_i\mathrm{d}S=0 \tag{2-42}$$

$$\sigma_{ij}\delta x_{i,j}-\sigma_{ij,j}\delta x_i=\sigma_{ij}\delta x_{i,j} \tag{2-43}$$

可以得到虚功方程为

$$\delta\prod=\int_V\rho\ddot{x}_i\delta x_i\mathrm{d}V+\int_V\sigma_{ij}\delta x_{i,j}\mathrm{d}V-\int_V\rho f_i\delta x_i\mathrm{d}V-\int_{S_i}t_i\delta x_i\mathrm{d}S=0 \tag{2-44}$$

6. 应力应变描述

在参考坐标系中，通常用 Green 应变 E_{ij} 度量。在现时坐标系中，一般用 Signouni 应变 e_{ij} 度量。

E_{ij} 和 e_{ij} 可由变形梯度计算得到，即

$$E_{ij}=\frac{1}{2}\left(\frac{\partial x_k}{\partial X_i}\frac{\partial x_k}{\partial X_j}-\delta_{ij}\right) \tag{2-45}$$

$$e_{ij}=\frac{1}{2}\left(\delta_{ij}-\frac{\partial X_k}{\partial x_i}\frac{\partial X_k}{\partial x_j}\right) \tag{2-46}$$

考虑如下关系式，即

$$\mathrm{d}x_i=\left(\delta_{ij}+\frac{\partial u_i}{\partial X_j}\right)\mathrm{d}X_j \tag{2-47}$$

$$\mathrm{d}X_j=\left(\delta_{ij}-\frac{\partial u_i}{\partial x_j}\right)\mathrm{d}x_j \tag{2-48}$$

得

$$E_{ij}=\frac{1}{2}\left(\frac{\partial u_i}{\partial X_j}+\frac{\partial u_j}{\partial X_i}+\frac{\partial u_k}{\partial X_i}\frac{\partial u_k}{\partial X_j}\right) \tag{2-49}$$

$$e_{ij}=\frac{1}{2}\left(\frac{\partial u_i}{\partial X_j}+\frac{\partial u_j}{\partial X_i}-\frac{\partial u_k}{\partial X_i}\frac{\partial u_k}{\partial X_j}\right) \tag{2-50}$$

小变形时，忽略二阶小量，并认为 $x_i=X_i$，则

$$E_{ij}=e_{ij}=\frac{1}{2}\left(\frac{\partial u_i}{\partial X_j}+\frac{\partial u_j}{\partial X_i}\right) \tag{2-51}$$

与应变量相对应，应力通常有两种描述形式。在参考系中，采用第二类 Piola-Kirchhoff 应力张量 T_{ij} 来度量，而在现时构形中，采用柯西应力张量 σ_{ij} 来度量。

这两种应力度量直接的关系为

$$\begin{aligned}\sigma_{ij}&=\frac{\rho}{\rho_0}\frac{\partial x_i}{\partial X_k}\frac{\partial x_j}{\partial X_m}T_{km}\\ T_{ij}&=\frac{\rho}{\rho_0}\frac{\partial X_i}{\partial x_k}\frac{\partial X_j}{\partial x_m}\sigma_{km}\end{aligned} \tag{2-52}$$

2.3.2　空间有限元离散化

下面以八节点六面体实体单元为例介绍空间有限元离散化方法。其三维单元示意图如图 2-5 所示。单元内任一点的固定坐标可表示为

$$x_i(X_j,t)=x_i(X_j(\xi,\eta,\zeta),t)=\sum_{k=1}^{8}\phi_k(\xi,\eta,\zeta)x_i^k(t) \tag{2-53}$$

其中，(ξ,η,ζ)为自然坐标；x_i^k 为第 k 个节点在 i 方向的坐标；ϕ_k 为形函数，即

$$\phi_k=\frac{1}{8}(1+\xi\xi_k)(1+\eta\eta_k)(1+\zeta\zeta_k) \tag{2-54}$$

设整个构形离散化为 N 个单元，近似地，在每个单元上有

$$\delta\prod=\sum_{m=1}^{8}\delta\prod{}_m=0 \tag{2-55}$$

从而有

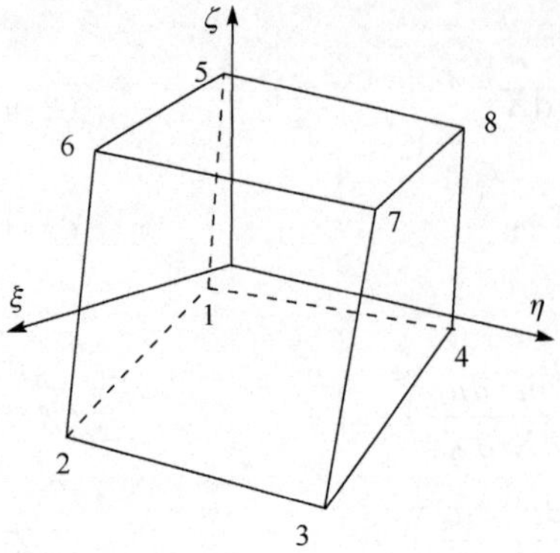

节点	ξ	η	ζ
1	−1	−1	−1
2	1	−1	−1
3	1	1	−1
4	−1	1	−1
5	−1	−1	1
6	1	−1	1
7	1	1	1
8	−1	1	1

图 2-5　八节点六面体三维单元示意图

$$\sum_{m=1}^{N}\left(\int_{V_m}\rho\ddot{x}_{ii}\phi_i^m \mathrm{d}V+\int_{V_m}\sigma_{ij}\phi_i^m \mathrm{d}V-\int_{V_m}\rho f_i\phi_i^m \mathrm{d}V-\int_{S_1^m}t_i\phi_i^m \mathrm{d}S\right)=0 \tag{2-56}$$

其中，$\phi_i^m=(\phi_1,\phi_2,\cdots,\phi_8)^m$，矩阵形式为

$$\sum_{m=1}^{N}\left(\int_{V_m}\rho N^{\mathrm{T}}N\mathrm{d}(Va)+\int_{V_m}B^{\mathrm{T}}\sigma \mathrm{d}V-\int_{V_m}\rho N^{\mathrm{T}}b\mathrm{d}V-\int_{S_1^m}N^{\mathrm{T}}t\mathrm{d}S\right) \tag{2-57}$$

式中，插值矩阵为

$$[N(\zeta,\eta,\zeta)]=\begin{bmatrix}\phi_1 & 0 & 0 & \cdots & \phi_8 & 0 & 0\\ 0 & \phi_1 & 0 & \cdots & 0 & \phi_8 & 0\\ 0 & 0 & \phi_1 & \cdots & 0 & 0 & \phi_8\end{bmatrix}_{3\times 24} \tag{2-58}$$

应力为

$$\sigma=(\sigma_{xx},\sigma_{yy},\sigma_{zz},\sigma_{xy},\sigma_{yz},\sigma_{zx})^{\mathrm{T}}$$

B 为 6×24 阶应变-位移矩阵，表达式为

$$B=\begin{bmatrix}\phi_{1,1}\\ \phi_{2,2}\\ \phi_{3,3}\\ \phi_{1,2}\\ \phi_{2,3}\\ \phi_{3,1}\end{bmatrix}=\begin{bmatrix}\frac{\partial}{\partial x} & 0 & 0\\ 0 & \frac{\partial}{\partial y} & 0\\ 0 & 0 & \frac{\partial}{\partial z}\\ \frac{\partial}{\partial y} & \frac{\partial}{\partial x} & 0\\ 0 & \frac{\partial}{\partial z} & \frac{\partial}{\partial y}\\ \frac{\partial}{\partial z} & 0 & \frac{\partial}{\partial x}\end{bmatrix}N \tag{2-59}$$

设 a 代表节点加速度，则

$$\begin{bmatrix} \ddot{x}_1 \\ \ddot{x}_2 \\ \ddot{x}_3 \end{bmatrix} = N \begin{bmatrix} a_{x_1} \\ \vdots \\ a_{y_2} \\ \vdots \\ a_{y_8} \\ a_{z_8} \end{bmatrix} = Na \tag{2-60}$$

$$b = \begin{bmatrix} f_x \\ f_y \\ f_z \end{bmatrix}, \quad t = \begin{bmatrix} t_x \\ t_y \\ t_z \end{bmatrix} \tag{2-61}$$

将单元质量矩阵 $m = \int_{V_m} \rho N^{\mathrm{T}} N \mathrm{d}V$ 的同一行矩阵元素都合并到对角元素项，形成集中质量矩阵。经单元计算，可写为

$$\delta x^{\mathrm{T}} [M\ddot{x}(t) + F(x, \dot{x}) - P(x, t)] = 0 \tag{2-62}$$

或

$$M\ddot{x}(t) = P(x, t) - F(x, \dot{x}) \tag{2-63}$$

其中，M 为总体质量矩阵；$\ddot{x}$ 为总体节点加速度；P 为总体载荷，由节点载荷、面力、体积力等构成；F 为单元应力场的等效节点矢量，即

$$F = \sum_{1}^{n} B^{\mathrm{T}} \sigma \mathrm{d}V \tag{2-64}$$

2.3.3 高斯积分与沙漏问题

对于定义在体积 V 上的函数 g 的积分，可以用高斯积分求得，即

$$\int_V g \mathrm{d}V = \int_{-1}^{1}\int_{-1}^{1}\int_{-1}^{1} g \mid J \mid \mathrm{d}\xi \mathrm{d}\eta \mathrm{d}\zeta = \sum_{j=1}^{n}\sum_{k=1}^{n}\sum_{l=1}^{n} g_{jkl} \mid J \mid \omega_j \omega_k \omega_l \tag{2-65}$$

其中，$g_{jkl} = g(\xi_i, \eta_k, \zeta_l)$；$\omega_j$、$\omega_k$ 和 ω_l 为权因子。

取 $n=1$，即为单点高斯积分。此时，有

$$\omega_j = \omega_k = \omega_l = 2, \quad \xi_j = \eta_k = \zeta_l = 0 \tag{2-66}$$

可得到如下表达式，即

$$\int_V g \mathrm{d}V = 8g(0,0,0) \mid J(0,0,0) \mid \tag{2-67}$$

其中，$8g(0,0,0)$ 约等于单元的体积。

采用单点高斯积分，可以大大节省 CPU 时间，但可能出现零能模态，即沙漏模式。

以四节点四边形单元为例，如图 2-6 所示，单元内任一点的速度 $\dot{x}_i(\xi, \eta, t)$ 可

表示为

$$\dot{x}(\xi,\eta,t)=\sum_{1}^{4}\phi_k(\xi,\eta)\dot{x}_i^k(t) \tag{2-68}$$

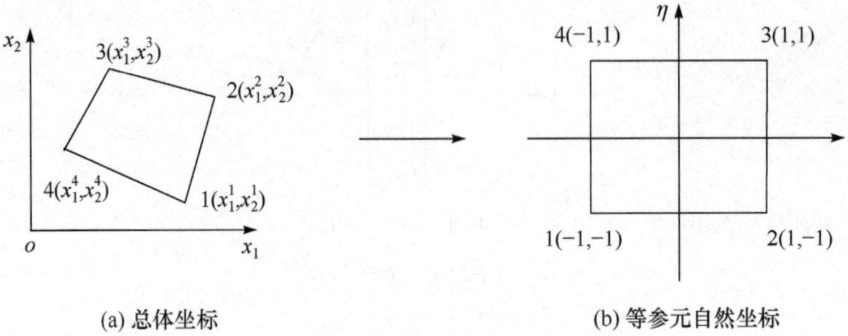

图 2-6　四节点四边形单元示意图

其中

$$\phi_k(\xi,\eta)=\frac{1}{4}(1+\xi_k\xi)(1+\eta_k\eta)=\frac{1}{4}(1+\xi_k\xi+\eta_k\eta+\xi_k\eta_k\xi\eta),\quad k=1,2,3,4 \tag{2-69}$$

用 $\dot{x}_i^k(t)$表示第 k 个节点沿 x_i 轴方向的速度分量，有

$$\dot{x}_i^k(\xi,\eta,t)=\frac{1}{4}(\Sigma^{\mathrm{T}}+\xi\Lambda_1^{\mathrm{T}}+\eta\Lambda_2^{\mathrm{T}}+\xi\eta\Gamma^{\mathrm{T}})\begin{bmatrix}\dot{x}_i^1\\\dot{x}_i^2\\\dot{x}_i^3\\\dot{x}_i^4\end{bmatrix} \tag{2-70}$$

其中

$$\Sigma=(1,1,1,1)^{\mathrm{T}}$$
$$\Lambda_1=(-1,1,1,-1)^{\mathrm{T}}$$
$$\Lambda_2=(-1,-1,1,1)^{\mathrm{T}}$$
$$\Gamma=(1,-1,1,-1)^{\mathrm{T}}$$

如图 2-7 所示，这四个矢量分别对应刚体运动、拉应力、剪应变和弯曲四种变形模式。

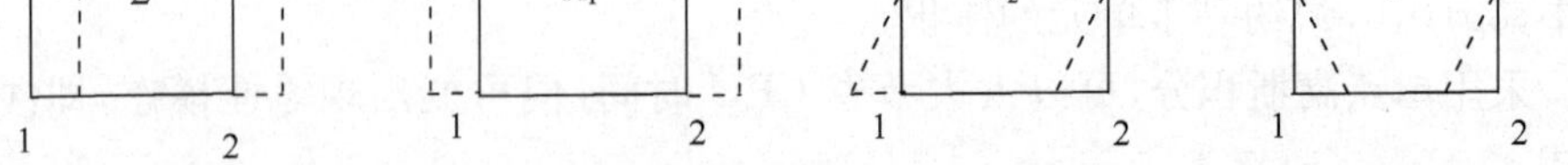

图 2-7　四个矢量对应的四种变形模式

在计算矩阵和应变速率时，需要计算形函数在 $\xi=\eta=0$ 的导数 $\left\{\frac{\partial \phi_k}{\partial x_1}\right\}_{\xi=\eta=0}$ 和 $\left\{\frac{\partial \phi_k}{\partial x_2}\right\}_{\xi=\eta=0}$，而

$$\begin{bmatrix}\dfrac{\partial \phi_k}{\partial x_1}\\[2mm] \dfrac{\partial \phi_k}{\partial x_2}\end{bmatrix}=[J]^{-1}\begin{bmatrix}\dfrac{\partial \phi_k}{\partial \xi}\\[2mm] \dfrac{\partial \phi_k}{\partial \eta}\end{bmatrix} \tag{2-71}$$

在单元形心处，有

$$\frac{\partial \phi_k}{\partial \xi}\Big|_{\xi=\eta=0}=\frac{\partial}{\partial \xi}\left(\frac{1}{4}\Sigma_k+\frac{1}{4}\xi\Lambda_{1k}+\frac{1}{4}\eta\Lambda_{2k}+\frac{1}{4}\xi\eta\Gamma_k\right)\Big|_{\xi=\eta=0}=\frac{1}{4}\Lambda_{1k} \tag{2-72}$$

$$\frac{\partial \phi_k}{\partial \eta}\Big|_{\xi=\eta=0}=\frac{\partial}{\partial \eta}\left(\frac{1}{4}\Sigma_k+\frac{1}{4}\xi\Lambda_{1k}+\frac{1}{4}\eta\Lambda_{2k}+\frac{1}{4}\xi\eta\Gamma_k\right)\Big|_{\xi=\eta=0}=\frac{1}{4}\Lambda_{2k} \tag{2-73}$$

其中，Σ_k、Λ_{1k}、Λ_{2k} 和 Γ_k 分别为矢量 Σ、Λ_1、Λ_2 和 Γ 的分量。

由此可见，采用单点高斯积分，权项不能发挥作用，相应的变形能被“丢失”，其结果是产生数值振荡，使计算不能正常进行。需要引入沙漏黏性阻力，以达到控制沙漏的目的。

设 $\Gamma_{jk}(j=1,2,3,4,k=1,2,\cdots,8)$ 为沙漏矢量，即

$$\Gamma_{jk}=\begin{bmatrix}1&-1&1&-1&1&-1&1&-1\\1&1&-1&-1&-1&-1&1&1\\1&-1&-1&1&-1&1&1&-1\\1&-1&1&-1&-1&1&-1&1\end{bmatrix}_{4\times 8} \tag{2-74}$$

则沙漏黏性阻力为

$$f_{ik}=-a_h\sum_{j=1}^{4}h_{ij}\Gamma_{jk},\quad i=1,2,3 \tag{2-75}$$

其中，$h_{ij}=\sum_{k=1}^{8}v_i^k\Gamma_{jk}$ 为沙漏模量，v_i^k 是第 k 个节点在 i 方向上的速度；$a_h=Q_{hg}\rho V_e^{2/3}c/4$，$V_e$ 为单元体积，c 为材料声速，常系数 $Q_{hg}=0.05\sim0.15$。

将各单元节点沙漏阻尼力组成总体结构沙漏黏性阻尼力 H。此时，非线性运动方程组应改写为

$$M\ddot{x}(t)=P^n(x,t)-F^n(x,\dot{x})+H^n \tag{2-76}$$

其中，M 为对角质量矩阵；P^n 代表外力和体积力载荷；F^n 为应力散度矢量；H^n 为沙漏阻力。

由于沙漏模态与实际变形的其他基矢量是正交的，沙漏模态在计算中不断进行控制，沙漏黏性阻尼力做的功在总能量中可以忽略，沙漏黏性阻尼力的计算比较简单，所耗费的时间极少。

2.3.4 时间积分和时间步长控制

对于非线性运动方程组(2-76),其时间积分采用显式中心差分法,即

$$\begin{aligned}&\ddot{x}(t_n)=M^{-1}[P(t_n)-F(t_n)+H(t_n)]\\&\dot{x}(t_{n+\frac{1}{2}})=\dot{x}(t_{n-\frac{1}{2}})+\frac{1}{2}(\Delta t_{n-1}+\Delta t_n)\ddot{x}(t_n)\\&x(t_{n+1})=\dot{x}(t_n)+\Delta t\dot{x}(t_{n+\frac{1}{2}})\end{aligned} \tag{2-77}$$

其中

$$t_{n-\frac{1}{2}}=\frac{1}{2}(t_n+t_{n-1}),\quad t_{n+\frac{1}{2}}=\frac{1}{2}(t_{n+1}+t_n),\quad \Delta t_{n-1}=(t_n-t_{n-1}),\quad \Delta t_n=(t_{n+1}-t_n) \tag{2-78}$$

式中,$\ddot{x}(t_n)$、$\dot{x}(t_{n+\frac{1}{2}})$和$x(t_{n+1})$分别是$t_n$时刻节点加速度矢量、$t_{n+\frac{1}{2}}$时刻的节点速度矢量和$t_{n+1}$时刻的节点坐标矢量。

由于采用集中质量矩阵M,运动方程组的求解是非耦合的,不需要集成总体矩阵,因此可以大大节省存储空间和求解时间,但是显式中心差分法是有条件稳定的。变时步长增量解法是数值计算程序普遍采用的方法,每一时刻的时间步长由当前构形的稳定性条件控制,其算法如下。

先计算每一个单元的极限时间步长$\Delta t_{ei}(i=1,2,\cdots)$(显式中心差分法稳定性条件允许的最大时间步长),即

$$\Delta t_{ei}=0.9V_e/\{[Q+(Q^2+C^2)^{1/2}]A_{e\max}\} \tag{2-79}$$

其中,$Q=Q_2c+Q_1V_e|\dot{\varepsilon}_{kk}|/A_{e\max}$;$Q_1$ 和 Q_2 为无量纲常数;V_e 为单元体积;$A_{e\max}$为单元最大侧面积。

下一时间步长Δt取其极小值,即

$$\Delta t=\min(\Delta t_{e1},\Delta t_{e2},\cdots,\Delta t_{em}) \tag{2-80}$$

其中,Δt_{ei}为第i个单元的极限时间步长;m为单元数目。

2.3.5 应力计算

应力计算按时间增量进行积分,即

$$\sigma_{ij}(t+\mathrm{d}t)=\sigma_{ij}(t)+\dot{\sigma}_{ij}\mathrm{d}t \tag{2-81}$$

若不考虑体积黏性对应力张量的影响,则有

$$\dot{\sigma}_{ij}=\overset{\nabla}{\sigma}_{ij}+\sigma_{ik}\Omega_{kj}\sigma_{jk}\Omega_{ki} \tag{2-82}$$

其中,$\Omega_{ij}=\frac{1}{2}\left(\frac{\partial v_j}{\partial x_i}-\frac{\partial v_i}{\partial x_j}\right)$为旋转张量;$\overset{\nabla}{\sigma}_{ij}=C_{ijkl}\dot{\varepsilon}_{kl}$为 Jaumann 应力率,$C_{ijkl}$为与应力相关的本构矩阵,$\dot{\varepsilon}_{kl}$为应变率张量,其表达式如下,即

$$\dot{\varepsilon}_{kl}=\frac{1}{2}\left(\frac{\partial v_i}{\partial x_j}+\frac{\partial v_j}{\partial x_i}\right) \tag{2-83}$$

对于 $\dot{\varepsilon}_{kl}$ 和 Ω_{ij}，利用应变-位移矩阵 $\frac{\partial v_i}{\partial x_j}=\sum_{k=1}^{8}\frac{\partial \phi_k}{\partial x_j}v_i^k$ 在单元中心取值。应力的具体算式可写为

$$\sigma_{ij}^{n+1}=\sigma_{ij}^{n}+\gamma_{ij}^{n}+\overset{\nabla}{\sigma}{}_{ij}^{n+\frac{1}{2}}\Delta t^{n+\frac{1}{2}} \tag{2-84}$$

其中，$\overset{\nabla}{\sigma}{}_{ij}^{n+\frac{1}{2}}\Delta t^{n+\frac{1}{2}}=C_{ijkl}\Delta\varepsilon_{kl}^{n+\frac{1}{2}}$，$\Delta\varepsilon_{kl}^{n+\frac{1}{2}}=\dot{\varepsilon}_{kl}^{n+\frac{1}{2}}\Delta t^{n+\frac{1}{2}}$；$\gamma_{ij}^{n}=(\sigma_{ip}^{n}\Omega_{pj}^{n+\frac{1}{2}}+\sigma_{jp}^{n}\Omega_{pi}^{n+\frac{1}{2}})\Delta t^{n+\frac{1}{2}}$。

2.3.6　冲击波与人工体积黏性

冲击载荷在结构内部产生冲击波，形成压力、密度、质点速度和能量的跳跃，这种间断条件会给连续介质力学微分方程组的求解带来困难。

以 DYNA 程序为例，其采用 1955 年 Landshoff 改进的 von Neumann-Richtmyer 人工黏性来解决间断问题，即

$$q=\begin{cases}C_0\rho\,(\Delta x)^2\left(\dfrac{\partial \dot{x}}{\partial x}\right)-C_l\rho\Delta x a\dfrac{\partial \dot{x}}{\partial x}, & \dfrac{\partial \dot{x}}{\partial x}<0\\ 0, & \dfrac{\partial \dot{x}}{\partial x}>0\end{cases} \tag{2-85}$$

其中，C_0 和 C_l 是无量纲常数；a 是局部声速。

将一维黏性推广到多维，一般都用应变张量的迹 $\dot{\varepsilon}_{kk}$ 代替速度的散度$\frac{\partial \dot{x}}{\partial x}$，用二维单元面积的平方根或三维单元体积的立方根代替特征长度 Δx。有限元程序常用的体积黏性有两种。

（1）缺值黏性

$$q=\begin{cases}\rho l(C_0 l\dot{\varepsilon}_{kk}^2-C_l a\dot{\varepsilon}_{kk}), & \dot{\varepsilon}_{kk}<0\\ 0, & \dot{\varepsilon}_{kk}>0\end{cases} \tag{2-86}$$

其中，$l=\sqrt{A}$（二维）或 $l=\sqrt[3]{V}$（三维）；$C_0=1.5$；$C_l=0.06$。

这种方法在单元长宽比过大时或造成异常 q 值。

（2）Wilkins 黏性

$$q=\begin{cases}C_0\rho l^2\left(\dfrac{\mathrm{d}s}{\mathrm{d}t}\right)^2-C_l\rho a^*\dfrac{\mathrm{d}s}{\mathrm{d}t}, & \dfrac{\mathrm{d}s}{\mathrm{d}t}<0\\ 0, & \dfrac{\mathrm{d}s}{\mathrm{d}t}>0\end{cases} \tag{2-87}$$

其中，l 为单元在加速度方向的厚度；$\frac{\mathrm{d}s}{\mathrm{d}t}$为加速度方向的应变率；$a^*$ 为 $\sqrt{P/\rho}$（$P>0$ 时）。

Wilkins 黏性可克服缺值黏性的缺点，但存储量及计算量都增加不少。

2.4 光滑粒子流体动力学方法

光滑粒子流体动力学(smoothed particle hydrodynamics，SPH)方法以核函数近似为基础，将连续介质离散为一系列具有质量的拉格朗日粒子，通过核估计将方程离散。该方法适合处理空洞、裂纹，以及各种大变形问题。该方法是一种无网格拉格朗日计算方法，它有许多特点和长处。例如，因为不存在网格，所以不存在计算大变形引起的困难；因为粒子本身是拉格朗日质点，所以可以跟踪物质运动，记录材料的变形历史和界面运动。下面对 SPH 方法进行介绍。

2.4.1 核估计

SPH 方法基本思想的核心是插值理论。设任意函数 $f(x)$，x 为位置矢量，解域 Ω 中的核估计可以表示为

$$\langle f(x)\rangle = \int_{\Omega} f(x')W(x-x',h)\mathrm{d}x' \tag{2-88}$$

其中，$W(x-x',h)$为核函数，包含位置矢量 x 和核光滑长度，在函数核估计中的作用相当于权函数；h 为核宽度的一种度量。

显然，核函数应该满足以下几个基本条件。

① 正则化条件为

$$\int_{\Omega} W(x-x',h)\mathrm{d}x' = 1 \tag{2-89}$$

由于核函数在域 Ω 内的积分值等于 1，因此也称为归一化条件。

② W 是强尖峰函数(strongly peaked function)，在 $x=x'$处有极大值，当 h 趋于零时，W 将成为狄拉克 δ 函数，$\lim\limits_{h\to 0}W(x-x',h)=\delta(x-x')$，于是

$$\langle f(x)\rangle = \int_{\Omega} f(x')W(x-x',h)\mathrm{d}x' = f(x) \tag{2-90}$$

因此，可以用$\langle f(x)\rangle$近似 $f(x)$。

③ 紧支性条件，即

$$W(x-x',h)=0,\quad |x-x'|>\kappa h$$

其中，κ 为与点 x 处核函数相关的常数，并确定核函数的有效范围(非零)。

此有效范围称作点 x 处核函数的支持域(或点 x 处的支持域)。W 只在其支持域内有非负值，支持域外为零。

可以证明，核估计式(2-88)是函数 $f(x)$二阶精度的近似表达式。将函数 $f(x')$在 x 处进行泰勒展开，即

$$f(x')=f(x)+\frac{\partial f}{\partial x}(x'-x)+\frac{1}{2}\frac{\partial^2 f}{\partial x^2}(x'-x)^2+\cdots \tag{2-91}$$

代入式(2-88),有

$$\langle f(x)\rangle=\int_{\Omega}\left[f(x)+\frac{\partial f}{\partial x}(x'-x)+\frac{1}{2}\frac{\partial^2 f}{\partial x^2}(x'-x)^2+\cdots\right]W(x-x',h)\mathrm{d}x' \tag{2-92}$$

$(x'-x)$在核函数影响域内是关于 x 的奇函数,于是式(2-92)第二项积分为零,即

$$\langle f(x)\rangle=f(x)+\frac{1}{2}\frac{\partial^2 f}{\partial x^2}\int_{\Omega}(x'-x)^2 W(x-x',h)\mathrm{d}x'+\cdots \tag{2-93}$$

核函数的紧支性条件指出,当影响域取 κh 时,有 $|x-x'|\leqslant 2h$,于是式(2-93)可表示为

$$\langle f(x)\rangle\leqslant f(x)+2\nabla^2 f h^2+O(h^3) \tag{2-94}$$

即函数的核估计具有 h 的二阶精度。

可以通过式(2-88)求函数 $f(x)$ 的梯度 $\nabla f(x)$ 的核估计,将 $f(x)$ 代之以 $\nabla f(x)$,则有

$$\langle \nabla f(x)\rangle=\int_{\Omega}\nabla f(x')W(x-x',h)\mathrm{d}x' \tag{2-95}$$

考虑 W 的局限性,利用分部积分,式(2-95)成为

$$\langle \nabla f(x)\rangle=-\int_{\Omega}f(x')\,\nabla_{x'}W(x-x',h)\mathrm{d}x'=\int_{\Omega}f(x')\,\nabla W(x-x',h)\mathrm{d}x' \tag{2-96}$$

从该式可以看出,SPH 方法的基本思想之一是将函数的空间导数转换成核函数的导数。核函数是预先设定的已知函数,因此函数导数的核估计可以看成是函数经核函数导数的光滑作用求得的。

将式(2-96)写为和的形式,则有

$$\langle \nabla f(x)\rangle=\sum_{j=1}^{N}m_j f_j\,\nabla W_{ij}/\rho_j \tag{2-97}$$

2.4.2　守恒方程组的离散

连续介质力学的质量、动量和能量守恒方程表达式为

$$\frac{\mathrm{d}\rho}{\mathrm{d}t}=-\rho\frac{\partial v^\beta}{\partial x^\beta} \tag{2-98}$$

$$\frac{\mathrm{d}v^\alpha}{\mathrm{d}t}=\frac{1}{\rho}\frac{\partial \sigma^{\alpha\beta}}{\partial x^\beta} \tag{2-99}$$

$$\frac{\mathrm{d}e}{\mathrm{d}t}=\frac{\sigma^{\alpha\beta}}{\rho}\frac{\partial v^{\alpha}}{\partial x^{\beta}} \tag{2-100}$$

其中，v 为速度。

$$\frac{\mathrm{d}x^{\alpha}}{\mathrm{d}t}=v^{\alpha} \tag{2-101}$$

式(2-98)～式(2-101)中，x 为空间位置矢量，是柯西应力张量；e 为比内能；α 和 β 表示空间坐标轴方向，指标相同时按求和法则求和。

SPH 方法只对函数的空间域进行离散，因此上述守恒方程的离散过程集中于方程的右侧各项，离散后的 SPH 方程如下。

质量守恒方程为

$$\frac{\mathrm{d}\rho_i}{\mathrm{d}t}=\rho_i\sum_{j=1}^{N}\frac{m_j}{\rho_j}(v_i^{\beta}-v_j^{\beta})\frac{\partial W_{ij}}{\partial x_i^{\beta}} \tag{2-102}$$

动量守恒方程为

$$\frac{\mathrm{d}v_i^{\alpha}}{\mathrm{d}t}=\sum_{j=1}^{N}m_j\left(\frac{\sigma_i^{\alpha\beta}}{\rho_i^2}+\frac{\sigma_j^{\alpha\beta}}{\rho_j^2}\right)\frac{\partial W_{ij}}{\partial x_i^{\beta}} \tag{2-103}$$

能量守恒方程为

$$\frac{\mathrm{d}e_i}{\mathrm{d}t}=\frac{\sigma_i^{\alpha\beta}}{\rho_i^2}\sum_{j=1}^{N}m_j(v_j^{\alpha}-v_i^{\alpha})\frac{\partial W_{ij}}{\partial x_i^{\beta}} \tag{2-104}$$

粒子几何位置的确定如下，即

$$\frac{\mathrm{d}x_i^{\alpha}}{\mathrm{d}t}=v_i^{\alpha} \tag{2-105}$$

1. 核函数

(1) 核函数的选取

核函数在 SPH 方法中的作用显而易见，核函数的选取如有限差分法中差分格式的选取一样重要。

最常见的核函数是样条函数，即

$$W(R,h)=\frac{q}{h^{v}}\times\begin{cases}1-1.5R^2+0.75R^3, & 0\leqslant R<1\\ \dfrac{(2-R)^3}{4}, & 1\leqslant R<2\\ 0, & R\geqslant 2\end{cases} \tag{2-106}$$

其中，q 为归一化常数，对应于 $v=1,2,3$ 分别为 $\frac{2}{3}, \frac{10}{7\pi}, \frac{1}{\pi}$。

Monaghan 和 Lattanzio 在三次样条函数的基础上提出称为 B 样条函数的光滑函数，即

$$W(R,h)=\frac{q}{h^v}\times\begin{cases}\frac{2}{3}-R^2+\frac{1}{2}R^3, & 0\leqslant R<1\\ \frac{1}{6}(2-R)^3, & 1\leqslant R\\ 0, & R\geqslant 2\end{cases}\tag{2-107}$$

其中,q 对应于 $v=1,2,3$,分别为$\frac{2}{3}$,$\frac{10}{7\pi}$,$\frac{1}{\pi}$。

有时,Gauss 函数也被用作核函数,即

$$W(R,h)=\left(\frac{1}{h\sqrt{\pi}}\right)^v \mathrm{e}^{-R^2}\tag{2-108}$$

(2) 光滑长度

光滑长度 h 最简单的形式可以通过使域内粒子质量保持不变的条件获得,即

$$h=h_0\left(\frac{\rho_0}{\rho}\right)^{1/v}\tag{2-109}$$

其中,h_0 表示初始光滑长度,它的选取带有经验性;v 为空间维数。

常用的形式可以通过对式(2-109)作时间导数获得,即

$$\frac{\mathrm{d}h}{\mathrm{d}t}=-\frac{1}{v}\frac{h}{\rho}\frac{\mathrm{d}\rho}{\mathrm{d}t}\tag{2-110}$$

由质量守恒关系,式(2-110)可写为

$$\frac{\mathrm{d}h}{\mathrm{d}t}=\frac{1}{v}h\nabla v\tag{2-111}$$

由于每个粒子的光滑长度不同,因此为了保证系统的总动量和总能量守恒,需要对核函数的光滑长度作出修正。一种方案是光滑长度形式对称化,即在核函数中用 h_{ij} 代替 h_i 和 h_j,其中 $h_{ij}=\frac{1}{2}(h_i+h_j)$或 $h_{ij}=\min(h_i,h_j)$或 $h_{ij}=\max(h_i,h_j)$或 $h_{ij}=\frac{2h_ih_j}{h_i+h_j}$等。另一种方案是取两粒子核函数的平均值作为 W_{ij},即

$$W_{ij}=\frac{1}{2}[W(|x_i-x_j|,h_i)+W(|x_i-x_j|,h_j)]\tag{2-112}$$

每一种方法都有自身的优缺点,取核函数的平均值是比较好的选择。由于光滑长度不再是常数,前面的公式需要重新推导,但 Hemquist 和 Katz 指出,误差只有 $O(h^2)$,可以忽略,所以可以继续使用前面所有的公式。

2. 粒子搜索法

SPH 方法虽然计算逻辑清晰,离散形式简洁,但其计算量往往要比有限差分

或有限元方法大，主要原因是每一时间步计算都需要确定粒子的影响域，以及影响域包含的粒子。在整个计算域中，搜索影响域包含的粒子很费机时，因此搜索算法直接决定计算效率。

确定影响域中粒子最直接的方法是搜索整个计算域中的全部粒子，根据粒子间距是否落在影响域来确定。若粒子总数为 N，这样做的计算量将是 N^2 量级，随着 N 的增加，计算量增加太快，所以一般采用优化的分区搜索算法。

分区搜索算法的基本思想是，根据各粒子的最大光滑长度 h_{max}，将计算域划分成边长为 $2h_{max}$ 的欧拉网格。由于网格尺寸是 $2h_{max}$，因此影响域所含粒子必定位于该网格，以及相邻网格内。这样本来应该搜索整个区域的问题，引入网格后，只需搜索少量网格（一维情况 3 个网格，2 维 9 个，3 维 27 个）内的粒子就可以了。分区搜索算法示意图如图 2-8 所示（$0<h\leqslant h_{max}$）。需要指出的是，这里定义的欧拉网格，由于粒子本身在运动，因此每个时间步都需要重新定义网格。

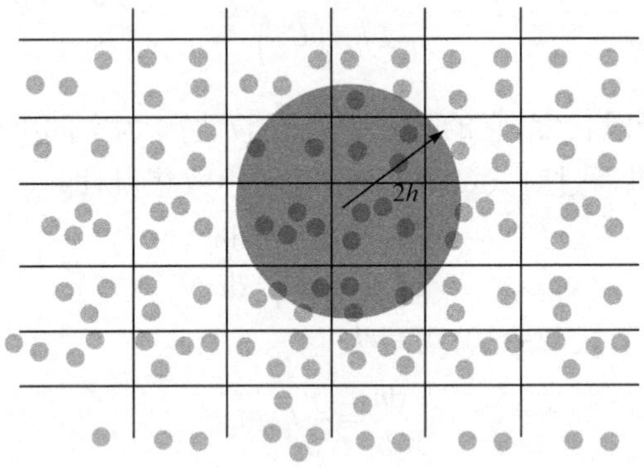

图 2-8　分区搜索算法示意图

3. 人工黏度

Monaghan 型的人工黏度 Π_{ij} 是使用最为广泛的人工黏度，不但可以将动能转换为热能，提供冲击波阵面必不可少的耗散，而且可以防止粒子相互接近时的非物理穿透，具体表达式为

$$\Pi_{ij}=\begin{cases}\dfrac{-\alpha_{\Pi}\bar{c}_{ij}\phi_{ij}+\beta_{\Pi}\phi_{ij}^{2}}{\bar{\rho}_{ij}}, & v_{ij}x_{ij}<0\\ 0, \quad v_{ij}x_{ij}\geqslant 0\end{cases} \tag{2-113}$$

其中，$\phi_{ij}=\dfrac{h_{ij}v_{ij}x_{ij}}{|x_{ij}|^{2}+\phi^{2}}$，$h_{ij}=\dfrac{1}{2}(h_i+h_j)$；$\bar{c}_{ij}=\dfrac{1}{2}(c_i+c_j)$；$\bar{\rho}_{ij}=\dfrac{1}{2}(\rho_i+\rho_j)$；$v_{ij}=v_i-v_j$；$x_{ij}=x_i-x_j$。

在以上方程中，α_{Π} 和 β_{Π} 为标准常数，一般取值在 1.0 左右。因子 $\varphi=0.1h_{ij}$ 用

于防止粒子相互靠近时产生的数值发散。与 α_{II} 相关的项得到的是体积黏度，而与 β_{II} 相关的项得到的是用于防止在高马赫数时粒子的相互穿透，这与 von Neumann-Richtmyer 人工黏度相似。式中给出的人工黏度被引入 SPH 方法的压力项中。

4. 边界处理

SPH 方法的缺点之一便是在边界或邻近边界处的粒子存在缺陷。在边界或邻近边界处的粒子只受边界内粒子的影响作用，而在边界外由于没有粒子，因此不会对粒子产生影响。这种单边影响作用会导致求解结果错误。例如，在固壁边界，虽然粒子速度为零，但是其他变量，如密度不一定为零。

目前，已有一些处理边界条件和解决粒子缺陷问题的改进方案。例如，在固定边界上分布一组虚粒子用于对邻近边界的粒子作用强排斥力，从而阻止邻近边界的这些粒子非物理穿透边界。当虚粒子成为邻近边界处的实粒子的相邻粒子时，则会在沿着两粒子的中心线处对实粒子产生一个作用力，即

$$\mathrm{PB}_{ij}=\begin{cases} D\left[\left(\dfrac{r_0}{r_{ij}}\right)^{n_1}-\left(\dfrac{r_0}{r_{ij}}\right)^{n_2}\right]\dfrac{x_{ij}}{r_{ij}^{\ 2}}, & \left(\dfrac{r_0}{r_{ij}}\right)\leqslant 1 \\ 0, & \left(\dfrac{r_0}{r_{ij}}\right)>1 \end{cases} \tag{2-114}$$

其中，参数 n_1 和 n_2 一般取值分别为 12 和 4；D 由具体问题而定，一般取与速度最大值的平方相等的量级；截止半径 r_0 在模拟分析中非常重要，在一般情况下，r_0 的取值与粒子初始间距的大小相近。

5. 本构关系

在弹塑性大变形冲击动力学的数值计算中，流体弹塑性模型是最为广泛采用的本构方程。在流体弹塑性模型中，应力张量被分解成静水压力 p 和偏应力 S 之和，即

$$\sigma^{\alpha\beta}=-p\delta^{\alpha\beta}+S^{\alpha\beta} \tag{2-115}$$

其中，p 可以通过状态方程求得，最常见的状态方程有 Mie-Gruneisen 状态方程。

偏应力张量由弹塑性本构理论给出，增量型弹性应力应变关系为

$$\dot{S}^{\alpha\beta}-S^{\alpha\gamma}\dot{R}^{\beta\gamma}-S^{\gamma\beta}\dot{R}^{\alpha\gamma}=2\mu\left(\dot{S}^{\alpha\beta}-\frac{1}{3}\delta^{\alpha\beta}\dot{\varepsilon}^{\gamma\gamma}\right) \tag{2-116}$$

其中，μ 为剪切模量，左边的后两项表示旋转修正。

应变率和旋转率张量的定义分别为

$$\dot{\varepsilon}^{\alpha\beta}=\frac{1}{2}\left(\frac{\partial v^\alpha}{\partial x^\beta}+\frac{\partial v^\beta}{\partial x^\alpha}\right) \tag{2-117}$$

$$\dot{R}^{\alpha\beta}=\frac{1}{2}\left(\frac{\partial v^{\alpha}}{\partial x^{\beta}}-\frac{\partial v^{\beta}}{\partial x^{\alpha}}\right) \tag{2-118}$$

用 SPH 方法可以推导出应变率和旋转率张量的离散形式表达，即

$$\dot{\varepsilon}^{\alpha\beta}=\frac{1}{2}\sum_{j=1}^{N}\frac{m_j}{\rho_j}\left[(v_j^{\alpha}-v_i^{\alpha})\frac{\partial W_{ij}}{\partial x_i^{\beta}}+(v_j^{\beta}-v_i^{\beta})\frac{\partial W_{ij}}{\partial x_i^{\alpha}}\right] \tag{2-119}$$

$$\dot{R}^{\alpha\beta}=\frac{1}{2}\sum_{j=1}^{N}\frac{m_j}{\rho_j}\left[(v_j^{\alpha}-v_i^{\alpha})\frac{\partial W_{ij}}{\partial x_i^{\beta}}-(v_j^{\beta}-v_i^{\beta})\frac{\partial W_{ij}}{\partial x_i^{\alpha}}\right] \tag{2-120}$$

对于 von Mises 屈服准则，屈服面可以一般地表示为

$$F=\bar{\sigma}^2-Y^2(\overline{\varepsilon_p},\dot{\overline{\varepsilon_p}},T) \tag{2-121}$$

其中，$\bar{\sigma}$ 表示等效应力，$\bar{\sigma}=\sqrt{3S_{ij}S_{ij}/2}$。

以屈服强度 Y 采用 Johnson-Cook 模型为例，该模型考虑应变硬化、应变率硬化和温度软化对屈服强度的影响，即

$$Y=[Y_0+B(\varepsilon_p)^n][1+C\ln(\dot{\varepsilon}_p/\dot{\varepsilon}_0)][1-(T^*)^m] \tag{2-122}$$

其中，ε_p 为等效塑性应变；$\dot{\varepsilon}_p$ 为等效塑性应变率；$\dot{\varepsilon}_0$ 为参考应变率；Y_0 为单轴拉伸下的初始屈服强度；B、C、n 和 m 为材料常数，可以通过试验求得；T^* 为无量纲温度，即

$$T^*=\frac{T-T_0}{T_m-T_0} \tag{2-123}$$

其中，T_m 为材料熔化温度；T_0 为室温。

当温度 $T\geqslant T_m$ 时，温度项失效，其值被置为 0。假设 C_v 为比热系数，材料的畸变能 E_s 全部被转换成热能，则温度可由下式求出，即

$$T=T_0+\frac{E_s}{C_v} \tag{2-124}$$

首先计算偏应力率张量 $\dot{S}$，然后求出新时刻的临时偏应力张量 S'。如果临时偏应力张量的第二不变量 $J=\frac{1}{2}S'^{\alpha\beta}S'^{\alpha\beta}$ 超过 $\frac{Y^2}{3}$ 时，材料进入塑性屈服，则按下式计算偏应力张量，即

$$S^{\alpha\beta}=\sqrt{\frac{Y^2}{3J}}S'^{\alpha\beta} \tag{2-125}$$

如果 $J\leqslant\frac{Y^2}{3}$，则新时刻的偏应力张量为

$$S^{\alpha\beta}=S'^{\alpha\beta} \tag{2-126}$$

定义 $f=\min\left(\sqrt{\frac{Y^2}{3J}},1\right)$，则以上两式可以统一写为

$$S^{\alpha\beta}=fS'^{\alpha\beta} \tag{2-127}$$

6. SPH 方法的时间积分

SPH 方法是一种半离散化方法，它将函数的空间导数表示成粒子求和的代数方程，但物理量依然是时间的连续函数。时间方向的数值积分与动态有限元方法或有限差分法一致，通常采用显式中心差分方法提高计算精度。

式(2-102)～式(2-105)是一系列与时间相关的联立常微分方程，且是能进行数值积分运算的运动方程。通过使用标准的数值分析算法，如蛙跳法、预测-校正法和龙格-库塔法，可以很容易地进行数值积分，并求解出每一个粒子的变量场。在实际应用中，由于蛙跳法对存储的需求量低，而且计算效率高，因此很受欢迎。

第3章　舰船舱室中的冲击波及其计算方法

3.1　引　言

发生在舱内部的爆炸将对舰船结构造成严重的破坏。对舱内爆炸载荷的准确评估是结构响应计算和抗爆防护结构设计的输入条件，起着至关重要的作用。不同于自由场中的情况，当爆炸被限制在空间有限的封闭或部分封闭的舱室中时，冲击波将在舱壁之间形成多次反射，舱内会产生持续时间相对较长的准静态压力。舱内爆炸载荷的量级与舱室结构空间尺寸、爆炸当量、舱壁上冲击波的可流出面积（如舱壁开孔或破损）等参数有关。试验测量仅能得到局部测点压力的时间历程曲线，不能对各个舱室重要部位冲击波载荷进行全面评估，随着数值计算方法的发展，采用数值方法开展舱内爆炸冲击波载荷特性的研究已成为重要的研究手段。本章介绍作者团队开发的基于改进加权基本非振荡(weighted essentially non-oscillation，WENO)格式的高精度冲击波数值计算程序；采用数值程序 AUTODYN 开展舱内爆炸冲击波的计算和准确性分析；通过舱内爆炸试验，对舱室典型区域爆炸冲击波载荷进行分析。

3.2　爆炸冲击波的特性

炸药是一种高能物质，爆炸时能量快速释放，并产生高温、高压的类似于气体的爆炸产物。由于空气的初始压力和密度都很低，在装药和气体的界面处，爆炸产物以极高的速度向周围扩散，强烈地压缩相邻的空气，使其压力、密度、温度突跃式升高，形成初始冲击波。冲击波以极高的速度传播，在运动的过程中由于能量的传递和损耗，速度衰减很快，到零为止。当爆炸产物膨胀到某一特定体积时，它的压力降至周围气体压力未受扰动时的初始压力 P_0，但爆炸产物并不会停止运动，在惯性作用一直到某一最大容积。此时，爆炸产物的平均压力低于介质未经扰动时的初始压力，出现负压区。周围介质反过来对爆炸产物进行第一次压缩，使其压力不断增加。对于空气而言，有实际意义的只有第一次膨胀-压缩脉动过程。

3.2.1　空气中冲击波的形成

炸药起爆后，在药包内形成已反应区和未反应区两部分。两个区之间由爆轰波阵面分开，已反应区为爆轰波，由高温、高压的气态爆轰产物组成。根据守恒定律、状态方程、内能方程和辅助方程，爆轰波阵面上的质点速度 μ_D、密度 ρ_D、爆轰速度 D、压力 p_D、比内能 E_D，可由以下方程组求得，即

$$
\begin{aligned}
& u_D=\left(1-\frac{\rho_W}{\rho_D}\right)D,\quad p_D-p_W=\rho_W u_D D,\quad p_D/\rho_D{}^{\circ}RT_D=\phi(\rho_D) \\
& Q_W=E_D-E_W+\frac{p_D+p_W}{2}\left(\frac{1}{\rho_D}-\frac{1}{\rho_W}\right),\quad \Phi(p_D,\rho_D,u_D,t)=0 \\
& E_D=c_v T_D-\int_{\rho_W}^{\rho_D}\left[\left(\frac{\partial p}{\partial T}\right)_\rho-p\right]\frac{d\rho}{\rho^2}
\end{aligned}
\tag{3-1}
$$

其中，ρ_W 为爆药的密度；p_W 为未起反应时爆药的压力；$^{\circ}R$ 为气体常数；T_D 为爆轰波阵面上的绝对温度；Q_W 为爆热；E_W 为炸药的比内能；c_v 为定容比热。

当炸药的密度 $\rho_W>1000\text{kg/m}^3$ 时，Landau 和 Stanyukovich 给出了炸药爆轰波阵面的关系式，即

$$
\begin{aligned}
& \rho_D=\frac{k+1}{k}\rho_W,\quad p_D-p_W=\frac{1}{k+1}\rho_W D \\
& u_D=\frac{1}{k+1}D,\quad c_D=\frac{k}{k+1}D
\end{aligned}
\tag{3-2}
$$

其中，k 为等熵指数；c_D 为炸药中的当地声速，由关系式 $c_D^2=\mathrm{d}p/\mathrm{d}\rho$ 确定。

爆炸完成后，爆轰波的波阵面在药包的边缘处撞击周围的空气，形成初始冲击波并在空气中传播。假设空气不释放能量，则 $Q_W=0$，冲击波阵面上的压力 p，密度 ρ，速度 u 可由方程组(3-2)求得。

冲击波在空气中传播时，波阵面上的压力、速度等参量下降较快，其原因如下。

① 空气冲击波不论是以球面波、柱面波或其他形式的波向外传播，随着半径的增大，波阵面的表面积不断增大，即使没有其他能量损耗，通过波阵面单位面积的能量(能流密度)也不断减小。

② 由于单位面积能量的减小，冲击波速度降低，空气冲击波压缩相(正压区)在传播过程中不断拉宽，压缩区内的空气量不断增加，因此单位质量空气的平均能量减小。

③ 在强度较大的空气冲击波作用下，空气受到冲击绝热压缩，温度升高，消耗了部分冲击波的能量。

3.2.2　冲击波阵面的兰金-于戈尼奥条件

冲击波阵面是一个强断面，以一定的速度移动，其前后的介质是不同的。冲击波阵面示意图如图 3-1 所示。设冲击波阵面向右运动的速度为 D，波阵面前的压力为 p_0，密度为 ρ_0，粒子速度为 $u_0=0$，比内能为 e_0，波阵面后的压力为 p_1，密度为

ρ_1，粒子速度为 u_1，比内能为 e_1。如果取波阵面为静止的坐标系，则波阵面右边的物质以速度 D 流入阵面，阵面上的物质被压缩，并以速度 $D-u_1$ 流出，则在波阵面前后应遵守下列守恒关系。

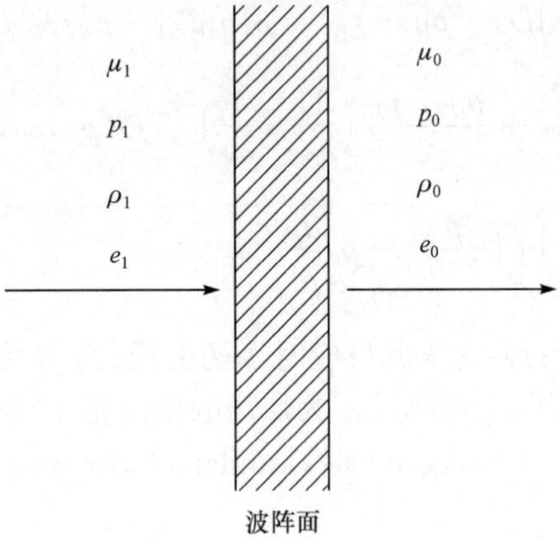

图 3-1　冲击波阵面示意图

1. 质量守恒定律

用 $\dot{m}$ 表示质量流，则在单位时间内单位面积上流入波阵面的质量为 $\rho_0 D$，流出冲击波阵面的质量为 $\rho_1(D-u_1)$，质量守恒要求为

$$\rho_0 D=\rho_1(D-u_1) \tag{3-3}$$

也可写为

$$\frac{\rho_1}{\rho_0}=\frac{V_0}{V_1}=\frac{D}{D-u_1} \tag{3-4}$$

其中，$V=1/\rho$ 为比容。

2. 动量守恒定律

应用牛顿第二定律，作用在单位面积波阵面上的合力为 p_1-p_0（方向向右），等于单位时间内动量的改变，于是有

$$p_1-p_0=\dot{m}D-\dot{m}(D-u_1) \tag{3-5}$$

由于 $\dot{m}=\rho_0 D$，有

$$p_1-p_0=\rho_0 D u_1 \tag{3-6}$$

3. 能量守恒定律

在波阵面右边单位质量的动能为 $D^2/2$，内能为 e_0，压力对物质做功为 $p_0 V_0$，在波阵面左边的动能为$(D-u_1)^2/2$，内能为 e_1，做功项为 $p_1 V_1$，则由动量守恒有

$$\frac{1}{2}D^2+p_0V_0+e_0=\frac{1}{2}(D-u_1)^2+p_1V_1+e_1 \tag{3-7}$$

也可改写为

$$e_1-e_0=p_0V_0-p_1V_1+\frac{1}{2}[D^2-(D-u_1)^2]=p_0V_0-p_1V+Du_1-\frac{1}{2}u_1^2 \tag{3-8}$$

将式(3-4)和式(3-6)代入式(3-8)，消去 D 和 u_1，可得

$$e_1-e_0=\frac{1}{2}(p_1+p_0)(V_0-V_1) \tag{3-9}$$

由方程(3-9)可知，当含能材料的状态方程 $e=f(p,V)$ 函数关系确定时，可以得到冲击波阵面前后的 p 和 V 的关系，称为兰金-于戈尼奥关系。式(3-4)、式(3-6)和式(3-7)称为兰金-于戈尼奥条件，对任何波阵面都适用。

3.2.3　冲击波的初始参数

Landau[13] 和 Stanyukovich[14] 在计算冲击波的初始参数中，采用一种分阶段等熵线。

第一阶段，爆轰产物由压力 p_D 膨胀到某一转换点 K 时的临界压力 p_K。在此阶段，等熵指数 k 保持不变，即

$$p_DV_D^k=p_kV_K^k \tag{3-10}$$

第二阶段，爆轰产物的压力从 p_K 膨胀到 p_x。在此阶段，爆轰产物遵循理想气体的等熵方程，即

$$p_KV_K^r=p_xV_x^r \tag{3-11}$$

其中，p_D 和 V_D 为爆轰波阵面上的压力和爆轰产物的体积；p_K 和 V_K 为爆轰产物膨胀到转换点 K 时的压力和体积；p_x 和 V_x 为爆轰形成初始冲击波阵面上的压力和爆轰产物的体积；k 和 r 为爆轰产物在两个阶段的等熵指数，通常 $k=3$，$r=1.2\sim1.4$。

p_K 和 V_K 的值用爆轰波的兰金-于戈尼奥方程计算，即

$$\frac{p_DV_D}{k-1}-\frac{p_KV_K}{k-1}+\Delta Q=\frac{p_D}{2}(V_W-V_D)+Q_W \tag{3-12}$$

其中，ΔQ 为在转换点上的余热；Q_W 为爆热；$p_KV_K/(k-1)$ 的值与 $p_DV_D/(k-1)$ 相比是小量；V_W 为初始体积。

由 $p_D=\rho_WD^2/(k+1)$ 和 $V_D=1/\rho_D=k/(k+1)\rho_W$ 可得下式，即

$$\Delta Q=Q_W-\frac{D^2}{2(k^2-1)} \tag{3-13}$$

由于 ΔQ 为热能，所以 $\Delta Q=c_vT_k$，当 $p_D<p_K$ 时，爆轰产物可以假定为理想气体，可得下式，即

$$p_K V_K = {}^{\circ}RT_k = \frac{{}^{\circ}R\Delta Q}{c_v} = (\gamma-1)\Delta Q \tag{3-14}$$

其中，γ 为理想气体的比热；由式(3-11)和式(3-14)可计算 p_K 和 V_K；c_v 为定容比热；${}^{\circ}R$ 为气体常数。

在气态爆轰产物与空气交界面有下式，即

$$u_X = u_D + u_Z \tag{3-15}$$

其中，u_X、u_D 和 u_Z 分别为交界面上、爆轰波中和稀疏波中的质点速度。

根据动量变化的理论，对介质中任意一个单元，可得出方程 $\mathrm{d}u=\mathrm{d}p/\rho c_z$。速度 u_Z 的表达式为

$$u_Z = \int_{p_K}^{p_D} \frac{\mathrm{d}p}{\rho c_z} + \int_{p_X}^{p_K} \frac{\mathrm{d}p}{\rho c_z} = \frac{2}{k-1}(c_{zD} - c_{zk}) + \frac{2}{\gamma-1}(c_{zk} - c_{zX}) \tag{3-16}$$

其中，c_z 为声速；$c_{zk} = \sqrt{\gamma p_K V_K}$；$c_{zD}$ 和 c_{zX} 为爆轰产物声速和交界面声速。

由式(3-15)和式(3-16)，有

$$\begin{gathered} u_D = D/(k+1), \quad c_{zD} = kD/(k+1), \\ c_{zk}/c_{zD} = (p_k/p_D)^{(k-1)/2k}, \quad c_{zX}/c_{zk} = (p_X/p_k)^{(\gamma-1)/2\gamma} \end{gathered} \tag{3-17}$$

可以得到下式，即

$$u_X = \frac{D}{k+1}\left\{1+\frac{2k}{k-1}\left[1-\left(\frac{p_k}{p_D}\right)^{(k-1)/2k}\right]\right\} + \frac{2c_{2k}}{\gamma-1}\left[1-\left(\frac{p_X}{p_D}\right)^{(\gamma-1)/2\gamma}\right] \tag{3-18}$$

如果爆轰产物向真空空间膨胀，则初始冲击波阵面上的压力 $p_X=0$，且有

$$u_X = \frac{D}{k+1}\left\{1+\frac{2k}{k-1}\left[1-\left(\frac{p_k}{p_D}\right)^{(k-1)/2k}\right]\right\} + \frac{2c_{2k}}{\gamma-1} \tag{3-19}$$

在初始瞬间，喷流速度 u_X 等于冲击波阵面后的空气速度 u。对于这种强冲击波，下面关系成立，即

$$\begin{gathered} N = \frac{k_3+1}{2}u, \quad p = p_X = \frac{k_3+1}{2}\rho u^2 \\ u = u_X, \quad u_X = \sqrt{\frac{2p_X}{(k_3+1)\rho}} \end{gathered} \tag{3-20}$$

其中，k_3 为空气的等熵指数，对于强冲击波 $k_3=1.2$；ρ 为冲击波阵面上的空气密度；N 为冲击波阵面的速度。

3.3 爆炸冲击波的传播理论

爆炸冲击波形成后，迅速通过空气进行传播。空气运动时遵循守恒定律，因此可建立气体运动的控制方程，常用的有拉格朗日方程和欧拉方程两种形式。根据初始条件、边界条件和气体的状态方程，采用适当的计算方法，可求得计算域中任

一位置的压力-时间载荷关系曲线。

3.3.1　基本控制方程

空气中爆炸冲击波的传播以质量、动量、能量守恒规律为基础，这些规律用数学上的欧拉方程组表示如下。

质量守恒方程

$$\frac{\partial \rho}{\partial t}+\sum_{i}^{3}\frac{\partial(\rho u_i)}{\partial x_i}=0 \tag{3-21}$$

动量守恒方程

$$\frac{\partial u_i}{\partial t}+\sum_{j}^{3}u_j\frac{\partial u_i}{\partial x_j}+\frac{1}{\rho}\frac{\partial p}{\partial x_i}=0 \tag{3-22}$$

能量守恒方程

$$\rho E+\sum_{i}^{3}\frac{\partial(p\dot{x}_i)}{\partial x_i}=0 \tag{3-23}$$

为了使方程组封闭，还需要总能量方程和气体状态方程。

总能量方程

$$E=\frac{1}{2}\sum_{i}^{3}\dot{x}_i^2+e \tag{3-24}$$

气体状态方程

$$p=(\gamma-1)\rho e \tag{3-25}$$

其中，ρ 为气体的密度；u_i 为速度分量；E 为总能量；γ 为比热；e 为内能；p 为压力；t 为时间；x_i 为位移。

采用拉普拉斯算子 ∇，即 $\nabla\cdot a=\mathrm{div}(a)=\partial a_x/\partial x+\partial a_y/\partial y+\partial a_z/\partial z$，则式(3-21)～式(3-23)可写为

$$\frac{\partial \rho}{\partial t}=-\nabla\cdot\rho u \tag{3-26}$$

$$\frac{\partial \rho u}{\partial t}=-\nabla\cdot(\rho uu)-\nabla\cdot P \tag{3-27}$$

$$\frac{\partial E}{\partial t}=-\nabla\cdot(Eu)-\nabla\cdot(uP) \tag{3-28}$$

3.3.2　冲击波传播的计算方法

式(3-21)～式(3-25)构成描述冲击波传播的全部方程。为了求解，还必须加上初始条件和边界条件。对上述方程的求解，理论上是有精确解或解析解的，但

是，由于边界条件或方程自身的复杂性，方程过于高度非线性，很难得到解析解。随着计算机的不断发展，爆炸冲击波传播的数值计算方法得到快速的发展，数值计算已成为研究爆炸冲击问题的重要手段。

1. 解析方法

解析方法的优点在于所得结果具有普遍性，各种影响因素清晰可见，但是要求对计算对象进行抽象和简化，才有可能得到解析解。对冲击波的传播，只有极少数的一维问题能得到某些特解或部分的解析解。

Taylor 对球对称爆炸波的参数进行相似假定后，求解爆炸波的控制方程，得出著名的泰勒相似解。泰勒相似解在爆炸波膨胀短暂的初始阶段有效。

能量

$$E=B\rho_0 A^2 \tag{3-29}$$

最大压力

$$p_{\max}=0.155R^{-3}E \tag{3-30}$$

爆炸波速度

$$U=R^{-2/3}E^{1/2}(B\rho_0)^{-1/2} \tag{3-31}$$

到达时间

$$t_a=0.926R^{3/2}\rho_0^{1/2}E^{-1/2} \tag{3-32}$$

$$A=E_0^{1/2}\rho_0^{-1/2}/\sqrt{B} \tag{3-33}$$

对于理想气体，$B=5.36$，A 为常数，R 为爆炸波的半径，ρ_0 为环境空气的密度，E_0 为爆源中单位长度的能量。

2. 数值计算方法

随着计算机技术的发展，爆炸力学的数值计算方法也得到快速的发展。其基本思想是将分布空间域进行离散，把连续的微分方程转换成有限阶的代数方程组，同时在时间域进行离散。空间域离散的方法较多，常用的方法有有限差分法、有限体积法（控制体积法）、有限元法等。

(1) 有限差分法

有限差分法是数值计算的经典方法，是将求解域划分为差分网格，用有限个网格节点代替连续的求解域，然后将控制方程的导数用差商代替，推导出含有离散点上有限个未知数的差分方程组。求差分方程组的解，就是将微分问题转换为代数问题，求近似数值解。

(2) 有限体积法

有限体积法也称控制体积法,是将求解域划分为网格,并使每个网格点周围有一个互不重复的控制体积,用控制方程对每一个控制体积积分,从而得出一组离散方程。从积分区域的选取来看,有限体积法属于加权余量法中的子域法。从未知解的近似方法来看,有限体积法属于采用局部近似的离散方法。

(3) 有限元法

有限元法是将一个连续的求解域任意分成适当形状的许多微小单元,并对各小单元分片构造插值函数,然后根据极值原理(变分或加权余量法),将问题的控制方程转化为所有单元上的有限元方程,把总体的极值作为各单元极值的和,即将局部单元总体合成,形成嵌入指定边界条件的代数方程组,求解该方程组就得到各节点待求的函数值。

在这三种方法中,有限差分法发展较早,比较成熟,缺点是难以求解边界条件复杂的问题。有限体积法是发展非常迅速的一种离散化方法,计算效率较高,已在很多通用软件中得到应用。

3.4 基于改进 WENO 的高精度冲击波数值计算

爆炸产生的冲击波包含激波强间断、接触间断和光滑流场结构,对爆炸冲击波流场的精确模拟需要有效且高精度的激波捕捉格式。本书提出现有 5 阶 WENO 格式的改进格式,利用加权函数将数值耗散局限在间断区域附近,而对于光滑流场区域则利用无耗散通量部分进行计算。采用经典算例验证改进格式的计算精度。基于 FORTRAN 平台和改进的 5 阶 WENO 有限差分,开发约束空间内爆炸冲击波高精度三维数值计算程序,通过与试验结果的对比分析验证提出的数值计算程序的可靠性和准确性。在此基础上,通过程序计算分析炸药位置、泄爆孔位置,以及泄爆孔大小等参数对约束空间爆炸载荷的影响规律[15-23]。

3.4.1 控制方程及维数分裂

1. 欧拉方程

对于 TNT 装药爆轰过程采用瞬时爆轰假定。装药瞬时爆轰后描述流场的控制方程采用三维无黏可压缩欧拉方程,即

$$U+E+F+G=0 \tag{3-34}$$

其中

$$U=\begin{bmatrix}\rho\\ \rho u\\ \rho v\\ \rho w\\ E\end{bmatrix},\quad E=\begin{bmatrix}\rho u\\ \rho u^2+p\\ \rho uv\\ \rho uw\\ u(E+p)\end{bmatrix}$$

$$F=\begin{bmatrix}\rho v\\ \rho vu\\ \rho v^2+p\\ \rho vw\\ v(E+p)\end{bmatrix},\quad G=\begin{bmatrix}\rho w\\ \rho wu\\ \rho wv\\ \rho w^2+p\\ w(E+p)\end{bmatrix} \tag{3-35}$$

其中，ρ 为密度；u、v 和 w 为 x、y 和 z 方向上的速度分量；p 为流体压力；E 为单位体积流体的总能量；e 为比内能。

$$E=\rho e+\frac{1}{2}\rho u^2+\frac{1}{2}\rho v^2+\frac{1}{2}\rho w^2 \tag{3-36}$$

$$p=(\gamma-1)\rho e \tag{3-37}$$

2. Strang 维数分裂

对于多维欧拉方程的计算，一般采用维数分裂的方法进行处理。利用 Strang 维数分裂法，将欧拉方程分解为三个方向求解，即

$$\frac{\partial U}{\partial t}+\frac{\partial E(U)}{\partial U}\frac{\partial U}{\partial x}=0 \tag{3-38}$$

$$\frac{\partial U}{\partial t}+\frac{\partial F(U)}{\partial U}\frac{\partial U}{\partial y}=0 \tag{3-39}$$

$$\frac{\partial U}{\partial t}+\frac{\partial G(U)}{\partial U}\frac{\partial U}{\partial z}=0 \tag{3-40}$$

3.4.2 数值计算方法

欧拉方程属于双曲型偏微分方程，需要根据其特性来选择合适的数值计算方法进行求解。该程序采用改进的 5 阶 WENO 有限差分进行欧拉方程的数值离散和求解。

1. 特征矩阵

从 x、y、z 方向对流项通量对应的雅可比矩阵进行特征矩阵求解的目的是将对流项通量首先映射到特征空间进行特征分裂，然后再将特征分裂后的对流项数

值通量映射回原物理空间，最终实现对流项通量在物理空间的分裂。

雅可比矩阵$\partial E(U)/\partial U$ 的左特征矩阵 L 为

$$
\begin{aligned}
&L_1=\left[\frac{1}{2}\left(b_2+\frac{u}{c}\right) \quad -\frac{1}{2}\left(b_1u+\frac{1}{c}\right) \quad -\frac{1}{2}b_1v \quad -\frac{1}{2}b_1w \quad \frac{1}{2}b_1\right]\\
&L_2=\left[1-b_2 \quad b_1u \quad b_1v \quad b_1w \quad -b_1\right]\\
&L_3=\left[\frac{1}{2}\left(b_2-\frac{u}{c}\right) \quad -\frac{1}{2}\left(b_1u-\frac{1}{c}\right) \quad -\frac{1}{2}b_1v \quad -\frac{1}{2}b_1w \quad \frac{1}{2}b_1\right]\\
&L_4=\left[-w \quad 0 \quad 0 \quad 1 \quad 0\right]\\
&L_5=\left[-v \quad 0 \quad 1 \quad 0 \quad 0\right]
\end{aligned}
\tag{3-41}
$$

雅可比矩阵$\partial E(U)/\partial U$ 的右特征矩阵 R 为

$$
\begin{gathered}
R_1=\begin{bmatrix}1\\u-c\\v\\w\\H-uc\end{bmatrix},\quad R_2=\begin{bmatrix}1\\u\\v\\w\\\dfrac{u^2+v^2+w^2}{2}\end{bmatrix}\\
R_3=\begin{bmatrix}1\\u+c\\v\\w\\H+uc\end{bmatrix},\quad R_4=\begin{bmatrix}0\\0\\0\\1\\w\end{bmatrix},\quad R_5=\begin{bmatrix}0\\0\\1\\0\\v\end{bmatrix}
\end{gathered}
\tag{3-42}
$$

雅可比矩阵$\partial F(U)/\partial U$ 的左特征矩阵 L 为

$$
\begin{aligned}
&L_1=\left[\frac{1}{2}\left(b_2+\frac{v}{c}\right) \quad -\frac{1}{2}b_1u \quad -\frac{1}{2}\left(b_1v+\frac{1}{c}\right) \quad -\frac{1}{2}b_1w \quad \frac{1}{2}b_1\right]\\
&L_2=\left[1-b_2 \quad b_1u \quad b_1v \quad b_1w \quad -b_1\right]\\
&L_3=\left[\frac{1}{2}\left(b_2-\frac{v}{c}\right) \quad -\frac{1}{2}b_1u \quad -\frac{1}{2}\left(b_1v-\frac{1}{c}\right) \quad -\frac{1}{2}b_1w \quad \frac{1}{2}b_1\right]\\
&L_4=\left[-w \quad 0 \quad 0 \quad 1 \quad 0\right]\\
&L_5=\left[-u \quad 1 \quad 0 \quad 0 \quad 0\right]
\end{aligned}
\tag{3-43}
$$

雅可比矩阵$\partial F(U)/\partial U$ 的右特征矩阵 R 为

$$R_1=\begin{bmatrix}1\\u\\v-c\\w\\H-vc\end{bmatrix},\quad R_2=\begin{bmatrix}1\\u\\v\\w\\\dfrac{u^2+v^2+w^2}{2}\end{bmatrix}\tag{3-44}$$

$$R_3=\begin{bmatrix}1\\u\\v+c\\w\\H+vc\end{bmatrix},\quad R_4=\begin{bmatrix}0\\0\\0\\1\\w\end{bmatrix},\quad R_5=\begin{bmatrix}0\\1\\0\\0\\u\end{bmatrix}$$

雅可比矩阵$\partial G(U)/\partial U$的左特征矩阵L为

$$\begin{aligned}
L_1&=\left[\frac{1}{2}\left(b_2+\frac{w}{c}\right)\quad -\frac{1}{2}b_1u\quad -\frac{1}{2}b_1v\quad -\frac{1}{2}\left(b_1w+\frac{1}{c}\right)\quad \frac{1}{2}b_1\right]\\
L_2&=[1-b_2\quad b_1u\quad b_1v\quad b_1w\quad -b_1]\\
L_3&=\left[\frac{1}{2}\left(b_2-\frac{w}{c}\right)\quad -\frac{1}{2}b_1u\quad -\frac{1}{2}b_1v\quad -\frac{1}{2}\left(b_1w-\frac{1}{c}\right)\quad \frac{1}{2}b_1\right]\\
L_4&=[-v\quad 0\quad 1\quad 0\quad 0]\\
L_5&=[-u\quad 1\quad 0\quad 0\quad 0]
\end{aligned}\tag{3-45}$$

雅可比矩阵$\partial G(U)/\partial U$的右特征矩阵R为

$$R_1=\begin{bmatrix}1\\u\\v\\w-c\\H-wc\end{bmatrix},\quad R_2=\begin{bmatrix}1\\u\\v\\w\\\dfrac{u^2+v^2+w^2}{2}\end{bmatrix}\tag{3-46}$$

$$R_3=\begin{bmatrix}1\\u\\v\\w+c\\H+wc\end{bmatrix},\quad R_4=\begin{bmatrix}0\\0\\0\\1\\v\end{bmatrix},\quad R_5=\begin{bmatrix}0\\1\\0\\0\\u\end{bmatrix}$$

其中，$c=\sqrt{p_\rho+\dfrac{p}{\rho^2}p_e}$；$b_1=\dfrac{p_e}{\rho c^2}$；$b_2=1+b_1q^2-b_1H$，$H=\dfrac{E+p}{\rho}$，$q^2=u^2+v^2+w^2$。

2. 空间项数值离散

WENO的基本思想是通过线性组合低阶通量得到高阶通量。其数值离散和推导过程如下。对于 5 阶 WENO 单元面 $x_{i+1/2}$ 处的数值通量 $f_{i+1/2}$ 的 3 种重构方式分别为

$$f^0_{i+1/2}=\frac{1}{3}f_i+\frac{5}{6}f_{i+1}-\frac{1}{6}f_{i+2} \tag{3-47}$$

$$f^1_{i+1/2}=-\frac{1}{6}f_{i-1}+\frac{5}{6}f_i+\frac{1}{3}f_{i+1} \tag{3-48}$$

$$f^2_{i+1/2}=\frac{1}{3}f_{i-2}-\frac{7}{6}f_{i-1}+\frac{11}{6}f_i \tag{3-49}$$

其中，$f_k(k=i-2,i-1,i,i+1,i+2)$分别表示点 x_k 处的数值通量；$f^k_{i+1/2}(k=0,1,2)$表示三个子模板$\{x_i,x_{i+1},x_{i+2}\}$、$\{x_{i-1},x_i,x_{i+1}\}$、$\{x_{i-2},x_{i-1},x_i\}$上三阶精度的数值通量。

5 阶 WENO 利用上述的三种模板凸组合计算数值通量 $f_{i+1/2}$，即

$$f_{i+1/2}=\omega_0 f^0_{i+1/2}+\omega_1 f^1_{i+1/2}+\omega_2 f^2_{i+1/2} \tag{3-50}$$

其中，$\omega_k(k=0,1,2)$表示 WENO 的非线性权重。

对于光滑情形，将 $\omega_0=\frac{3}{10}$、$\omega_1=\frac{6}{10}$和 $\omega_2=\frac{1}{10}$代入并经过整理可得下式，即

$$\begin{aligned} f_{i+1/2}=&\frac{1}{12}(-f_{i-1}+7f_i+7f_{i+1}-f_{i+2}) \\ &+\frac{1}{6}\left(\omega_0-\frac{1}{2}\right)(D_1-2D_2+D_3) \\ &+\frac{1}{3}\omega_2(D_0-2D_1+D_2) \end{aligned} \tag{3-51}$$

其中

$$\begin{aligned} &D_0=f_{i-2}-f_{i-1},\quad D_1=f_{i-1}-f_i \\ &D_2=f_i-f_{i+1},\quad D_3=f_{i+1}-f_{i+2} \end{aligned} \tag{3-52}$$

ω_k 根据下式求得，即

$$\begin{aligned} &\omega_k=\frac{\alpha_k}{\sum_{s=0}^{2}\alpha_s},\quad \alpha_k=\frac{d_k}{(\varepsilon+\beta_k)^2},\quad k=0,1,2 \\ &d_0=\frac{3}{10},\quad d_1=\frac{6}{10},\quad d_2=\frac{1}{10} \end{aligned} \tag{3-53}$$

其中，d_k 表示 WENO 的线性权重；ε 为避免分母为零的小数，$\varepsilon=10^{-6}$。

其 3 个子模板光滑因子 $\beta_k(k=0,1,2)$的表达式为

$$\begin{cases} \beta_0=D_2(10D_2-11D_3)+4D_3^2 \\ \beta_1=D_1(4D_1-5D_2)+4D_2^2 \\ \beta_2=D_0(4D_0-11D_1)+10D_1^2 \end{cases} \tag{3-54}$$

为了提高爆炸冲击波计算精度，在前人工作的基础上，我们提出改进的 5 阶 WENO。将 5 阶 WENO 数值通量分解为无耗散部分和耗散部分，并利用加权函数将数值耗散局限在间断区域附近，从而更好地捕捉间断。对于光滑流场区域则利用无耗散通量部分进行计算，提高流场的计算分辨率。下面给出改进的 5 阶 WENO 具体推导过程。

将式(3-51)中的数值通量分解为四阶中心差分无耗散通量和数值耗散通量，两部分通量分别为

$$f_{i+1/2\_\text{non\_diss}}^{\text{WENO5}}=\frac{1}{12}(-f_{i-1}+7f_i+7f_{i+1}-f_{i+2}) \tag{3-55}$$

$$\begin{aligned} f_{i+1/2\_\text{diss}}^{\text{WENO5}}=&\frac{1}{6}\left(\omega_0-\frac{1}{2}\right)(D_1-2D_2+D_3)\\ &+\frac{1}{3}\omega_2(D_0-2D_1+D_2) \end{aligned} \tag{3-56}$$

改进格式最终可以写为

$$f_{i+1/2}^{\text{HYBRID}}=f_{i+1/2\_\text{non\_diss}}^{\text{WENO5}}+(1-\sigma_{i+1/2})f_{i+1/2\_\text{diss}}^{\text{WENO5}} \tag{3-57}$$

其中，$\sigma_{i+1/2}$ 为加权函数，其表达式为

$$\sigma_{i+1/2}=\left(\frac{1}{1+\left(\dfrac{\tau+\varepsilon}{\beta_{j+1/2}^{\text{hybrid}}}\right)^m}\right)^p \tag{3-58}$$

式中，$\varepsilon=1.0\times10^{-6}$；$m,p$ 均为大于 1 的整数，这里都取 2。

$$\tau=\max[\text{abs}(\beta_0-\beta_1),\text{abs}(\beta_1-\beta_2),\text{abs}(\beta_2-\beta_0)] \tag{3-59}$$

$$\beta_{j+1/2}^{\text{hybrid}}=\min(\beta_0,\beta_1,\beta_2) \tag{3-60}$$

3. 时间项数值离散

时间项采用三阶龙格-库塔法求解，格式为

$$\begin{cases} U^1=U^n+\Delta tL(U^n)\\ U^2=\dfrac{3}{4}U^n+\dfrac{1}{4}U^1+\dfrac{1}{4}\Delta tL(U^1)\\ U^{n+1}=\dfrac{1}{3}U^n+\dfrac{1}{3}U^2+\dfrac{2}{3}\Delta tL(U^2) \end{cases} \tag{3-61}$$

其中，U 表示守恒通量；U^n 表示 n 时刻的守恒通量；U^1 和 U^2 表示中间变量；U^{n+1} 表示 $n+1$ 时刻的守恒通量；Δt 表示时间步长；$L(\cdot)$表示运算算子。

3.4.3 程序实现

我们开发的约束空间内爆炸冲击波高精度三维数值计算程序基于 FOR-

TRAN 平台，采用主程序和子程序相结合方式进行上述数值计算方法的实现。程序实现流程如图 3-2 所示。

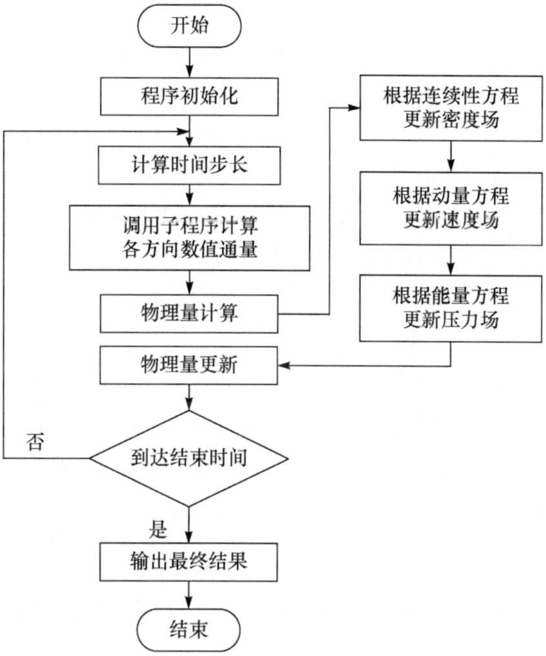

图 3-2　程序实现流程

① 根据具体的物理条件，确定计算域的尺度、网格大小、计算结束时间等参数，对程序进行初始化。

② 根据数值计算的稳定性条件确定时间步长。

③ 通过主程序调用子程序的方式实现三个方向数值通量的计算。

④ 根据计算得到的总通量，由连续性方程更新密度场，由动量方程更新速度场，由能量方程更新压力场、温度场等标量场。

⑤ 判断计算时间是否到达结束时间，若到达，则直接输出最终计算结果；否则，返回②。

3.4.4　改进 WENO 的数值验证

本节采用经典的激波与熵波的相互作用案例验证改进 WENO 的计算精度。该问题主要描述冲击波与局部密度扰动区的相互作用过程。计算初始条件如式(3-62)所示，两端边界条件设置为流出边界，网格数为 400，计算结束的无量纲时间为 1.8。两种数值格式计算密度和压力曲线对比如图 3-3 所示，其中 P_0 和 ρ_0 分别为大气压力和密度，L_0 为参考特征长度。图 3-3(a)和图 3-3(c)分别给出

WENO、改进的 WENO 数值计算结果与精确解的对比图。为了比较两种格式的差异性，将密度和压力曲线进行局部放大，如图 3-3(d)所示。

通过对比发现，改进的 WENO 对激波间断具有较好的捕捉能力，在间断附近，其耗散比 WENO 小，捕捉到的间断更陡峭，如图 3-3(d)所示。对于光滑流场结构，改进的 WENO 给出了更高精度的结果，如图 3-3(b)所示。从计算结果来看，加权函数可以有效地检测到间断，在远离间断区域减小数值耗散，在间断局部区域施加足够耗散以捕捉间断。

$$(\rho\ u\ p)=\begin{cases}(3.857143\quad 2.629369\quad 10.33333), & -5\leqslant x<-4\\(1+0.2\sin 5x\quad 0\quad 1), & -4\leqslant x\leqslant 5\end{cases} \tag{3-62}$$

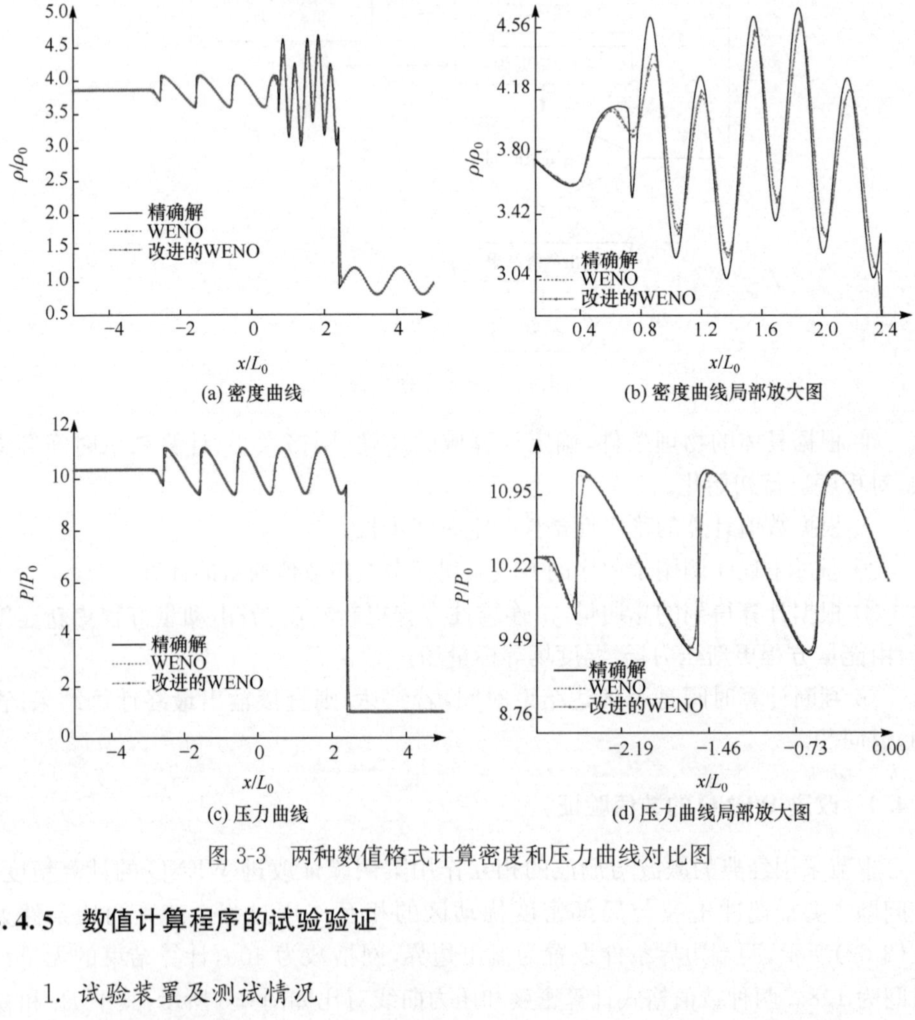

(a) 密度曲线 (b) 密度曲线局部放大图

(c) 压力曲线 (d) 压力曲线局部放大图

图 3-3 两种数值格式计算密度和压力曲线对比图

3.4.5 数值计算程序的试验验证

1. 试验装置及测试情况

为了验证数值程序对三维约束空间 TNT 爆炸冲击波演化过程模拟计算的可

靠性和准确性，我们开展了相关的试验测试。爆炸试验装置是内部尺寸为1800mm×800mm×800mm的长方体结构，如图3-4所示。箱体壁面A上开有可以调节孔径大小的泄爆孔，如图3-5所示。箱体壁面A上安装2个压力传感器，分别编号为No.1和No.2；壁面B上安装1个压力传感器，编号为No.3；壁面C上安装2个压力传感器，编号分别为No.4和No.5。压力传感器测点布置位置如图3-6所示。

图3-4 爆炸试验装置

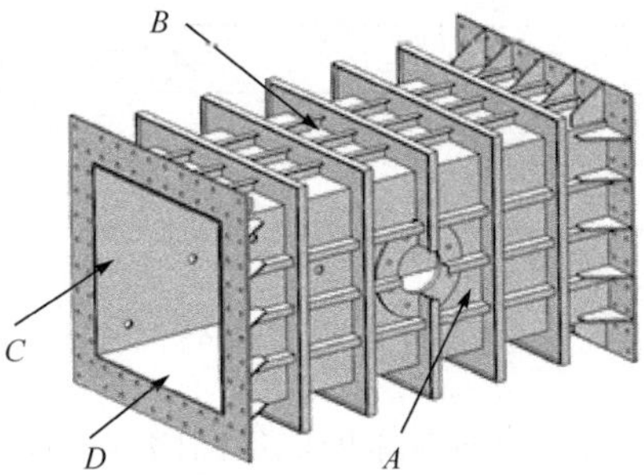

图3-5 爆炸箱体壁面泄爆孔

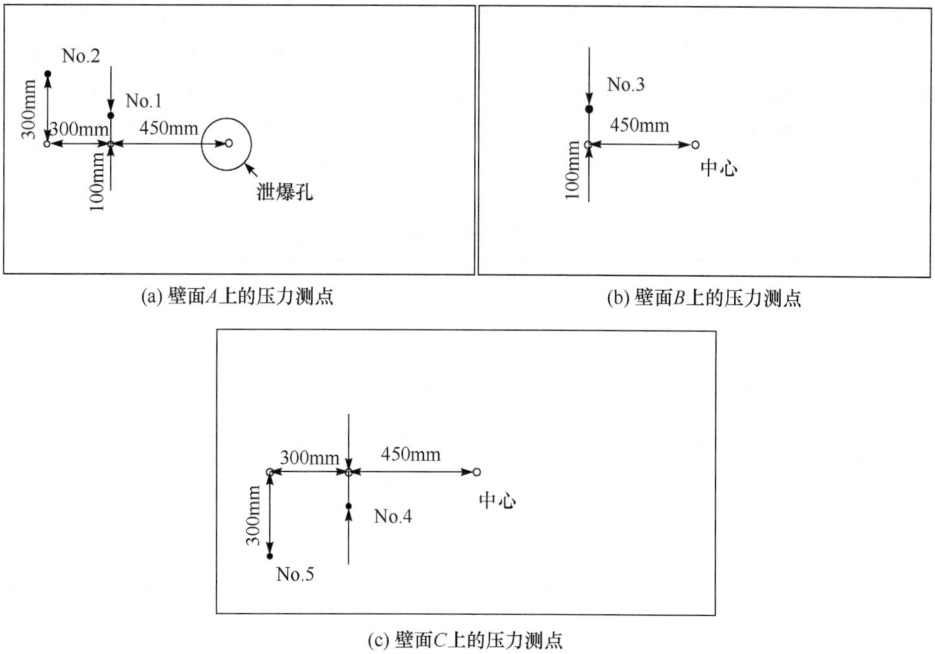

图3-6 压力传感器测点布置位置示意图

试验采用55g和110g两种柱形TNT，具体的尺寸和参数如表3-1所示，试验爆炸情况如表 3-2 所示。

表 3-1　柱形 TNT 尺寸和参数

药量/g	半径/mm	高度/mm	密度/(kg/m³)
55	17	38	1630
110	20	54	1630

表 3-2　试验爆炸情况

爆炸情况	爆孔半径/mm	药量/g	TNT 位置
1	50	55	箱体中心
2	75	110	箱体中心

2. 冲击波传播过程的三维数值模拟

炸药的爆炸场包含向内部传播的稀疏波和向外部空气域传播的冲击波等复杂波系结构。由于试验采用的 TNT 药柱尺寸较小,假定柱形 TNT 装药瞬时爆轰,根据能量等效的原则,采用理想气体状态方程计算瞬时爆轰后高温高压气体产物的压力。空气和爆轰气体产物的参数如表 3-3 所示。通过初步计算发现,由于 TNT 药柱尺寸较小,能填充的网格数较少,会给计算带来一定的误差。在数值计算中,对于装药采用特殊的处理方法,根据质量和能量守恒,将柱形 TNT 装药瞬时爆轰后高温高压气体产物尺寸扩大 2 倍后的参数作为程序的初始条件(表 3-4)。

表 3-3　空气和爆轰气体产物的参数

介质	密度/(kg/m³)	比内能/(J/kg)	压力/Pa	绝热指数
空气	1.225	2.068×10^5	1.0133×10^5	1.4
爆轰气体	1630	4.69×10^6	3.058×10^9	1.4

表 3-4　尺寸扩大 2 倍后 TNT 装药瞬时爆轰气体产物参数

TNT 质量/g	半径/mm	高度/mm	密度/(kg/m³)	压力/Pa	速度/(m/s)
55	34	76	203.75	3.822×10^8	0
110	40	108	203.75	3.822×10^8	0

爆炸箱体及初始条件如图 3-7 所示,中间柱形区域表示 TNT 瞬时爆轰产物,周围区域为箱体内部的空气,其尺寸为箱体内部尺寸。由于壁面结构刚度很大,在计算中处理为刚性反射壁面,箱体开孔处设置为流出边界。基于计算时间和计算精度的考虑,程序中网格数设置为 180×80×80。为了显示压力场随时间变化的

整个过程，计算过程设定 5 个切面(图 3-8)，分别位于 $x_1=0$mm，$x_2=900$mm，$x_3=1350$mm，$x_4=1650$mm 和 $x_5=1800$mm 处。切面 x_1 和 x_5 分别位于爆炸箱体长度方向的两个端面处；切面 x_2 位于箱体中间；切面 x_3 位于壁面压力测点 No. 1、No. 3 和 No. 4 的位置处；切面 x_4 位于壁面压力测点 No. 2 和 No. 5 的位置处。

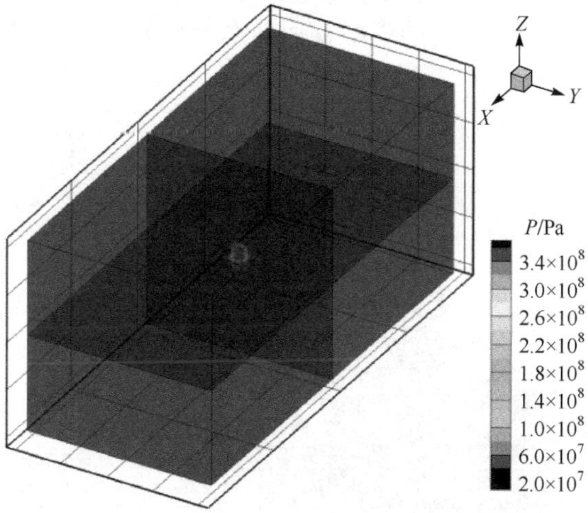

图 3-7　爆炸箱体及初始条件

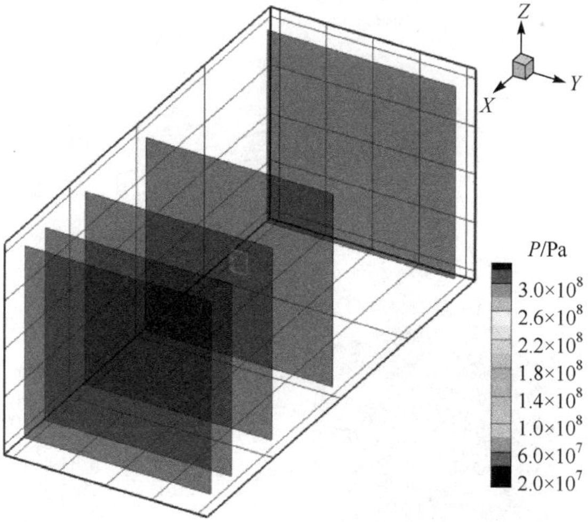

图 3-8　爆炸箱体切面位置

为了显示整个爆炸过程中爆炸箱体内部爆炸波的传播过程，选取 4 个典型时刻显示其压力分布。从图 3-9(a)可以看出，爆炸波到达壁面之前，装药爆轰产物处于三维柱对称自由膨胀过程，柱形装药高压区由初始柱形逐渐演变成椭圆形，且椭圆长轴分布在径向。径向冲击波强度要大于轴向冲击波强度，传播过程区别于典型的球形装药一维球对称膨胀。从图 3-9(b)可以看出，冲击波初次达到箱体宽度和高度方向的壁面，并发生规则反射，同时高压气体从泄爆孔处泄出。随着计算时间的推进，爆炸波到达爆炸箱体长度方向的壁面并发生规则反射，如图 3-9(c)所示。随着不同壁面反射冲击波的会聚叠加和多次反射，约束空间内部的流场趋于复杂，如图 3-9(d)所示。

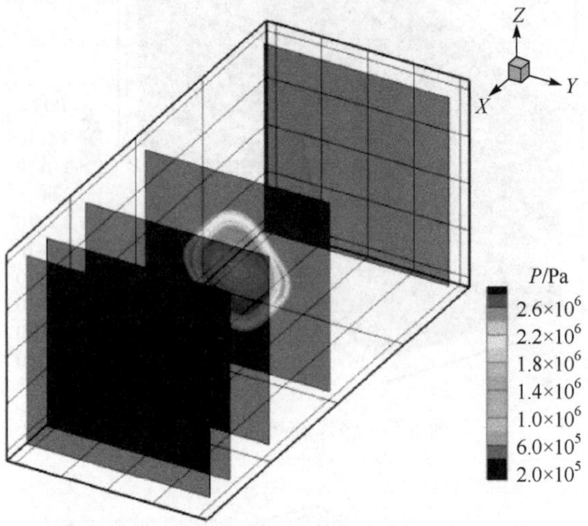

(a) t=0.063ms

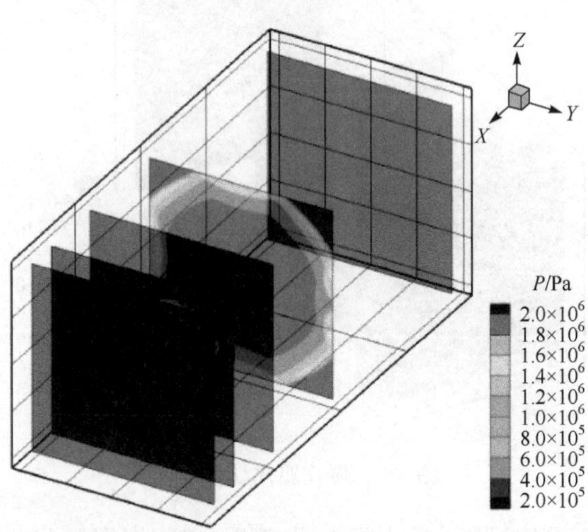

(b) t=0.209ms

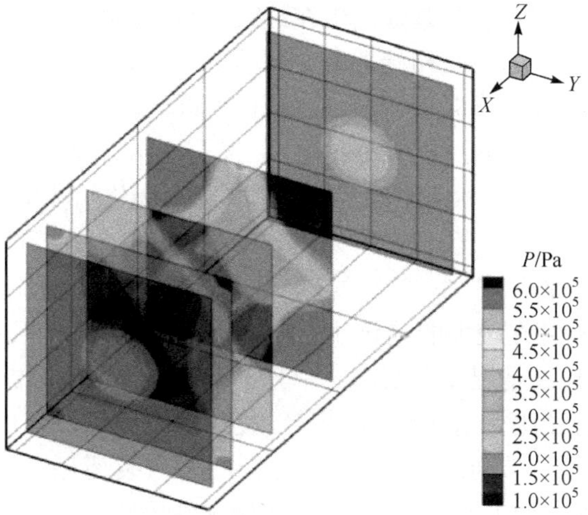

(c) t=0.577ms

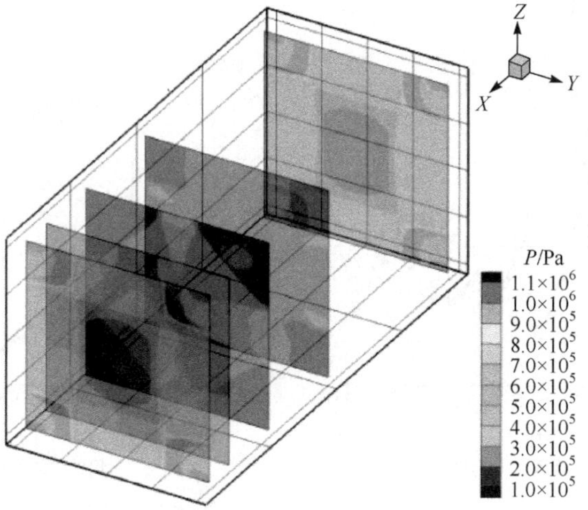

(d) t=0.830ms

图 3-9　爆炸箱体压力场分布

3. 数值计算与试验测试结果的对比分析

由于试验过程中情况 1 的测点 No. 1 没有采集到有效的数据，因此主要对比测点 No. 2～No. 5 的压力时间历程。情况 1 试验和数值模拟压力测点对比如图 3-10 所示。对于情况 2，试验中测点 No. 4 没有采集到有效的数据，因此对于爆炸情况 2，主要对比测点 No. 1～No. 3 和 No. 5 的压力时间历程。情况 2 试验和数值模型压力测点对比如图 3-11 所示。

从试验数据可以看出，当爆炸发生在约束空间时，冲击波的压力演化过程较开敞环境的情况更加复杂，包括初始冲击波和约束壁面的反射冲击波，且来自不同壁面的反射冲击波在靠近爆炸箱体两端的压力测点处产生明显的叠加效应，如图 3-10(a)和图 3-10(d)，图 3-11(b)和图 3-11(d)所示，使得反射冲击波叠加后的压力值峰值显著高于初始冲击波的压力峰值。靠近爆炸箱体中部的测点则包含持续时间相对较长的冲击波衰减过程，如图 3-11(a)和图 3-11(c)所示。此外，从测点的冲击波压力曲线来看，图 3-10 中 No. 3 和 No. 4 测点存在相似性，而图 3-10 中 No. 1 和 No. 3 测点存在较大的差异，即虽然测点 No. 1、No. 3 和 No. 4 与装药的几何距离相差不大，但在情况 1 和情况 2 中其压力差异较大。分析发现，情况 1 中柱形装药的高度与直径比为 1. 06，近似相等，装药轴向和径向产生的冲击波强度基本相同；情况 2 中柱形装药的高度与直径比为 1. 35，装药径向产生的冲击波能量明显高于轴向产生的冲击波能量，从而造成情况 2 中测点 No. 1 和 No. 3 的差异。由于 No. 1 位于装药径向方向，No. 3 位于装药轴向方向，因此测点 No. 1 的压力明显大于测点 No. 3 的压力。

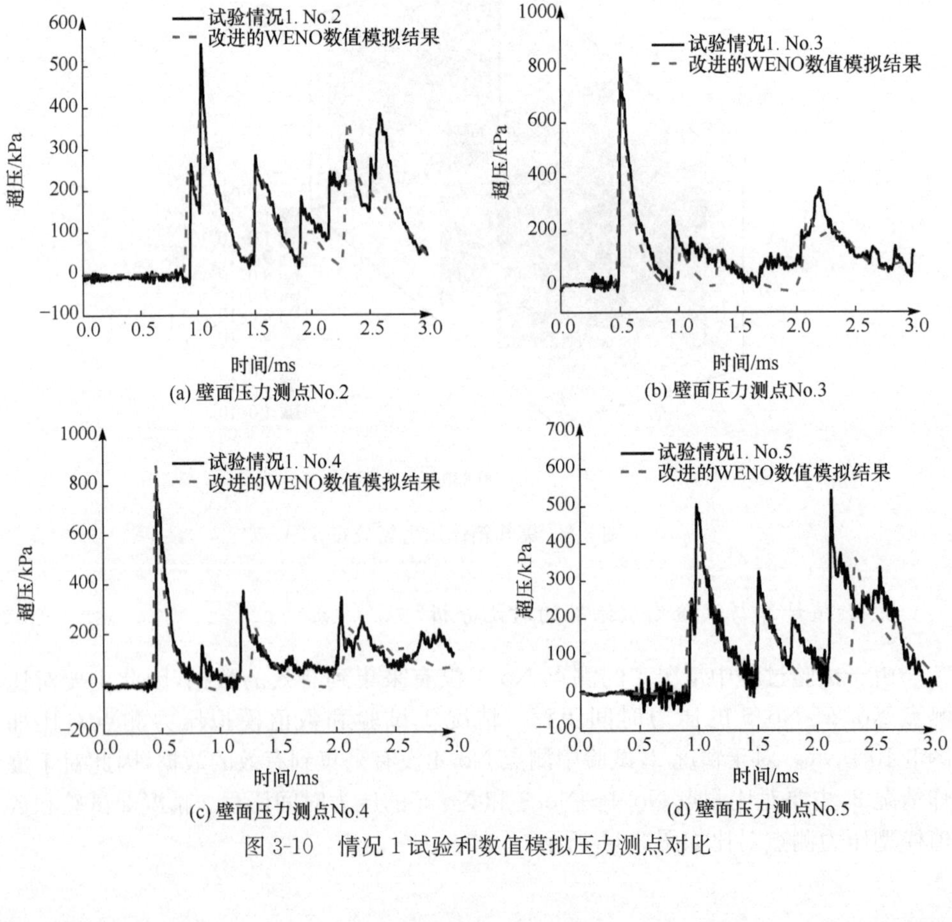

图 3-10　情况 1 试验和数值模拟压力测点对比

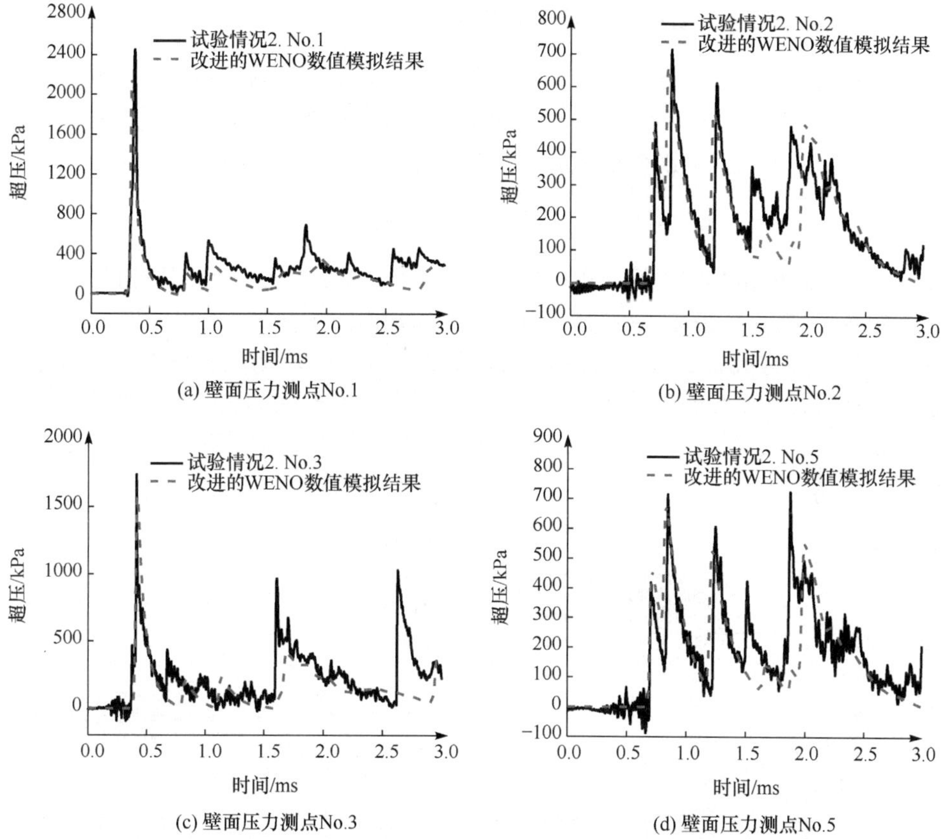

(a) 壁面压力测点No.1　(b) 壁面压力测点No.2

(c) 壁面压力测点No.3　(d) 壁面压力测点No.5

图 3-11　情况 2 试验和数值模拟压力测点对比

采用本书程序计算得到的两种情况各测点压力时程如图 3-10 和图 3-11 虚线所示。从对比情况来看,程序数值计算的结果较好地反映出冲击波在约束空间内的反射和叠加效应,与试验得到的规律较一致。对于不同的药量,计算得到的初始冲击波反射压力与试验数据吻合较好,同时也准确反映了壁面反射冲击波的叠加效应,如图 3-10(a)和图 3-10(d)、图 3-11(b)和图 3-11(d)所示。对于靠近爆炸点位置,数值计算得到的冲击波曲线也捕捉到了初始反射冲击波和壁面反射冲击波,且初始反射冲击波的峰值压力与试验值吻合较好,但壁面反射冲击波的压力值和到达时间存在一些差异,程序计算得到的值相对较小,达到时间也略有滞后,如图 3-10(b)、图 3-10(c)和图 3-11(a)、图 3-11(c)所示。其主要原因是这里较理想地处理了炸药的爆轰,即采用瞬时爆轰的假定,而实际的爆轰过程复杂且影响因素较多,会对后续的冲击波强度产生不确定性影响。此外,在程序中引入数值黏性处理冲击波强间断面的方法和采用理想气体状态方程也是造成差异的原因。

3.4.6 约束空间爆炸载荷的影响因素分析

本节主要通过验证程序对约束空间爆炸载荷影响因素进行分析。在数值计算中，箱体体积及形状保持不变，柱形药量取 768g，半径为 50mm，高度为 60mm，密度为 1630kg/m³。经多次数值试验，网格数确定为 90×40×40。

1. 炸药与泄爆孔相对位置对爆炸载荷的影响

主要分两种相对位置情况进行研究，即泄爆孔位置不变，改变炸药的位置；炸药位置不变，改变泄爆孔的位置。泄爆孔的半径取 160mm。

情况 1：泄爆孔位置设置在箱体壁面 A 的中间。炸药的位置设置在垂直于泄爆孔平面并通过孔心的轴线上，采用三种不同的炸药位置，即距离泄爆孔分别为 200mm、400mm、600mm。不同炸药位置测点 No. 5 载荷时间历程曲线如图 3-12 所示。

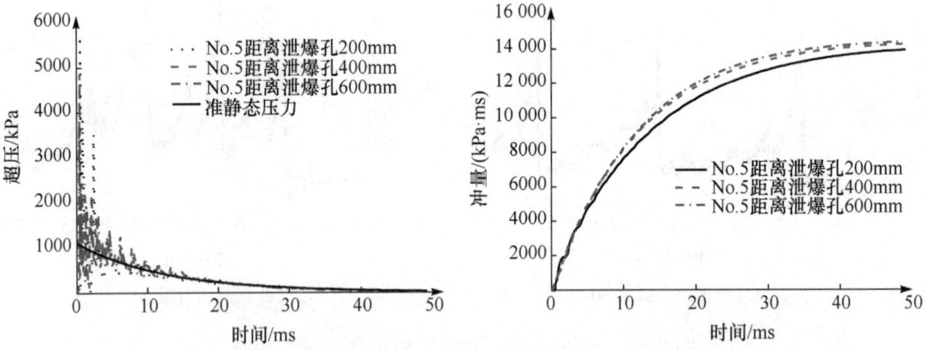

(a) 测点No.5超压时间历程曲线　　(b) 测点No.5冲量时间历程曲线

图 3-12　不同炸药位置测点 No. 5 载荷时间历程曲线

情况 2：炸药的位置设置在爆炸箱体中间，泄爆孔设置在爆炸箱体壁面 A 的长度方向上，且泄爆孔的中心点位于爆炸箱体壁面 A 的半高线上，采用三种不同的泄爆孔位置，即爆炸箱体半长度平面分别为偏左 450mm、中间 0mm、偏右 450mm。不同泄爆孔位置测点 No. 5 载荷时间历程曲线如图 3-13 所示。

由图 3-12(a)和图 3-13(a)可知，炸药与泄爆孔的相对位置显著影响爆炸箱体壁面测点的前期爆炸波峰值，而对爆炸载荷的整体超压时间历程影响较小，准静态泄压曲线基本重合。由图 3-12(b)和图 3-13(b)可知，炸药与泄爆孔的距离影响冲击波冲量的时间历程，减小炸药与泄爆孔的距离能降低爆炸箱体内部冲量，这主要是由于炸药离泄爆孔越近，在整个爆炸过程中，从泄爆孔处泄出的能量越多。

2. 泄爆孔大小对爆炸载荷的影响

炸药的位置设置在爆炸箱体中间，泄爆孔位置在爆炸箱体壁面 A 的中间，共

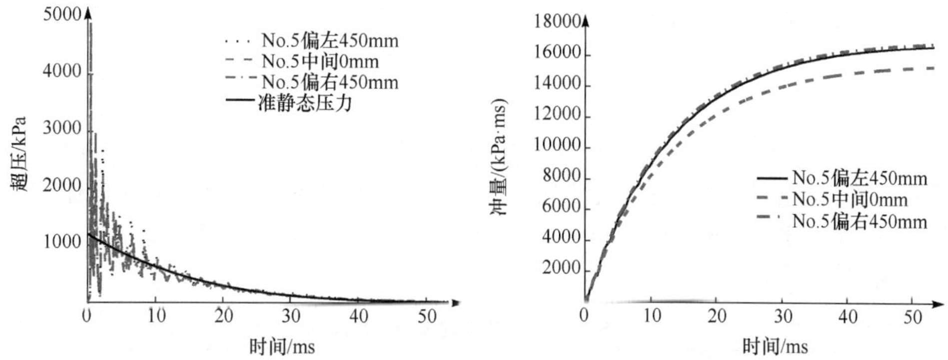

(a) 测点No.5超压时间历程曲线　　(b) 测点No.5冲量时间历程曲线

图 3-13　不同泄爆孔位置测点 No. 5 载荷时间历程曲线

设定三种不同的泄爆孔半径，分别为 80mm、160mm 和 320mm。

由图 3-14(a)可知，泄爆孔的大小对爆炸箱体壁面测点的超压时间历程影响较大，泄爆孔半径越大，超压衰减越快。由图 3-14(b)可知，泄爆孔的大小显著影响冲击波冲量的时间历程，增大泄爆孔半径会显著降低爆炸箱体内部冲量。

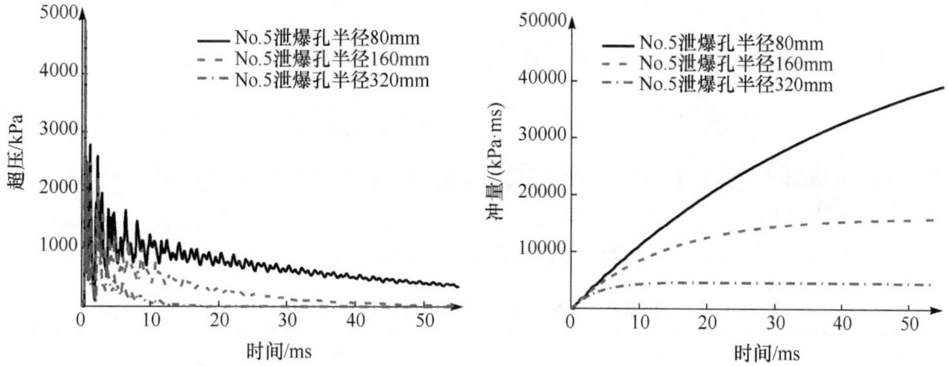

(a) 测点No.5超压时间历程曲线　　(b) 测点No.5冲量时间历程曲线

图 3-14　不同泄爆孔大小测点 No. 5 载荷时间历程曲线

3.5　基于 AUTODYN 程序的舱内爆炸载荷数值计算

本书舰船结构内部爆炸毁伤的数值计算均采用 AUTODYN 程序进行舱内爆炸载荷和结构响应的数值计算。为了确定合理的建模和计算设置方法，我们开展了相关的研究工作[24]。

3.5.1 舱内爆炸试验的数值计算

1. 空气及 TNT 参数

采用 AUTODYN 动力学程序计算舱内爆炸载荷，采用 Euler-FCT 求解器，试验炸药均为标准 TNT 圆柱，尺寸如表 3-5 所示。在二维空间模拟圆柱形炸药爆炸，爆炸冲击波接近壁面时停止计算，通过软件的映射功能将二维计算结果导入三维空间继续计算。

表 3-5　不同药量 TNT 尺寸

药量/g	半径/mm	高度/mm
55	18	38
110	20	54
200	25	63

舱内的空气采用理想气体状态方程，即

$$p=(\gamma-1)\rho e \tag{3-63}$$

其中，γ、ρ 和 e 分别是空气的比热比、密度和内能，取 $\gamma=1.4$、$\rho=1.225\times10^{-3}\,\mathrm{g/cm^3}$ 和 $e=2.068\times10^5\,\mu\mathrm{J}$。

炸药采用 JWL 状态方程，其形式为

$$P=C_1\left(1-\frac{w}{R_1V}\right)\mathrm{e}^{-R_1V}+C_2\left(1-\frac{w}{R_2V}\right)\mathrm{e}^{-R_2V}+\frac{we_0}{V} \tag{3-64}$$

其中，P 为爆轰产物的压力；e_0 为初始比内能；V 为炸药的相对体积；C_1、C_2、R_1、R_2 和 w 为炸药参数。

TNT 炸药 JWL 状态方程参数如表 3-6 所示。

表 3-6　TNT 炸药 JWL 状态方程参数

C_1 /(10^{11}Pa)	C_2 /(10^{11}Pa)	R_1	R_2	w	密度 ρ/(kg/m³)	爆速 D/(m/s)	CJ 爆压 /(10^{11}Pa)
3.738	0.03747	4.15	0.9	0.35	1630	6930	0.21

2. 二维映射计算

首先在二维空间计算炸药的爆轰和冲击波的传播，然后映射到三维域。为了比较不同网格密度对计算结果的影响，开展数值试验确定合理的网格尺寸。二维计算域尺寸为 400mm × 800mm，炸药置于正中，在计算区域布置压力测点，如图 3-15 所示。

冲击波接近舱二维计算域边界处时停止计算，提取测点的压力峰值，比较不同计算结果(图 3-16)。具体数值计算结果如表 3-7～表 3-9 所示。

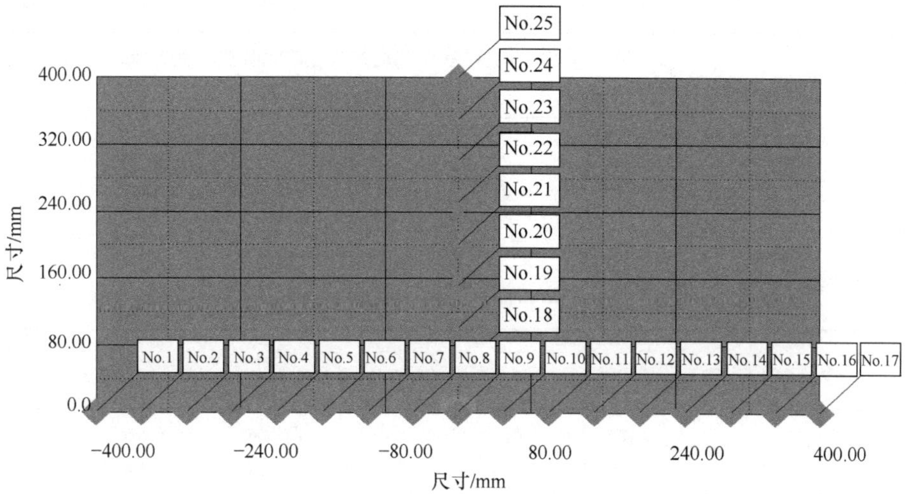

图 3-15　二维计算域压力测点示意图

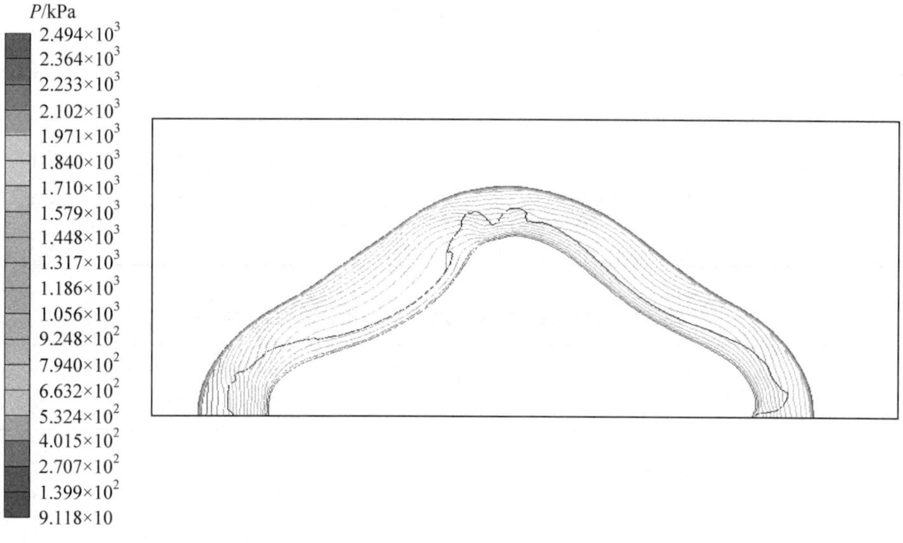

图 3-16　二维计算冲击波压力

表 3-7　55g TNT 不同网格密度测点压力峰值

情况	药量/g	网格密度	测点 No. 3/kPa	前后误差/%	测点 No. 15/kPa	前后误差/%	测点 No. 23/kPa	前后误差/%
1	55	300×600	2820.9	—	759.11	—	1893.3	—
2	55	400×800	3447.8	18.18	2007.2	164.41	2019.9	6.69
3	55	500×1000	3951.6	12.75	2100.0	4.62	2104.0	4.16

续表

情况	药量/g	网格密度	测点 No. 3/kPa	前后误差 /%	测点 No. 15/kPa	前后误差 /%	测点 No. 23/kPa	前后误差 /%
4	55	600×1200	4311.1	8.34	2214.5	5.45	2138.5	1.64
5	55	700×1400	4593.0	6.14	2325.7	5.02	2163.2	1.16
6	55	800×1600	4931.3	6.86	2434.8	4.69	2221.1	2.68
7	55	900×1800	5117.4	3.64	2466.0	1.28	2250.1	1.31
8	55	1000×2000	5333.6	4.05	2528.0	2.51	2279.4	1.30

表 3-8 110g TNT 不同网格密度测点压力峰值

情况	药量/g	网格密度	测点 No. 4/kPa	前后误差 /%	测点 No. 14/kPa	前后误差 /%	测点 No. 22/kPa	前后误差 /%
1	110	300×600	6198.4	—	3416.3	—	4128.5	—
2	110	400×800	7267.4	17.25	3829.6	12.10	4279.2	3.65
3	110	500×1000	8115.9	11.68	4012.0	4.76	4362.1	1.94
4	110	600×1200	8766.5	8.02	4183.6	4.28	4426.7	1.48
5	110	700×1400	9249.2	5.51	4351.4	4.01	4524.5	2.21
6	110	800×1600	9659.0	4.43	4510.4	3.65	4592.0	1.49
7	110	900×1800	10011	3.64	4559.0	1.08	4630.3	0.83
8	110	1000×2000	10299	2.88	4640.0	1.78	4670.1	0.86

表 3-9 200g TNT 不同网格密度测点压力峰值

情况	药量/g	网格密度	测点 No. 3/kPa	前后误差 /%	测点 No. 15/kPa	前后误差 /%	测点 No. 23/kPa	前后误差 /%
1	200	300×600	7299.4	—	3917.0	—	4268.3	—
2	200	400×800	8359.8	14.53	4261.4	8.79	4416.6	3.47
3	200	500×1000	9143.2	9.37	4472.4	4.95	4518.5	2.31
4	200	600×1200	9694.5	6.03	4641.7	3.79	4594.0	1.67
5	200	700×1400	10146	4.66	4826.3	3.98	4716.2	2.66
6	200	800×1600	10517	3.66	4946.4	2.49	4767.6	1.09
7	200	900×1800	10805	2.67	5027.7	1.64	4784.0	0.34
8	200	1000×2000	11100	2.73	5062.8	0.70	4813.5	0.62

在不同网格密度情况下，55g TNT 炸药爆炸产生的冲击波在各测点处的压力峰值比较如图 3-17 所示。

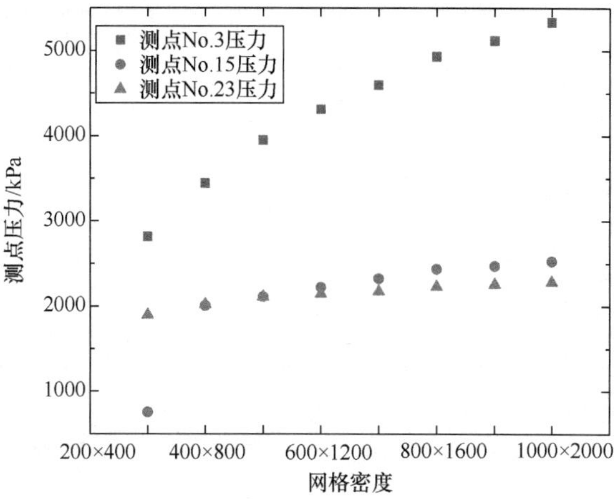

图 3-17 55g TNT 不同网格密度测点压力峰值比较

从图 3-17 和表 3-7 中前后网格压力峰值误差可知，当网格密度为 900×1800 时，压力峰值与前一种网格误差较小。

在不同网格情况下，110g TNT 炸药爆炸产生的冲击波在各测点处的压力峰值比较如图 3-18 所示。

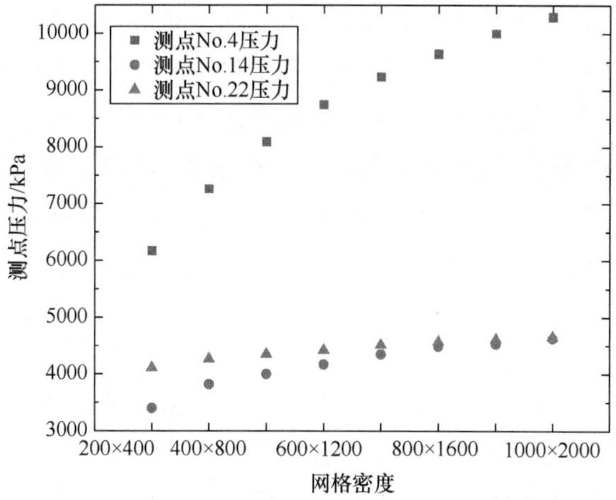

图 3-18 110g TNT 不同网格密度测点压力峰值比较

从图 3-18 和表 3-8 中前后网格压力峰值误差对比可知，当网格密度为 900×1800 时，压力峰值与前一种网格误差均较小。

在不同网格情况下，200g TNT 炸药爆炸产生的冲击波在各测点处的压力峰值比较如图 3-19 所示。

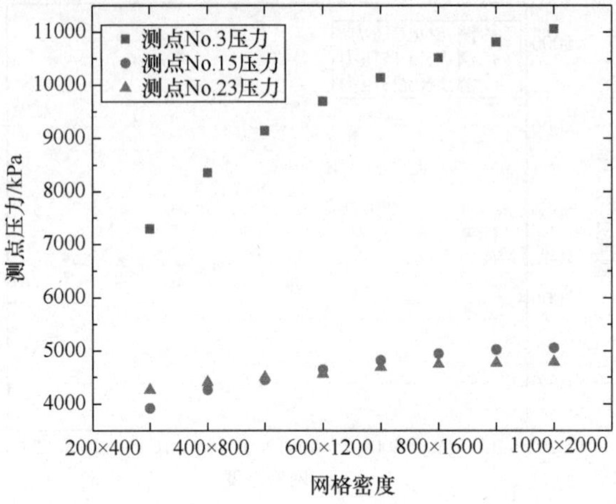

图 3-19　200g TNT 不同网格密度测点压力峰值比较

从图 3-19 和表 3-9 中前后网格密度测点压力峰值误差对比可以看出，当网格密度为 900×1800 时，压力峰值与前一种网格误差均较小，所以选取二维网格密度为 900×1800，计算精度与效率相对较高。

通过对比不同 TNT 药量和不同网格密度的数值计算结果发现，300×600 网格密度测点捕捉到的压力峰值明显偏低，甚至仅是网格密度为 1000×2000 捕捉到的压力峰值的一半，表明数值计算中网格密度对冲击波传播有明显的影响，但是网格太密集，计算耗时将急剧增大。通过对比 3 组不同 TNT 当量和 24 组不同网格密度数值计算结果，综合考虑计算耗时与计算精度，选取二维计算域网格密度为 900×1800 开展后续计算工作，不但计算结果精度相对较高，而且二维结果映射三维空间后的压力有较高的准确度。

3. 三维爆炸冲击波计算

三维数值计算模型及测点如图 3-20 所示。依据舰船舱内爆炸试验装置内部空间尺寸，考虑装置、装药及泄爆孔对称性，计算域取 800mm×800mm×900mm，在沿长度方向设置对称边界，依据试验装置壁面压力传感器的位置，在对应点设置压力测点。数值模拟时将试验装置 6 个壁面处理为刚性壁，仅在泄爆孔处设置流出边界条件。考虑网格对计算精度的影响，对典型情况取不同网格密度进行计算，比较不同网格密度测点的压力峰值，选取适宜的网格密度。

由表 3-10 和表 3-11 可知，网格越密，计算精度越高，捕捉的峰值越精确。由图 3-21～图 3-23 可知，同一测点冲击波峰值在不同网格下的趋势基本一致，峰值捕捉受网格密度影响较大，因此网格越密计算精度越高。结合计算耗时的考虑，最终网格密度选择为 90×80×80，每个网格的尺寸为 10mm×10mm×10mm，共 576 000 个欧拉单元。

表 3-10　测点 No. 2 和 4 在不同药量、网格密度下压力峰值

情况	药量/g	网格密度	测点 No. 2/kPa	前后误差/%	测点 No. 4/kPa	前后误差/%
1	55	40×40×45	477.19	—	791.71	—
2	55	60×60×67	522.81	8.73	911.17	13.11
3	55	80×80×90	530.25	1.40	946.76	3.76
4	55	100×100×112	545.70	2.83	978.69	3.26
5	110	40×40×45	465.18	—	1136.0	—
6	110	60×60×67	472.04	1.45	1359.5	16.44
7	110	80×80×90	477.04	1.05	1533.3	11.34
8	110	100×100×112	482.77	1.19	1573.5	2.55
9	200	40×40×45	657.85	—	2013.1	—
10	200	60×60×67	674.32	2.44	2252.0	10.61
11	200	80×80×90	679.58	0.77	2339.5	3.74
12	200	100×100×112	685.64	0.88	2400.0	2.52

表 3-11　测点 No. 5 和 8 在不同药量、网格密度下压力峰值

情况	药量/g	网格密度	测点 No. 5/kPa	前后误差/%	测点 No. 8/kPa	前后误差/%
1	55	40×40×45	796.21	—	339.21	—
2	55	60×60×67	842.69	5.52	376.65	9.94
3	55	80×80×90	847.23	0.54	379.12	0.65
4	55	100×100×112	853.74	0.76	382.73	0.94
5	110	40×40×45	1024	—	465.05	—
6	110	60×60×67	1151.8	11.10	471.07	1.28
7	110	80×80×90	1208.1	4.66	476.68	1.18
8	110	100×100×112	1240	2.57	482.59	1.22
9	200	40×40×45	1482	—	666.48	—
10	200	60×60×67	1546.4	4.16	672.74	0.93
11	200	80×80×90	1588.2	2.63	672.79	0.01
12	200	100×100×112	1671.7	4.99	684.42	1.70

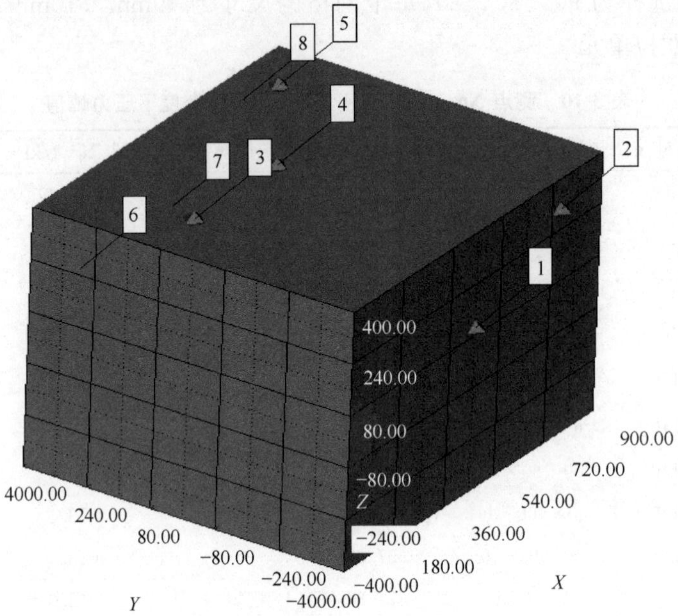

图 3-20　三维数值计算模型及测点

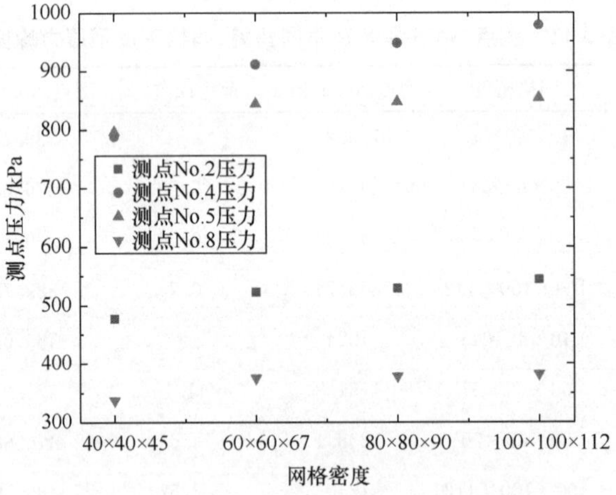

图 3-21　55g TNT 不同网格密度测点压力

3.5.2　舱内爆炸载荷试验与数值计算结果对比

采用上节网格密度和压力映射结果，应用 AUTODYN 中 Euler-FCT 求解器计算试验情况，通过对比试验与数值计算结果来验证该方法的准确性。

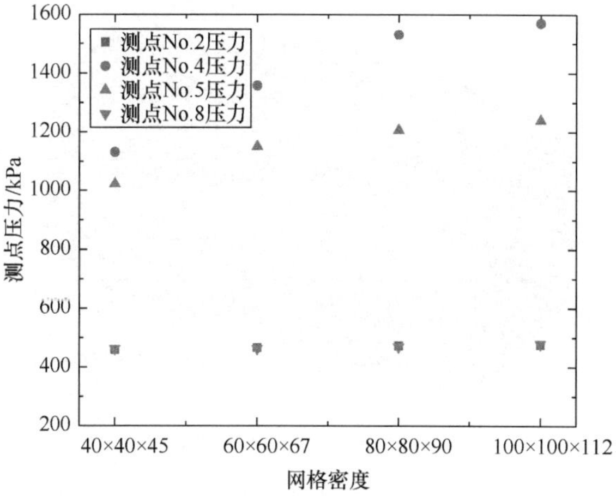

图 3-22　110g TNT 不同网格密度测点压力

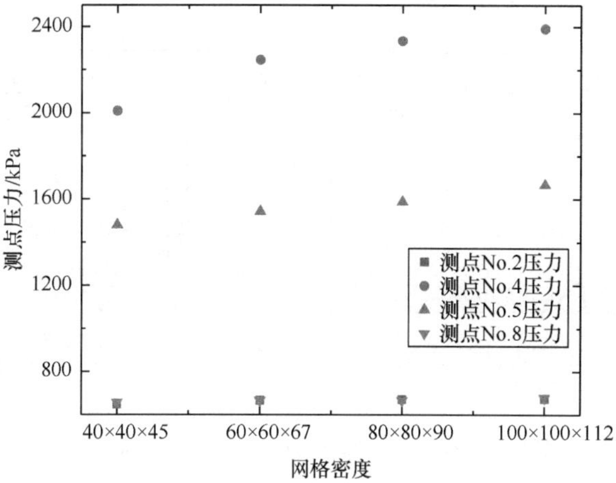

图 3-23　200g TNT 不同网格密度测点压力

三维计算模型如图 3-24 所示。计算域与试验模型的内部空间一致，取 800mm×800mm×1800mm，泄爆孔区域设置流出边界条件。考虑计算规模和精度要求，数值计算模型网格取 10mm。

选取图 3-6 中的 No. 3 和 No. 5 分析试验结果与数值计算结果，No. 3 位于壁面，No. 5 位于角隅区域，这两个测点能代表舱室内部不同区域载荷特性。载荷情况包括 5 种，分别是情况 1：TNT 药量 55g，泄爆孔半径 50mm；情况 2：TNT 药量 110g，泄爆孔半径 50mm；情况 3：TNT 药量 110g，泄爆孔半径 75mm；情况 4：TNT

图 3-24　三维计算模型

药量 110g,泄爆孔半径 100mm;情况 5:TNT 药量 200g,泄爆孔半径 100mm。5 种情况中炸药均置于试验模型内部空间的正中位置,相应的数值计算与试验测试对比结果如图 3-25～图 3-29 所示。

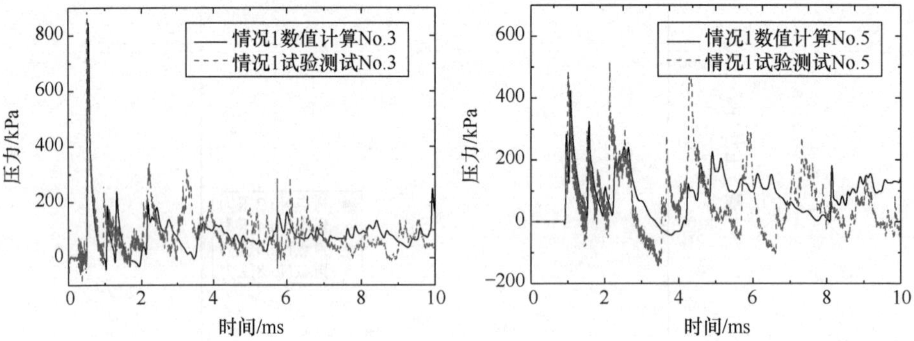

图 3-25　情况 1 试验与数值计算压力载荷曲线

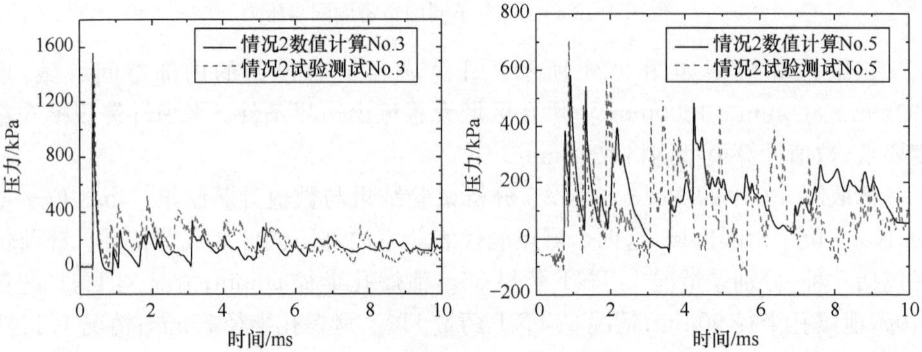

图 3-26　情况 2 试验与数值计算压力载荷曲线

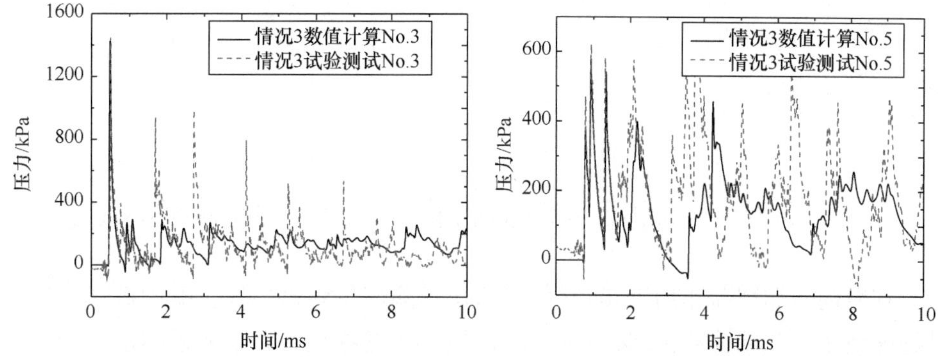

图 3-27　情况 3 试验与数值计算压力载荷曲线

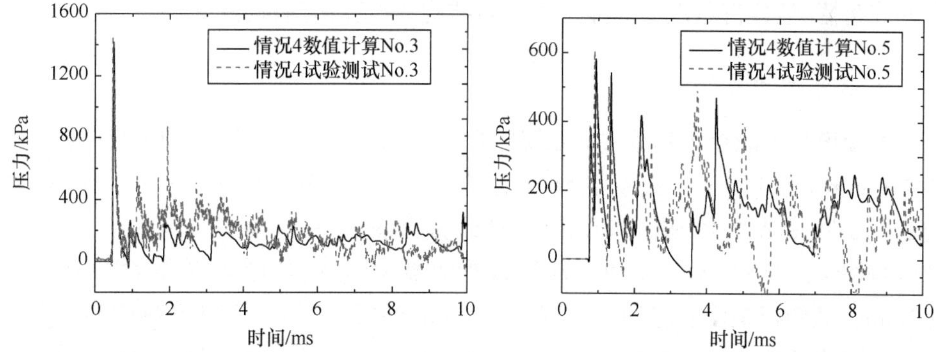

图 3-28　情况 4 试验与数值计算压力载荷曲线

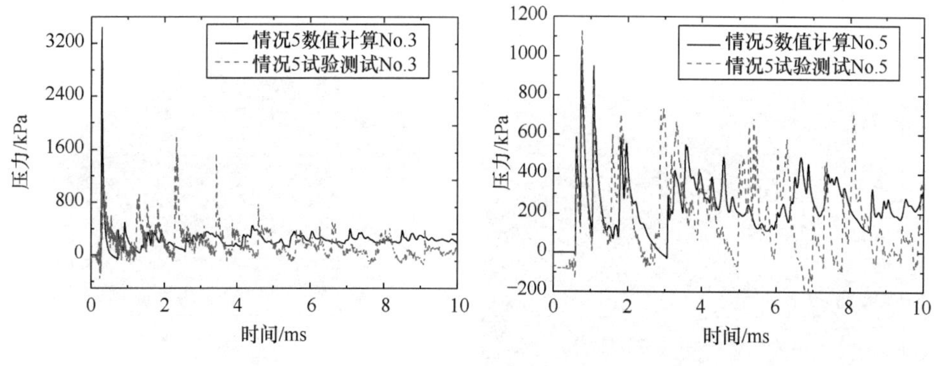

图 3-29　情况 5 试验与数值计算压力载荷曲线

对比情况 1～情况 5 试验数据与 AUTODYN 数值计算结果可知，数值方法能准确地计算舱壁测点初始冲击波的压力峰值、冲击波到达时间，以及初始冲击波衰减情况，初始冲击波之后的准静态压力值与试验值比较接近。对比结果表明，本节采用的数值计算方法能较准确地计算舱内爆炸载荷，采用本节得到的网格密度和建模方法可为后续仿真舰船结构内部爆炸响应提供合理准确的舱内爆炸载荷。

3.6　舱内爆炸冲击波载荷特性及舱室结构响应的试验

在舱内爆炸载荷作用下，通常舱室结构角隅部位将迅速发生撕裂破坏。这类破坏的产生既与载荷有关，又与舱壁的连接形式密切相关。本节采用双层舱室结构模型进行不同装药量的舱内爆炸试验，研究舱内爆炸载荷特性及三种不同的角隅过渡连接结构对冲击波在角隅会聚情况的影响，比较不同角隅处爆炸冲击波压力的分布情况，分析舱内爆炸冲击载荷与结构的相互作用过程[25,26]。

1. 试验模型

试验模型由舱室 1 和舱室 2 双层舱室组成，如图 3-30 所示。模型长 2480mm，宽 1200mm，高 600mm，横向强骨材间距为 500mm，其余弱骨材间距为 150mm，结构如图 3-31 和表 3-12 所示。左右横舱壁之间的距离为 2000mm，为了消除边界对横舱壁的影响，将上、下甲板，舷侧板架及纵舱壁在长度方向左右分别延伸 240mm。舷侧板架中心有一个半径为 100mm 的圆形开孔，用以安放炸药。模型外层的空舱横舱壁与纵舱壁连接处设计了三种不同形式的角隅结构(图 3-32)，分别为平板过渡连接形式、内凹板过渡连接形式和内凸板过渡连接形式。模型材料采用 Q235 低碳钢。

图 3-30　试验模型照片图

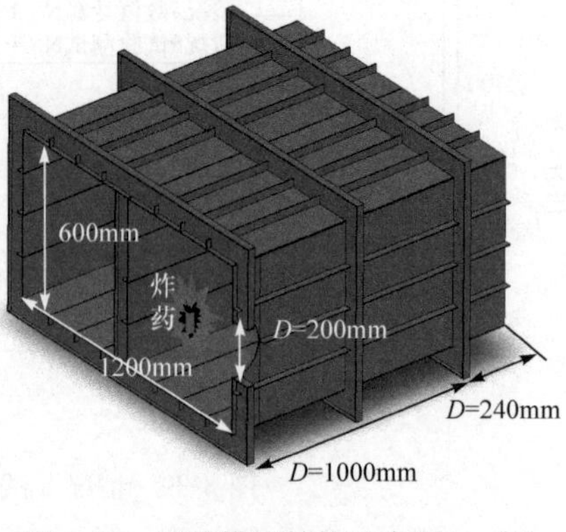

图 3-31　试验模型结构示意图(一半)

表 3-12　试验模型结构尺寸

结构部分	纵舱壁	甲板	外板(有开孔)	横舱壁
板厚/mm	3	3	3	3
纵骨(扁钢)(厚×高)/(mm×mm)	3×30	3×30	3×30	3×30
腹板(厚×高)/(mm×mm)	3×80	3×80	3×80	
面板(厚×宽)/(mm×mm)	4×30	4×30	4×30	

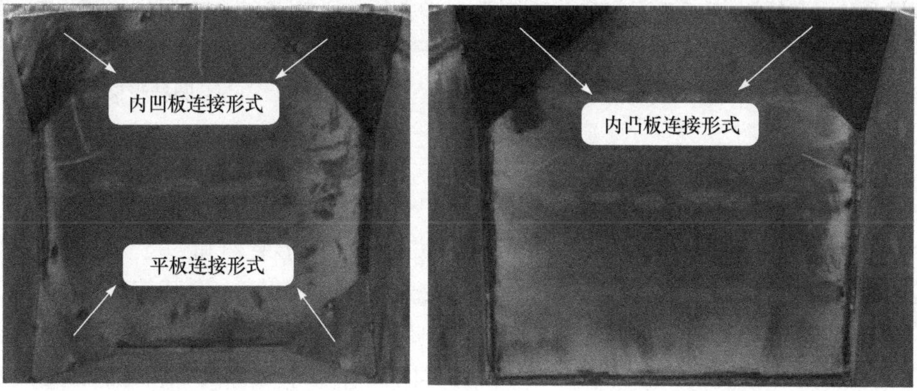

(a) 平板和内凹板连接　　(b) 内凸板连接形式

图 3-32　角隅结构

2. 测点布置及试验方法

爆炸试验根据装药不同分为 4 种情况，分别是 25g 球形装药、37.5g 球形装药、50g 球形装药，以及 55g 标准 TNT 药柱(药柱直径 35mm，高度 38mm)。球形装药(图 3-33)采用粉状岩石乳化炸药，密度为 1.30g/cm^3，爆速 3400m/s。TNT 圆柱形装药(图 3-34)，密度为 1.61g/cm^3，爆速 6950m/s，爆热为 4186.8kJ/kg。在 10～1000kPa 范围内，岩石乳化炸药的 TNT 当量的平均值为 0.708。

为了获得舱内部爆炸冲击载荷下冲击波的压力，在模型结构上布置压力测点($P1$～$P4$)，其中压力测点 $P1$ 布置在内凸板角隅结构上，$P2$ 布置在平板连接角隅结构上，$P3$ 布置在内凹板连接角隅结构上，$P4$ 布置在舷侧外板上。在试验中，装药布置在舱室模型的空舱中心位置。

图 3-33　球形装药图

图 3-34　TNT 圆柱形装药

3. 试验结果及爆炸载荷作用过程分析

图 3-35(a)～图 3-35(d)分别为 25g、37.5g、50g 球形装药和 55g TNT 药柱在舱内爆炸时各测点的压力时间曲线。在 50g 球形装药和 55g TNT 药柱的情况下未采集到测点 *P*1 的数据，图 3-35(c)、图 3-35(d)，以及表 3-13 中只列出了测点 *P*2～*P*4 的相关数据。当炸药在舱内相对封闭的环境中爆炸时，各测点承受初始冲击波和舱室壁面反射冲击波的反复作用，出现多次压力峰值。由于测点 *P*4 距爆炸点较近，各情况下该测点的初始冲击波峰值压力均高于其他各测点压力值。在 25g、37.5g、50g 球形装药内爆的情况下，角隅测点处的压力会聚作用明显，多次反射会聚之后角隅测点压力逐渐减小并产生负压区域，之后出现一次较明显的压力增加过程，峰值在 100～200kPa。55g TNT 药柱内爆情况下各测点未出现负压区，爆炸发生后舱内流场在反复振荡中趋于稳定。由于结构的限制作用，爆炸产生的压力无法及时向外扩散，结构内部将继续维持一段时间的准静态压力。该情况下冲击波在角隅位置的会聚作用更加明显，测点 *P*2 和 *P*3 在历经初始冲击压力之后的 7ms 内出现 7 次反复冲击，且冲击间隔较其他情况下都小。在小药量内爆情况下，爆炸产生的初始冲击波压力值相对较小，部分爆炸能量通过舱室结构舷侧开孔流通到舱室外部环境中。冲击波多次反射后到达角隅位置，由于舱室中部位置压力减小，冲击波在角隅位置会聚之后又经历反复的相互作用，因此在角隅测点处产生负压区域，以及相对明显的压力振荡过程。在装药量相对较大的情况下，爆炸产生的初始冲击波峰值压力较大，爆炸能量较高，在短时间内通过舷侧开孔流出外部的能量有限，舱内维持了较高的压力，角隅位置的会聚冲击波持续振荡，对结构产生多次反复冲击，直到冲击能量逐渐衰减，舱内流场平衡稳定。

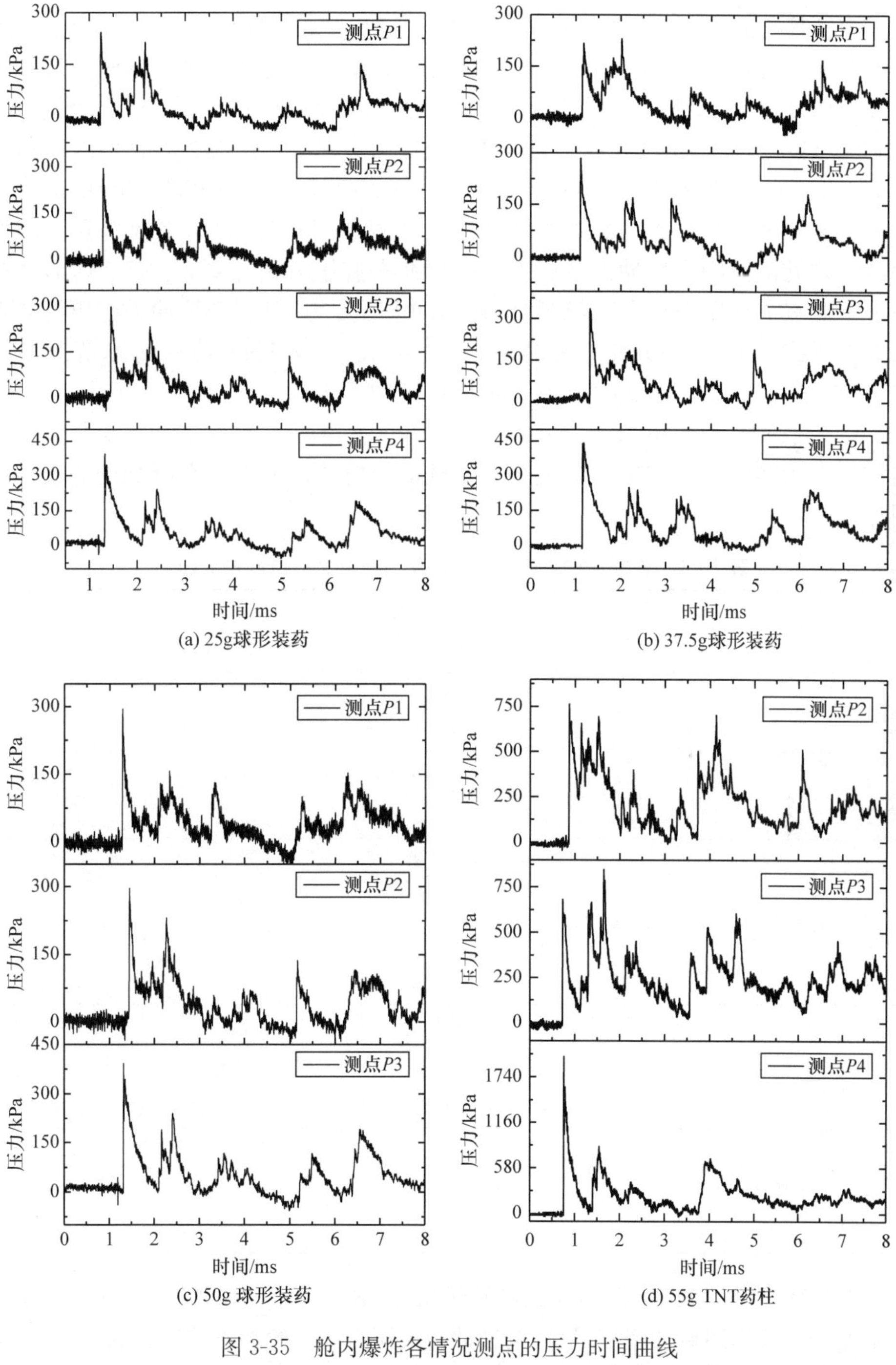

(a) 25g球形装药　(b) 37.5g球形装药

(c) 50g 球形装药　(d) 55g TNT药柱

图 3-35　舱内爆炸各情况测点的压力时间曲线

表 3-13 列出了各情况下模型舱内各测点的初始冲击波压力和最大会聚冲击波压力及其比值 $\lambda_p = P_r/P_i$。通过对比分析发现，在 25g 球形装药内爆情况下，外凸型角隅结构处测点 $P1$（图 3-35(a)）初始冲击波和最大会聚冲击波压力分别为 243.0kPa 和 212.8kPa，其比值为 0.88；37.5 g 球形装药内爆情况下，测点 $P1$（图 3-35(b)）初始冲击波和最大会聚冲击波压力分别为 216.4kPa 和 229.7kPa，其比值为 1.06。这两种情况下，测点 $P2$ 和 $P3$（平板型和内凹型角隅结构）的最大会聚冲击波压力明显小于初始冲击波压力。随着装药量的增加，平板型和内凹型角隅结构处测点的会聚冲击波压力与初始冲击波压力相差不大。50g 球形装药情况下测点 $P2$ 和 $P3$（图 3-35(c)）的初始冲击波压力、最大会聚冲击波压力分别为 366.0kPa、352.8kPa 和 326.0kPa、294.1kPa。55g TNT 药柱内爆情况下测点 $P2$ 和 $P3$（图 3-35(d)）的初始冲击波压力、最大会聚冲击波压力分别为 681.9kPa、846.3kPa 和 761.7kPa、701.3kPa。该情况下测点 $P2$ 的最大会聚冲击波压力为初始冲击波压力的 1.24 倍，壁面反射冲击波在该角隅处的会聚作用明显。

表 3-13 舱内各测点初始冲击波压力与最大会聚冲击波压力

情况	测点	初始冲击波压力 P_i/kPa	最大会聚冲击波压力 P_r/kPa	λ_p
25g 球形装药	$P1$	243.0	212.8	0.88
	P2	294.6	156.6	0.53
	$P3$	295.9	231.3	0.78
	$P4$	392.5	240.2	0.61
37.5g 球形装药	$P1$	216.4	229.7	1.06
	$P2$	284.5	180.8	0.64
	$P3$	335.3	196.3	0.59
	$P4$	440.0	248.8	0.57
50g 球形装药	$P2$	366.0	352.8	0.96
	$P3$	326.0	294.1	0.90
	$P4$	582.9	347.2	0.60
55g TNT 药柱	$P2$	681.9	846.3	1.24
	$P3$	761.7	701.3	0.92
	$P4$	1999.3	854.5	0.43

对比各情况下舱壁测点 $P4$ 的试验结果，随着装药量的增加，舱壁测点处受到的初始冲击波作用更加明显，最大会聚冲击波压力与初始冲击波压力的比值减小，四种情况下分别为 0.61、0.57、0.60 和 0.43。

由于舱室模型结构在爆炸载荷下没有出现破损，爆炸产生的高温高压产物只能通过舷侧板架上的开孔向外扩散，冲击波在舱内多次反射后能量逐渐衰减，舱内冲击波的正压作用时间相比敞开环境更长。在 55g TNT 药柱内爆情况下，测点 $P2$、$P3$ 和 $P4$ 的初始冲击波作用时间分别为 0.402ms、0.229ms 和 0.624ms；初始冲击波冲量分别为 92.95Pa · s、89.97Pa · s 和 283.8Pa · s，如表 3-14 所示。测点 $P4$ 初始冲击波冲量远大于其他两个测点，这主要是因为测点 $P4$ 离爆炸点相对较近，初始冲击波压力值较大，且初始冲击波作用时间较长。

表 3-14　舱内各测点冲量

情况	测点	初始冲击波冲量 I_i/(Pa · s)	6ms 内总冲量 I_t/(Pa · s)	$\lambda_i(I_i/I_t)$
25g 球形装药	$P2$	18.41	124.40	0.148
	$P3$	21.85	124.46	0.176
	$P4$	98.69	348.26	0.283
37.5g 球形装药	$P2$	39.22	297.16	0.132
	$P3$	57.94	420.85	0.138
	$P4$	114.49	528.87	0.216
50g 球形装药	$P2$	66.70	365.18	0.183
	$P3$	50.63	374.65	0.135
	$P4$	118.93	583.51	0.204
55g TNT 药柱	$P2$	92.95	1283.7	0.072
	$P3$	89.97	1451.3	0.062
	$P4$	283.8	1517.2	0.187

对于角隅处测点，初始冲击波到达后，在很短的时间内就形成反射冲击波的会聚，出现多次压力峰值，且正压作用时间较长。在各情况下，测点 $P2$、$P3$ 和 $P4$ 的初始冲击波冲量和初始冲击波到达之后 6ms 内的总冲量如表 3-14 所示。在 25g、37.5g 和 50g 球形乳化炸药内爆情况下，角隅测点的初始冲击波冲量和总冲量较舷侧外板处测点的小。在 55g TNT 药柱内爆情况下，各测点的总冲量分别为 1283.7Pa · s、1451.3Pa · s 和 1517.2Pa · s，各测点之间的差值不大，角隅($P2$ 和 $P3$)主要受到反射冲击波的会聚作用，其冲量与离爆炸点较近的测点($P1$)的值相当。初始冲击波冲量与总会聚冲击波冲量的比值分别为 0.072、0.062 和 0.187。相对于小药量的情况，55g TNT 内爆情况下初始冲击波的冲量与总冲量的比例更小。这说明，在小药量情况下，距爆炸点较近的测点受到的爆炸载荷相对更大，但随着舱内爆炸药量的增大，初始冲击波之后的舱壁反射冲击波强度仍然相对较大，舱内的爆炸载荷强度趋于均匀，将会有持续的高强度载荷作用于结构上，对结构输

入更多的能量。从另外一个方面来讲，当爆炸发生在舱内时，爆炸能量被限制在相对封闭的空间，结构受到的初始冲击波强度与离爆炸点的距离有关，当冲击波在舱内多次反射之后，不同位置的载荷强度分布趋于均匀。

3.7 舱内爆炸载荷的简化计算方法

3.7.1 准静态压力载荷计算方法

舱内爆炸冲击波与敞开环境不同，因存在多次壁面反射，舱内维持一个时间较长的准静态压力，舱内爆炸载荷的主要参数有准静态压力、作用时间和冲量。冲量是压力对时间的积分，因此只需了解准静态压力及持续时间。表 3-15 列出了与舱内爆炸载荷相关的物理量及其基本量纲。

表 3-15 舱内爆炸载荷相关的物理量及其基本量纲

物理量	符号	基本量纲	备注
体积	V	L^3	结构几何特性
泄爆孔面积	$a_{eff}A$	L^2	
炸药能量	W	FL	输入能量
大气压力	P_0	F/L^2	
空气中声速	a_0	L/T	空气状态
空气比热比	γ	/	
压力	p	F/L^2	
时间	t	T	爆炸载荷
冲量	i_g	FT/L^2	

由表中的变量可以得到无量纲参数，即

$$\pi_1 = p/p_0 \tag{3-65}$$

$$\pi_2 = \frac{a_{eff}A}{V^{2/3}} \tag{3-66}$$

$$\pi_3 = \gamma \tag{3-67}$$

$$\pi_4 = \frac{W}{p_0 V} \tag{3-68}$$

$$\pi_5 = \frac{a_0 t}{V^{1/3}} \tag{3-69}$$

通过量纲分析可以得到舱内压力的表达式，即

$$\frac{p}{p_0}=f\left(\frac{W}{p_0 V},\frac{a_{\mathrm{eff}}A}{V^{2/3}},\gamma,\frac{a_0 t}{V^{1/3}}\right) \tag{3-70}$$

舱内准静态压力的峰值与时间无关，假设舱内空气的比热比为常数，则舱内准静态压力峰值表达式为

$$\bar{p}=f\left(\frac{W}{p_0 V},\frac{a_{\mathrm{eff}}A}{V^{2/3}}\right) \tag{3-71}$$

其中，$p=\frac{P_{\mathrm{QS}}+P_0}{P_0}$。

舱内准静态压力在到达峰值后从舱壁孔流出，因此舱内压力峰值表达式可以简化为

$$P_{\mathrm{QS}}=f\left(\frac{W}{V}\right) \tag{3-72}$$

舱内爆炸压力持续时间与 π 项相关的函数关系为

$$\frac{a_0 t}{V^{1/3}}=g\left(\frac{p}{p_0},\frac{a_{\mathrm{eff}}A}{V^{2/3}},\gamma,\frac{W}{p_0 V}\right) \tag{3-73}$$

同样，假设舱内准静态压力达到峰值前无压力泄出，舱内空气的比热比为常数，则上式变为

$$\frac{a_0 t}{V^{1/3}}=g\left(\frac{p}{p_0},\frac{a_{\mathrm{eff}}A}{V^{2/3}}\right) \tag{3-74}$$

Baker 在其研究中提出持续时间 t 的表达式，即

$$\frac{a_0 t}{V^{1/3}}=\frac{V^{2/3}}{a_{\mathrm{eff}}A} \tag{3-75}$$

可以将上式简写为比例时间 $\bar{t}$ 的形式，即

$$\bar{t}=\frac{a_0 t}{V^{1/3}}\frac{a_{\mathrm{eff}}A}{V^{2/3}}=g\left(\frac{p}{p_0},1\right) \tag{3-76}$$

Anderson 等通过拟合大量试验数据，得出准静态压力峰值与持续时间的表达式，即

$$P_{\mathrm{QS}}=1.336P_0\left(\frac{E}{P_0 V}\right)^{0.6717}-P_0,\quad \frac{E}{P_0 V}\leqslant 350 \tag{3-77}$$

$$P_{\mathrm{QS}}=0.1388P_0\left(\frac{E}{P_0 V}\right)-P_0,\quad \frac{E}{P_0 V}\geqslant 350 \tag{3-78}$$

$$t_{\max}=0.4284\frac{V}{a_0 a_{\mathrm{eff}}A}\left(\frac{P_{\mathrm{QS}}+P_0}{P_0}\right)^{0.3638},\quad 0\leqslant\frac{a_{\mathrm{eff}}A}{V^{2/3}}\leqslant 0.3246 \tag{3-79}$$

Anderson 将舱内准静态压力的衰减定义为指数衰减，其形式为

$$p(t)=p_1\mathrm{e}^{-ct} \tag{3-80}$$

其中，p_1 为 P_{QS}；c 为衰减系数，即

$$c=\frac{1}{t_{\max}}\ln\left(\frac{p_{QS}+p_0}{p_0}\right) \tag{3-81}$$

根据 Anderson 提出的方法，可以求得试验情况准静态压力载荷参数，如表 3-16 所示。因为有两种情况的炸药当量和泄爆孔一样，准静态压力参数一致，所以表 3-16 中只列出 5 种参数。

表 3-16　试验情况准静态压力载荷参数

序号	药量/g	泄爆孔半径/mm	P_{QS}/kPa	$t_{\max}$/ms	c
1	55	50	129.27	249.40	3.30
2	110	50	265.98	295.43	4.36
3	110	75	265.98	131.30	9.81
4	110	100	265.98	73.86	17.44
5	200	100	447.48	85.48	19.77

根据表 3-16 中准静态压力载荷参数，采用数值计算程序 AUTODYN 计算试验加筋板在舱内准静态压力下的响应。准静态压力载荷计算与试验结果对比如表 3-17 所示。

表 3-17　准静态压力载荷计算与试验结果对比

板架编号	准静态中心变形/板厚	试验中心变形/板厚	误差/%	板架编号	准静态中心变形/板厚	试验中心变形/板厚	误差/%
1	21.20	22.42	−5.45	7	15.68	15.36	2.05
2	20.69	21.00	−1.51	8	14.98	14.09	6.35
3	19.76	19.13	3.26	9	7.54	6.50	15.89
4	24.21	24.40	−0.80	10	7.07	6.01	17.61
5	21.20	19.06	11.23	11	6.84	6.31	8.42
6	19.68	18.21	7.84	12	7.18	6.47	10.94

对比可知，准静态压力载荷计算结果误差在−6%～18%，加筋板不同区域距爆点的距离不一样，冲击波到达加筋板不同区域的时间和冲击波压力峰值也不一样。但在准静态压力计算中忽略了这些因素，考虑初始舱内压力已经为均匀状态，加筋板不同区域受到的载荷一致，这与实际情况有差别，载荷误差导致加筋板的响应出现差异，采用准静态压力载荷计算得到的结构响应结果较试验值均偏大。

3.7.2　欧拉-板单元完全耦合计算方法

根据试验装置,采用全耦合方法计算加筋板动态响应的三维模型,如图3-36所示。依据3.5节载荷计算方法,采用欧拉网格密度建立空气域欧拉单元,计算域取为800mm×800mm×2000mm,立方体欧拉单元的边长为10mm。试验时在装置两端各安装一块试验件,左右间距为1800mm。由试验结果可知,加筋板响应最大两块试验件变形之和未超过200mm,长度为2000mm,计算域能完全覆盖试件的变形区域。试验装置四壁厚实,数值模拟中将装置四壁处理为刚性壁,仅在泄爆孔处、两端欧拉边界设置流出边界条件。空气域与加筋板设置为完全欧拉-板单元耦合,定义耦合厚度为20mm。

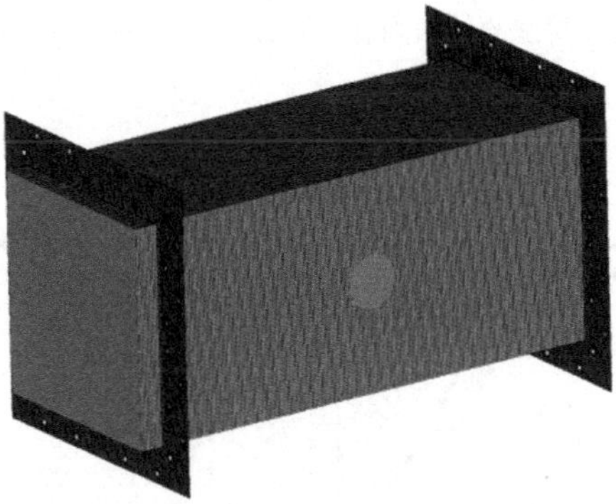

图3-36　计算模型

完全耦合方法优点在于接近实际载荷,完全耦合能模拟不同区域、不同载荷,但缺点是需要建立数目庞大的欧拉单元,计算效率低,每个计算情况约为108小时。完全耦合计算结果与试验结果对比如表3-18所示。对比试验件截面完全耦合计算结果与试验结果如图3-37～图3-40所示。

表3-18　完全耦合计算结果与试验结果对比

板架编号	计算中心变形/板厚	试验中心变形/板厚	误差/%	板架编号	计算中心变形/板厚	试验中心变形/板厚	误差/%
1	22.85	22.42	1.87	7	16.17	15.36	5.01
2	21.78	21.00	3.54	8	14.82	14.09	4.93
3	19.39	19.13	1.34	9	6.82	6.50	4.65
4	25.57	24.40	4.56	10	6.28	6.01	4.21
5	20.10	19.06	5.16	11	6.63	6.31	4.87
6	18.53	18.21	1.74	12	6.76	6.47	4.31

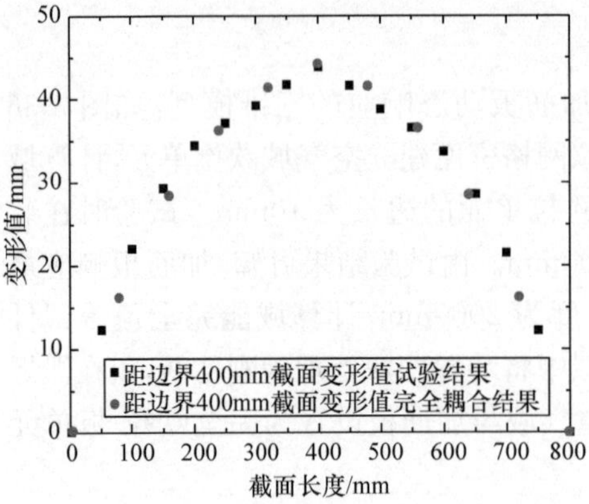

图 3-37 试验件 3 计算结果与试验结果对比

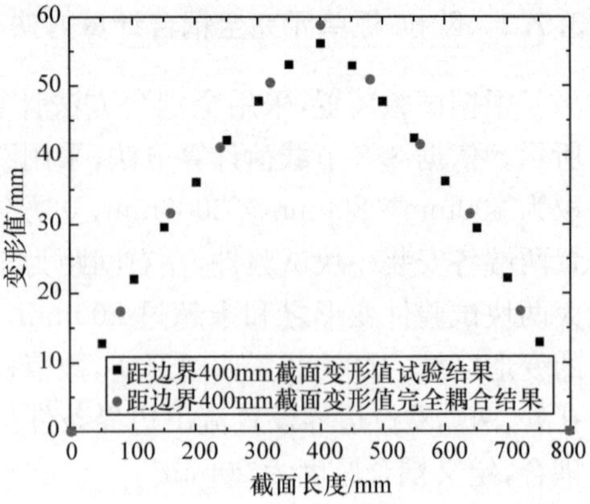

图 3-38 试验件 4 计算结果与试验结果对比

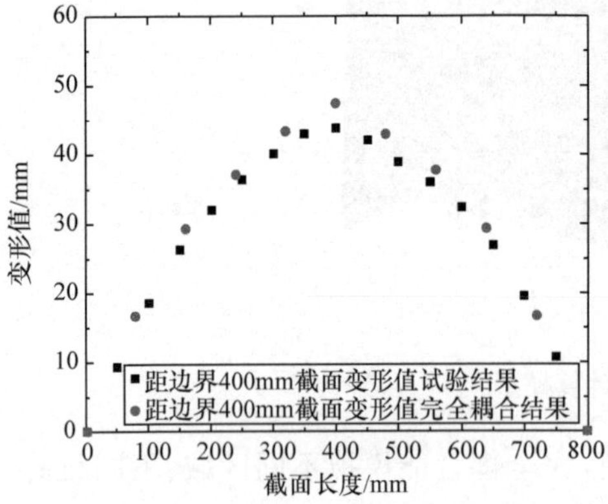

图 3-39 试验件 5 计算结果与试验结果对比

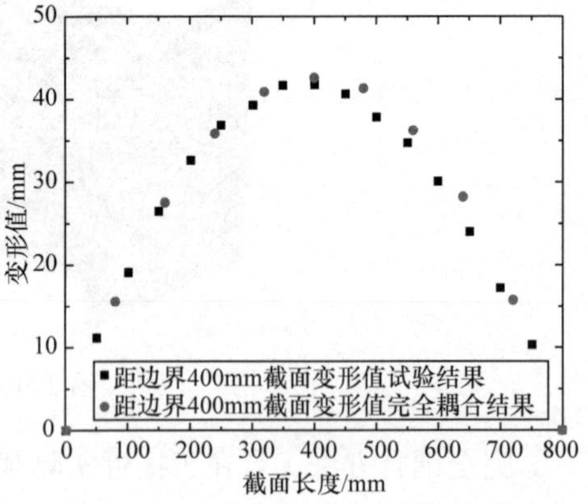

图 3-40 试验件 6 计算结果与试验结果对比

通过 4 块试验件完全耦合计算结果与试验结果对比可知,数值计算得到的试验件变形与试验变形基本一致,虽然两者加筋板中心变形值有一定差距,但满足要求。因此,完全耦合计算方法的可靠度很高,是一种较准确计算板架结构在舱内爆炸冲击波作用下响应的方法。

3.7.3 基于压力流出模型的舱内爆炸载荷简化计算方法

根据舱内爆炸试验现象,我们发现当爆源与舱壁开孔的距离较小时,爆炸后爆轰产物从舱壁开孔处流出现象明显。这个现象在准静态压力载荷中没有考虑,可以根据能量分析方法并结合镜像法,得到舱室爆炸的等效能量。在此基础上建立舱内压力变化模型,提出舱内爆炸压力简化计算方法。

舱内爆炸分为两个阶段,首先考虑从舱壁泄出的爆源能量,得到剩余舱内等效能量，此阶段的假设条件是爆源的能量均匀向四周扩散，开孔处对应的能量全部从开孔处流出，结合镜像法，可以确定其他壁面反射的冲击波从开孔处流出的能量，当各个壁面的反射冲击波从泄爆孔处流出过程完成之后，舱内的压力基本均匀。然后，开始第二个阶段，建立舱内准静态压力从舱壁开孔泄出的计算模型。模型基于以下假设条件。

① 此阶段舱内气体为均匀理想气体，其比热比为常数。该状态下舱内气体密度与压力为 ρ_i 和 p_i。

② 空气流动过程是绝热等熵的。

③ 压力与密度的关系满足 Poisson 绝热形式，即

$$p(t)=p_g\left(\frac{\rho(t)}{\rho_g}\right)^{\gamma} \tag{3-82}$$

其中，ρ_g 为大气压密度，取 $\rho_g=1.225\times10^{-3}\ \mathrm{g/cm^3}$；$p_g$ 为大气压力，取 $p_g=1.013\times10^5\ \mathrm{Pa}$；$\rho(t)$ 为舱内气体密度；γ 为绝热系数。

舱内气体质量变化可由下式表示，即

$$\frac{\mathrm{d}M}{\mathrm{d}t}=\rho_g s a_{\mathrm{eff}} A \tag{3-83}$$

其中，s 为舱内压力从舱壁开孔处流出的速度；a_{eff} 为开孔面积占总舱室面积比；A 为总舱壁面积。

在初始时刻，有

$$M|_{t=t_0}=\rho_i V \tag{3-84}$$

其中，V 为舱室体积。

沿任意流线的 Bernoulli 方程为

$$\frac{U^2}{2}+\Pi(\rho)=C \tag{3-85}$$

其中，U 为流体中任意点的速度；C 为常数；$\Pi(\rho)$ 为该点处单位质量的势能，即

$$\Pi(\rho)=\int_p^{p_g}\frac{\mathrm{d}p}{\rho(p)} \tag{3-86}$$

应用 Bernoulli 方程，可以得到舱壁开孔处点(p,ρ,s)至舱外空气点(p_g,ρ_g,s_g)的时间流线，假设舱外空气未被扰动，即流动速度 $s_g=0$，则可得

$$\frac{s^2}{2}+\int_p^{p_g}\frac{\mathrm{d}p}{\rho(p)}=\frac{s_g^2}{2}+\int_p^{p_g}\frac{\mathrm{d}p}{\rho(p)} \tag{3-87}$$

将式(3-82)代入，可得下式，即

$$\frac{s^2}{2}+\frac{\gamma}{\gamma-1}\frac{p_g}{\rho_g}\left[1-\left(\frac{p}{p_g}\right)^{\frac{\gamma-1}{\gamma}}\right]=0 \tag{3-88}$$

由此可得舱壁开孔处的气体流出速度的计算表达式，即

$$\frac{s^2}{2}+\frac{\gamma}{\gamma-1}\frac{p_g}{\rho_g}\left[1-\left(\frac{p}{p_g}\right)^{\frac{\gamma-1}{\gamma}}\right]=0 \tag{3-89}$$

结合初始条件对式(3-83)进行积分，并代入式(3-89)，可得舱内压力随时间的变化，即

$$p(t)=p_g\left[\frac{M(t)/V}{\rho_g}\right]^{\gamma} \tag{3-90}$$

将根据此方法得到的简化载荷施加在加筋板上，计算结果与试验结果对比如表3-19所示。

表 3-19　简化载荷计算结果与试验结果对比

板架编号	简化载荷中心变形/板厚	试验中心变形/板厚	误差/%	板架编号	简化载荷中心变形/板厚	试验中心变形/板厚	误差/%
1	22.77	22.42	1.52	7	15.93	15.36	3.58
2	22.14	21.00	5.12	8	15.33	14.09	8.08
3	20.27	19.13	5.63	9	7.52	6.50	13.58
4	25.19	24.40	3.11	10	6.95	6.01	13.52
5	21.55	19.06	11.57	11	7.71	6.31	18.23
6	20.25	18.21	10.09	12	7.85	6.47	17.52

可以看出，简化载荷方法计算的结果比试验结果偏大。首先，简化方法把空气假设为理想状态，但实际情况下舱内爆炸空气的状态是极其复杂的，其比热比是变化的。其次，简化方法没有考虑舱内空气流出，因此得到的载荷偏大。

3.8　总　　结

反舰导弹战斗部在舰船舱内爆炸的载荷是造成结构破坏的主要因素，由于舱室空间的限制，冲击波会在舱壁之间形成多次反射，舱内会产生持续时间相对较长的准静态压力。确定准确的舱内爆炸载荷和可靠的等效加载方式是开展舰船抗爆结构设计的前提条件。通过本章的研究工作，可以得到以下结论。

① 基于改进的WENO的高精度冲击波数值计算程序可较准确的得到舱内爆炸冲击波及其演化发展规律，为舰船舱内爆炸载荷的评估提供可靠的分析工具。

② 在采用商用数值程序AUTODYN开展舱内爆炸冲击波的计算时，其计算精度与网格数量密切相关。建议开展数值试验时，综合考虑计算精度和计算耗时确定合理的网格尺寸。此外，可采用映射技术，首先在二维计算域采用小尺寸网格计算炸药的爆轰和膨胀过程，根据舰船舱室尺寸确定二维计算域的范围并开展计

算,再将二维计算结果映射到三维空间计算域,可以得到较为理想的结果。

③ 从舱内爆炸载荷试验数据来看,初始冲击波在舱室壁面的反射和叠加会聚会产生峰值更高的载荷。初始冲击波的冲量在整个载荷历程中占比较小,反射冲击波的叠加和会聚是造成结构剧烈动态响应和破坏的主要原因。在舱内爆炸的情况下,虽然不同位置处初始冲击波的冲量随着与爆点距离和相对位置的不同而有所差异,但经过一段时间后,舱室结构各不同位置受到的总冲量趋于一致,舱内载荷趋于均匀,表现出典型的准静态压力特征。

第 4 章 弹体对舰船结构的穿甲效应

4.1 引 言

掠海飞行的半穿甲内爆式反舰导弹对舰船攻击过程的第一步是穿透舰船舷侧外板，同时触发延时引信。穿透舷侧外板后，战斗部的剩余速度、姿态，以及延时引信的起爆时间等决定了舱内爆炸点的位置，是舰船爆炸毁伤评估的重要输入参数。舰船舷侧外板相对反舰导弹的弹长、弹径尺寸而言，属于薄板范畴。本章主要介绍截锥形、锥形弹体穿甲薄板过程的数值仿真和理论分析；开展反舰导弹穿透实际舰船舷侧板架的数值仿真计算，总结加筋板结构形式对反舰导弹穿甲过程的影响。

4.2 截锥形弹穿甲薄板数值仿真研究

早期穿甲问题的研究主要依赖试验，但试验费用高、周期长，又受到各种条件的限制，不易实现。随着计算机技术的发展和瞬态动力学软件的成熟，数值仿真方法可以模拟复杂的穿甲过程，并且得到令人满意的结果，渐渐可替代部分试验，为解决穿甲问题带来极大的方便。这里首先采用 AUTODYN 软件对截锥形弹穿甲过程进行数值仿真，并与截锥形弹体穿甲薄板试验结果对比，验证数值仿真方法的可靠性，总结穿甲数值仿真实现的方法，讨论网格对仿真结果的影响。然后，对锥形弹穿甲薄板进行数值仿真，分析薄板的破坏模式。最后，对锥形弹以不同入射角穿甲薄板进行数值仿真，分析入射角对剩余速度的影响。

选用中国工程物理研究院开展的截锥形弹正穿甲和 45°斜穿甲薄板试验为模拟对象，运用 AUTODYN 模拟，并与试验结果进行比较，从而确定合理、正确的穿甲问题数值仿真方法[6,27,28]。

4.2.1 弹、靶结构与材料模型

截锥形弹直径 25.3mm，截顶直径 7.2mm，半锥角为 20°，弹长 60mm，质量为 180.2g；靶板尺寸为 150mm×150mm×3mm；弹体撞击速度为 680m/s，着弹点位于板的中心，弹体和靶板材料分别为 TC4 钛合金和 45 钢。

在穿甲数值仿真中，弹体和靶板均采用拉格朗日实体单元进行离散。时间积分采用显式中心差分法定义弹体的初始速度，采用接触算法实现弹靶相互作用。

结合程序本身功能采用黏性阻尼以消除单点积分模式的沙漏影响，自动设定时间步长以优化计算时间步数，节约计算时间。

描述材料动态力学性能的本构方程较多，选取能有效表达材料力学特性的本构方程尤为重要。与准静态情况下的力学行为相比，在穿甲过程中，弹、靶板材料的力学性能受应变率的影响较大，另外温度对材料的力学性能影响也不能忽视。这里采用由 Johnson 和 Cook 提出的 Johnson-Cook 强度模型和 Johnson-Cook 失效模型。Johnson-Cook 强度模型考虑应变强化、温度效应和应变率效应，适用于模拟穿甲过程中材料的大变形、高应变率和高温升情况，即

$$\sigma_Y=(A+B\varepsilon_p^n)\left[1+C\ln\left(\frac{\dot{\varepsilon}}{\dot{\varepsilon}_0}\right)\right](1-T^{*m})$$
$$T^*=\frac{T-T_r}{T_m-T_r} \tag{4-1}$$

其中，σ_Y 为动态屈服强度；A 为静态屈服强度；B 为硬化参数；ε_p 为有效塑性应变；n 为硬化指数；C 为应变率参数；$\dot{\varepsilon}$ 为有效塑性应变率；$\dot{\varepsilon}_0$ 为参考应变率，一般取 $\dot{\varepsilon}_0=1\mathrm{s}^{-1}$；$T$ 为温度；T_r 为室温；T_m 为熔化温度；m 为温度指数。

Johnson-Cook 失效模型应用累计损伤的概念考虑温度、应力三轴度和应变率效应，不考虑损伤对材料强度和刚度的影响。单元的损伤度定义为

$$D=\sum\frac{\Delta\varepsilon_p}{\varepsilon^f} \tag{4-2}$$

其中，D 代表某个单元的损伤，当 $D=1.0$ 时，材料失效；$\Delta\varepsilon_p$ 为塑性应变增量；ε^f 为当前应力三轴度、应变率和温度下的失效应变。

失效应变 ε^f 定义为

$$\varepsilon^f=[D_1+D_2\exp(D_3\sigma^*)](1+D_4\ln\dot{\varepsilon}^*)(1+D_5T^*) \tag{4-3}$$

其中，$\sigma^*=\dfrac{P}{\sigma_{\mathrm{eff}}}=-R_\sigma$ 为应力状态参数，P 为压力，σ_{eff} 为等效应力，R_σ 为应力三轴度；$D_1\sim D_5$ 为材料参数；$\dot{\varepsilon}^*$ 为塑性应变率。

45 钢和 TC4 钛合金的 Johnson-Cook 强度模型和失效模型参数如表 4-1 所示。

表 4-1　45 钢和 TC4 钛合金的 Johnson-Cook 强度模型和失效模型参数

材料	$\rho/(\mathrm{kg/m^3})$	E/GPa	μ	T_r/K	T_m/K	A/MPa	B/MPa	n
45 钢	7800	200	0.3	293	1775	507	320	0.064
TC4 钛合金	4400	110	0.3	293	1938	1130	250	0.032
材料	C	m	D_1	D_2	D_3	D_4	D_5	
45 钢	0.28	1.06	0.15	0.72	1.66	0.005	−0.84	
TC4 钛合金	0.2	1.1	0	0.33	0.48	0.004	3.9	

4.2.2　锥形弹、薄板网格划分

穿甲过程主要是弹头与薄板接触，因此可以将弹头网格细化，弹身网格粗化，共有 2656 个单元(图 4-1)。

高速撞击下薄板塑性影响区约为弹径的 5～8 倍，在此范围内的网格细化，此范围外的网格粗化。这样在保证计算精度的前提下，可以提高计算速度。细化网格的边长为 0.5mm。靶板的网格示意图如图 4-2 所示。

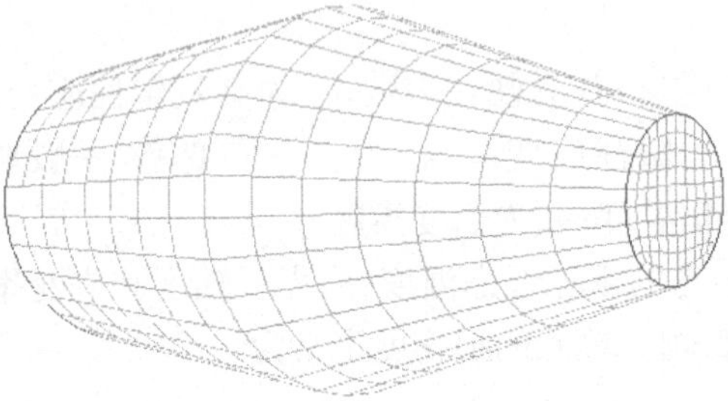

图 4-1　弹体网格示意图

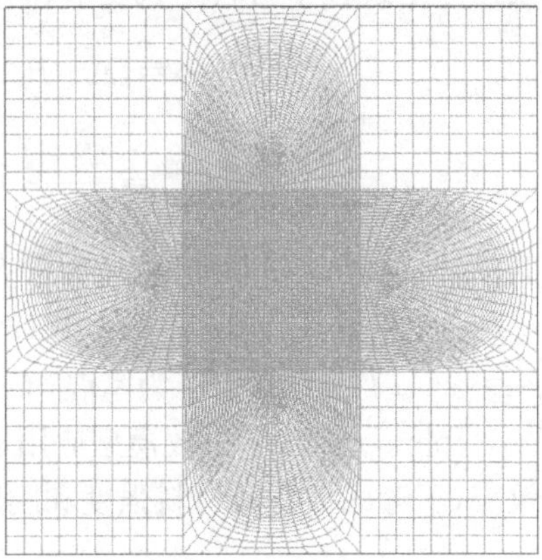

图 4-2　靶板网格示意图

4.2.3　截锥形弹正穿甲数值仿真分析

弹体穿甲靶板过程伴随着弹性波、塑性波的传播，并产生整体和局部的变形与破坏。图 4-3 为穿甲过程压力云图，初始速度为 680m/s 时的截锥形弹体正穿甲薄板过程。弹体与薄板有一段初始距离，弹体运行大约 4μs 与薄板接触，在接触区域薄板发生塑性变形，弹头开始挤凿薄板；7μs 时在背板面出现与截锥面大小相当的隆起(图 4-3(a))，14μs 时靶板隆起部分与靶板整体脱离形成凿块(图 4-3(b))；凿块脱离靶板后，高速向前飞出，弹体斜锥面与靶板接触并开始扩孔过程(图 4-3(c))；随着弹体的继续向前飞行，孔口不断增大，靶板破坏的花瓣形状逐渐形成(图 4-3(d))；弹臂穿过靶板具有一定初速，绕花瓣上的塑性铰转动，塑性铰向花瓣的底部运动(图 4-3(e))；花瓣形状稳定，弹体沿圆形弹孔继续飞行(图 4-3(f))。

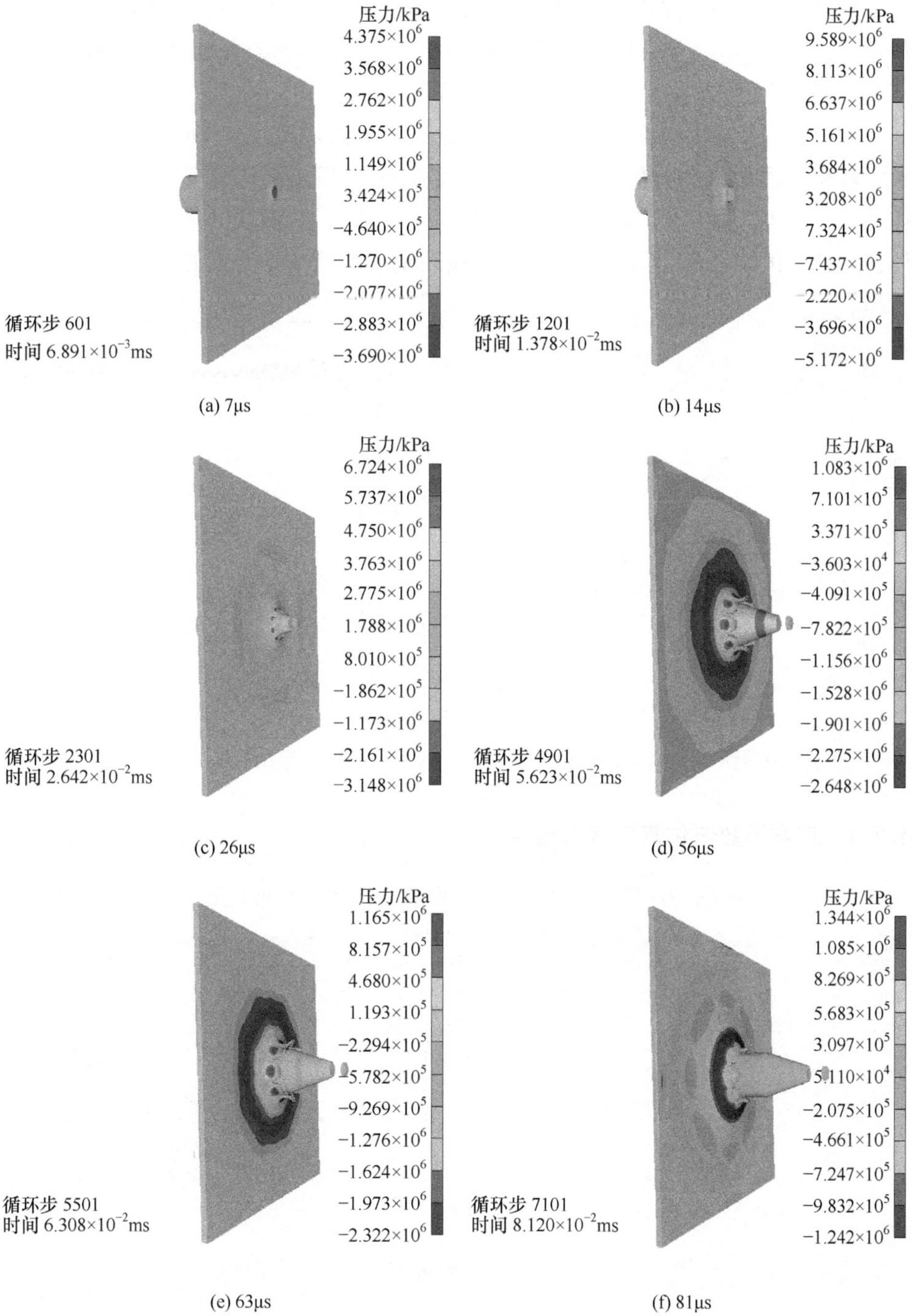

(a) 7μs　(b) 14μs

(c) 26μs　(d) 56μs

(e) 63μs　(f) 81μs

图 4-3　穿甲过程压力云图

在穿甲过程中，弹体速度-时间曲线如图 4-4 所示。0～4μs 弹体以初速飞过弹、靶初始间距，4～7μs 弹速急剧下降，此时是凿块形成的剪切和冲塞过程；7～56μs 弹体速度变化呈线性关系，此时是花瓣形成过程；56μs 以后弹体匀速飞行。

靶板在截锥形弹体的高速冲击下形成凿块。凿块速度-时间曲线如图 4-5 所示。凿块脱离靶板和弹体后高速飞行，凿块脱离靶板速度达到 838.9m/s，约为弹体初始速度的 1.23 倍。根据截锥形弹穿甲的试验总结，凿块的飞出速度一般为弹体初始速度的 1.0～1.5 倍，数值仿真中凿块的飞出速度是合理的。

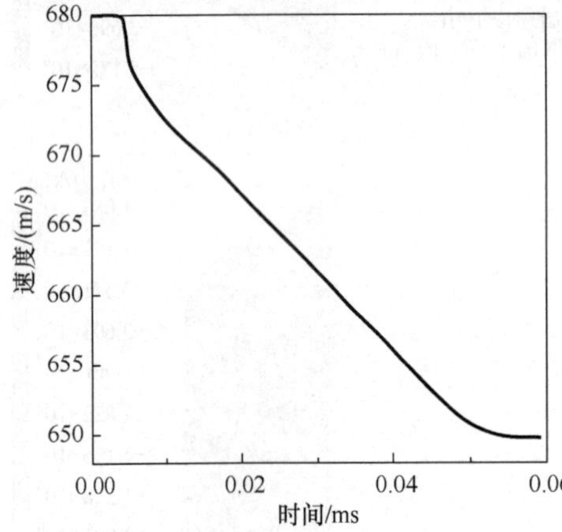

图 4-4 弹体速度-时间曲线

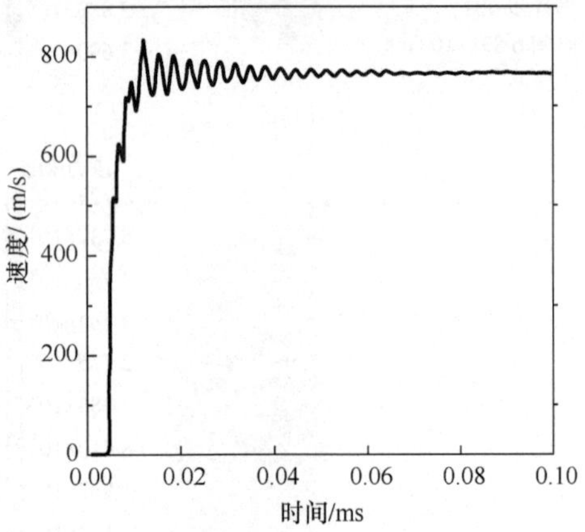

图 4-5 凿块速度-时间曲线

4.2.4 正穿甲数值仿真与试验结果对比

如图 4-6(a)所示为截锥形弹体正穿甲数值仿真的花瓣破口效果图。如图 4-6(b)

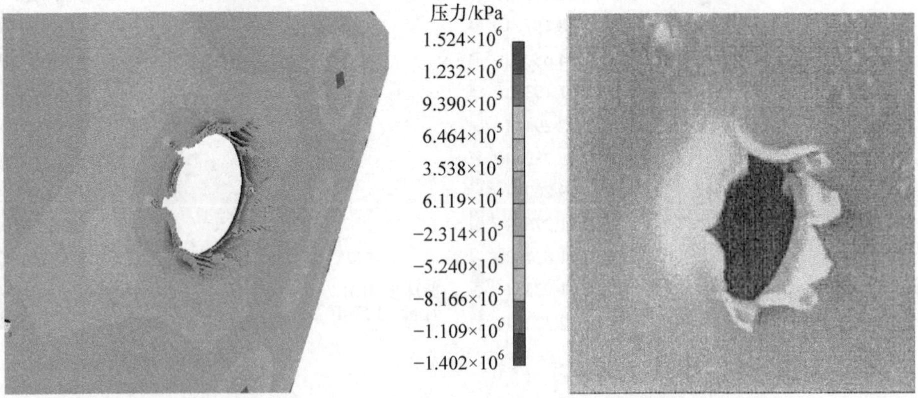

(a) 数值仿真花瓣破口

(b) 试验花瓣破口

图 4-6 穿甲花瓣形破口对比图

所示为穿甲试验得到的花瓣破口。对比两图可知，数值仿真和试验穿甲后的靶板破坏模式均是背面产生花瓣型破口，两者花瓣的瓣数和大小一致。两图中弹孔也表现出一致性，都呈圆形孔洞，大小与弹径相当。数值仿真与试验均形成与截锥面积相近的凿块，凿块的剩余速度与试验结果吻合，弹体穿甲后的剩余速度也较吻合。通过与试验的结果对比，验证了正穿甲数值仿真方法的正确性。

4.2.5　45°斜穿甲数值仿真与试验结果对比

采用 AUTODYN 对截锥形弹体在 45°入射角时斜穿甲薄板过程进行数值仿真。斜穿甲仿真模型中弹体和靶板的结构形式及材料与正穿甲数值仿真中的相同。以截锥形弹体 45°斜穿甲试验为依据，弹体初速为 720m/s。

如图 4-7 所示为数值仿真与试验破坏模式对比图。对比仿真与试验图，正靶面均有两个向下的花瓣，背靶面均有拱形隆起；仿真与试验的弹孔大小吻合较好，仿真与试验的破坏模式吻合较好。

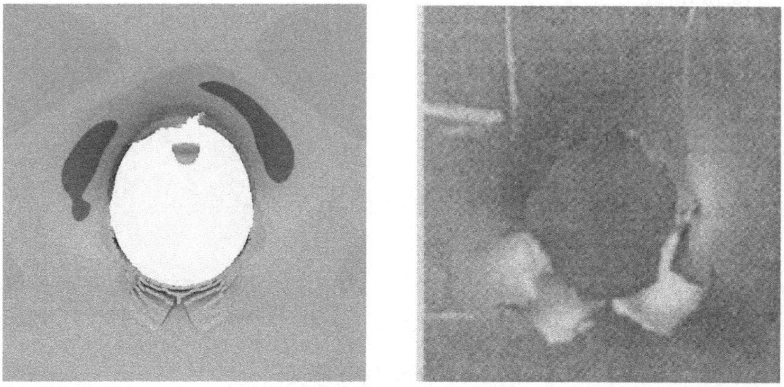

(a) 正靶面破坏

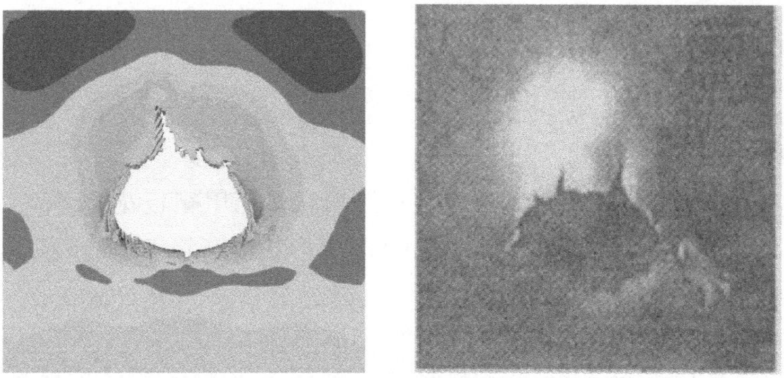

(b) 背靶面破坏

图 4-7　数值仿真与试验破坏模式对比

4.3　网格尺寸对穿甲数值仿真的影响

4.3.1　靶板网格尺寸划分

在穿甲数值仿真中,网格尺寸对仿真结果有较大影响。从有限元的基本理论分析,较小的网格尺寸得到的模拟结果更加接近真实值,但随着网格尺寸的减小,计算花费的时间和成本显著增加。为了权衡这两方面的因素,需要研究合理的网格尺寸,使其能在较短的计算时间内得到较理想的结果。

对靶板着弹区域采用不同的网格尺寸进行划分,网格尺寸依次为 2.0mm、1.5mm、1.0mm 和 0.5mm。网格划分示意图如图 4-8 所示,图 4-8(a)是 2.0mm 尺寸网格,有 6999 个单元;图 4-8(b)是 1.5mm 尺寸网格,有 9879 个单元;图 4-8(c)是 1.0mm 尺寸网格,有 17 100 个单元;图 4-8(d)是 0.5mm 尺寸网格,有 97 200 个单元。截锥形弹体的网格数不变。

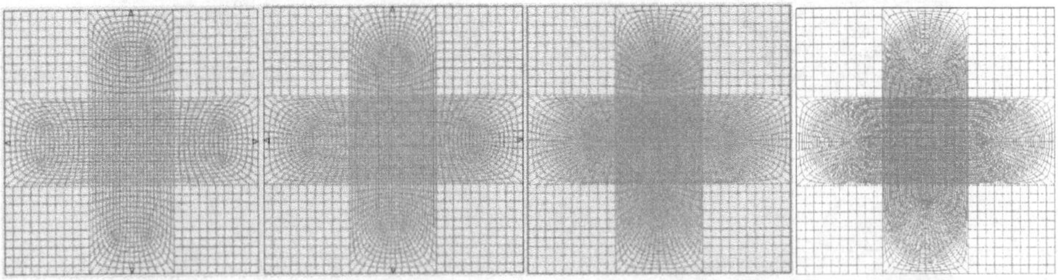

(a) 2.0mm　(b) 1.5mm　(c) 1.0mm　(d) 0.5mm

图 4-8　网格划分示意图

4.3.2　不同网格尺寸穿甲结果比较分析

1. 花瓣形破口比较分析

如图 4-9 所示为四种不同网格尺寸截锥形弹体穿甲靶板花瓣形破口效果图。随着网格尺寸的减小,花瓣形状逐渐规则;凿块形状逐渐趋于圆形,直径与弹体截锥直径相当。

大尺寸网格的靶板难以形成规则花瓣的原因如下。

① 在穿甲过程中运用了侵蚀技术,它不是材料的物理现象,当单元发生大变形且变形超过某临界值,该单元会丢失;当单元尺寸较大时,该单元局部塑性变形

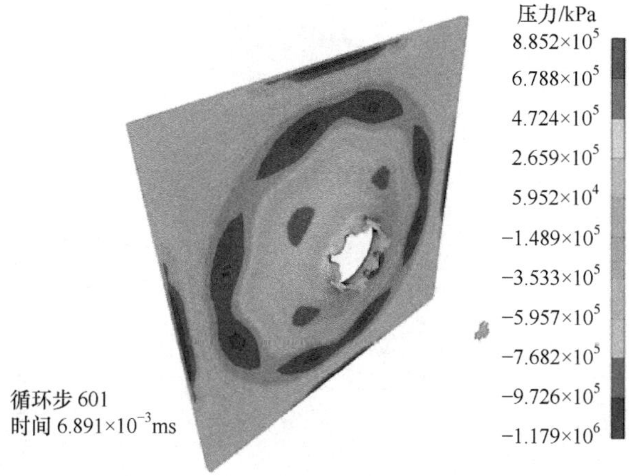

(a) 网格尺寸2.0mm

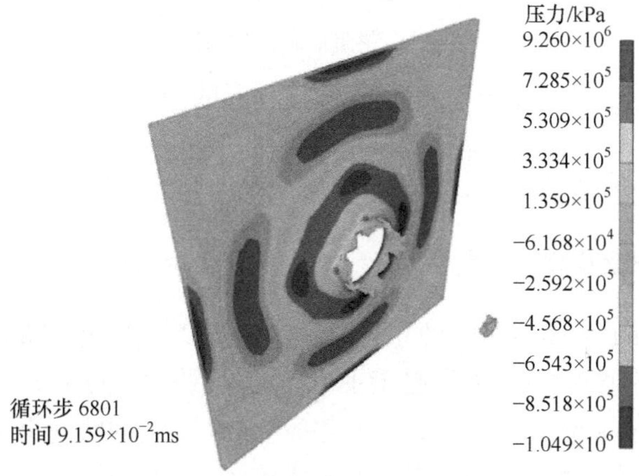

(b) 网格尺寸1.5mm

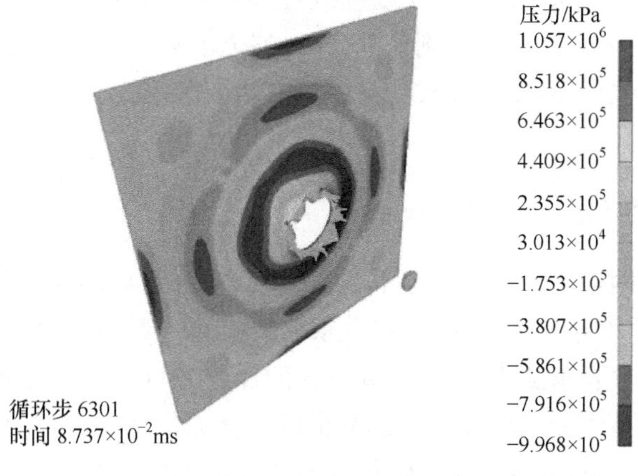

(c) 网格尺寸1.0mm

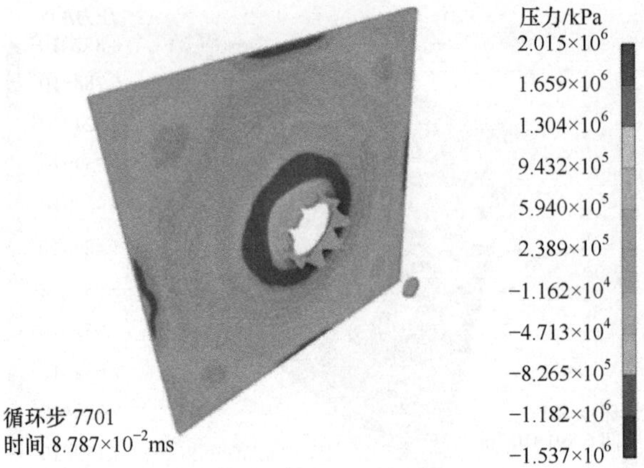

(d) 网格尺寸0.5mm

图 4-9　花瓣形破口效果图

过大而被侵蚀时，会导致整个单元丢失，而该单元的变形较小区域恰恰又是花瓣的一部分。

② 裂缝的走向也会因为大体积单元的存在或丢失而不规则。

2. 弹体剩余速度比较分析

如图 4-10 所示为不同网格尺寸下的弹体速度变化曲线。随着网格尺寸的减小，速度曲线上的波动减小，曲线趋于平滑。随着网格尺寸的减小，弹体穿甲后的剩余速度从 682m/s 增加到 690m/s，并且弹臂成功穿甲的时间也随之提前。造成这些现象的原因是当大体积单元被侵蚀形成整体剥落时，会对速度曲线造成波动；大体积单元使撞击区与未撞击区难以细致分开，弹头截锥面的撞击区往往包括撞击区以外单元的一部分，当撞击到该部分时，整个单元会受影响，使撞击范围增大，造成弹体能量损失过多，使弹体成功穿甲后的剩余速度减小，剩余速度减小导致穿甲延迟。

3. 网格尺寸对穿甲仿真影响的结论

通过对不同网格尺寸靶板的穿甲数值仿真，从穿甲后的花瓣形破口效果和弹体速度曲线判断，网格尺寸越小，穿甲数值仿真结果的精度越高，但网格数量的增加对计算机的硬件要求随之提高，需要更长的计算时间。本节网格尺寸为 0.5mm 时能够满足计算精度要求。穿甲过程中靶板网格的尺寸与弹体直径相关，本节截锥形弹直径为 25.3mm，在直径长度范围内靶板约 50 个单元。因此，在穿甲问题的数值模拟计算中，靶板撞击区域的弹体直径范围至少应划分 50 个单元。

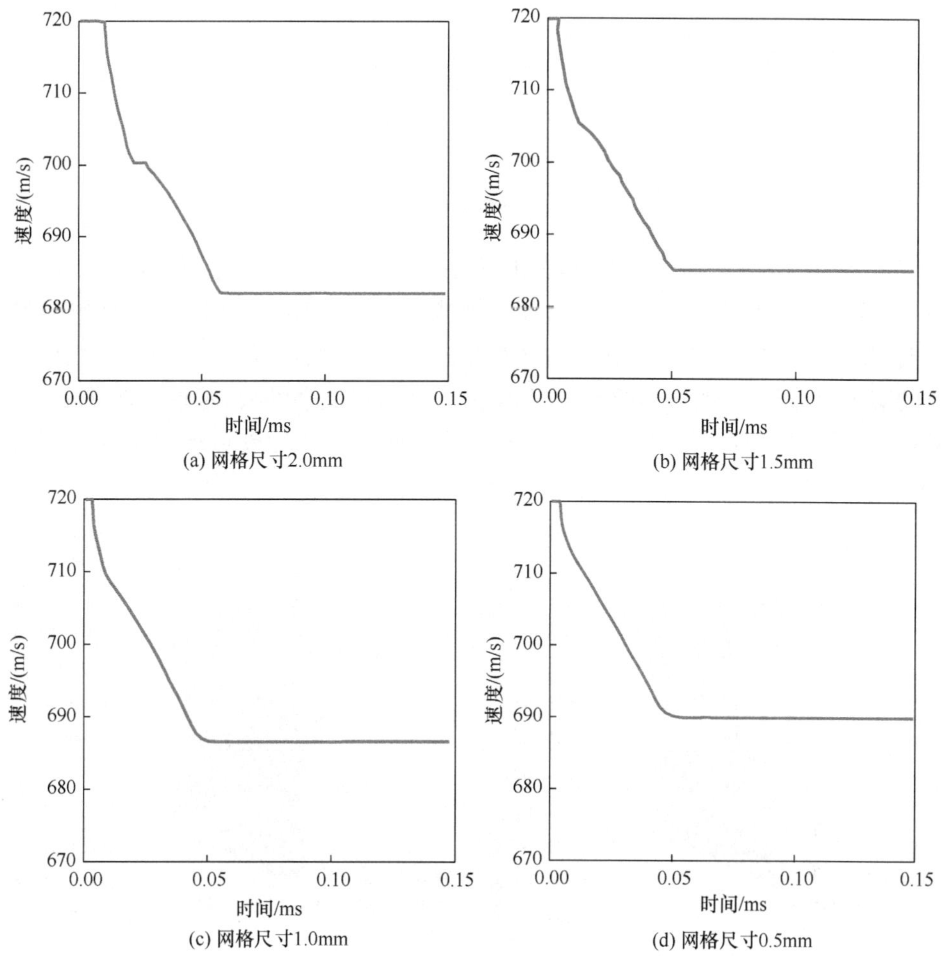

(a) 网格尺寸2.0mm　(b) 网格尺寸1.5mm

(c) 网格尺寸1.0mm　(d) 网格尺寸0.5mm

图 4-10　弹体速度变化曲线

4.4　锥形弹正穿甲薄靶板的数值计算

4.4.1　锥形弹对薄靶板的正穿甲过程

弹体形状对弹靶相互作用过程和靶板破坏模式有显著的影响。本节进一步开展锥形弹穿甲过程的数值仿真研究。弹体选用半锥角为 20°的锥形弹(图 4-11)，靶板为 3mm 薄板，运用 AUTODYN 软件模拟锥形弹以 680m/s 的初速度正穿甲薄靶板。

如图 4-12 所示为锥形弹的穿甲过程应力云图。弹体与靶板有一段初始距离，

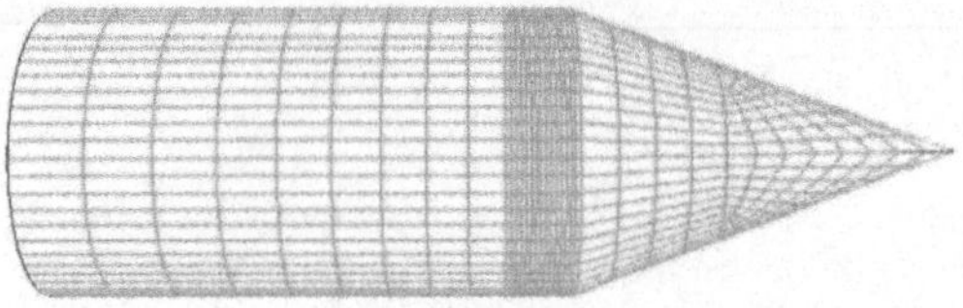

图 4-11　锥形弹网格示意图

弹体运行大约 1μs 时与靶板接触，在弹、靶接触区域靶板材料发生塑性变形，7.6μs 时弹尖已经刺穿靶板(图 4-12(a))；随弹体继续前进，依附弹尖周围靶体随之隆起，花瓣裂缝初现(图 4-12(b))；随着弹体的推进，花瓣开始形成(图 4-12(c))；随着弹体的继续向前飞行，孔口不断增大，花瓣形状部分形成塑性铰，塑性铰向花瓣的根部运动(图 4-12(d))；花瓣具有一定初速，绕花瓣上的塑性铰转动，花瓣完全形成(图 4-12(e))；弹体沿孔继续前进，直至整个弹体贯穿(图 4-12(f))。

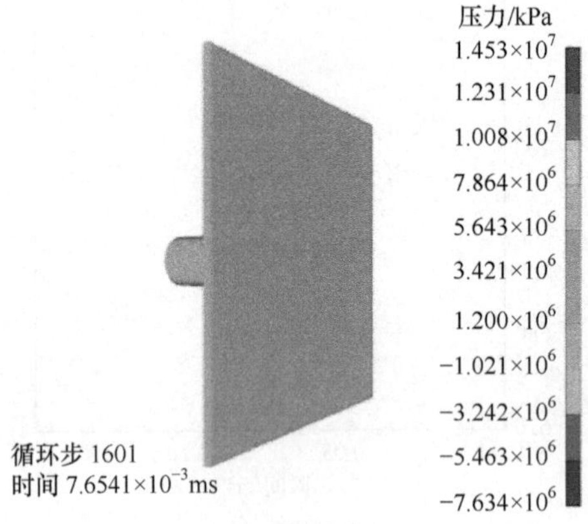

(a) 7.6μs

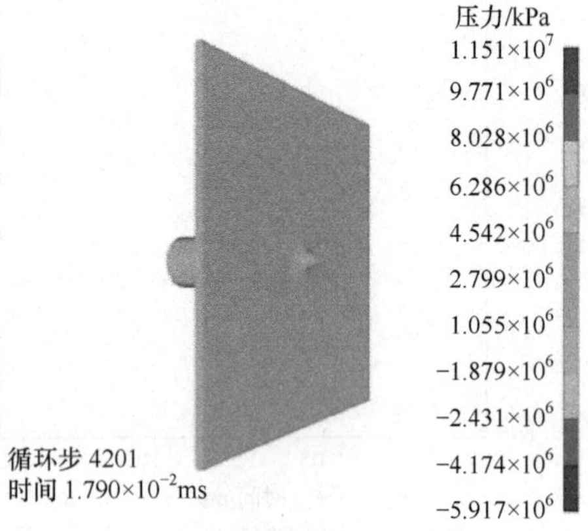

(b) 18μs

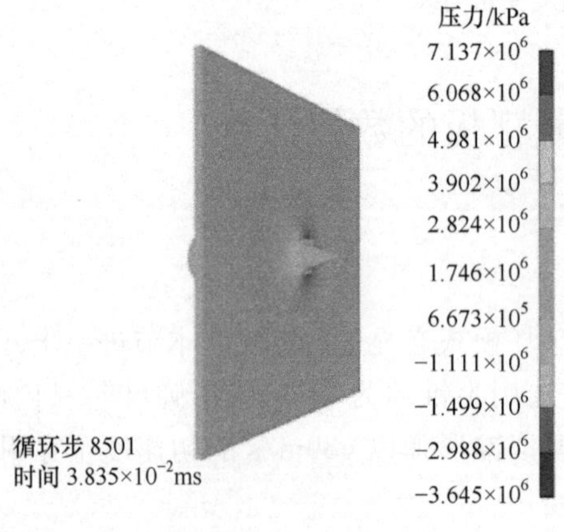

(c) 38μs

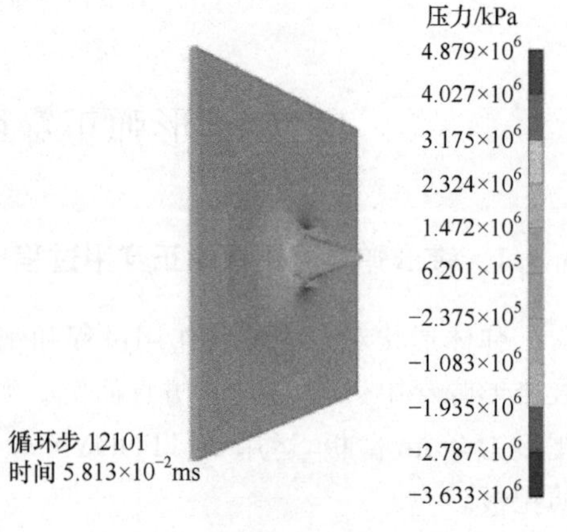

(d) 58μs

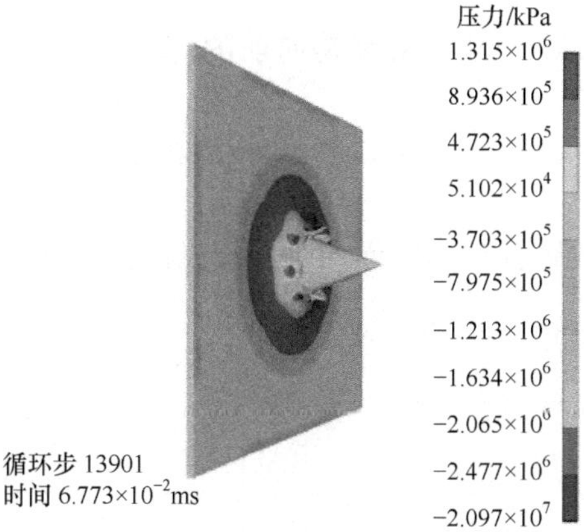

(e) 68μs

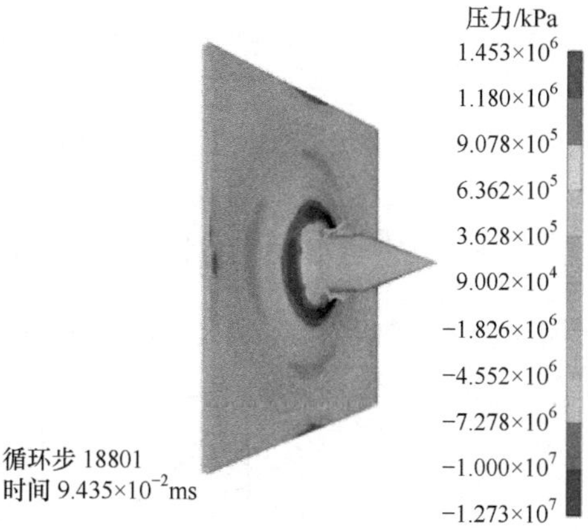

(f) 94μs

图 4-12　穿甲过程应力云图

如图 4-13 所示为锥形弹穿甲过程中弹体速度-时间曲线。弹体与靶板开始碰撞时，由于弹尖侵彻、挤压靶体，在初始阶段弹体速度变化呈非线性关系。当弹尖穿过靶板后，能量主要消耗在花瓣撕裂和翻转，弹体速度变化呈线性关系，成功穿甲后，弹体主体部分速度保持不变。

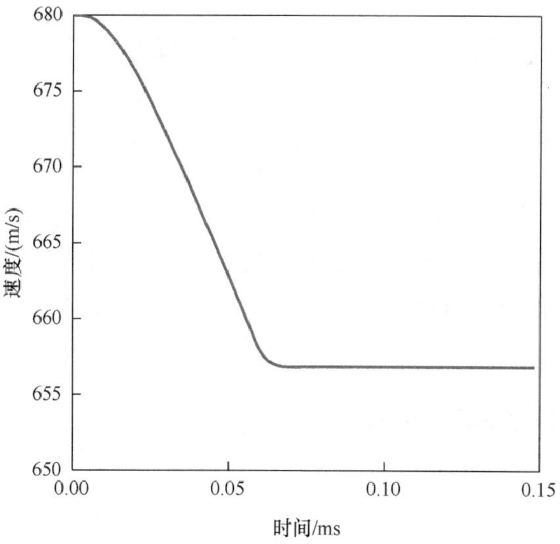

图 4-13　弹体速度-时间曲线

4.4.2　锥形弹对薄靶板的斜穿甲过程

Zaid 和 Paul 提出锥形弹在斜撞击薄靶板时产生三种破坏类型，分别为低斜角撞击$\left(0\leqslant\beta-\theta\leqslant\frac{\pi}{2}-2\theta\right)$，靶板发生花瓣形破坏且花瓣都是向前的；高斜角撞击$\left(0\leqslant\theta-\beta\leqslant\frac{\pi}{2}-2\beta\right)$，靶板发生花瓣形破坏且正面的花瓣向后，背面的花瓣向前；极高斜角撞击$\left(\frac{\pi}{2}\leqslant\theta+\beta\right)$，靶板发生花瓣形破坏且弹体侧面和靶板接触。锥形弹斜撞击模式分类如图 4-14 所示，β 为弹体半锥角，θ 为弹体入射角。

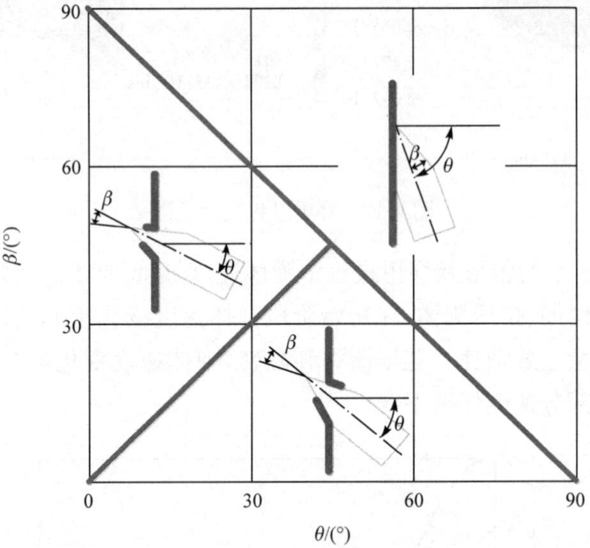

图 4-14 锥形弹斜撞击模式分类图

为研究锥形弹斜穿甲特性，对半锥角为 20°的锥形弹分别开展 15°、30°、45°、60°和 75°入射角下斜穿甲 3mm 靶板的数值仿真计算。对照图 4-14 中锥形弹斜撞击模式可知，入射角 15°属低斜角撞击，30°、45°和 60°属高斜角撞击，75°属极高斜角撞击。

4.4.3 斜撞击薄板破坏模式分析

1. 弹体入射角为 15°

弹体 15°入射角斜穿甲时靶板的破坏模式如图 4-15 所示。破口花瓣均出现在靶板背面，且花瓣形状比较规则，花瓣以弹体中面呈对称分布，与正穿甲时形成的花瓣极为相似。迎弹处花瓣弯曲半径大，弯曲角度近 90°，送弹处花瓣半径小，弯曲角度约 180°。15°入射角斜穿甲仿真的破坏模式与 Zaid 等提出的低斜角撞击破坏模式一致。

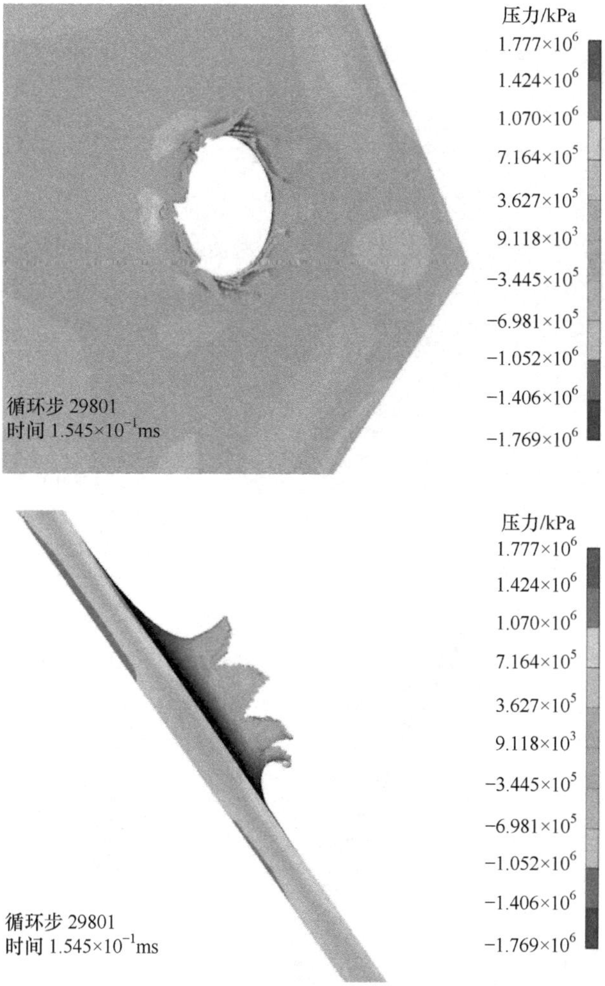

图 4-15　入射角 15°斜穿甲破坏模式

2. 弹体入射角为 30°

弹体 30°入射角斜穿甲时靶板的破坏模式如图 4-16 所示。靶板背面有花瓣，正面没有花瓣。迎弹处花瓣最大，送弹处的花瓣最小，之间的花瓣由大到小过渡。迎弹处花瓣弯曲半径大，花瓣弯曲角度近似 60°，送弹处花瓣尖部在穿甲过程中被侵蚀，余下根部弯曲半径小，弯曲角度大。花瓣以弹体中面呈两侧对称分布。根据 Zaid 提出的锥头弹斜撞击模式分类，当入射角为 30°，弹体半锥角为 20°时应属高斜角撞击，在靶板正面和背面均有花瓣出现，但数值仿真结果只有靶板背面有花瓣,这与 Zaid 斜撞击模式分类不符。可见,低斜角区域与高斜角区域之间的界线有误差。

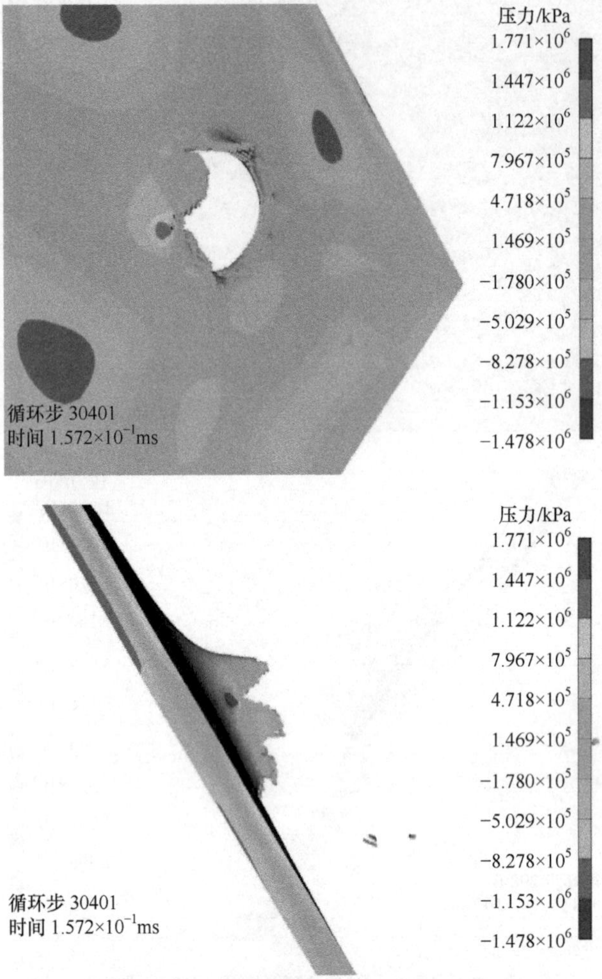

图 4-16 入射角 30°斜穿甲破坏模式

3. 弹体入射角为 45°

弹体 45°入射角斜穿甲时靶板的破坏模式如图 4-17 所示。靶板背面、正面均有花瓣。迎弹处花瓣较规则,送弹处花瓣不规则。靶板背面的花瓣弯曲角度小,正面花瓣弯曲角度大。花瓣以弹体中面呈两侧对称分布。45°入射角斜穿甲仿真的破坏模式与 Zaid 等提出的高斜角破坏模式一致。

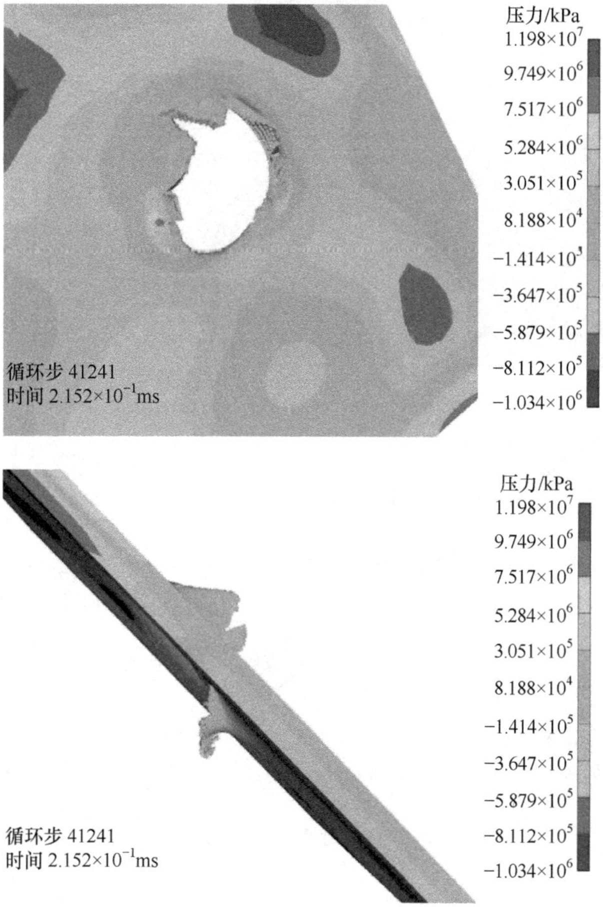

图 4-17　入射角 45°斜穿甲破坏模式

4. 弹体入射角为 60°

弹体入射角 60°斜穿甲靶板的破坏模式如图 4-18 所示。靶板背面、正面均有花瓣。靶板背面出现拱形隆起，隆起中间位置出现明显撕裂。靶板正面的花瓣曲角度大，有碎片飞出。花瓣以弹体中面呈两侧对称分布。60°入射角斜穿甲仿真的破坏模式与 Zaid 等提出的高斜角破坏模式一致。

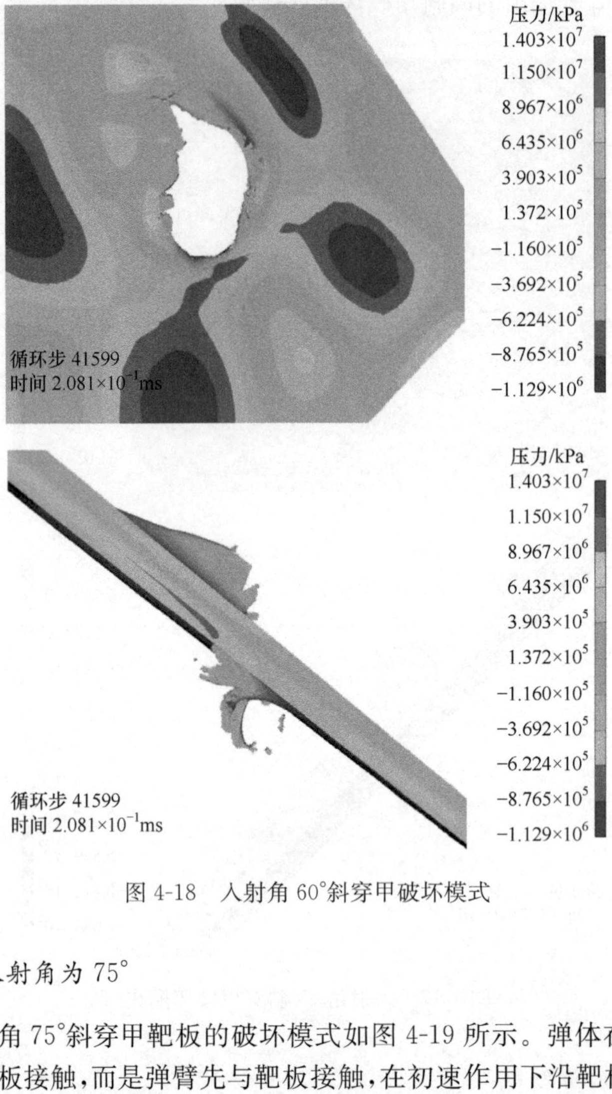

图 4-18　入射角 60°斜穿甲破坏模式

5. 弹体入射角为 75°

弹体入射角 75°斜穿甲靶板的破坏模式如图 4-19 所示。弹体在接近靶板时，弹尖没有与靶板接触，而是弹臂先与靶板接触，在初速作用下沿靶板滑移，滑至靶板中心时，弹臂将靶板镗出破口，破口随着弹体的滑移而增大。靶板受弹体挤压而隆起，当拉伸应力超过断裂应力时，在隆起外开始撕裂。靶板背面出现隆起和撕裂，并没有花瓣的产生，这与 Zaid 等提出的极高斜角撞击时靶板发生花瓣型破坏不符，可见极高斜角撞击靶板时并不能形成穿甲，而是发生跳弹。因此，在极高斜角撞击时的破坏模式应定义为靶板发生花瓣形破坏或背面产生隆起、撕裂，且弹体侧面和靶板接触。

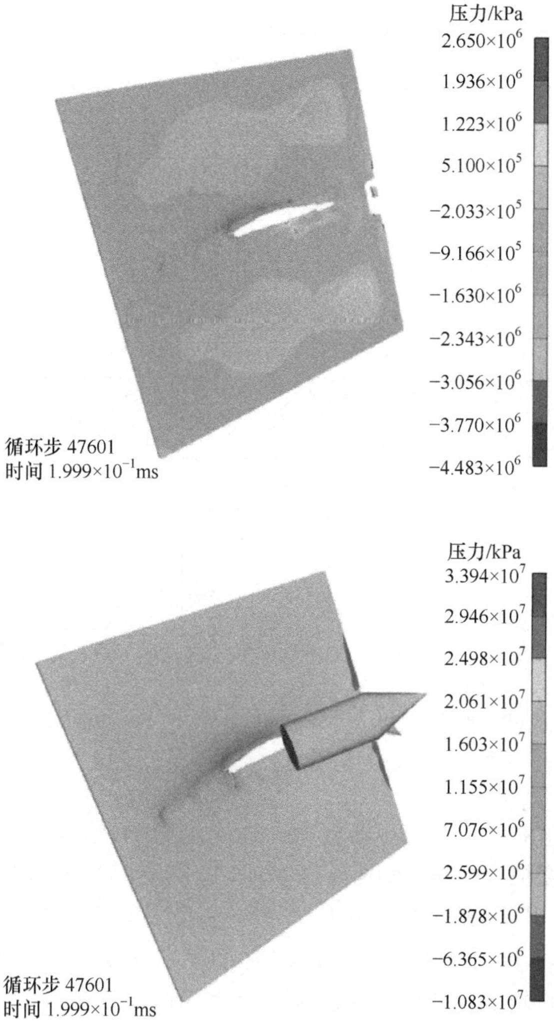

图 4-19　入射角 75°斜穿甲破坏模式

4.4.4　锥形弹斜穿甲剩余速度分析

如图 4-20 所示为入射角分别为 15°、30°、45°、60°和 75°斜穿甲时弹体速度-时间曲线。可以发现，在入射角为 15°、30°、45°和 60°时，弹体速度-时间曲线趋势一致，均有初始碰撞开孔阶段的非线性递减，之后靶板破口处开始形成花瓣，速度曲线近似线性衰减，进入穿甲后的飞行阶段，速度保持不变。入射角为 75°时，弹体速度-时间曲线与其他情况有明显的差别，原因是初始阶段弹体在靶板表面滑移、摩擦，发生偏转，只造成靶板的隆起变形；中、后阶段弹臂将靶板镗出破口，随着弹体的滑移破口不断增大，弹靶相互作用时间较长，大大消耗了弹体动能。

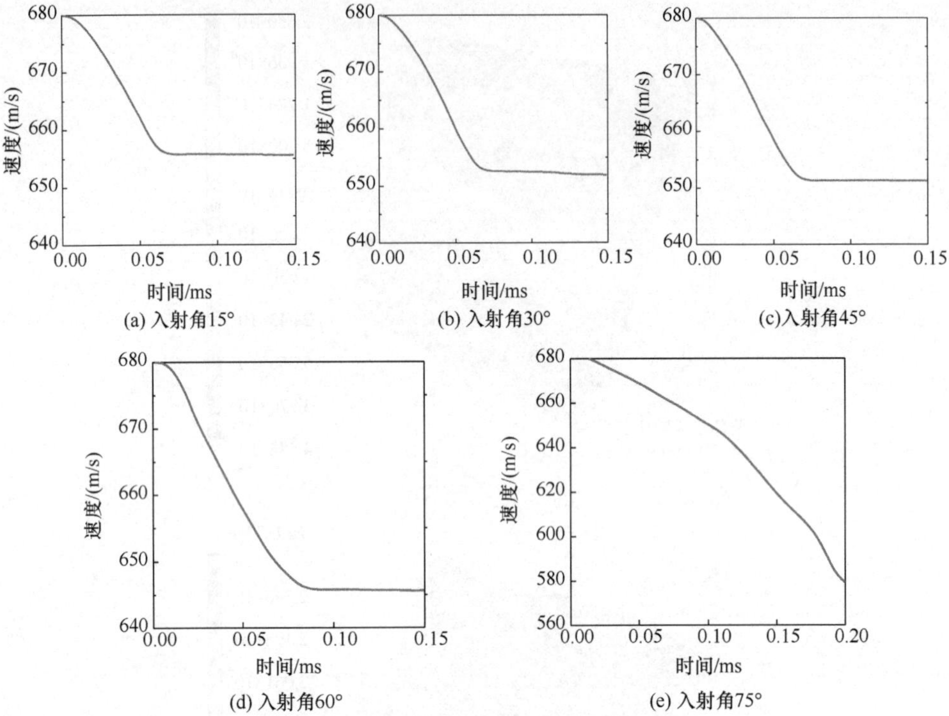

图 4-20　斜穿甲弹体速度-时间曲线

为判断入射角对锥形弹穿甲薄板剩余速度的影响，给出了随入射角变化的斜穿甲弹体剩余速度拟合曲线，如图 4-21 所示。由于在 75°入射时弹体发生偏转滑移，并没有成功穿甲，因此图中只给出 0°～60°五个入射角的剩余速度，并用二次曲线拟合。由此可知，随着入射角的增加，弹体的剩余速度相应减小。

锥形弹穿甲的剩余速度随着入射角的增大而减小。极高斜角撞击时，弹体发生偏转滑移，造成靶板大范围变形和大尺寸撕裂破口，弹靶作用时间增加，大大消耗弹体动能，使剩余速度远小于低、高斜角穿甲剩余速度。

4.4.5　锥形弹低、高斜角穿甲区域的重新界定

20°半锥角的锥形弹在入射角为 30°时，按 Zaid 和 Paul 提出的锥形弹斜撞击薄板时的三种破坏模型区域，应属高斜角撞击，在靶板正面和背面均有花瓣出现。通过数值仿真研究可以发现，斜穿甲后靶板只有正面有花瓣，背面没有花瓣。可见，Zaid 和 Paul 提出的锥形弹体斜撞击薄板时的破坏模型区域在低斜角和高斜角之间界线的界定并不准确。本节通过一系列数值仿真重新给出低斜角和高斜角之间的界线。

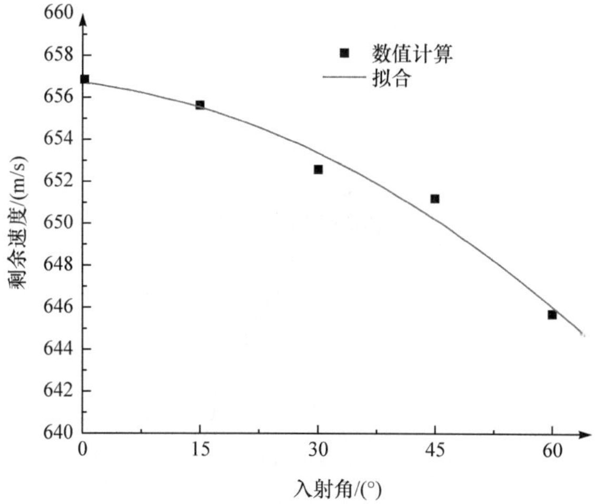

图 4-21　斜穿甲弹体剩余速度拟合曲线

对半锥角为 10°、20°、30°和 40°的锥形弹在不同入射角下的靶板破坏模式进行分析，得到由低斜角破坏模式向高斜角破坏模式过渡的入射角。如图 4-22 所示为不同半锥角下由低斜角破坏模式向高斜角破坏模式过渡的模型图。如图 4-22(a)和图 4-22(b)所示，半锥角为 10°，当入射角为 20°时，靶板背面没有出现花瓣；当入射角为 25°时，背面出现花瓣。如图 4-22(c)和图 4-22(d)所示，半锥角为 20°，当入射角为 30°时，靶板背面没有出现花瓣；当入射角为 35°时，背面出现花瓣。如图 4-22(e)和图 4-22(f)所示，半锥角为 30°，当入射角为 40°时，靶板背面没有出现花瓣；当入射角为 45°时，背面出现花瓣。如图 4-22(g)和图 4-22(h)所示，半锥角为 40°，当入射角为 45°时，靶板背面没有出现花瓣；当入射角为 50°时，背面出现花瓣。

(a) β=10°,θ=20°

(b) β=10°,θ=25°

(c) β=20°,θ=30°

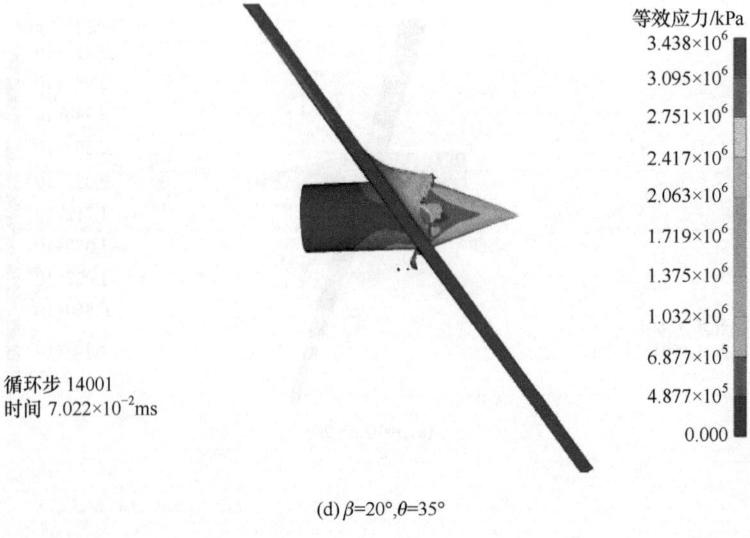

(d) β=20°,θ=35°

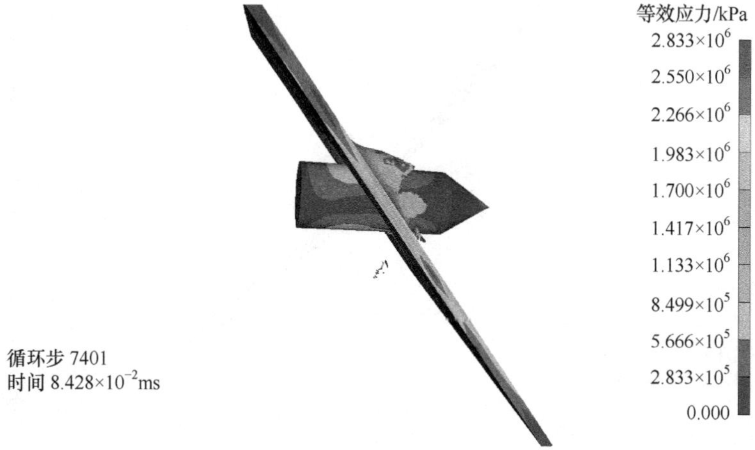

(e) β=30°,θ=40°

(f) β=30°,θ=45°

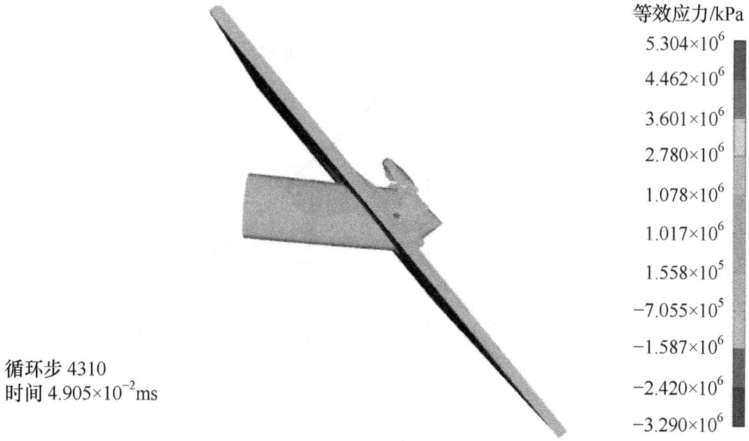

(g) β=40°,θ=45°

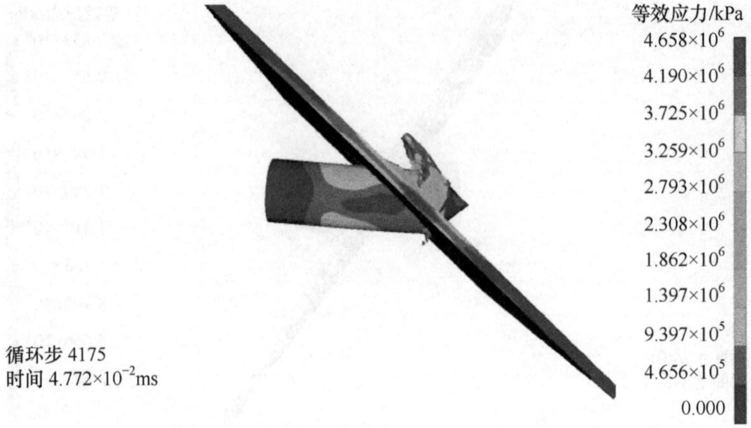

(h) $\beta=40°, \theta=50°$

图 4-22　不同半锥角下由低斜角破坏模式向高斜角破坏模式过渡的模型图

根据数值仿真结果，可以确定不同半锥角的锥形弹在低斜角模式和高斜角模式之间入射角的过渡区域，取各锥形弹入射角过渡区域的中心，将各点连成光滑的曲线即为低斜角模式和高斜角模式的界线。如图 4-23 所示为重新界定的锥形弹斜撞击模式分类图。此处的三种破坏模式区域是由靶板的花瓣破坏模式来界定的，在正面、背面花瓣的过渡区有一定的范围，不能准确捕捉到两者之间的分界点，因此这里只是改进了 Zaid 和 Paul 提出的三种破坏模式区域，与真实情况仍存在误差。

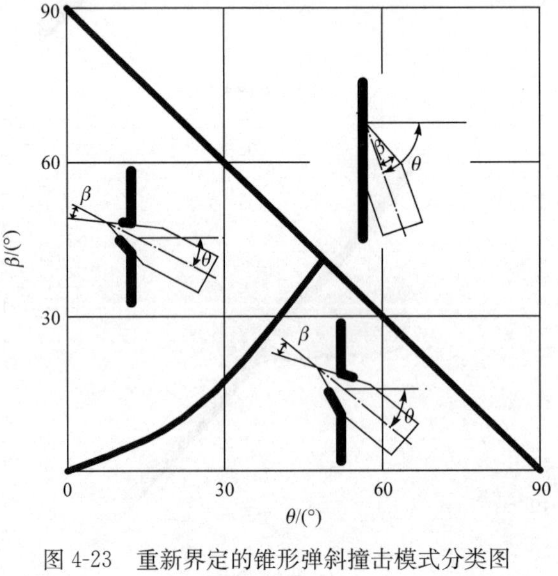

图 4-23　重新界定的锥形弹斜撞击模式分类图

4.5　锥形弹斜穿甲薄板剩余速度理论分析

本节在锥形弹斜穿甲薄板花瓣破坏模型的基础上，根据能量守恒原理推导穿甲后弹体的剩余速度。由于极高斜角撞击时弹体有时发生跳弹，不能形成穿甲，因此只对低斜角和高斜角穿甲剩余速度进行理论分析。在斜穿甲过程中，弹体损失的能量最终通过靶板的碟形塑性凹陷、裂缝径向扩展、花瓣运动和花瓣弯曲四种方式消耗[29-31]。

4.5.1　锥形弹低斜角穿甲薄板剩余速度理论分析

低斜角穿甲以花瓣形破坏为主，在弹体接触靶板时，开始挤压靶板使靶板产生碟形塑性凹陷，塑性凹陷伴随着弹头穿甲直至弹臂穿过靶板的整个过程，最终凹陷为椭圆形区域。当局部塑性凹陷发展至材料，环向拉伸应力超过材料的极限断裂应力时，开始产生裂缝，同时产生花瓣。随着弹体穿甲过程的发展，花瓣也会受影响随之运动，同时受到弹体锥面的挤压发生弯曲变形。因此，整个穿甲过程中弹体损失的动能最终转化为靶板的碟形塑性凹陷应变能、裂缝扩展应变能，花瓣动力功和花瓣弯曲应变能。

1. 低斜角穿甲模型分析

假设与弹尖成钝角处的是花瓣 A，在整个贯穿过程中花瓣端部与弹头相贴合(图 4-24)，花瓣根部与靶板平面相切。从侧面看，花瓣外形是以 r_1 为半径的圆弧。

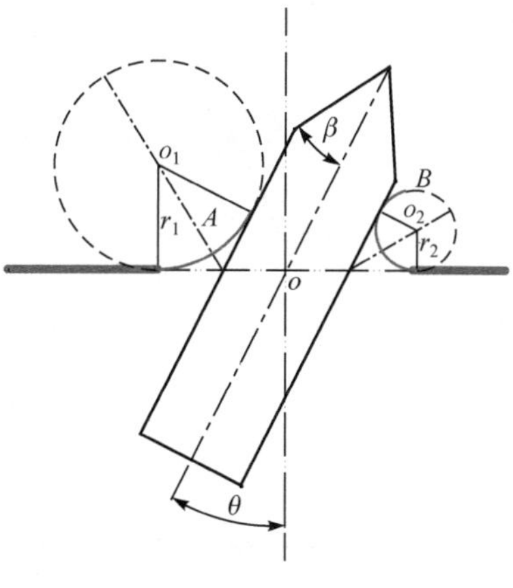

图 4-24　低斜角穿甲模型图

花瓣 A 对称线长度 L 为

$$L=r_1\left(\frac{\pi}{2}-\frac{\theta\pi}{180}\right) \tag{4-4}$$

其中，r_1 为花瓣 A 的圆弧半径；θ 为弹体入射角。

由几何关系，也可得花瓣 A 对称线长度 L 为

$$L=\frac{R_p}{\cos\theta}+r_1\tan\left(45°-\frac{\theta}{2}\right) \tag{4-5}$$

其中，R_p 为弹体半径。

将式(4-4)与式(4-5)联立可得下式，即

$$r_1=\frac{\dfrac{R_p}{\cos\theta}}{\left(\dfrac{\pi}{2}-\dfrac{\theta\pi}{180}\right)-\tan\left(45°-\dfrac{\theta}{2}\right)} \tag{4-6}$$

假设在穿甲过程中，弹孔周围凹陷范围相同，则有

$$r_1\tan\left(45°-\frac{\theta}{2}\right)=r_2\tan\left(45°+\frac{\theta}{2}\right) \tag{4-7}$$

花瓣 B 外形半径 r_2 为

$$r_2=\frac{r_1\tan(45°-\theta/2)}{\tan(45°+\theta/2)} \tag{4-8}$$

花瓣 B 与花瓣 A 的对称线长度相等。

如图 4-25 所示为三角形花瓣平面图，φ 是三角形花瓣圆心角的一半，设花瓣数为 n，则

$$\varphi=\frac{180}{n} \tag{4-9}$$

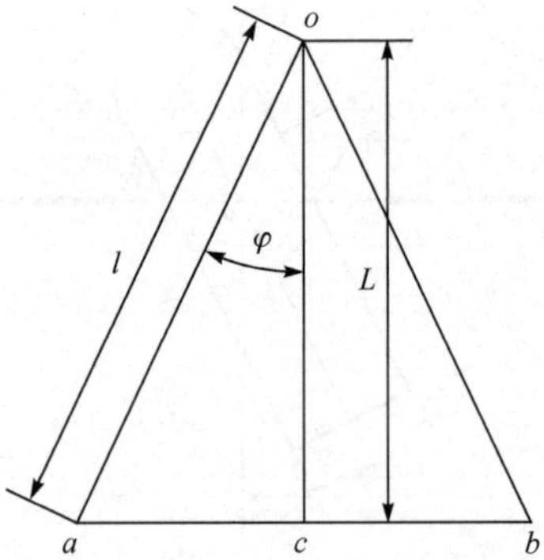

图 4-25　三角形花瓣平面图

花瓣 A 的裂缝长度 l 为

$$l=\frac{\dfrac{R_p}{\cos\theta}+r_1\tan\left(45^\circ-\dfrac{\theta}{2}\right)}{\cos\varphi}\tag{4-10}$$

花瓣 B 与花瓣 A 的裂缝长度相等。

考虑花瓣外形半径的连续性，花瓣 A 与花瓣 B 之间的花瓣外形半径由花瓣 A 与花瓣 B 的外形半径线性插值。

2. 低斜角穿甲能量损失分析

在低斜角斜穿甲过程中，弹体损失的动能主要转化为碟形凹陷应变能、裂纹扩展应变能、花瓣动力功和花瓣弯曲应变能。

(1) 碟形凹陷应变能

锥头接触到靶板时，靶板会产生碟形塑性凹陷，随着弹体的侵入碟形塑性凹陷范围随之扩大，直至弹臂侵入时，凹陷区域为椭圆形，以最终的椭圆形凹陷区域为计算区域。在碟形凹陷过程中，可以假设变形时，体积不变，即不可压缩，形成花瓣时孔口周围的靶板材料达到屈服极限，符合汤姆逊理论的三个假设。这里按照汤姆逊理论计算碟形凹陷消耗的能量。

碟形塑性凹陷应变能主要是材料的塑性变形功。如图 4-26 所示，A 处的单位体积材料从 A 处到 B 处的应变能密度为

$$\mathrm{d}E=\int\sigma_\theta\mathrm{d}\varepsilon_\theta=\int_s^R\sigma_y\frac{\mathrm{d}s}{s}=\sigma_y\ln\frac{R}{s}\tag{4-11}$$

其中，σ_θ 和 ε_θ 分别为环向应力和应变；σ_y 为材料屈服应力；R 为微元半径。

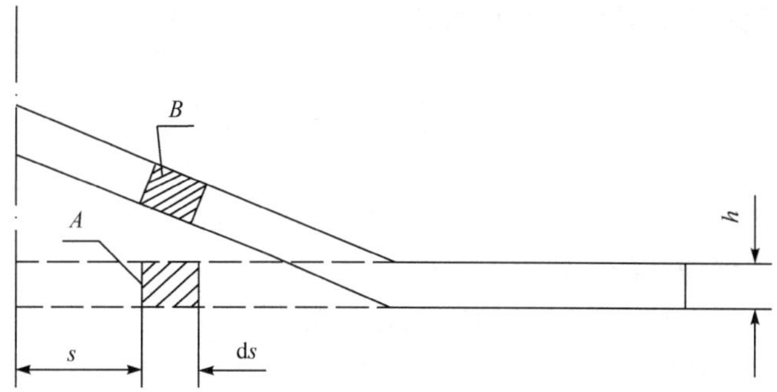

图 4-26　碟形凹陷示意图

椭圆形塑性区如图 4-27 所示，总的塑性功为

$$E_p=\int_0^{2\pi}\int_0^R sh(\mathrm{d}E)\mathrm{d}\beta\mathrm{d}s=\sigma_y h\frac{L^2}{2}\frac{\pi}{\cos\theta}\tag{4-12}$$

其中，$R=\dfrac{L}{\sqrt{\cos^2\theta\cos^2\beta+\sin^2\beta}}$；$\theta$ 为入射角；h 为靶板厚度；L 为花瓣率对称线长度。

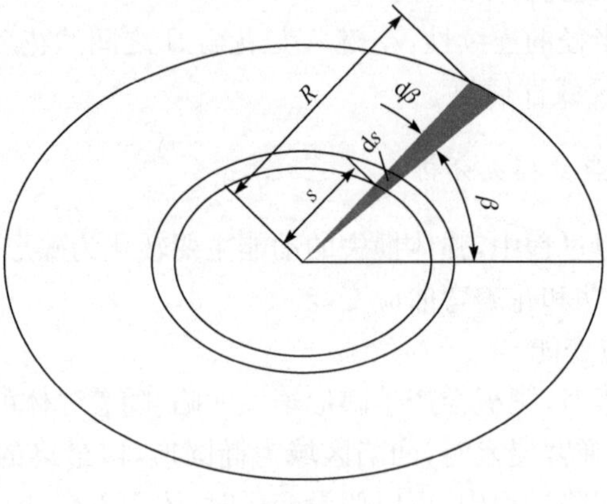

图 4-27　椭圆形塑性区

(2) 裂缝扩展应变能

花瓣形成过程中，裂缝的传播是由锥形弹尖的挤压、扩孔造成材料环向拉伸应力过大导致的。对于裂缝的径向扩展，根据 Dugdale 狭带模型确定裂缝尖端塑性区宽度近似等于板的厚度 h，长度为 $\mathrm{d}l$，则裂缝尖端塑性区体积为 $\mathrm{d}V=h^2\mathrm{d}l$。塑性区单位体积应变能为

$$\mathrm{d}E_r=\sigma\varepsilon\mathrm{d}V=\sigma\varepsilon h^2\mathrm{d}l \tag{4-13}$$

定义断裂应变为 ε_f，断裂应力为 σ_f，则

$$\mathrm{d}E_r=\sigma_f\varepsilon_f h^2\mathrm{d}l \tag{4-14}$$

单个裂缝扩展应变能为

$$E_{r1}=\sigma_f\varepsilon_f h^2 l \tag{4-15}$$

所有裂缝扩展应变能之和为

$$E_r=n\sigma_f\varepsilon_f h^2 l \tag{4-16}$$

(3) 花瓣动力功

花瓣动力功主要是惯性力所做的功，当弹孔短轴半径为 b 时，已形成花瓣的质量为 m，则

$$m=\pi\frac{b^2}{\cos\theta}h\rho \tag{4-17}$$

花瓣运动的速度为$\dfrac{\mathrm{d}b}{\mathrm{d}t}$，动量为 $m\dfrac{\mathrm{d}b}{\mathrm{d}t}$，惯性力为

$$F=\frac{\mathrm{d}}{\mathrm{d}t}\left(m\frac{\mathrm{d}b}{\mathrm{d}t}\right)=m\frac{\mathrm{d}^2b}{\mathrm{d}t^2}+\frac{\mathrm{d}m}{\mathrm{d}t}\frac{\mathrm{d}b}{\mathrm{d}t}$$

对于锥形弹而言，弹孔短轴方向如图 4-28 所示，有 $b=\tan\beta x$，$x\leqslant H$，$\frac{\mathrm{d}b}{\mathrm{d}x}=\tan\beta$，$\frac{\mathrm{d}^2b}{\mathrm{d}x^2}=0$，$H$ 为锥形弹弹头长度。

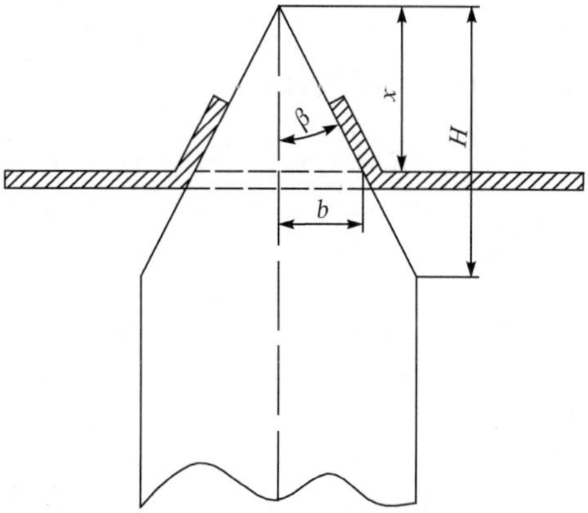

图 4-28　弹孔短轴方向示意图

$\frac{\mathrm{d}x}{\mathrm{d}t}$为弹体的瞬时速度，在穿甲瞬时状态下，可以把弹体看作匀速运动，则$\frac{\mathrm{d}x}{\mathrm{d}t}=v_0$，即

$$\frac{\mathrm{d}b}{\mathrm{d}t}=\frac{\mathrm{d}b}{\mathrm{d}x}\frac{\mathrm{d}x}{\mathrm{d}t}=\tan\beta v_0\quad\frac{\mathrm{d}^2b}{\mathrm{d}t^2}=\frac{\mathrm{d}^2b}{\mathrm{d}x^2}v_0^2+\frac{\mathrm{d}b}{\mathrm{d}x}\frac{\mathrm{d}v_0}{\mathrm{d}t}=0$$

花瓣动力功为

$$W_d=\int_0^{R_p}F\mathrm{d}b=\int_0^{R_p}\left(m\frac{\mathrm{d}^2b}{\mathrm{d}t^2}+\frac{\mathrm{d}m}{\mathrm{d}t}\frac{\mathrm{d}b}{\mathrm{d}t}\right)\mathrm{d}b$$

$$=\frac{\pi}{\cos\theta}h\rho v_0^2\,(R_P\tan\beta)^2 \tag{4-18}$$

(4) 花瓣弯曲应变能

如图 4-25 所示，当径向裂纹增加时，直线 ab 扫过的材料在其后面产生三角形卷曲。这个卷曲部分就是所谓的花瓣。由运动连续条件得到传播速度的关系为$\frac{\mathrm{d}L}{\mathrm{d}t}=\dot{L}$，转角为 ϕ，弯曲半径为 r，则转角速率 $\dot{\phi}=\frac{\dot{L}}{r}$。

花瓣 A 的转角速率 $\dot{\phi}_1=\frac{\dot{L}}{r_1}$。花瓣 B 的转角速率 $\dot{\phi}_2=\frac{\dot{L}}{r_2}$。

假设靶板材料为刚性理想塑性，它的特性由平均流动应力 σ_y 确定。靶板上单位长度的完全塑性弯矩为

$$M=\frac{1}{4}\sigma_y\left(\frac{h}{\cos\theta}\right)^2 \tag{4-19}$$

单个花瓣上弯曲应变能比率可由下式定义为

$$\dot{E}_b=2M\dot{\phi}l_{ab} \tag{4-20}$$

其中，$l_{ab}=2L\tan\varphi$。

将相关数据代入式(4-20)可得下式，即

$$\dot{E}_b=\sigma_y\left(\frac{h}{\cos\theta}\right)^2\frac{\dot{L}}{r}L\tan\varphi \tag{4-21}$$

单个花瓣上弯曲应变能为

$$E_{bi}=\int_0^L\sigma_y\left(\frac{h}{\cos\theta}\right)^2\frac{L}{r_i}\tan\varphi\mathrm{d}L \tag{4-22}$$

所有花瓣弯曲应变能之和为

$$E_b=\sum_{i=1}^{n}\int_0^L\sigma_y\left(\frac{h}{\cos\theta}\right)^2\frac{L}{r_i}\tan\varphi\mathrm{d}L=\sum_{i=1}^{n}\sigma_y\left(\frac{h}{\cos\theta}\right)^2\frac{\tan\varphi}{2r_i}L^2 \tag{4-23}$$

3. 弹体低斜角穿甲剩余速度

由于弹体刚度远大于靶板，因此在穿甲过程中忽略弹体变形。弹体损失的动能被靶板吸收，根据能量守恒原理，可以建立能量方程，即

$$\frac{1}{2}m_s(v_0^2-v_f^2)=E_p+W_d+E_r+E_f \tag{4-24}$$

其中，m_s 为弹体质量；v_0 为弹体初始速度；v_f 为弹体剩余速度。

弹体剩余速度为

$$v_f=\sqrt{v_0^2-\frac{2E_p}{m_s}-\frac{2W_d}{m_s}-\frac{2E_r}{m_s}-\frac{2E_f}{m_s}} \tag{4-25}$$

当 $v_f=0$ 时，对应的初始速度就是靶板弹道极限速度，即

$$v_0=\sqrt{\frac{2E_p}{m_s}+\frac{2W_d}{m_s}+\frac{2E_r}{m_s}+\frac{2E_f}{m_s}} \tag{4-26}$$

4. 理论公式与数值仿真结果比较

为了考核式(4-26)预测锥形弹低斜角穿甲薄板剩余速度的效果，选择三种锥形弹，计算不同初速下低斜角穿甲后的穿甲剩余速度，并进行数值仿真，将理论计算结果与仿真结果比较。锥形弹及靶板的具体参数如表 4-2 所示。

表 4-2　锥形弹及靶板的具体参数表

模型序号	锥形弹					靶板		入射角/(°)
	弹体序号	直径 R_p/mm	半锥角 β/(°)	质量 m_s/g	材料	厚度 h/mm	材料	
模型 1	弹体 1	12.5	20	219	TC4 钛合金	3	45 钢	15
模型 2	弹体 2	12.5	30	249	TC4 钛合金	3	45 钢	22.5
模型 3	弹体 3	12.5	40	266	TC4 钛合金	3	45 钢	30

运用理论公式计算时，靶板 45 钢的屈服强度 $\sigma_y=350\text{MPa}$，极限应力 $\sigma_f=700\text{MPa}$，断裂应变 $\varepsilon_f=0.395$，密度 $\rho=7850\text{kg/m}^3$，锥形弹穿甲后靶板形成花瓣数 $n=8$。

分别运用推导的理论公式和数值仿真方法计算各模型在不同初始速度下的剩余速度。如图 4-29 所示为低斜角穿甲花瓣破坏图。图 4-29(a)是模型 1 在初始速

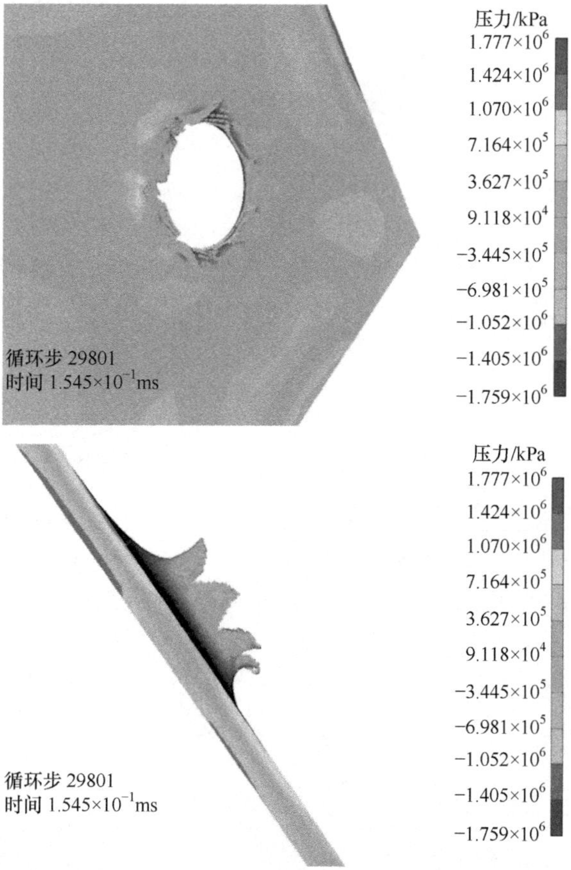

(a) 模型1

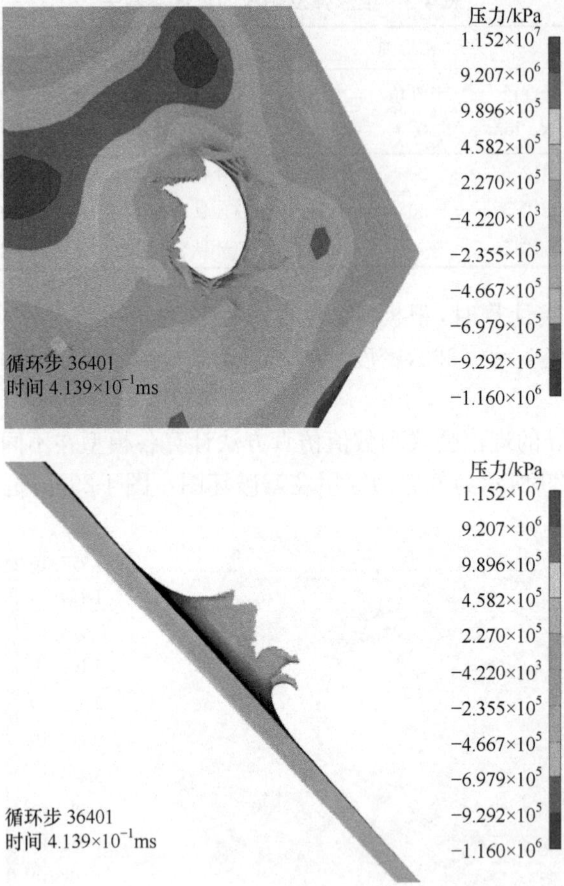
压力/kPa
1.152×10^7
9.207×10^6
9.896×10^5
4.582×10^5
2.270×10^5
−4.220×10^3
−2.355×10^5
−4.667×10^5
−6.979×10^5
−9.292×10^5
−1.160×10^6
循环步 36401
时间 4.139×10^−1ms
压力/kPa
1.152×10^7
9.207×10^6
9.896×10^5
4.582×10^5
2.270×10^5
−4.220×10^3
−2.355×10^5
−4.667×10^5
−6.979×10^5
−9.292×10^5
−1.160×10^6
循环步 36401
时间 4.139×10^−1ms

(b) 模型2

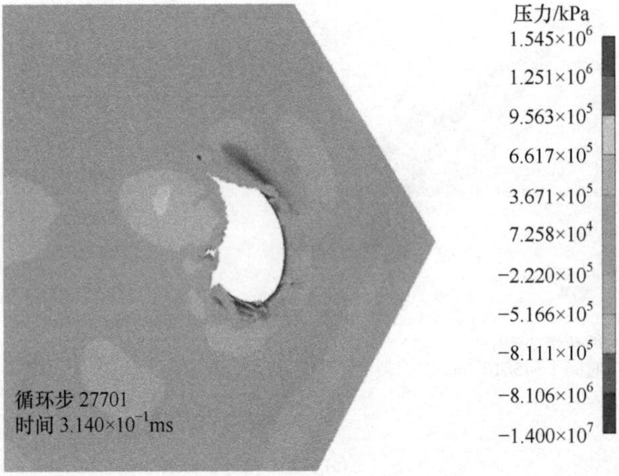
压力/kPa
1.545×10^6
1.251×10^6
9.563×10^5
6.617×10^5
3.671×10^5
7.258×10^4
−2.220×10^5
−5.166×10^5
−8.111×10^5
−8.106×10^6
−1.400×10^7
循环步 27701
时间 3.140×10^−1ms

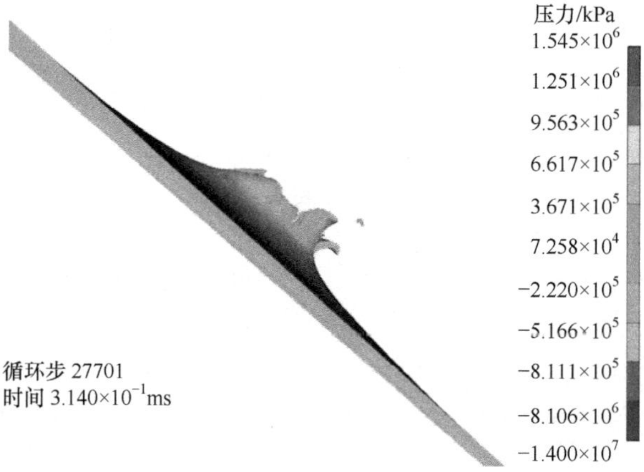

(c) 模型3

图 4-29　低斜角穿甲花瓣破坏图

度为 680m/s 时斜穿甲后的花瓣破坏模式。图 4-29(b)是模型 2 在初始速度为 500m/s 时斜穿甲后的花瓣破坏模式。图 4-29(c)是模型 3 在初始速度为 300m/s 时斜穿甲后的花瓣破坏模式。

低斜角穿甲剩余速度对比如图 4-30 所示。可以发现，两者吻合较好。

4.5.2　锥形弹高斜角穿甲薄板剩余速度理论分析

锥形弹高斜角穿甲薄板时，靶板以前、后花瓣破坏为主。在弹体接触靶板时，开始挤压靶板使靶板产生向后的碟形塑性凹陷，当弹体继续前进时，产生向前的碟形塑性凹陷。塑性凹陷伴随着弹头穿甲直至弹臂穿过靶板的整个过程，最终凹陷范围为两个轴长不同的半椭圆形区域。当局部塑性凹陷发展至材料环向拉伸应力超过材料的极限断裂应力时，开始产生裂缝，同时产生向前和向后的花瓣。由于弹体有继续前进的速度，向前的花瓣随弹运动，向后的花瓣受斜面的挤压而运动，同时花瓣产生弯曲变形。因此，整个穿甲过程中弹体损失的动能最终转化为靶板的碟形塑性凹陷应变能、裂缝扩展应变能，花瓣动力功和花瓣弯曲应变能[32,33]。

1. 高斜角穿甲模型分析

假设穿甲初期靶板与弹头贴合，可以将弹体穿甲分解成四步。如图 4-31(a)所示，锥尖穿过靶板，锥形弹头使着弹点左侧产生筒形隆起，着弹点右侧花瓣略显雏形。如图 4-31(b)所示，左侧弹臂侵入靶板，使隆起部分产生更大的塑性变形，伴

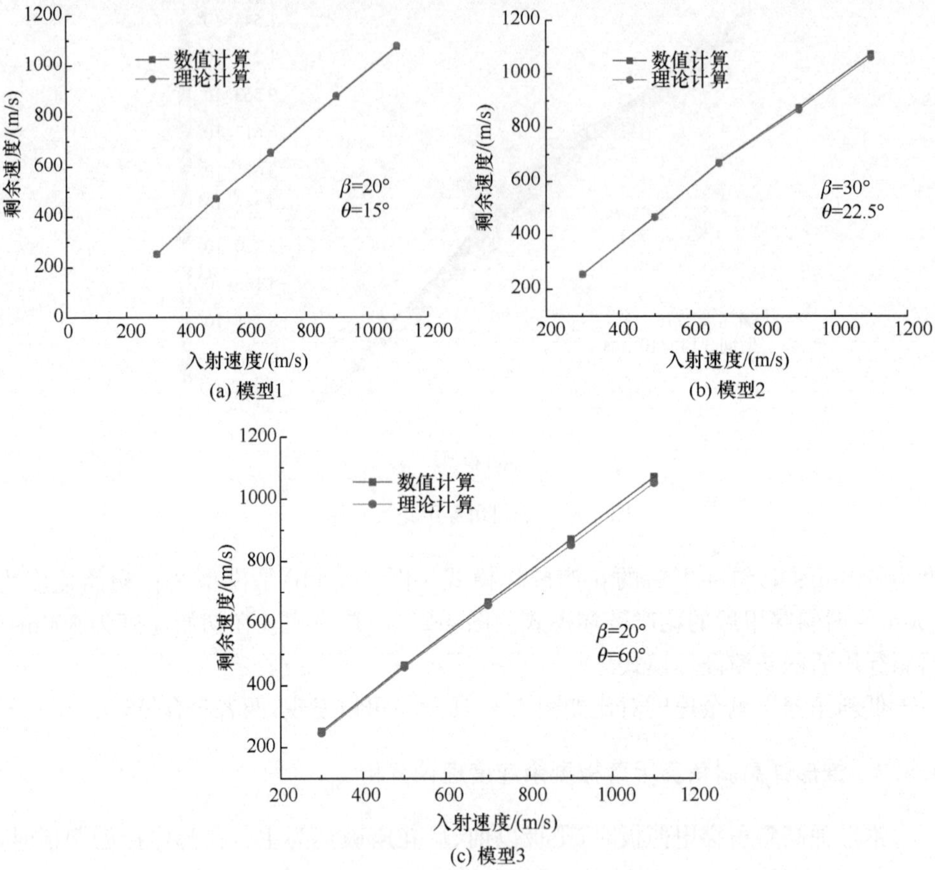

图 4-30　低斜角穿甲剩余速度对比图

有裂纹和花瓣生成;着弹点右侧花瓣增长。如图 4-31(c)所示,左侧弹臂完全侵入靶板,着弹点左侧塑性变形完成,花瓣已稳定;右侧弹臂开始侵入靶板,着弹点右侧花瓣完成。如图 4-31(d)所示,弹体穿过靶板。

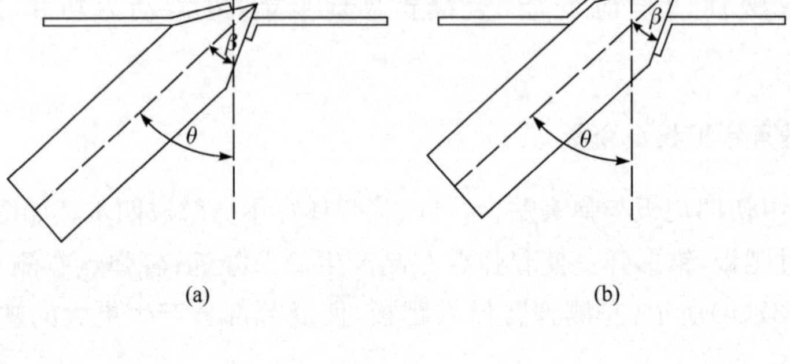

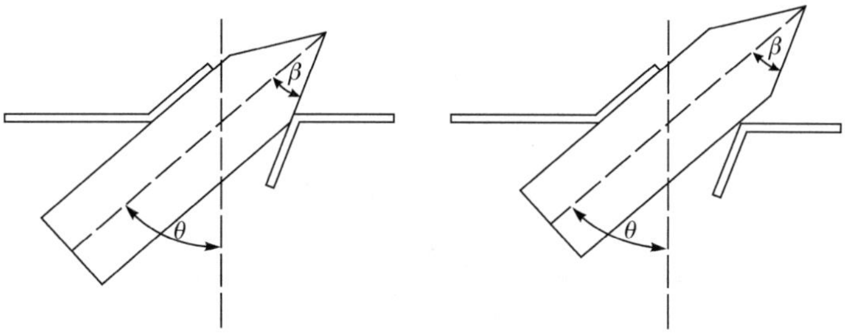

(c)　　(d)

图 4-31　锥形弹高斜角穿甲过程

高斜角穿甲时，锥形弹头使着弹点左侧产生筒形隆起，由于对称面处的塑性变形最大，对称面处必产生裂缝，着弹点右侧也有相同的现象，因此花瓣与裂缝呈面对称分布(图 4-32)。由于对称面处没有花瓣，因此此处以裂缝为参考对象，假设弹体穿甲后裂缝一端与弹头贴合，另一端与靶板平面相切。如图 4-33 所示，从侧面看背板花瓣区裂缝 OA 外形是以 r_1 为半径的圆弧，正板花瓣区裂缝 OB 是以 r_2 为半径的圆弧。

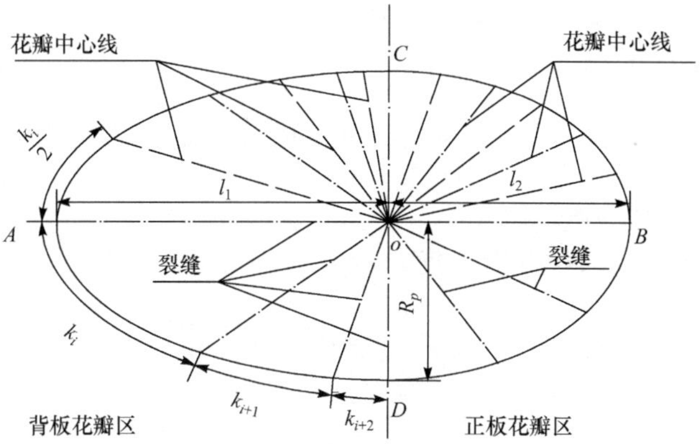

图 4-32　靶板裂缝分布图

裂缝 OA 长度 l_1 为

$$l_1 = r_1\left(\frac{\pi}{2} - \frac{\theta\pi}{180}\right) \tag{4-27}$$

其中，r_1 为裂缝 OA 圆弧半径；θ 为弹体入射角。

由几何关系，可得裂缝 OA 长度 l_1 为

$$l_1 = \frac{R_p}{\cos\theta} + r_1\tan\left(45° - \frac{\theta}{2}\right) \tag{4-28}$$

其中，R_p 为弹体半径。

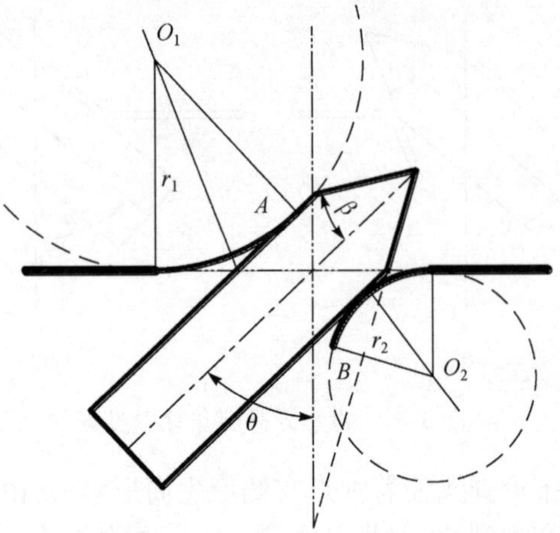

图 4-33　高斜角穿甲模型侧视图

由式(4-27)和式(4-28)，有

$$r_1=\frac{R_p}{\cos\theta\left[\left(\frac{\pi}{2}-\frac{\theta\pi}{180}\right)-\tan\left(45°-\frac{\theta}{2}\right)\right]} \tag{4-29}$$

裂缝 OB 长度 l_2 为

$$l_2=r_2\left(\frac{\pi}{4}+\frac{\beta\pi}{180}\right) \tag{4-30}$$

其中，r_2 为裂缝 OB 圆弧半径。

由几何关系，可得裂缝 OB 长度 l_2 为

$$l_2=\frac{R_p}{\cos\theta}+r_2\tan\left(22.5°+\frac{\beta}{2}\right) \tag{4-31}$$

由式(4-30)与式(4-31)联立可得下式，即

$$r_2=\frac{R_p}{\cos\theta\left[\left(\frac{\pi}{4}+\frac{\beta\pi}{180}\right)-\tan\left(22.5°+\frac{\beta}{2}\right)\right]} \tag{4-32}$$

假设弹体穿甲后，CD 断面处的裂缝 OC、OD 与弹体贴合。忽略此处的局部凹陷，裂缝 OC 与 OD 相等，等于弹体半径 R_p。

设背板处裂缝为 n_1(不包括 OC 和 OD)，正板处裂缝为 n_2(包括 OC 和 OD)。通过数值仿真发现，背板处的花瓣根部长度有以下关系，$k_i=2k_{i+1}=4k_{i+2}$，而在正板处花瓣根部长度相近，这样每条裂缝长度可以确定。

将花瓣形状按图 4-34 形状考虑，Oc 是花瓣中心线，中心线对应弧长的中心。

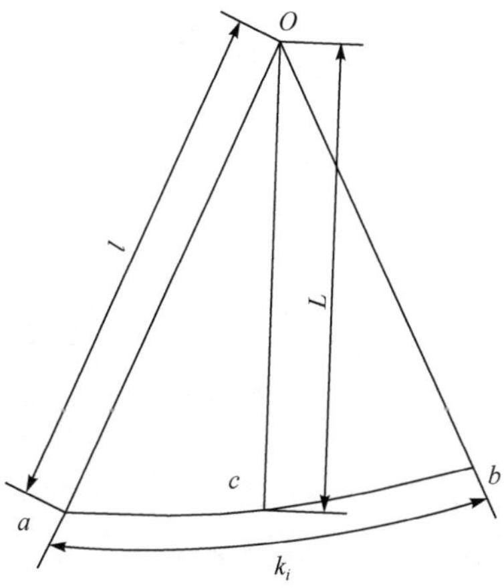

图 4-34　三角形花瓣平面图

2. 高斜角穿甲能量损失分析

在高斜角穿甲过程中，弹体损失的动能主要转化为靶板凹陷变形能、裂纹传播耗能、花瓣动力功和花瓣弯曲应变能。

(1) 靶板凹陷应变能

锥形弹接触到靶板时，靶板会产生凹陷，背板花瓣区向前凹陷，正板花瓣区向后凹陷。随着弹体的侵入凹陷范围随之扩大。在凹陷过程中，可以假设变形时体积是不变的，即不可压缩。形成花瓣时的孔口周围靶板材料达到屈服极限，符合汤姆逊理论的三个假设。

靶板凹陷塑性功主要是材料的塑性变形功。如图 4-35 所示的 A 处的单位体积材料从 A 处移动到 B 处的应变功密度可由式(4-33)和式(4-34)表示。

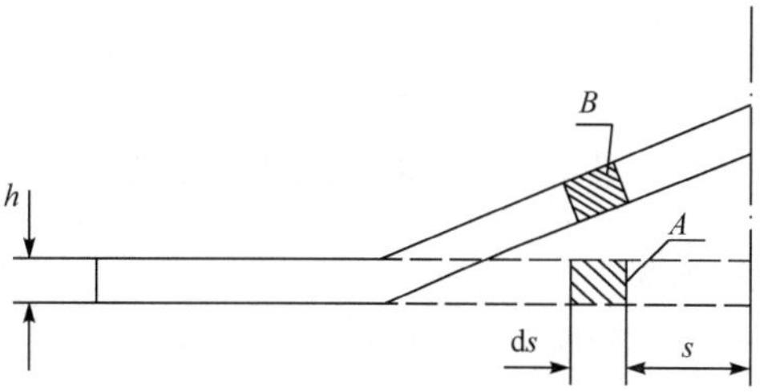

图 4-35　靶板凹陷示意图

背板花瓣区应变功密度为

$$\mathrm{d}E_1=\int\sigma_\theta\mathrm{d}\varepsilon_\theta=\int_s^{R_1}\sigma_y\frac{\mathrm{d}s}{s}=\sigma_y\ln\frac{R_1}{s}\tag{4-33}$$

其中，$R_1=\dfrac{R_p l_1}{\sqrt{R_p^2\cos^2\beta+l_1^2\sin^2\beta}}$。

正板花瓣区应变功密度为

$$\mathrm{d}E_2=\int\sigma_\theta\mathrm{d}\varepsilon_\theta=\int_s^{R_2}\sigma_y\frac{\mathrm{d}s}{s}=\sigma_y\ln\frac{R_2}{s}\tag{4-34}$$

其中，$R_2=\dfrac{R_p l_2}{\sqrt{R_p^2\cos^2\beta+l_2^2\sin^2\beta}}$。

如图 4-36 所示为椭圆形塑性区，则总的塑性功为

$$\begin{aligned}E_p&=\int_{\frac{\pi}{2}}^{\frac{3\pi}{2}}\int_0^{R_1}sh(\mathrm{d}E_1)\mathrm{d}\beta\mathrm{d}s+\int_{-\frac{\pi}{2}}^{\frac{\pi}{2}}\int_0^{R_2}sh(\mathrm{d}E_2)\mathrm{d}\beta\mathrm{d}s\\&=\frac{\pi h\sigma_y}{4}R_p(l_1+l_2)\end{aligned}\tag{4-35}$$

其中，h 为靶板厚度。

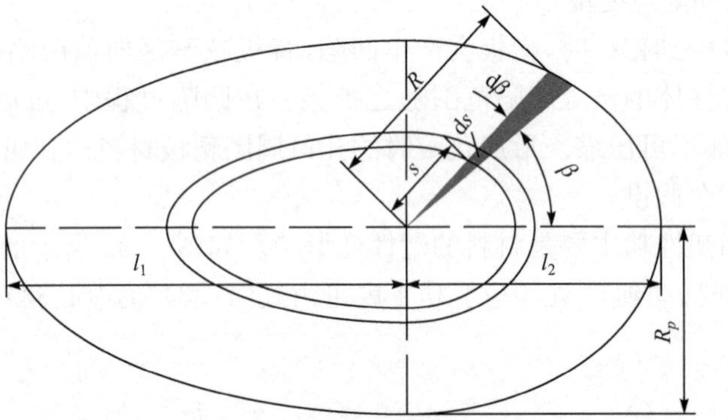

图 4-36　椭圆形塑性区示意图

（2）裂缝扩展应变能

对于裂缝的径向扩展，根据 Dugdale 狭带模型确定裂缝尖端塑性区宽度近似等于板的厚度 h，长度为 $\mathrm{d}l$，则裂缝尖端塑性区体积为 $\mathrm{d}V=h^2\mathrm{d}l$。塑性区单位体积应变能为

$$\mathrm{d}E_r=\sigma\varepsilon\mathrm{d}V=\sigma\varepsilon h^2\mathrm{d}l\tag{4-36}$$

定义断裂应变为 ε_f，极限应力为 σ_f，则

$$\mathrm{d}E_r=\sigma_f\varepsilon_f h^2\mathrm{d}l\tag{4-37}$$

单个裂缝扩展应变能为

$$E_{ri}=\sigma_f\varepsilon_f h^2 l_i \tag{4-38}$$

所有裂缝扩展应变能之和为

$$E_r=\sum_{i=1}^{n_1+n_2}E_{ri}=\sum_{i=1}^{n_1+n_2}\sigma_f\varepsilon_f h^2 l_i \tag{4-39}$$

(3) 花瓣动力功

花瓣动力功主要是惯性力所做的功,当弹孔短轴半径为 b 时,已形成花瓣的质量为 m。

背板花瓣区花瓣质量为

$$m_1=\frac{\pi}{2}\frac{b^2 l_1}{R_p}h\rho \tag{4-40}$$

正板花瓣区花瓣质量为

$$m_2=\frac{\pi}{2}\frac{b^2 l_2}{R_p}h\rho \tag{4-41}$$

花瓣运动的速度为$\frac{\mathrm{d}b}{\mathrm{d}t}$,动量为 $m\frac{\mathrm{d}b}{\mathrm{d}t}$,惯性力为 $F=\frac{\mathrm{d}}{\mathrm{d}t}\left(m\frac{\mathrm{d}b}{\mathrm{d}t}\right)=m\frac{\mathrm{d}^2 b}{\mathrm{d}t^2}+\frac{\mathrm{d}m}{\mathrm{d}t}\frac{\mathrm{d}b}{\mathrm{d}t}$。对于背板花瓣而言,弹孔短轴方向示意如图 4-37 所示,有 $b_1=\sin\theta x_1$,$x_1\leqslant\frac{R_p}{\sin\theta}$,$\frac{\mathrm{d}b_1}{\mathrm{d}x_1}=\sin\theta$,$\frac{\mathrm{d}^2 b_1}{\mathrm{d}x_1^2}=0$。$\frac{\mathrm{d}x_1}{\mathrm{d}t}$为弹体向上的瞬时速度,在穿甲瞬时状态下,可以把弹体看作匀速运动,有$\frac{\mathrm{d}x_1}{\mathrm{d}t}=v_0\cos\theta$,可得下式,即

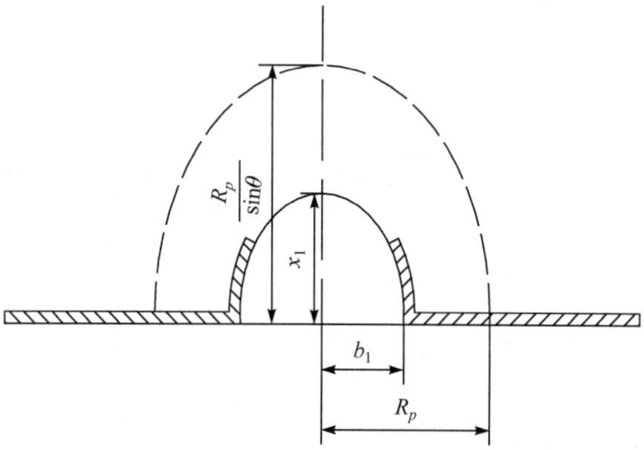

图 4-37　背板花瓣区弹孔短轴方向示意图

$$\frac{\mathrm{d}b_1}{\mathrm{d}t}=\frac{\mathrm{d}b_1}{\mathrm{d}x_1}\frac{\mathrm{d}x_1}{\mathrm{d}t}=\frac{\sin 2\theta v_0}{2}$$

$$\frac{\mathrm{d}^2 b_1}{\mathrm{d}t^2}=\frac{\mathrm{d}^2 b_1}{\mathrm{d}x_1^2}v_0^2+\frac{\mathrm{d}b_1}{\mathrm{d}x_1}\frac{\mathrm{d}v_0}{\mathrm{d}t}=0$$

对于正板花瓣而言，弹孔短轴方向示意如图 4-38 所示，有 $b_2=\tan\beta x_2$，$x_2\leqslant H$，$\frac{\mathrm{d}b_2}{\mathrm{d}x_2}=\tan\beta$，$\frac{\mathrm{d}^2 b_2}{\mathrm{d}x_2^2}=0$。$\frac{\mathrm{d}x_2}{\mathrm{d}t}$为弹体向前的瞬时速度，在穿甲瞬时状态下，可以把弹体看作匀速运动，有$\frac{\mathrm{d}x_2}{\mathrm{d}t}=v_0$。$H$ 为锥形弹弹头长度。

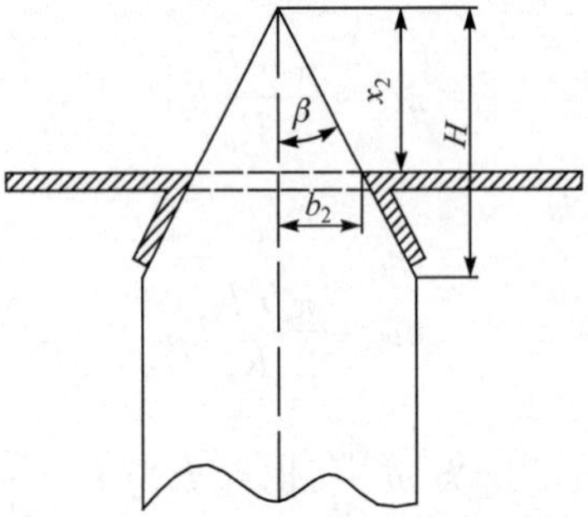

图 4-38　正板花瓣区弹孔短轴方向示意图

花瓣的运动速度和加速度为

$$\frac{\mathrm{d}b}{\mathrm{d}t}=\frac{\mathrm{d}b}{\mathrm{d}x}\frac{\mathrm{d}x}{\mathrm{d}t}=\tan\beta v_0,\quad \frac{\mathrm{d}^2 b}{\mathrm{d}t^2}=\frac{\mathrm{d}^2 b}{\mathrm{d}x^2}v_0^2+\frac{\mathrm{d}b}{\mathrm{d}x}\frac{\mathrm{d}v_0}{\mathrm{d}t}=0$$

花瓣动力功为

$$\begin{aligned}W_d&=\int_0^l F\mathrm{d}b\\&=\int_0^{l_1}\left(m_1\frac{\mathrm{d}^2 b_1}{\mathrm{d}t^2}+\frac{\mathrm{d}m_1}{\mathrm{d}t}\frac{\mathrm{d}b_1}{\mathrm{d}t}\right)\mathrm{d}b+\int_0^{l_2}\left(m_2\frac{\mathrm{d}^2 b_2}{\mathrm{d}t^2}+\frac{\mathrm{d}m_2}{\mathrm{d}t}\frac{\mathrm{d}b_2}{\mathrm{d}t}\right)\mathrm{d}b\end{aligned}\tag{4-42}$$

代入相关公式，可得下式，即

$$W_d=\frac{\pi}{2}R_p h\rho v_0^2\left[\left(\frac{\sin 2\theta}{2}\right)^2 l_1+(\tan\beta)^2 l_2\right]\tag{4-43}$$

(4) 花瓣弯曲应变能

当径向裂纹增加时，图 4-34 中曲线 acb 扫过的材料在其后面产生三角形卷曲。这个卷曲部分就是所谓的花瓣。Landkof 等在分析锥形弹体穿甲薄板时，认为移动塑性铰阶段的耗能相对固定塑性铰转动耗能很小，因此花瓣的弯曲耗能主要是塑性铰在花瓣根部的转动耗能。靶板形成的花瓣形状近似三角形，将花瓣假定为等厚度的三角形悬臂梁来处理，忽略移动塑性铰阶段的耗能。

背板花瓣区，裂缝 OA 的弯曲角度近似等于$\frac{\pi}{2}-\theta$，裂缝 OD 的弯曲角度近似等于$\frac{\pi}{2}$。正板花瓣区，裂缝 OD 的弯曲角度近似等于$\frac{\pi}{2}$，裂缝 OB 的弯曲角度近似等于$\frac{\pi}{4}+\beta$。考虑花瓣的连续性，裂缝之间的花瓣弯曲角度按花瓣根部弧长用线性差值方法确定。

假设靶板材料为刚性理想塑性，其特性由平均流动应力 σ_y 确定。花瓣根部的塑性弯矩为

$$M_b=\frac{k_i h^2}{4}\sigma_y \tag{4-44}$$

其中，k_i 为花瓣根部宽度。

单个花瓣上弯曲应变能由下式定义，即

$$E_{bi}=M_{bi}\phi_i \tag{4-45}$$

其中，ϕ_i 为花瓣弯曲角度。

所有花瓣上弯曲应变能之和为

$$E_b=\sum_{i=1}^{n_1+n_2}\frac{k_i h^2}{4}\sigma_y\phi_i \tag{4-46}$$

3. 锥形弹穿甲剩余速度

由于弹体刚度远大于靶板，因此在穿甲过程中忽略弹体变形。弹体的损失动能主要用于靶板凹陷变形、花瓣运动、裂纹扩展和花瓣弯曲等。根据能量守恒原理，可以建立能量方程，即

$$\frac{1}{2}m_s(v_0^2-v_f^2)=E_p+W_d+E_r+E_b \tag{4-47}$$

其中，m_s 为弹体质量；v_0 为弹体初始速度；v_f 为弹体剩余速度。

由式(4-47)可得弹体剩余速度为

$$v_f=\sqrt{v_0^2-\frac{2E_p}{m_s}-\frac{2W_d}{m_s}-\frac{2E_r}{m_s}-\frac{2E_b}{m_s}} \tag{4-48}$$

当 $v_f=0$ 时，对应的初始速度是靶板弹道极限速度，即

$$v_0=\sqrt{\frac{2E_p}{m_s}+\frac{2W_d}{m_s}+\frac{2E_r}{m_s}+\frac{2E_b}{m_s}} \tag{4-49}$$

4. 理论公式结果与数值仿真结果比较

为了考核理论公式(4-48)计算锥形弹高斜角穿甲薄板剩余速度的准确性，选择两种锥形弹开展不同初速下高斜角穿甲后的穿甲剩余速度计算，并进行数值仿真，将计算结果与仿真结果比较。两种锥形弹及靶板的参数如表 4-3 所示。

表 4-3 两种锥形弹及靶板的参数表

模型序号	锥形弹					靶板		入射角/(°)
	弹体序号	直径 R_p/mm	半锥角 β/(°)	质量 m_s/g	材料	厚度 h/mm	材料	
模型 1	弹体 1	12.5	20	219	TC4 钛合金	3	45 钢	45
模型 2	弹体 2	12.5	20	219	TC4 钛合金	3	45 钢	60

在运用理论公式计算时，锥形弹穿甲后靶板形成花瓣数 $n_1=6$、$n_2=4$。

高斜角穿甲靶板花瓣破坏图如图 4-39 所示。

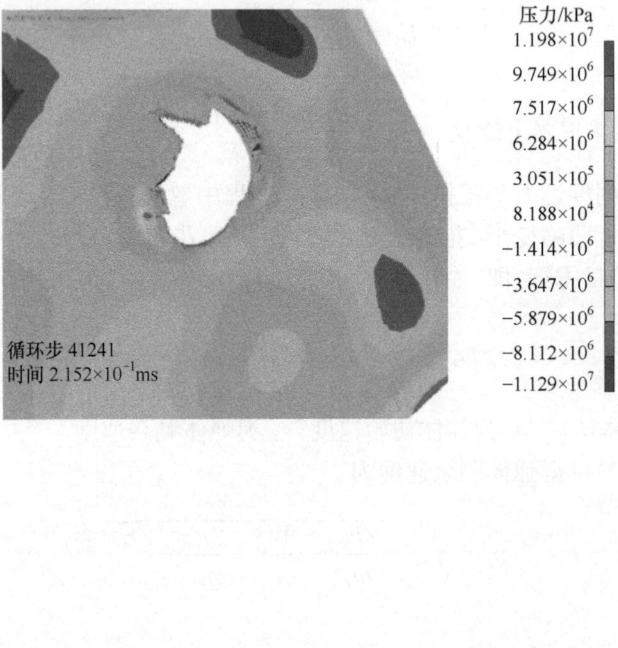

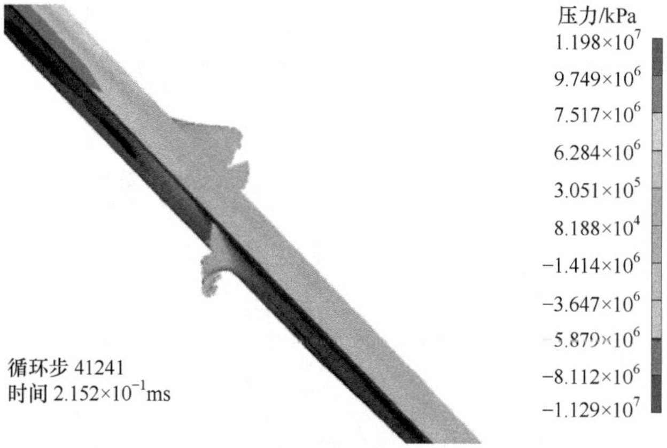

(a) 模型1

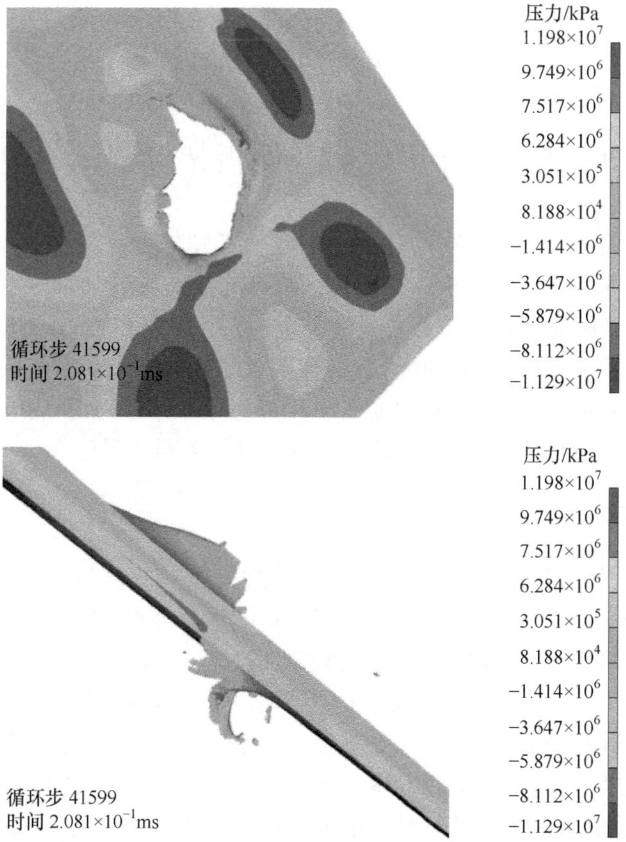

(b) 模型2

图 4-39　高斜角穿甲靶板花瓣破坏图

高斜角穿甲剩余速度对比如图 4-40 所示。理论公式计算的结果与仿真结果吻合较好,验证了高斜角穿甲剩余速度理论公式的正确性。

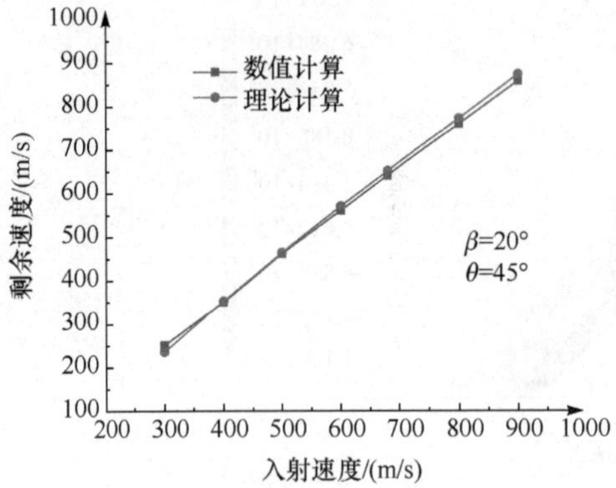

(a) 模型1

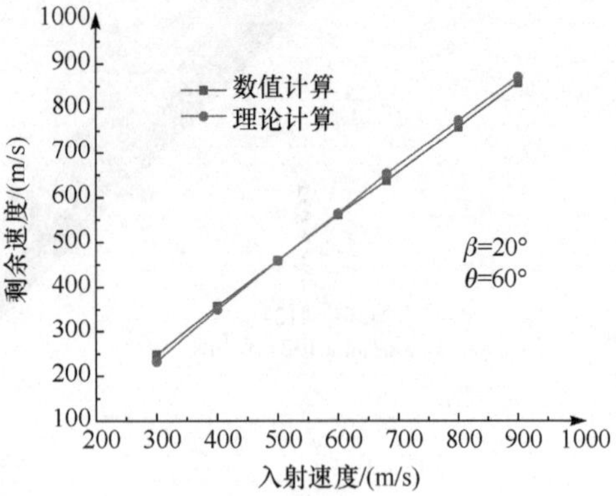

(b) 模型2

图 4-40 高斜角穿甲剩余速度对比图

4.6 反舰导弹穿甲舰船舷侧板架过程的数值计算

舰船舷侧板架由于加强筋的存在不但改变了弹体的飞行轨迹,而且使穿甲后的破口呈现多种形状。由于板架结构比平板结构复杂,加筋形式多样,为板架穿甲问题的研究带来困难。数值仿真是解决加筋板穿甲问题的有效方法。本节采用数值仿真方法开展反舰导弹穿甲舰船舷侧板架的研究,包括对板架上不同着弹点的穿甲特性进行分析,讨论各种板和加强筋对抵抗导弹穿甲的贡献;分析不同入射角下反舰导弹斜穿甲特性,以及不同着弹点的斜穿甲特性[34,35]。

4.6.1 导弹与舰舷板架数值仿真模型

“飞鱼”反舰导弹是一款由法国研制的反舰导弹,拥有舰射、潜射、空射等多种不同的发射方式。“飞鱼”导弹的主要攻击目标是水面舰船,弹长 4.7m,弹径 0.35m,翼展 1.1m,发射重量 670kg,可以携带 165kg 的弹头,如图 4-41 所示。

由图 4-42 可知,战斗部位于弹头的中段,其前面布置寻的雷达,后面分别为自动驾驶仪、发动机、弹翼、作动器和助推器。反舰导弹部件结构复杂,材料种类多,且保密严格,难以获得详细资料。本书主要考虑反舰导弹外部结构和战斗部对穿甲的影响,在数值仿真中只模拟导弹的外部结构和战斗部,其他内部部件采用质量等效的方法用填充物替代。反舰导弹模型如图 4-43 所示。反舰导弹在攻击舰船巡航阶段助推器要消耗燃料,弹体总重量减少。这里假设达到舰船舷侧时消耗燃料为 100kg,导弹攻击重量是 570kg。

图 4-41　“飞鱼”导弹图

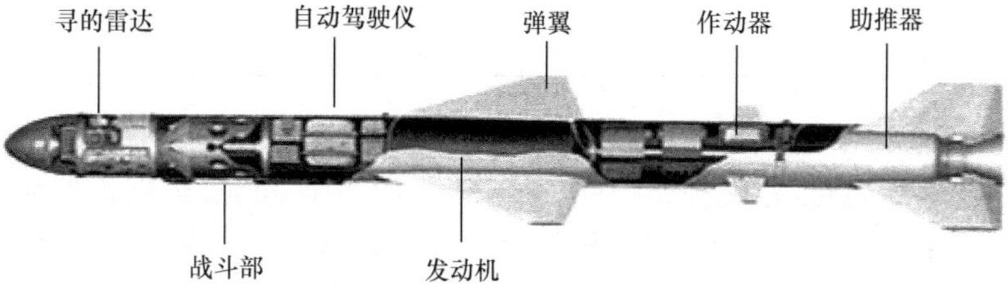

图 4-42　反舰导弹结构图

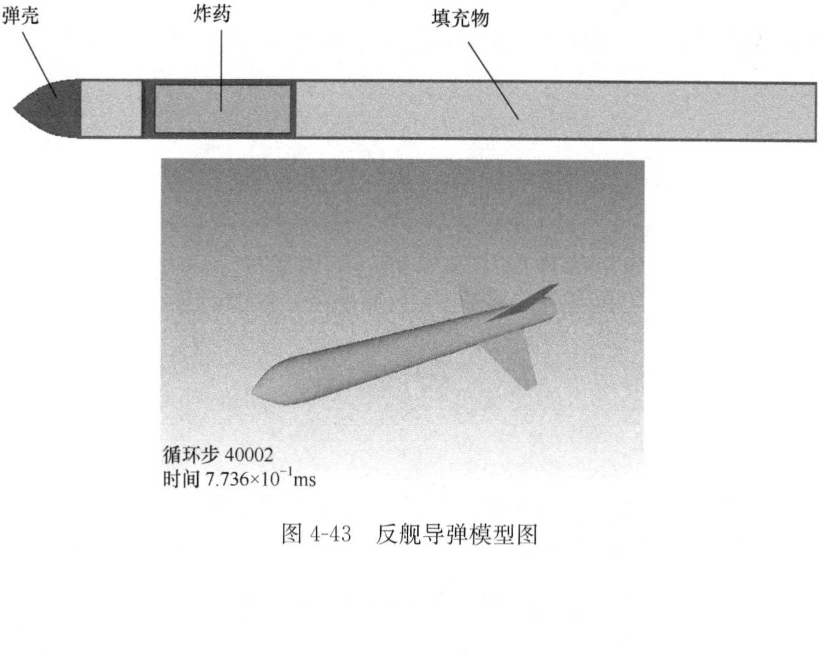

图 4-43　反舰导弹模型图

反舰导弹壳体材料为 TC4 钛合金，炸药为能量等效的 TNT，填充物用变密度的铝。

设定板架模型的肋骨间距为 500mm，纵桁间距 2500mm。舰艇舷侧板架结构由外板、舷侧纵桁、肋骨和强肋骨组成。为消除边界影响，板架模型的长、宽均大于 5 倍的弹体直径，沿舰长方向取 8 个肋距，型深方向取 5m。加强筋形式为 T 形，弱加筋形式 L 形。板架结构尺寸如表 4-4 所示。

表 4-4　板架结构尺寸

结构名称	规格/mm	间距/mm
板厚	10、20、30、40	—
强肋骨	$\perp\frac{20\times450}{20\times200}$	1500
舷侧纵桁	$\perp\frac{20\times450}{20\times200}$	2500
肋骨	L180×120×16	500

反舰导弹攻击舰舷时，着弹点的位置对导弹的打击深度影响较大。为了分析不同着弹点穿甲特性，掌握板架构件对抵御导弹穿甲的贡献，依据板架加筋特点，选取 6 个具有代表性的着弹位置，模拟反舰导弹以 680m/s 的速度垂直撞击板架的过程。典型着弹点示意图如图 4-44 所示。板架外板厚度为 20mm。板架上 6 个着弹位置分别是舷侧纵桁与强肋骨交点(A)、两强肋骨之间舷侧纵桁跨距的中心(B)、两舷侧纵桁之间强肋骨跨距的中心(C)、舷侧纵桁与弱肋骨的交点(D)、两舷侧纵桁之间弱肋骨跨距的中心(E)、舷侧纵桁和弱肋骨围成矩形板格的中心(F)。

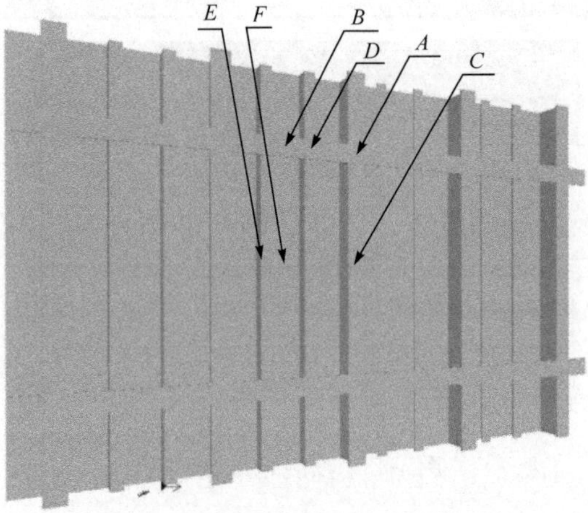

图 4-44　典型着弹点示意图

由于板架结构较大，根据结构的对称性，对 A、B、C、F 着弹点板架建立 1/4 模型，对 D、E 着弹点板架建立 1/2 模型。图 4-45(a)和图 4-45 (b)分别为 A、B 着弹点板架有限元模型。在工作站计算能力允许的前提下，为更好地模拟穿甲过程中板架的破坏，在撞击区域细化网格，尺寸为 10mm，在 5 倍弹径范围向外开始粗化过渡。

(a) 1/4模型

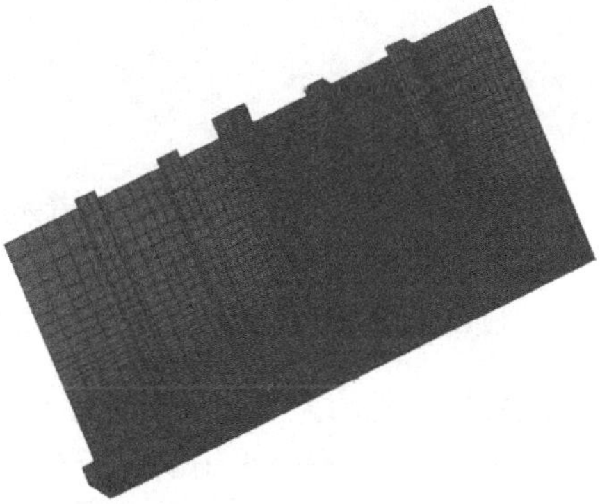

(b) 1/2模型

图 4-45　板架模型网格示意图

4.6.2　不同打击位置分析

为掌握穿甲过程中反舰导弹、板架的破损与变形情况，下面对穿甲过程中的毁伤现象进行描述和分析。

1. 撞击纵桁与强肋骨交点

如图 4-46 所示为 A 着弹点穿甲过程压力云图。导弹弹尖撞击到外板后，外板沿纵桁和强肋骨根部开始撕裂。纵桁和强肋骨的腹板被挤压，发生局部大变形。大变形导致单元的几何变形过大而发生侵蚀。纵桁和强肋骨交点外的外板花瓣逐渐形成，并产生翻转，最终花瓣在桁材根部撕裂并以一定的速度飞出。弹尖穿出面板时，面板产生小花瓣，随着弹臂穿过，在桁材面板角隅处，花瓣从面板脱离，并以一定的速度飞出，剩余的花瓣随同纵桁和强肋骨的面板发生大翻转。梯形弹翼的翼根先撞击到外板，并将外板割开产生小破片，此时弹翼变形很小。割口随着弹体的前行而变得越来越长。当弹翼撞击到弱肋骨时，弹翼发生变形，这是因为肋骨的支撑使结构变强。翼尖在割裂外板时变形更大，并发生局部侵蚀现象。由于翼尖相对翼根较薄弱，因此翼尖在撞击外板时会发生大的变形。

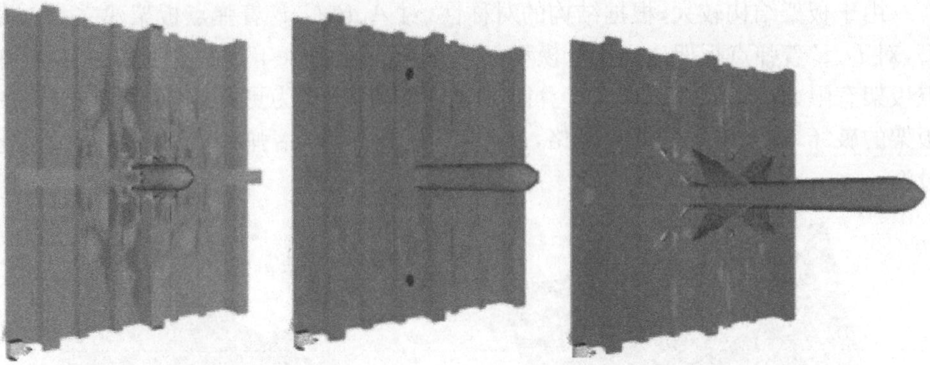

图 4-46　A 着弹点穿甲过程压力云图

2. 撞击纵桁跨距中心

如图 4-47 所示为 B 着弹点穿甲过程压力云图。导弹弹尖撞击到外板后，外板沿纵桁根部开始撕裂。纵桁的腹板被挤压，发生局部大变形。大变形导致单元的几何变形过大而发生侵蚀。纵桁根部两侧的外板花瓣逐渐形成，并产生翻转，最终花瓣在桁材根部撕裂，并以一定的速度飞出。弹尖穿出纵桁面板，面板产生小花瓣，随着弹臂穿过，部分花瓣从面板上脱离，并以一定的速度飞出，剩余的花瓣随同纵桁的面板发生大翻转。梯形弹翼的翼根先撞击到外板，将外板割开，并产生小破片，此时弹翼变形很小。割口随着弹体的前行而变得越来越长，当弹翼撞击到弱肋骨时，弹翼发生变形。与 A 着弹点相比，B 点弱肋骨距翼根更近，使弹翼发生变形提前，导致该点至翼尖之间的弹翼随之产生较大的扭曲。在之后割裂外板的过程中，如同钝刀一般，使破口范围明显增加。

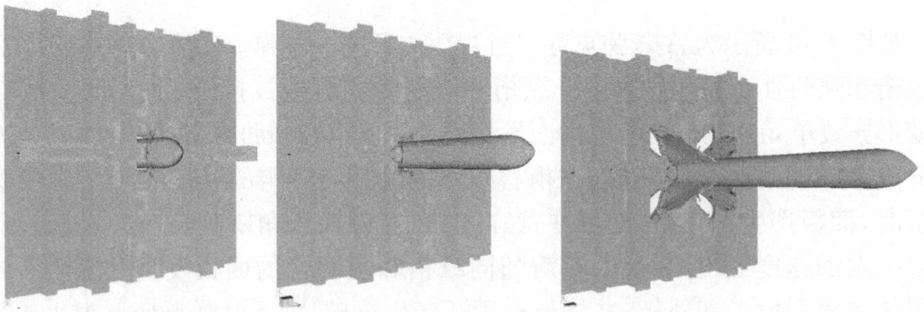

图 4-47　B 着弹点穿甲过程压力云图

3. 撞击强肋骨跨距中心

如图 4-48 所示为 C 着弹点穿甲过程压力云图。导弹弹尖撞击到外板，在弹尖四周的外板形成压力区。最初压力区受两侧弱肋骨的限制，应力波在两弱肋骨之间的外板上传播。伴随弹尖的深入，弹坑加深，此时外板沿强肋骨根部开始撕裂。形成四个对称花瓣，花瓣不断翻转，最终在其根部撕裂以一定的速度飞出。纵桁的腹板被挤压发生局部大变形，而大变形导致单元的几何变形过大而发生侵蚀。弹尖穿出强肋骨面板，面板产生小花瓣，随着弹臂穿过，部分花瓣从面板上脱离，并以一定的速度飞出，剩余的花瓣随同纵桁的面板发生大翻转。梯形弹翼的翼根先撞击到外板，将外板割开，产生小破片。割口随着弹体的前行而变得越来越长，当弹翼撞击到弱肋骨时，弹翼发生变形。割弱肋骨的位置与着弹点完全相同，因此弹翼的变形也极为相似。

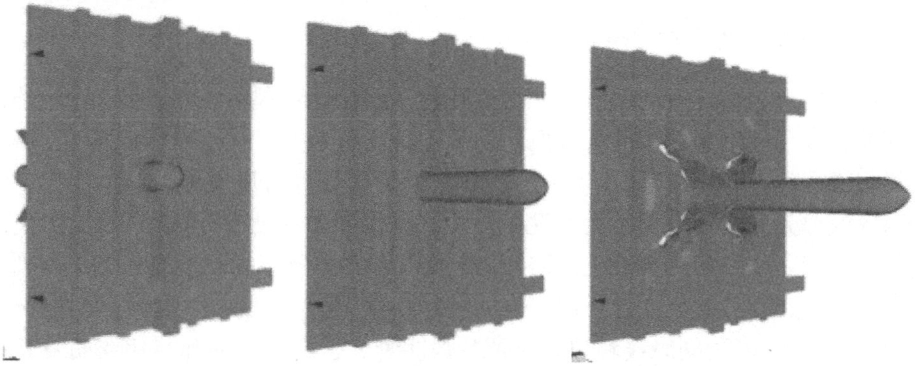

图 4-48　*C* 着弹点穿甲过程压力云图

4. 撞击纵桁与弱肋骨交点

如图 4-49 所示为 *D* 着弹点穿甲过程压力云图。导弹弹尖撞击到外板后，外板沿纵桁和弱肋骨根部开始出现撕裂。纵桁和弱肋骨的腹板被挤压发生局部大变形。大变形导致单元的几何变形过大而发生侵蚀。纵桁和弱肋骨根部两侧的外板花瓣逐渐形成，并产生翻转，最终花瓣在桁材根部撕裂并以一定的速度飞出。弹尖穿过弱肋骨面板时，弱肋骨面产生侧向扭转变形，同时以一定的速度翻转。弹尖穿出纵桁面板，面板产生小花瓣，随着弹臂穿过，部分花瓣从面板上脱离，并以一定的速度飞出。纵桁面板上剩余的花瓣随同纵桁的面板发生大翻转。梯形弹翼的翼根先撞击到外板，将外板割开，有小的破片产生，此时弹翼变形很小。割口随着弹体的前行而变得越来越长，弹翼同时撞击到弱肋骨和强肋骨。强肋骨处的弹翼比弱肋骨处的弹翼变形大，翼尖均发生局部侵蚀现象。

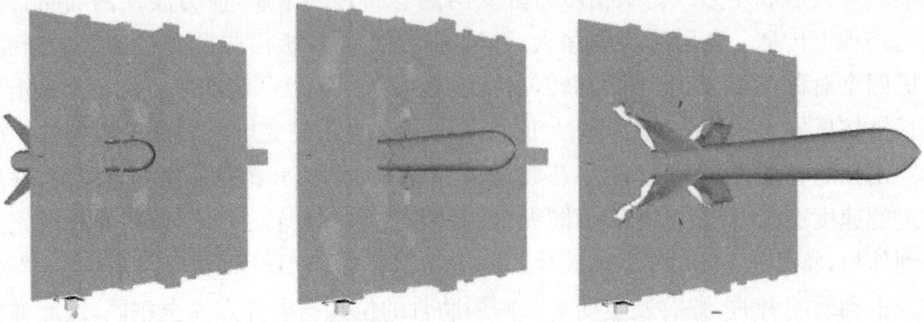

图 4-49 *D* 着弹点穿甲过程压力云图

5. 撞击弱肋骨跨距中心

如图 4-50 所示为 *E* 着弹点穿甲过程压力云图。导弹弹尖撞击到外板后,外板沿弱肋骨根部开始撕裂。弱肋骨根部外板花瓣逐渐形成,并产生翻转,最终花瓣在桁材根部撕裂,并以一定的速度飞出。弱肋骨的腹板被挤压发生局部大变形。大变形导致单元的几何变形过大而发生侵蚀。弹尖穿出弱肋骨面板时,面板产生侧向扭转变形,同时以一定的速度翻转,伴有碎片飞出。梯形弹翼的翼根先撞击到外板,并将外板割开,有小的破片产生,此时弹翼变形很小。割口随着弹体的前行而变得越来越长,弹翼同时接触到弱肋骨和强肋骨。强肋骨处的弹翼比弱肋骨处的弹翼变形大,翼尖均发生局部侵蚀现象。

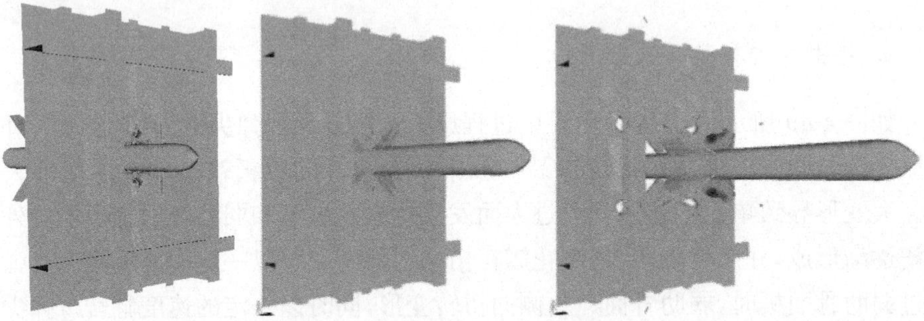

图 4-50 *E* 着弹点穿甲过程压力云图

6. 撞击板格中心

如图 4-51 所示为 *F* 着弹点穿甲过程压力云图。导弹弹尖撞击到外板后,外板花瓣逐渐形成,花瓣沿塑性铰产生翻转。弹翼根部撞击外板,将外板割破。随着弹翼前进,弹翼将弱肋骨割裂,翼尖发生大变形并产生局部侵蚀现象。

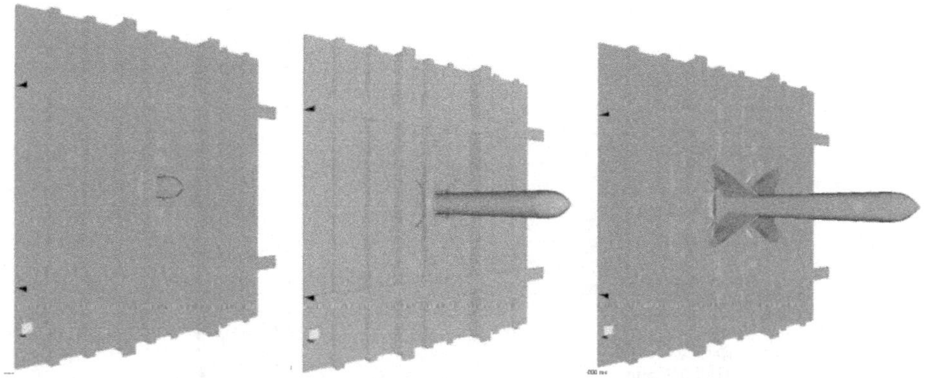

图 4-51　F 着弹点穿甲过程压力云图

4.7　入射角对斜穿甲板架特性的影响

为有效降低导弹穿甲板架的剩余速度，国外某些舰船的舷侧舱内设置了倾斜板，主要有倾斜舷侧板和倾斜甲板，当掠海飞行的反舰导弹攻击舰舷时，必会造成斜穿甲板架。此外，舰船在海上不时地移动，海浪也常常会造成舰体倾斜，反舰导弹攻击舷侧时，往往会形成斜穿甲。本节主要探讨反舰导弹与舰船外板呈水平斜角和垂向斜角时的穿甲过程。

4.7.1　水平斜穿甲舰舷板架

选取 C 着弹点为反舰导弹撞击位置，入射速度为 680m/s，入射角与舰舷板架船长方向分别呈 15°、30°、45°和 60°(本书称水平斜穿甲)，进行系列数值仿真。

如图 4-52 所示为不同入射角下的穿甲过程压力云图。入射角为 15°时，弹头击穿外板。外板出现花瓣破坏，随着弹体向前飞行，外板花瓣从根部折断并以一定的速度飞出。挤凿强肋骨腹板，强肋骨腹板的碎片也向四周飞出。弹尖未撞击到强肋骨面板，从强肋骨面板左侧钻出。随着弹体的前进，弹头挤压面板直至弹臂经过，此时面板产生花瓣，花瓣不断翻转。面板没有被全部撞断，花瓣裂缝的长度逐渐增大。弹翼根部撞击到外板，在外板上割开略大于翼板厚度的开口，翼尖在撞击弱肋骨时发生变形和破损。弹翼将强肋骨面板的剩余连接割断，弹翼在割裂外板和骨材时产生大小不等的破片。穿甲后，导弹以恒定的速度飞行。

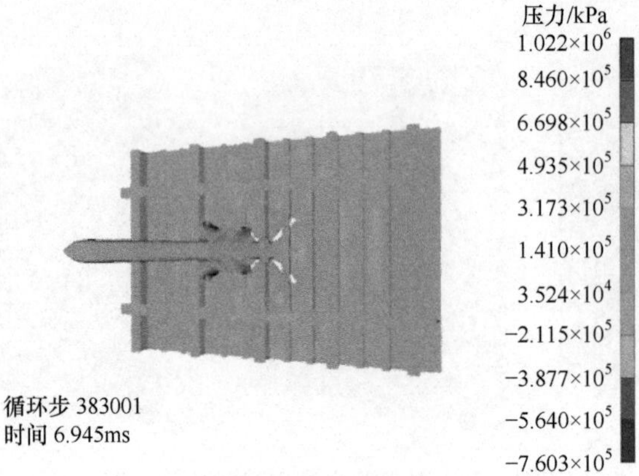

(a) θ=15°

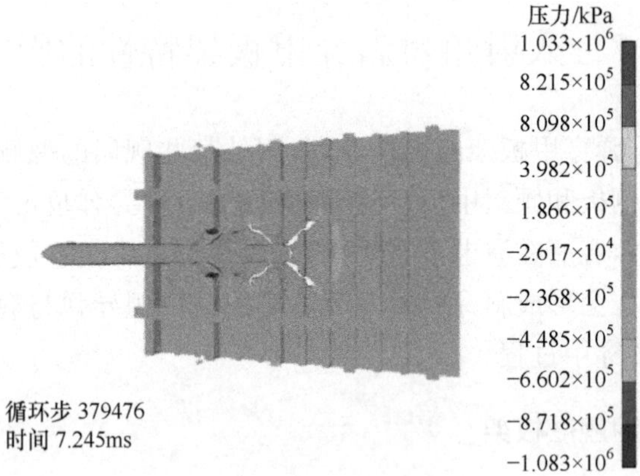

(b) θ=30°

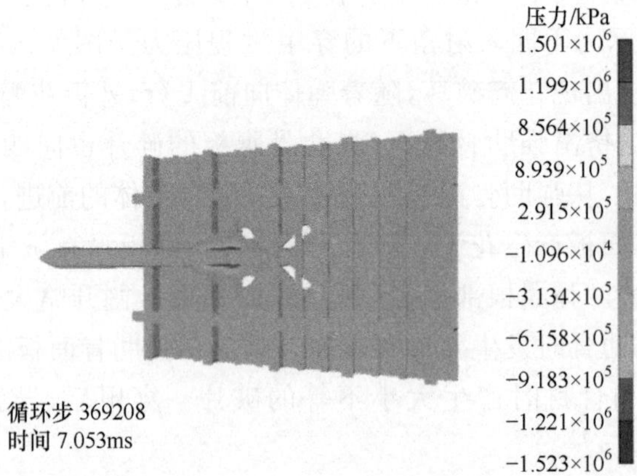

(c) θ=45°

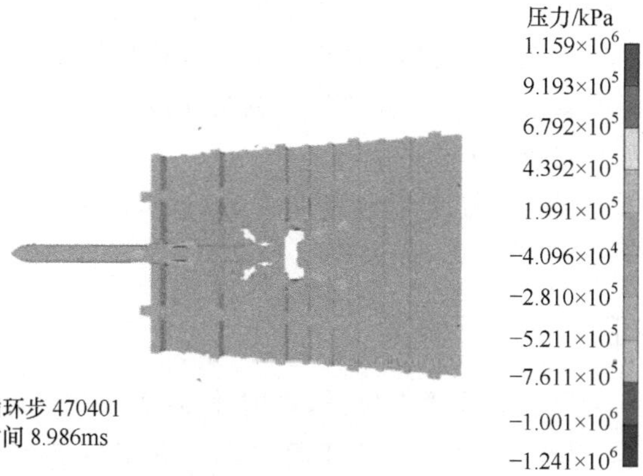

(d) θ=60°

图 4-52　不同入射角下的穿甲过程压力云图

30°入射角的穿甲过程与 15°入射角相似，只是弹头未撞击到强肋骨面板。45°入射角和 60°入射角的弹头和弹翼均未撞击到强肋骨面板，面板保持完好。

下面对弹头和弹翼斜穿甲特性进行独立分析。如图 4-53 所示为不同水平入射角下弹头和弹翼穿甲后的剩余速度曲线。入射角为 15°～45°时的剩余速度逐渐增大，45°之后剩余速度又逐渐减小。因为弹体入射方向与外板和强肋骨腹板的夹角互余，以入射角 45°为分界，入射角为 45°时侵彻腹板和外板的总面积最小，所以入射角为 45°时的剩余速度最大。低于 45°的入射角与腹板呈锐角，与面板呈钝角；高于 45°的入射角与腹板呈钝角，与面板呈锐角。弹体入射方向与靶板的夹角越小，弹体侵彻面积越大，越能有效降低弹速。

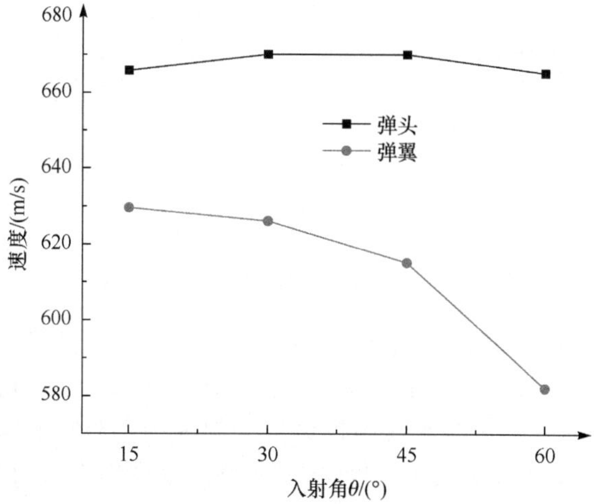

图 4-53　剩余速度曲线图(水平入射角)

通过对弹头斜穿甲分析可知,弹头穿甲剩余速度受着弹点位置影响较大。没有加筋的着弹点,弹头穿甲剩余速度随着入射角的增大而减小。有加筋时,在入射角为 45°时,弹头穿甲剩余速度最大,向两端剩余速度变小。降低弹头穿甲剩余速度的大小取决于撞击加筋板体积的大小。

从图 4-53 中弹翼穿甲后的剩余速度曲线可知,弹翼穿甲剩余速度随着入射角的增大而减小,并且入射角越大,剩余速度下降得越快。

4.7.2 垂向斜穿甲舰舷板架

选取 C 着弹点为反舰导弹撞击位置,入射速度为 680m/s,入射角与舰舷板架型深方向分别呈 15°、30°、45°和 60°(本书称垂向斜穿甲),进行系列数值仿真。上节对不同角度下的水平斜穿甲现象进行了介绍,本节只对不同角度下的弹头和弹翼穿甲剩余速度进行分析。

下面对弹头和弹翼斜穿甲剩余速度进行独立分析。如图 4-54 所示为不同垂直入射角下弹头和弹翼穿甲后的剩余速度曲线。随着入射角的增大,弹头穿甲剩余速度逐渐减小。弹翼穿甲剩余速度随着入射角的增加而减小,并且入射角越大,剩余速度下降得越快。

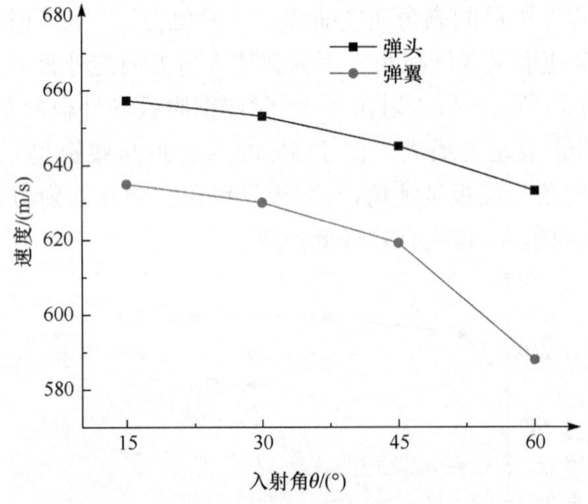

图 4-54 剩余速度曲线图(垂直入射角)

通过上述分析可知,增加反舰导弹与舰舷板架的垂向入射角,可以有效地减小弹头穿甲和弹翼穿甲的剩余速度。因此,在舰船结设计时,在舷侧防护结构中设置倾斜式舷侧外板(图 4-52),在水线附近设置倾斜式内甲板(图 4-53),可使掠海飞行的反舰导弹与其呈垂向的攻击角度,有利于减小导弹穿甲后的剩余速度。

4.8 总　　结

大型水面舰船舷侧是遭受掠海飞行反舰导弹攻击概率最大的位置。舷侧外板板架成为反舰导弹最先接触并发生穿甲过程的靶板对象。从弹靶接触的那一刻起，导弹战斗部的延时引信开始工作，继而引发战斗部装药在舰船舱内发生剧烈爆炸。舰船舷侧外板布置纵横交错且强弱不同的加筋，导弹穿透的过程与加筋板架发生相互作用，会使导弹穿甲后的飞行速度降低、战斗部结构及内部装药被切割破坏、弹体轨迹发生偏转等情况。对弹靶作用过程机理的研究有助于设计人员确定有效的防护设计方案。

本章采用数值计算方法开展截锥形弹体对靶板的穿甲过程，并与前人试验测试得到的靶板破坏模式和弹体剩余速度等结果进行对比，验证了数值仿真方法在计算穿甲问题上的适用性和可靠性；分析了弹靶系统有限元网格密度对计算结果的影响，提出与弹体尺寸相关的网格尺寸确定方法。在此基础上开展了锥形弹正穿甲和斜穿甲的数值仿真计算，探讨了弹体的锥角、入射角等参数对靶板破坏模式的影响。通过破坏模式的分析，分别建立了锥形弹在低斜角和高斜角穿甲过程的理论计算模型，得到两种模式剩余速度的计算公式，其计算结果与数值仿真结果吻合较好，可用于快速评估弹体穿甲剩余速度。最后，采用已验证的数值仿真方法开展“飞鱼”反舰导弹对实际舰船舷侧板架结构穿甲过程的模拟计算，对比分析了导弹入射姿态、板架结构参数（板厚、加筋等）和弹着点位置等因素对穿甲的影响。本章的研究工作可以为水面舰船舷侧抗穿甲防护结构的设计提供以下几个方面的建议和参考。

① 在反舰导弹掠海攻击高度设置一道舷侧纵桁，增大反舰导弹撞击强构件的概率，进而增大降低反舰导弹剩余速度的可能。

② 将水线以上的舰舷外板加筋板架设计成倾斜式板架，并将靠近水线附近且在舷侧防护舱内的甲板设置成倾斜式内甲板，尽可能地迫使反舰导弹形成沿型深方向斜穿甲板架。

③ 舰船舷侧板架很难抵御高速反舰导弹的穿甲。从舰船功能来说，也不可能将舰船舷侧板架设计成具有完全防护装甲功能的结构。可以考虑换个切入点，在重点舱室对应的舷侧外板上设置主动防护的措施，尽可能地将战斗部阻挡在舰船外部发生爆炸，从而最大限度地保障舰船的战斗力和生命力。

有一点需要说明，本章计算反舰导弹穿甲是从舰船防护的角度来分析的，对反舰导弹本身的结构进行了简化，只是依据外形尺寸和重量参数建立了有限元模型，导致弹体结构强度增强，得到的计算结果对舰船防护设计是偏于安全的。如果以导弹为侧重点进行穿甲过程分析，建议考虑更详细的弹体尺寸、内部布置、战斗部形状和尺寸等因素进行建模计算，靶板可用本章的实际结构模型。

第5章 圆柱形战斗部等效载荷特性研究

5.1 引　言

反舰武器战斗部对舰船结构的毁伤效应主要包括壳体破裂产生的高速破片群和等效裸装药爆炸产生的冲击波，两者具有一定的相关性。对于特定尺寸的战斗部壳体，形成破片的速度、质量，以及空间分布情况将对舰船结构的破坏有直接的影响。同时，等效裸装药爆炸产生的冲击波强度是战斗部的另一种载荷形式，将直接影响结构所承受的爆炸冲击波载荷。

对于战斗部爆炸过程，国内外学者研究的侧重点主要在两个方面，即壳体对爆炸冲击波强度的影响；破片的形成机理、形状和质量分布。Gurney[36]在爆轰气体密度均匀假设的基础上提出壳体速度的计算公式，具有广泛的适用性。此后的研究工作基本以Gurney假设为基础，开展壳体对爆炸冲击波的影响研究，给出带壳弹体等效裸装药的计算公式。随着数值仿真手段的发展，也有一些学者对战斗部爆炸形成破片的过程和特性进行了相关的数值计算工作，开展了杀伤战斗部破片飞散特性、横向效应增强型侵彻体（penetrator with enhanced lateral efficiency，PELE）弹侵彻过程壳体膨胀破裂，以及壳体材料特性对战斗部壳体形成自然破片的影响等方面的研究[37-43]。

本章首先从二维膨胀假设出发给出与壳体材料强度和装药特性相关的破片速度计算公式。然后，采用显示动力学程序中的SPH方法对圆柱形战斗部膨胀及破裂过程进行详细的数值计算，分析壳体内装药起爆后爆轰波的传播及其与金属壳体相互作用的过程，并讨论不同位置起爆时壳体的膨胀和破裂特性、壳体膨胀的速度特征和破片的空间分布，并与试验结果进行对比分析。此外，还开展半预制破片战斗部模型的爆炸试验和相应的数值仿真计算研究工作，得到破片的飞散特性。

5.2 战斗部爆炸载荷

半穿甲内爆式反舰导弹穿透外板进入船体内部舱室爆炸，对船体结构的破坏主要是战斗部的爆炸冲击波和破片群。对于离爆炸点较近的结构，冲击波和破片群的耦合作用将产生更大的毁伤效果。对于战斗部爆炸载荷，人们所关心的问题包括以下三个方面。

① 破片速度。破片群是极具穿透力的高动能点群载荷。破片的速度和质量决定其穿透船体板的能力。

② 破片的空间分布和质量分布。破片群的空间部分在一定程度上影响结构的破坏,尤其是在接近爆炸的情况下。破片的质量分布是战斗部自然破片统计的一个重要特性,确定某个质量范围内破片的个数,是破片群打击能力划分的重要依据。

③ 冲击波效应。战斗部爆炸后内部装药的能量主要转变为破片的动能和冲击波。冲击波效应是由战斗部的等效裸装药产生的,即战斗部产生用于产生冲击波的药量。等效裸装药的准确计算是战斗部冲击波效应评估的重要依据。

对于战斗部壳体的破裂,Taylor 最早提出壳体断裂的拉伸应力准则。该准则假定径向裂纹只能在壳体的周向拉伸应力区域传播,不能在压缩应力区域传播,裂纹前端的周向拉伸应力 $\sigma_\theta=0$。弹体在径向膨胀过程中,径向裂纹扩展深度为

$$S_f=\frac{p_W\delta}{\sigma_y} \tag{5-1}$$

其中,p_W 为瞬态爆轰产物压力;σ_y 为弹体材料屈服极限;δ 为壳体厚度。

当 $p_W=\sigma_y$ 时,弹体完全破裂。对于圆柱形壳体,其破裂半径为

$$\frac{a_f}{a_0}=\left(\frac{p_{W0}}{\sigma_y}\right)^{1/2\gamma} \tag{5-2}$$

其中,a_0 为圆柱壳体初始内半径;p_{W0} 为爆轰产物平均初始压力;γ 为炸药多方指数;a_f 为破裂时壳体半径。

Hoggatt 和 Recht[44] 认为,塑性材料在弹性外表面附近周向拉伸应力区,径向裂纹不能传播很远,而在内部压缩切向应力区,由热挤压产生热塑性剪切裂纹却不断扩展,最后导致当内部压力等于弹体周向拉伸应力时,即 $p_W=\sigma_y$,弹体完全破裂。

Grady 和 Hightower[45] 提出钢质壳体在内部炸药爆炸作用下形成破片的计算模型,从能量的角度出发可以得到圆柱形壳体的周向破片尺寸计算公式,即名义破片宽度 S_f 为

$$S_f=\left(\frac{24\Gamma}{\rho\dot{\varepsilon}^2}\right)^{1/3} \tag{5-3}$$

其中,$\dot{\varepsilon}$ 为应变率;ρ 为材料密度;Γ 为单位面积的断裂能。

该模型考虑拉伸和剪切断裂两种情况。壳体在拉伸断裂时,断裂模型由材料的断裂韧性 K_C 控制。其断裂能的表达式为

$$\Gamma_{\text{Tensile}}=\frac{K_C^2}{2E} \tag{5-4}$$

其中，E 为材料弹性模量。

Grady 和 Hightower 提出的第二种模式，即剪切断裂是由绝热剪切带引发的。剪切断裂能由下式给出，即

$$\Gamma_{\text{Shear}}=\frac{\rho c}{\alpha}\left(\frac{9\rho^3 c^2\ \chi^3}{Y^3\alpha^2\dot{\varepsilon}}\right)^{1/4} \tag{5-5}$$

其中，c 为比热；χ为热传导系数；α 为热软化系数；Y 为塑性流动应力；ρ 为材料密度；$\dot{\varepsilon}$ 为应变率。

隋树元等[46]在 Taylor 理论的基础上，假定 $\sigma_\theta=k\sigma_B$，k 为断裂系数，σ_B 为材料强度极限，研究了两种弹钢在爆炸载荷作用下的应变、应变率和破裂半径，并通过破片回收试验，确定了 20 钢的 k 值。

对于战斗部爆炸产生的破片初速，前人从动能角度出发建立了关于破片初速的理论表达式。其中 Gurney 能量法是推导破片初速度、Gurney 比能和炸药与金属壳质量比(C/M)之间关系的一种最简单的方法，即

$$v_0=\sqrt{2E_G}\sqrt{\frac{\beta}{1+0.5\beta}} \tag{5-6}$$

其中，$\beta=C/M$ 为战斗部的爆炸载荷系数；常数 E_G 称 Gurney 能量，代表炸药类型组分及其特性。

战斗部破片的质量分布通常由累积分布函数描述。破片的累积数量表示质量大于 m 的总的破片数量 $N_T(m)=N_T(>m)$，而累积破片质量表示单个破片质量大于 m 的所有破片 $M_T(m)=M_T(>m)$，两者的表达式如下，即

$$N(m)=\frac{N_T(m)}{N_0},\quad M(m)=\frac{M_T(m)}{M_0} \tag{5-7}$$

其中，N_0 为破片的总数量；M_0 为破片的总质量。

累积质量和累积数量分布之间的关系式为

$$\frac{\mathrm{d}M}{\mathrm{d}m}=\frac{m}{\overline{m}}\frac{\mathrm{d}N}{\mathrm{d}m} \tag{5-8}$$

破片的平均质量由下式定义，即

$$\overline{m}=\frac{M_0}{N_0}=\int_0^\infty N(m)\mathrm{d}m \tag{5-9}$$

常用的 7 种分布规律的形式如下。

(1) Mott 分布

Mott 等基于双参数几何统计提出破片的分布规律表达式，即

$$N(m)=\exp\left[-\left(\frac{m}{\mu}\right)^{\frac{1}{2}}\right] \tag{5-10}$$

其中，$N(m)$为质量大于 m 的破片总数；μ 为破片的平均质量。

(2) 一般形式的 Mott 分布

由于式(5-10)不适用于厚壁壳体的情况，Mott 又提出厚壁圆柱壳的三维破片分布。破片不再保留初始圆柱壳的内表面和外表面，即在圆柱壳厚度方向形成破片。将式(5-10)中的指数由 1/2 替换为 1/3 更适用。在式(5-10)中，引入 λ，可以得到一般形式的 Mott 分布，即

$$N(m)=\exp\left[-\left(\frac{m}{\mu}\right)^{\lambda}\right] \tag{5-11}$$

相当于两参数 Weibull 分布。

(3) Grady 分布

Grady 分布是在断裂点的 Poisson 分布基础上依照 Mott 近似提出的一种可供选择的模式。其简化的线性指数分布形式为

$$N(m)=\exp\left[-\left(\frac{m}{\mu}\right)\right] \tag{5-12}$$

Grady 分布是一般形式的 Mott 分布的特例，即 $\lambda=1$。

(4) 一般形式的 Grady 分布

由于存在破片统计上的非均匀性，Grady 和 Kipp 分析了式(5-12)定义的三参数普遍形式，得到一般形式的 Grady 分布，即

$$N(m)=f\exp\left(-\frac{m}{\mu_1}\right)+(1-f)\exp\left(-\frac{m}{\mu_2}\right) \tag{5-13}$$

其中，μ_1 和 μ_2 为质量分布系数。

(5) 对数正态分布

鉴于破片形成过程中存在累加特性，建议用对数正态分布描述破片质量分布，其表达式为

$$N(m)=\frac{1}{2}\left[1-\mathrm{erf}\left(\frac{\ln m-\mu}{\sqrt{2}\sigma}\right)\right] \tag{5-14}$$

其中，erf(·) 表示误差函数；$\mathrm{erf}(x)=\frac{2}{\sqrt{\pi}}\int_0^x \mathrm{e}^{-t^2}\,\mathrm{d}t$。

(6) Weibull 分布

两参数 Weibull 分布定义了正则化的累积质量,即

$$M(m)=\exp\left[-\left(\frac{m}{\mu}\right)^{\lambda}\right] \tag{5-15}$$

根据累积分布(累积质量和累积数量)之间的关系式$\frac{\mathrm{d}M}{\mathrm{d}m}=\frac{m}{\bar{m}}\frac{\mathrm{d}N}{\mathrm{d}m}$,可以得到破片的累积数量,即

$$N(m)=\frac{1}{\Gamma\left(1-\frac{1}{\lambda}\right)}\Gamma\left[1-\frac{1}{\lambda},\left(\frac{m}{\mu}\right)^{\lambda}\right],\quad \lambda>1 \tag{5-16}$$

其中,$\Gamma(a,x)$ 为 γ 函数,$\Gamma(a,x)=\int_x^{\infty}t^{a-1}\mathrm{e}^{-t}\mathrm{d}t$。

(7) Held 分布

Held 提出的累积质量大于 M_0 和累积破片数量之间的关系式为

$$M(n)=M_0[1-\exp(-Bn^{\lambda})] \tag{5-17}$$

其中,n 为破片的累积数量;$M(n)$为破片的总质量;β 和 λ 为常数。

单个破片的质量可以通过下式计算,即

$$m_n=M(n)-M(n-1) \tag{5-18}$$

则根据累积分布关系可得累积数量分布的隐式表达式,即

$$m=M_0B\lambda N_T^{\lambda-1}(m)\exp[-BN_T^{\lambda-1}(m)] \tag{5-19}$$

Elek 等[47]将以上几种分布规律与相关试验对比(图 5-1)。从与试验数据的对比结果来看,Mott 分布、一般形式的 Mott 分布、一般形式的 Grady 分布、Weibull 分布,以及 Hled 分布得到的结果均与试验吻合较好。

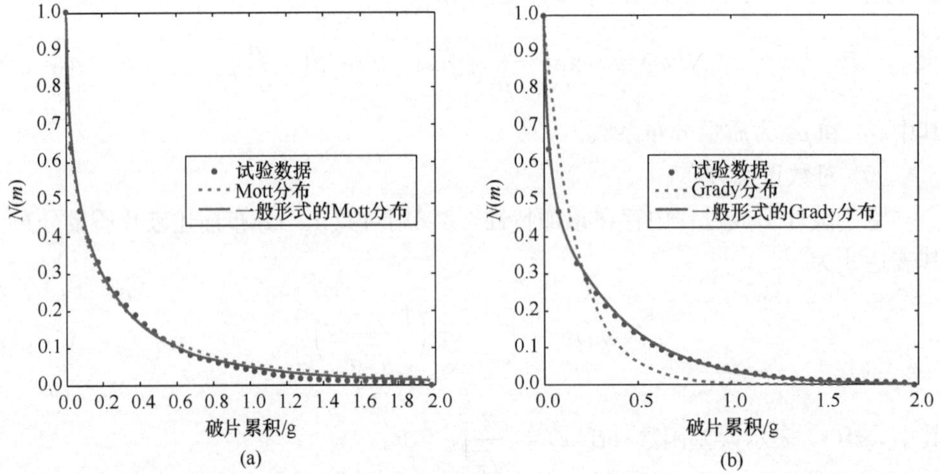

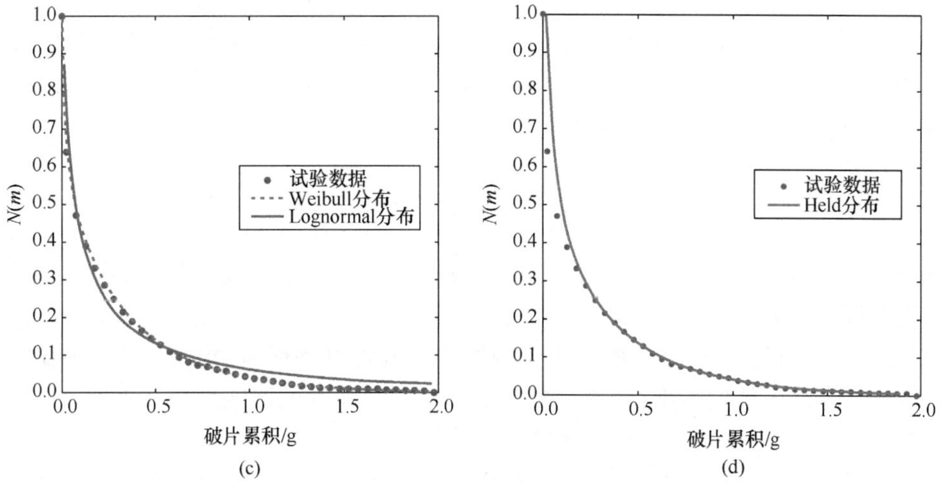

图 5-1　破片累积分布数量的分布规律与试验对比结果

冲击波和破片是战斗部爆炸产生的两种效应，很多研究者提出等效裸装药量的计算公式和方法。

① Fino 公式，即

$$\frac{C_{EB}}{C}=0.2+\frac{0.8}{1+2\dfrac{M}{C}} \tag{5-20}$$

② 改进的 Fano 公式，即

$$\frac{C_{EB}}{C}=0.6+\frac{0.4}{1+2\dfrac{M}{C}} \tag{5-21}$$

③ Warren 公式，即

$$\frac{C_{EB}}{C}=0.4+\frac{0.6}{1+2\dfrac{M}{C}} \tag{5-22}$$

④ Fisher 公式，即

$$\frac{C_{EB}}{C}=0.2+\frac{0.8}{1+\dfrac{M}{C}} \tag{5-23}$$

⑤ 改进的 Fisher 公式，即

$$\frac{C_{EB}}{C}=0.6+\frac{0.4}{1+\dfrac{M}{C}} \tag{5-24}$$

对比发现，式(5-20)～式(5-24)给出的等效裸装药的计算彼此之间存在很大的差别，且每个公式的具体适用范围也不是很明确，会给实际应用带来麻烦。Hutchinson在合理假设的基础上采用动量分析的方法，并结合试验数据给出柱形战斗部的等效裸装药计算公式，即

$$C_{EB}=C-C\left\{1-\left[0.5/\left(0.5+\frac{M}{C}\right)\right]^{0.5}\right\}\left[1-4.63(\sigma_y/P_0)^{2/3}\right]^{0.5} \tag{5-25}$$

其中，σ_y 为壳体材料的屈服强度；C 和 M 分别为装药质量和壳体质量；P_0 为装药产生的爆轰压力。

此外，张奇等[48]通过分析壳体对爆炸冲击波强度的影响，提出一种计算破片速度的新方法。他们指出，壳体对爆炸空气冲击波强度的影响取决于产生壳体破片部位的壁厚(质量)，而不是壳体的全部质量。

通过以上研究可以发现，用于计算战斗部破片和冲击波(等效裸装药)的经验公式和分析方法在实际应用时存在一定的局限，主要包括以下两个方面。

① 计算破片速度的公式和分析模型主要针对二维问题，没有考虑类似于圆柱形战斗部端部封盖的影响。从试验现象来看，圆柱形战斗部的破片分布及速度在其高度方向存在明显的差异。

② 由于涉及爆轰产物的膨胀与壳体之间的流固耦合、壳体塑性大变形和破裂，采用数值方法计算战斗部的破碎过程还存在一定的困难。

5.3 理论分析模型

从几何构成来说，圆柱形战斗部由圆柱形壳体和两端部封盖组成(图 5-2)。战斗部内部装药爆炸后，爆炸产物产生的高压气体作用于战斗部内壁面，圆柱形壳体在径向压力的作用下膨胀，最终破裂形成破片；端部封盖则会在高压作用下从圆柱形壳体连接处撕裂，形成大质量破片。对于圆柱形战斗部爆炸过程，本章建立的理论分析模型基于以下假设条件[49]。

① 端部封盖部分从圆柱形壳体撕裂与壳体形成破片同时发生。由于端部封盖的存在，限制了爆轰产物沿圆柱形壳体长度方向上的膨胀，爆轰产物只发生径向膨胀。

② 爆炸产物在圆柱壳体径向上的膨胀速度与 r(到装药中心的距离)呈线性变化，即 $V_c=\mu r$。

③ 爆炸产物在封闭壳体内分布均匀，某一时刻的密度为常数。

假设条件②和③与 Gurney 假设一致。

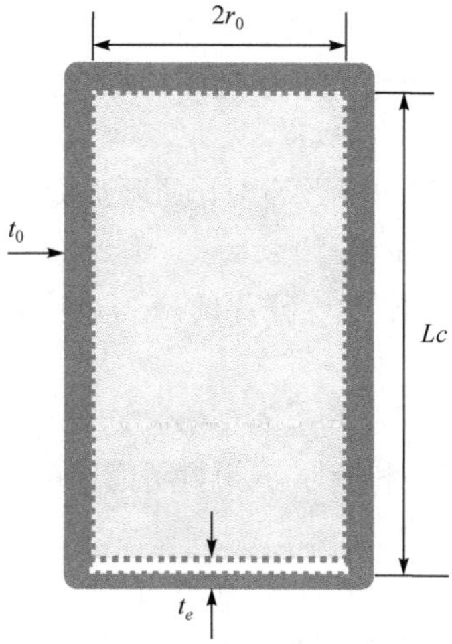

图 5-2　圆柱形战斗部示意图

5.3.1　圆柱形壳体形成破片过程

1. 圆柱形壳体的破裂

壳体在膨胀过程中，裂纹首先从外表面发生（图 5-3）。当壳体内表面也出现裂纹时壳体完全破碎，对于圆柱形壳体，其切向应力分量和径向应力分量之间的关系可由 Tresca 屈服准则表达，即

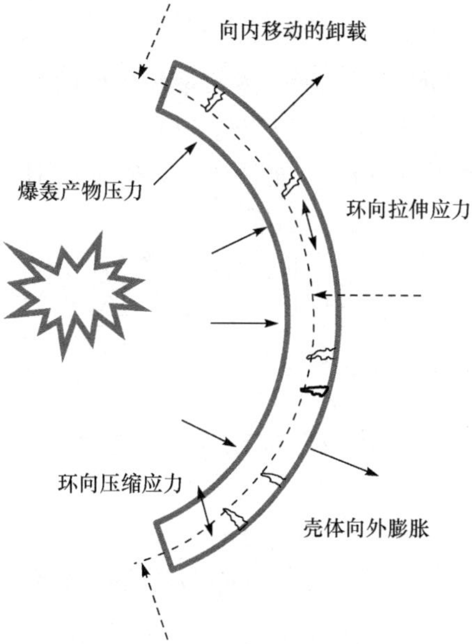

图 5-3　内压作用下圆柱形壳体产生裂纹示意图

$$\sigma_\theta - \sigma_r = \sigma_y \tag{5-26}$$

其中，σ_θ 为壳体的环向拉应力；σ_r 为爆炸气体作用在壳体上的径向压缩应力；σ_y 为壳体材料的屈服强度。

Taylor 提出，当壳体内部的压力等于其屈服强度 σ_y 时壳体破碎，即

$$\sigma_\theta = \sigma_y + \sigma_r = \sigma_y - P_f = 0$$

根据 Strong 等提出的壳体形成破片的应力准则，壳体膨胀至 r 时环向应变率为

$$\dot{\varepsilon}_\theta = \dot{r}/r_0 = [P_0/\rho t_0 r_0(\gamma-1)]^{1/2} \tag{5-27}$$

其中，r_0 和 t_0 为壳体初始半径和壁厚；ρ 为材料的密度。

壳体破碎时的环向应变为

$$\varepsilon_{\theta f} = r_f/r_0 = (P_0/P_f)^{1/2\gamma} \tag{5-28}$$

其中，r_f 和 P_f 分别为壳体破碎时的半径和壳体内部爆炸产物的压力；γ 为多方系数，取 $\gamma=3$；P_0 爆轰压力，$P_0 = P_{CJ}(\rho_0/\rho_{CJ})^\gamma$，Chapman-Jouguet 压力 $P_{CJ} = \rho_0 D^2/(\gamma+1)$，Chapman-Jouguet 密度 $\rho_{CJ} = (\gamma+1)\rho_0/\gamma$，$\rho_0$ 为装药初始密度。

由式(5-28)可得圆柱形壳体破碎时的半径，即

$$r_f/r_0 = (P_0/\sigma_y)^{1/2\gamma} \tag{5-29}$$

2. 壳体膨胀形成破片速度

根据假设条件②和③，可以得到圆柱形壳体 p_m 与爆炸产物 p_c 的动量之和，即

$$p = p_c + p_m = 2\pi r L_c\left(\frac{2C}{3} + M\right)v_f \tag{5-30}$$

其中，M 和 C 分别为单位面积圆柱形壳体质量和单位面积壳体对应的爆炸产物的质量；v_f 为壳体膨胀的最终速度；L_c 为装药长度。

在战斗部爆炸过程中，Gurney 能量 E_G 反映装药对金属壳体的驱动能力。Danel 和 Kazandjian 给出了其表达式，即

$$E_G = \frac{D^2}{2(\gamma^2-1)}\left[1 - 2\left(\frac{\rho}{\rho_0}\right)^{\gamma-1}\left(\frac{\gamma}{\gamma+1}\right)^\gamma\right] \tag{5-31}$$

其中，D 为爆速；装药总能量为$\dfrac{D^2}{2(\gamma^2-1)}$。

根据假设条件，对于圆柱形战斗部在其膨胀过程中密度的变化可由下式描述，即

$$\rho_0/\rho = r^2/r_0^2 \tag{5-32}$$

由式(5-29)和式(5-32)，当圆柱形壳体破碎形成破片时爆轰产物的密度为

$$\rho_f/\rho_0 = r_0^2/r_f^2 = (\sigma_y/P_0)^{1/\gamma} \tag{5-33}$$

将式(5-33)代入式(5-31)可得壳体破碎形成破片时与壳体材料屈服强度相关的

Gurney 能量 $E_{G\sigma}$，即

$$E_{G\sigma}=\frac{D^2}{2(\gamma^2-1)}\left[1-2\left(\frac{\sigma_y}{P_0}\right)^{\frac{\gamma-1}{\gamma}}\left(\frac{\gamma}{\gamma+1}\right)^{\gamma}\right] \tag{5-34}$$

圆柱壳体破碎时形成破片的速度为

$$v_f=\sqrt{2E_{G\sigma}}\left(\frac{M}{C}+\frac{1}{2}\right)^{-1/2} \tag{5-35}$$

5.3.2　壳体对爆炸冲击波的影响

根据假设条件，当战斗部壳体破碎时两端封盖的动量为

$$p_e=2\pi r_0^2 t_e \rho v_f \tag{5-36}$$

其中，ρ 为战斗部壳体材料密度；t_e 为封盖的厚度；r_0 为壳体半径。

由式(5-30)和式(5-36)，壳体破碎时壳体与爆炸产物的总动量为

$$p_t=p+p_e=2\pi v_f\left[r_f L_c\left(\frac{2C}{3}+M\right)+r_0^2 t_e \rho\right] \tag{5-37}$$

则战斗部装药的动量为

$$p_c=2\pi r_f L_c\frac{2C}{3}v_f \tag{5-38}$$

其中，r_f 为壳体破裂时的半径。

对于相同尺寸的圆柱形裸装药，其动量为

$$p_c^0=2\pi r_f L_c\frac{2C}{3}V_G^0 \tag{5-39}$$

其中，V_G^0 为带壳战斗部系统中不考虑壳体影响时装药膨胀的 Gurney 速度。

限长的圆柱形装药的 V_G 表达式为

$$V_G=\sqrt{\frac{2E_0}{\left(\frac{M}{C}+\frac{1}{2}\right)\left(1+\frac{R_c}{L_c}\right)}} \tag{5-40}$$

如果不考虑壳体的影响，即 $M=0$，则圆柱形裸装药膨胀的 Gurney 速度为

$$V_G^0=\frac{2\sqrt{E_0}}{\sqrt{1+\frac{R_c}{L_c}}} \tag{5-41}$$

其中，R_c 为圆柱形装药的半径，$R_c=r_0$；E_0 为炸药的总能量。

$$\frac{p_c}{p_c^0}=\frac{v_f}{V_G^0}=\frac{\sqrt{2E_{G\sigma}}\left(\frac{M}{C}+\frac{1}{2}\right)^{-1/2}}{2\sqrt{E_0}}\sqrt{1+\frac{r_0}{L_c}}$$

$$=\frac{\sqrt{2}}{2}\left[1-2\left(\frac{\sigma_y}{P_0}\right)^{\frac{\gamma-1}{\gamma}}\left(\frac{\gamma}{\gamma+1}\right)^{\gamma}\right]^{\frac{1}{2}}\left(\frac{M}{C}+\frac{1}{2}\right)^{-1/2}\sqrt{1+\frac{r_0}{L_c}} \tag{5-42}$$

Michael 假设爆炸冲击波产生的冲量与爆炸产物的初始动量成正比，则战斗部装药的质量与等效裸药的质量之比与动量之比的表达式相同，即

$$\frac{C_{EB}}{C}=\frac{\sqrt{2}}{2}\left[1-2\left(\frac{\sigma_y}{P_0}\right)^{\frac{\gamma-1}{\gamma}}\left(\frac{\gamma}{\gamma+1}\right)^{\gamma}\right]^{\frac{1}{2}}\left(\frac{M}{C}+\frac{1}{2}\right)^{-1/2}\sqrt{1+\frac{r_0}{L_c}} \tag{5-43}$$

式(5-43)说明，装药量为 C、壳体厚度为 t_0、密度为 ρ 的圆柱形战斗部爆炸时，由于壳体的影响，其装药产生的爆炸冲量与质量为 C_{EB} 的裸装药产生的爆炸冲量相当，即 C_{EB} 为等效裸装药质量。

5.3.3　试验对比分析

Goto 等[50]完成了内部装药壳体的爆炸试验，圆柱形壳体长 20.32cm，壳体外径为 5.05cm，壳体厚 0.3cm，内部装药为 LX-17。壳体选用的材料是 AerMet 100，其屈服强度 $\sigma_y=1824\text{MPa}$，密度为 7960kg/m^3。壳体在内部装药爆炸压力作用下碎裂的过程如图 5-4 所示。可以看出，壳体碎裂时的膨胀半径约为初始半径的 1.5 倍。壳体的膨胀速度曲线如图 5-5 所示。

图 5-4　碎裂过程照片

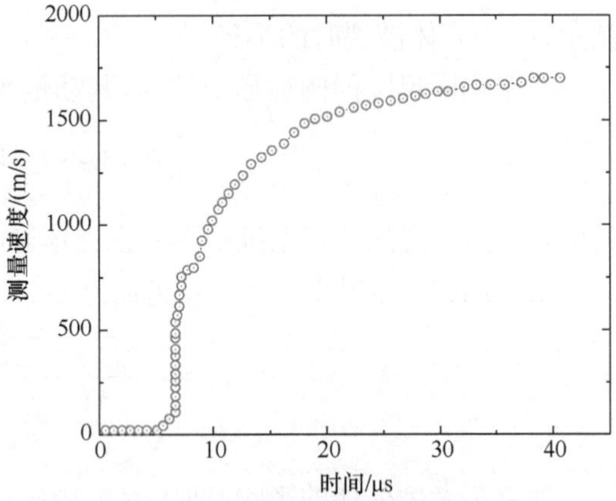

图 5-5　壳体的膨胀速度曲线

对于 LX-17 炸药，其爆速为 7600m/s，密度 $\rho_0=1900\text{kg/m}^3$。当 $\gamma=3$ 时，爆轰压力 $P_0=\frac{\rho_0 D^2}{\gamma+1}\left(\frac{\gamma}{\gamma+1}\right)^{\gamma}$，由式(5-34)和式(5-35)可得战斗部壳体破碎形成破片的速度为

$$v_f=\sqrt{2E_G}\left(\frac{M}{C}+\frac{1}{2}\right)^{-1/2}=1790.7\text{m/s} \tag{5-44}$$

爆炸破片的试验实测速度 $v_0=1705.2\text{m/s}$。式(5-44)得到的结果与试验值的相对误差为 5%。

破片的平均速度可采用经典 Gurney 公式计算得到，即

$$v_f=\sqrt{2E_G}\left(\frac{M}{C}+\frac{1}{2}\right)^{-1/2} \tag{5-45}$$

由式(5-31)、式(5-32)和式(5-45)可得战斗部壳体破碎形成破片的速度为 1909.1m/s。此外，采用 Gurney 公式计算破片速度时，需要确定壳体碎裂时的膨胀半径。膨胀半径对计算结果的影响较大。式(5-44)包含体材料参数，更具有针对性和适用性。

为检验等效裸装药量的计算公式(5-43)，采用 Dunnett 等进行的等效裸装药试验进行对比。在试验中，壳体材料为 EN24 钢，其屈服强度 $\sigma_y=680\text{MPa}$。内部装药为 Rx1100，其密度为 $\rho_0=1610\text{kg/m}^3$，爆速为 $D=8073\text{m/s}$，装药的长径比 $L/D=2$。等效裸装药量计算结果对比如表 5-1 所示。

表 5-1　等效裸装药量计算结果对比

壳体与装药质量比 M/C	0.5	2	5	10
试验 C_{EB}/C	0.74	0.49	0.35	0.32
本书公式 C_{EB}/C	0.74	0.47	0.31	0.23

从试验值和式(5-43)计算结果对比来看，在壳体与装药质量比较小的情况下两者吻合较好。当壳体与装药质量比为 10 时，两者的差别较大。主要原因是当壳体质量较大时，其壁厚较厚，在内部爆轰产物的高压作用下破坏机理也发生了改变。式(5-43)适用于壳体与装药质量比 $M/C\leqslant 5$ 的情况。

5.4　圆柱形战斗部爆炸形成自然破片过程数值模拟

战斗部爆炸载荷包括壳体破裂产生的高速破片群和等效裸装药爆炸产生的冲击波。对于特定的战斗部壳体尺寸，破片的速度、质量，以及空间分布情况对舰船舱室结构的破坏有直接的影响。同时，等效裸装药爆炸产生的冲击波是战斗部的另一种载荷形式，等效装药量会直接影响结构所承受的爆炸冲击波载荷。5.2 节建立了战斗部爆炸过程的理论分析模型，得到了破片平均速度，以及等效裸装药的理论计算公式，这是从能量角度的简单计算方法，可提供初步的被毁结构评估载荷[51-53]。

战斗部在内部装药作用下膨胀至破裂，并且形成自然破片的过程非常复杂。本节采用数值计算的方法对圆柱形战斗部爆炸过程进行模拟分析，从而对战斗部的载荷特性做进一步深入细致的研究。本节数值分析的战斗部模型如图 5-6 所示，圆柱形壳体的内径为 110mm，高度为 160 mm，厚度为 6mm。

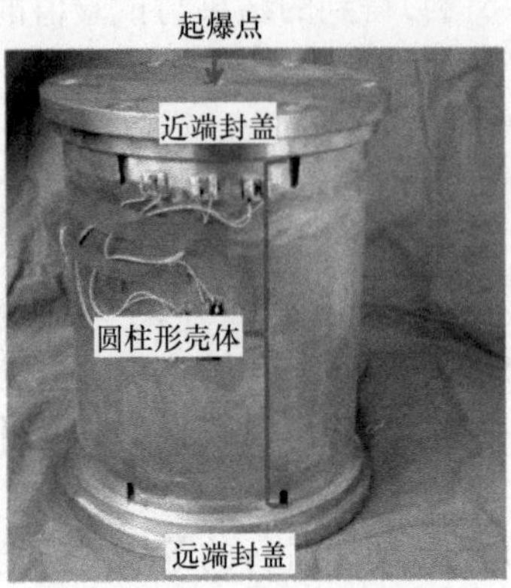

图 5-6　战斗部模型

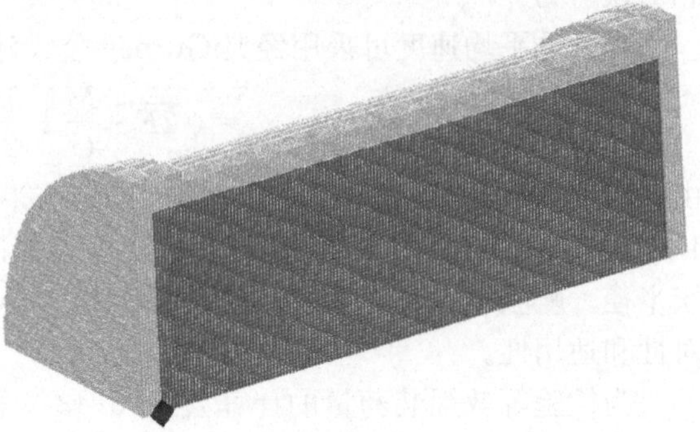

图 5-7　圆柱形战斗部 1/4 计算模型

根据圆柱形战斗部的对称性，只建立其 1/4 计算模型，如图 5-7 所示。基于网格算法的数值计算来分析战斗部的爆炸过程，在模拟破裂过程时一般通过删除失效单元形成破片，而失效单元被删除后，破片特征失真比较严重，用 SPH 算法模拟材料断裂损伤可以改进因删除单元而造成的破片形状失真。数值模拟研究采用显式动力有限元程序 AUTODYN，炸药和战斗部壳体用 SPH 粒子离散，通过多次数值试验将粒子大小取为 1mm，1/4 计算模型共有 513 192 个粒子，计算过程采用 8 个并行模块。战斗部壳体材料采用 Shock 状态方程，本构方程用 Johnson-Cook 模型；壳体断裂采用 Mott 随机函数描述。与试验过程相同，战斗部壳体内装药在一端中心位置设置起爆点，模拟试验中的雷管引爆。

5.4.1　SPH 算法

SPH 算法是一种自适应、无网格粒子形式，具有拉格朗日性质的数值模拟方法，可以避免网格畸变等问题，适合处理大变形和冲击载荷等问题。该方法被广泛用于含能材料的爆轰、爆炸冲击波的传播，以及材料侵彻模拟等方面。SPH 方法具有的特点适用于计算类似金属壳体膨胀碎裂的过程。

SPH 算法用来求解流体动力学问题中基于密度、速度、动量、能量等变量场的偏微分方程组。SPH 算法定义的质量、动量和能量守恒方程形式为

$$\frac{\mathrm{d}\rho^i}{\mathrm{d}t}=\rho^i\sum_{j=1}^{N}\frac{m^j}{\rho^j}(v_\alpha^j-v_\alpha^i)\frac{\partial W^{ij}}{\partial x_\alpha^i} \tag{5-46}$$

$$\frac{\mathrm{d}v_\alpha^i}{\mathrm{d}t}=-\sum_{j=1}^{N}m^j\left(\frac{\sigma_{\alpha\beta}^i}{\rho^{i2}}+\frac{\sigma_{\alpha\beta}^j}{\rho^{j2}}\right)\frac{\partial W^{ij}}{\partial x_\beta^i} \tag{5-47}$$

$$\frac{\mathrm{d}E^i}{\mathrm{d}t}=-\frac{\sigma_{\alpha\beta}^i}{\rho^{i2}}\sum_{j=1}^{N}m^j(v_\alpha^i-v_\alpha^j)\frac{\partial W^{ij}}{\partial x_\beta^i} \tag{5-48}$$

其中，$W^{ij}=W(x^i-x^j,h)$为光滑核函数，h 为光滑长度，用来定义光滑核函数的影响区域，光滑粒子分布如图 5-8 所示；t 为时间；x 为空间坐标；ρ 为密度；v_α 为速度分量；$\sigma_{\alpha\beta}$为应力分量；E 为比内能；$\alpha(\alpha=1,2,3)$和 $\beta(\beta=1,2,3)$为分量指标。

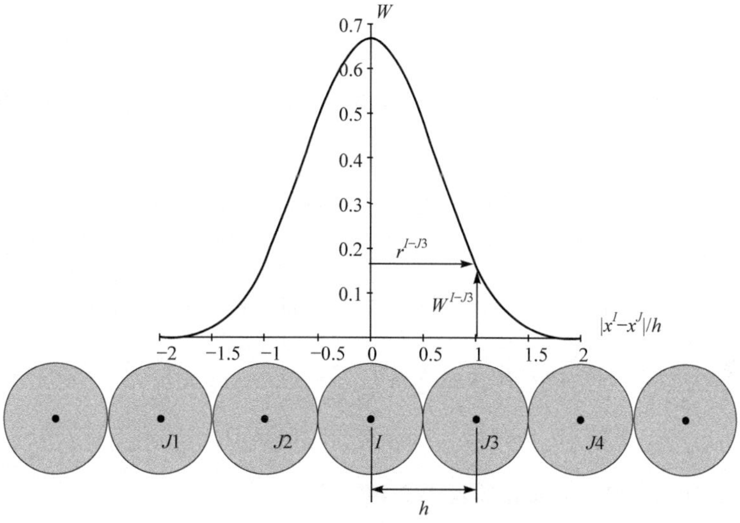

图 5-8　光滑粒子分布示意图

结合材料模型、初始条件和相应的边界条件，通过求解式(5-46)～式(5-48)可得相应的物理量值。

用 SPH 算法计算金属壳体的膨胀至破裂过程，在壳体裂纹扩展和碎片运动的过程中可能出现应力不稳定现象。本书在数值模拟过程中进行了多次数值试验，以计算稳定准则作为参考，可以避免计算过程中出现应力不稳定现象。

5.4.2　Shock 状态方程

战斗部外壳采用建立在 Hugoniot 冲击基础上的 Mie-Grüneisen 形式状态方程描述。该方程的压力可以用能量和体积项表达为

$$p=f(e,v) \tag{5-49}$$

用压力 dp 将式(5-49)变换为

$$\mathrm{d}p=\left(\frac{\partial p}{\partial v}\right)_e\mathrm{d}v+\left(\frac{\partial p}{\partial e}\right)_v\mathrm{d}e \tag{5-50}$$

对式(5-50)进行积分，压力表达式中的体积和能量的初始参考为 v_p 和 ρ_l，即

$$\int_{p_0}^{n}\mathrm{d}p=\int_{v_0,e_0}^{v,e}\left(\frac{\partial p}{\partial v}\right)_e\mathrm{d}v+\int_{e_0,v_0}^{e,v}\left(\frac{\partial p}{\partial e}\right)_v\mathrm{d}e \tag{5-51}$$

式(5-51)可以写为

$$p = p_0 + \int_{v_0,e_0}^{v,e_0} \left(\frac{\partial p}{\partial v}\right)_e \mathrm{d}v + \int_{e_0,v}^{e,v} \left(\frac{\partial p}{\partial e}\right)_v \mathrm{d}e \tag{5-52}$$

Gruneisen 系数 Γ 定义的方程如下，即

$$\Gamma = v\left(\frac{\partial p}{\partial e}\right)_v \tag{5-53}$$

假设 Γ 是含体积（或密度）函数，则由式(5-52)中的第二个积分项可得下式，即

$$\int \left(\frac{\partial p}{\partial e}\right)_v \mathrm{d}e = \frac{\Gamma(v)}{v}(e - e_0) \tag{5-54}$$

式(5-52) 中的 $\int_{v_0,e_0}^{v,e_0} \left(\frac{\partial p}{\partial v}\right)_e \mathrm{d}v$ 是只含有体积的项，而参考能量为 e_0。如果参考状态用 e_r 表示，连同式(5-54) 可得下式，即

$$p = p_r(v) + \frac{\Gamma(v)}{v}[e - e_r(v)] \tag{5-55}$$

式(5-55)即为 Mie-Gruneisen 的状态方程。

对于冲击跃变关系的 Rankine-Hugoniot 方程，可以认为是定义了一系列变量 ρ、P、e、u_p 和 U 之间的关系。在测量 u_p 和 U 的动态试验中，对于大多数固体和液体，在一个比较大的压力范围内，u_p 和 U 之间有一个经验线性关系，即

$$U = c_o + s u_p \tag{5-56}$$

在 Hugoniot 冲击方程基础上建立的 Mie-Gruneisen 状态方程为

$$P = P_H + \Gamma\rho(e - e_H) \tag{5-57}$$

其中，e_H 和 P_H 为 Hugoniot 曲线上的点的内能和压力；Γ 为 Gruneisen 系数。

假定 $\Gamma\rho = \Gamma_0\rho_0 = \mathrm{const}$，且有

$$P_H = \frac{\rho_0 c_0^2 \mu(1+\mu)}{[1-(s-1)\mu]^2} \tag{5-58}$$

$$e_H = \frac{1}{2}\frac{P_H}{\rho_0}\left(\frac{\mu}{1+\mu}\right) \tag{5-59}$$

当 $s>1$ 时，上式给出了压缩的极限值，即式(5-58)中分母为零，压力因此变得无限大，即

$$1-(s-1)\mu = 0 \tag{5-60}$$

为了在 AUTODYN 程序中满足这种非线性特性，输入值要求定义冲击速度和粒子速度之间的关系为线性关系。低冲击压缩是由 $V>V_B$ 定义的，而高冲击压缩由 $V<V_E$ 定义。V_E 和 V_B 之间的区域是由两个线性关系之间的光滑插值覆盖。冲击速度和粒子速度关系的线性拟合如图 5-9 所示。

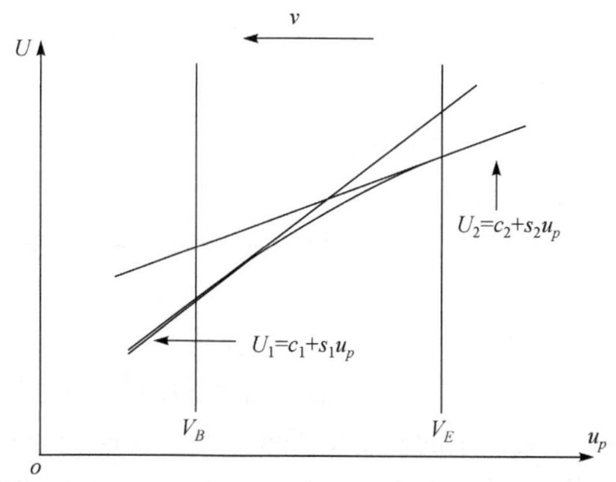

图 5-9　冲击速度和粒子速度关系的线性拟合

在数值计算中，需要输入参数 C_1、C_2、S_1、S_2、V_E、V_B、Γ_0 和 ρ_0 的值，且有式(5-61)所述的关系，即

$$U_1=c_1+s_1\mu_p$$
$$U_2=c_2+s_2\mu_p$$
$$U=\begin{cases}U_1, & V\geqslant V_B\\ U_2, & V\leqslant V_E\\ U_1+\dfrac{(U_2-U_1)(V-V_B)}{V_E-V_B}, & V_E<V<V_B\end{cases} \tag{5-61}$$

5.4.3　战斗部壳体材料本构

Johnson-Cook 强度模型适用于描述金属材料从低应变率到高应变率下的动态行为，甚至可以用到准静态变形的分析。Johnson-Cook 材料强度模型包含应变、应变率和温度的影响，其本构关系为

$$\sigma_r=(A+B\varepsilon_p^n)\left[1+C\ln\left(\frac{\dot{\varepsilon}}{\dot{\varepsilon}_0}\right)\right](1-T^{*m}) \tag{5-62}$$

其中，σ_r 为等效应力；A 为静态屈服应力；B 为硬化参数；ε_p 为有效塑性应变；n 为硬化指数；C 为应变率参数；$\dot{\varepsilon}$ 为有效塑性应变率；$\dot{\varepsilon}_0$ 为参考应变率，一般取 $\dot{\varepsilon}_0=1\text{s}^{-1}$；$T^*=(T-T_r)/(T_m-T_r)$，$T$ 为温度，T_r 为室温，T_m 为熔化温度；m 为温度指数。

235 钢 Johnson-Cook 模型参数如表 5-2 所示。

表 5-2　235 钢 Johnson-Cook 模型参数

材料	A/MPa	B/MPa	n	C	m
235 钢	249.2	45.6	0.875	0.32	0.76

5.4.4 材料随机失效准则

对于圆柱形战斗部在内部装药爆炸压力下破裂的过程，其几何模型和载荷具有对称性，因此需要描述由材料微观缺陷导致的非均匀性。这些缺陷点是初始裂纹的发展点。在本书的数值计算中，材料的非均匀性采用 Mott 分布模拟材料的失效应变来表示。

Mott 假设单位长度没有断裂的试样在应变从 ε 变为 $\varepsilon+\mathrm{d}\varepsilon$ 的过程中断裂的概率为 $C_M e^{\gamma s}\mathrm{d}s$，$C_M$ 和 γ 为常数，与试样的横截面积和加载的应变率有关。对于应变增量 $\mathrm{d}\varepsilon$，ε 增加过程中断裂发生的概率呈指数递增。在应变为 ε 时，试件未断裂的概率为$(1-p)$，因此当应变从 ε 变为 $\varepsilon+\mathrm{d}\varepsilon$ 时，试件将要断裂的概率为

$$\mathrm{d}P=(1-P)C_M e^{\gamma s}\mathrm{d}s \tag{5-63}$$

求解上式得

$$P=1-\exp\left(-\frac{C_M}{\gamma}e^{\gamma s}\right) \tag{5-64}$$

Mott 提出断裂应变在一个平均值 ε_f 附近变化，即

$$\varepsilon_f=\int_0^{\infty}\varepsilon\frac{\mathrm{d}p}{\mathrm{d}\varepsilon}\mathrm{d}\varepsilon=\frac{1}{\gamma}\left(\ln\frac{\gamma}{C_M}+\varepsilon_a\right) \tag{5-65}$$

其中，$\varepsilon_a=\int_{-\infty}^{\infty}xe^x\exp(-e^{-x})\mathrm{d}x=0.577$。

临界应变的标准偏差为

$$\delta_\varepsilon=\left[\int_0^{\infty}(\varepsilon-\varepsilon_0)^2\mathrm{d}p\right]^{1/2}=\frac{1}{\gamma}\frac{\pi}{\sqrt{6}}\approx\frac{1.282}{\gamma} \tag{5-66}$$

Mott 指出与断裂应变差直接相关的参数 γ 可以通过材料的力学特性方程估算得到，即

$$\gamma\approx160\frac{P_2}{P_f(1+\varepsilon_f)} \tag{5-67}$$

其中，P_f 为真实的极限应力；ε_f 为断裂时的塑性应变；P_2 为根据材料在大应变情况下的应变强化系数；$P=P_1+P_2\log(1+\varepsilon)$。

本书用来加工战斗部壳体的材料的参数通过试验得到，具体值为 $P_2=375$、$P_f=530\mathrm{MPa}$。

试样断裂时的塑性应变由截面收缩率得到，即

$$\varepsilon_F=-2\ln\left(\frac{d_{\mathrm{final}}}{d_{\mathrm{initial}}}\right) \tag{5-68}$$

其中，d_{final} 为试件断口处的直径；d_{initial} 为初始直径。

根据式(5-68)和材料试验数据,可以得到试样断裂时的塑性应变为 0.988。由此通过式(5-67)可得 $\gamma=57$。

5.4.5 数值计算方法的验证

Arnold 和 Rottenkolber[54]完成了战斗部爆炸试验,采用一种新的破片数据分析方法研究圆柱形无封盖战斗部的破片质量分布。为了进一步检验数值方法计算破片质量分布的情况,对 Arnold 和 Rottenkolber 完成的试验进行数值计算和结果对比分析(图 5-10)。从对比情况来看,当破片质量在 1～20g 时,数值计算结果与试验结果吻合较好。而数值计算中战斗部产生的大质量破片相对较少,试验中产生了数量不多的大质量破片。根据破片质量分布规律可知,大质量破片的数量有限。本书采用的数值计算方法基本可以满足破片质量分布定量分析的需求。

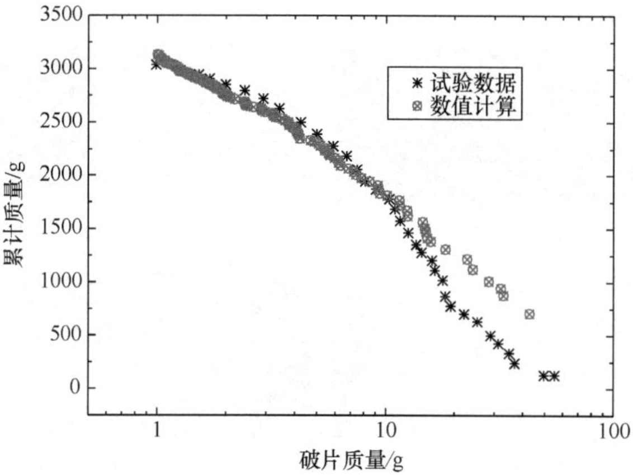

图 5-10 破片质量分布的数值计算与试验对比

5.4.6 数值计算结果

1. 爆轰波的传播

计算开始时,壳体内的装药被引爆,爆轰波的传播过程如图 5-11 所示。由于在装药端部引爆,爆轰波以近似半球形向装药纵深传播,已反应装药和未反应装药的交界面上是爆轰压力峰值面,如图 5-11(a)和图 5-11(b)所示,此时战斗部圆柱形壳体的端部封盖发生变形。当爆轰波传至炸药与金属壳体的交界面时,由于波阻抗不匹配形成反射,金属壳体也会受到爆轰波压力的作用而膨胀。从金属壳体处形成的反射波和初始爆轰波在壳体内壁处发生相互作用,形成高压区域,如图 5-11(c)～图 5-11(e)所示。随着炸药的进一步反应,爆轰波逐渐传播至圆柱形装药的另一端，如图 5-11(f)所示。根据战斗部内装药的尺寸 $l/r=2.91$，圆柱形壳体处形成的反射波在装药几何中心位置相遇并发生相互作用，形成叠加高压区。该高压区域继续沿装药几何中心线向另一端传播，最终作用在远端的金属壳体上，如图 5-11(g)～图 5-11(i)所示。从爆轰波的整个传播过程可以发现，当圆柱形战斗部装药在一端引爆时，离起爆点较远处的壳体将先后受到初始爆轰波、壳体反射波，以及壳体反射叠加波的作用。远端壳体处反射波快速衰减，主要原因是反射波传播介质的状态（如密度、速度、压力等）发生了改变。

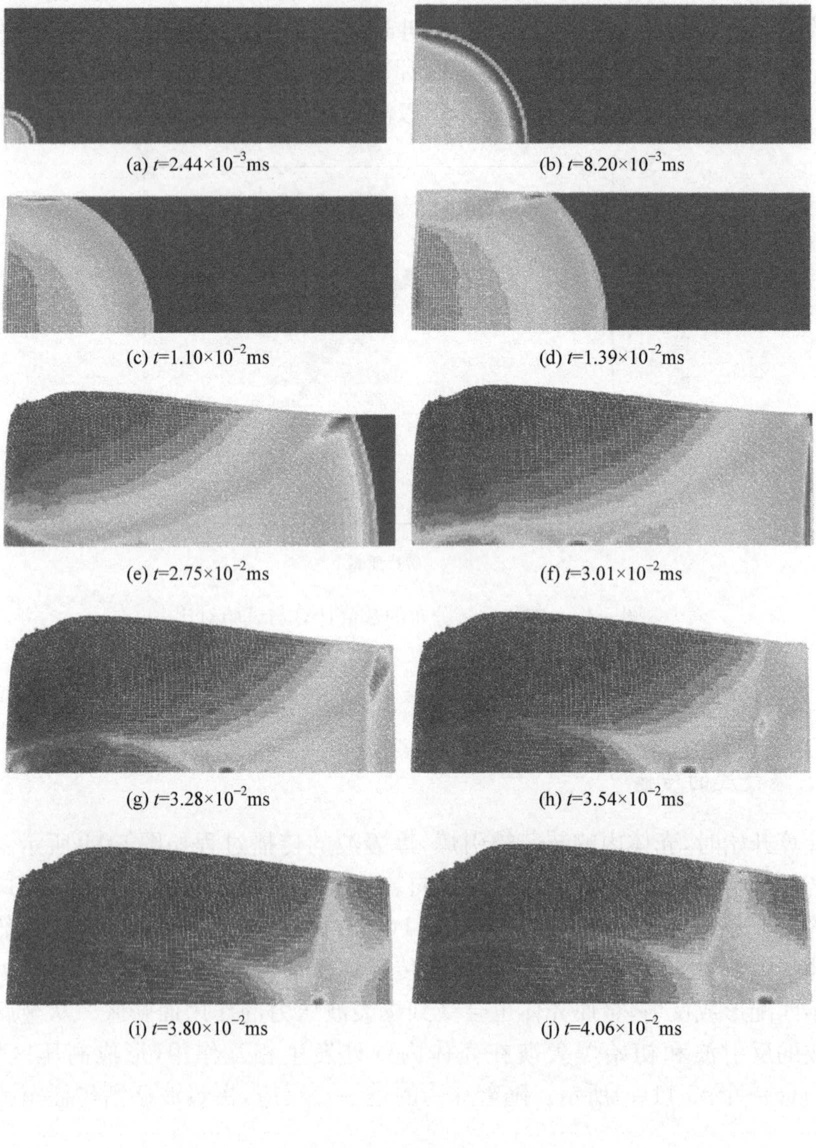

(a) $t=2.44\times10^{-3}$ms (b) $t=8.20\times10^{-3}$ms

(c) $t=1.10\times10^{-2}$ms (d) $t=1.39\times10^{-2}$ms

(e) $t=2.75\times10^{-2}$ms (f) $t=3.01\times10^{-2}$ms

(g) $t=3.28\times10^{-2}$ms (h) $t=3.54\times10^{-2}$ms

(i) $t=3.80\times10^{-2}$ms (j) $t=4.06\times10^{-2}$ms

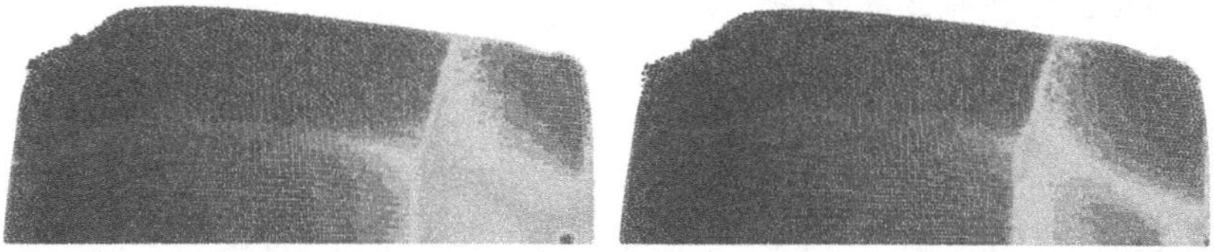

(k) t=4.31×10^{-2}ms (l) t=4.56×10^{-2}ms

图 5-11 爆轰波的传播过程

爆轰波与战斗部壳体的相互作用过程如图 5-12 所示。在炸药起爆后，$t=1.39\times10^{-2}$ ms 时，爆轰波已从近端的圆柱形壳体处反射，最大压力达到 1.296×10^{4} MPa；$t=2.75\times10^{-2}$ ms 时，壳体处的最大压力为 1.071×10^{4} MPa。该压力值的量级远大于壳体材料的屈服强度，壳体随即发生膨胀。当爆轰波及后续反射波从战斗部壳体另一端的封盖处反射时，壳体内的装药也完全反应，$t=4.06\times10^{-2}$ ms 时，爆轰产物中的最大压力为 5.568×10^{3} MPa。随着壳体的膨胀，其内部爆轰产物的体积增大、密度减小。这种情况下反射波将迅速衰减，当 $t=5.30\times10^{-2}$ ms 时，壳体内爆轰产物无明显高压区，压力趋于均匀。

t=1.39×10^{-2}ms t=2.75×10^{-2}ms

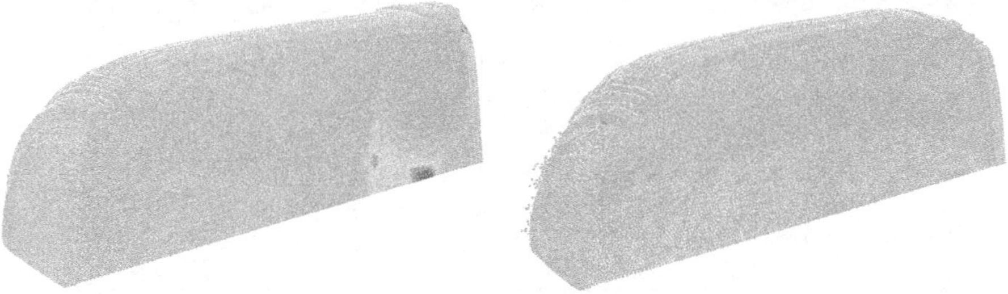

t=4.06×10^{-2}ms t=5.30×10^{-2}ms

图 5-12 爆轰波与战斗部壳体的相互作用过程

2. 壳体的膨胀和破裂过程

(1) 端部起爆

战斗部壳体的膨胀和破裂过程如图 5-13 所示。在内部压力作用下，战斗部壳体接近起爆点的部分首先发生膨胀，端部封盖鼓起变形，如图 5-13(a)和图 5-13(b)所示。当 $t=5.30\times10^{-2}$ms 时，靠近起爆点的端部封盖已从壳体上撕裂，并且封盖中部鼓起，变形增大。圆柱形壳体靠近起爆点部分膨胀半径较大，出现沿高度方向的裂纹，远离起爆点的端部封盖也出现鼓起变形，如图 5-13(c)所示。随着内部压力的持续作用，远离起爆点的端部封盖也从壳体上撕裂并飞出，端部封盖与壳体连接部位处出现大量小质量的破片。圆柱形壳体出现沿高度方向的贯穿裂纹并进一步膨胀，如图 5-13(d)～图 5-13(f)所示。根据爆轰波在壳体内部传播过程的分析，远离起爆点的壳体和端部封盖受到初始爆轰波和壳体反射波的作用，其变形速度明显大于靠近起爆点的壳体。相对而言，圆柱形壳体膨胀半径出现大小倒置的情况，即远离起爆点的圆柱形壳体部分膨胀半径大于靠近起爆点的壳体膨胀半径，且两者之间的差值有进一步增大的趋势，圆柱形壳体沿高度方向不同的位置出现膨胀速度差。从端部封盖的变形来看，远离起爆点的端部封盖速度也明显较大。战斗部壳体和端部封盖的进一步膨胀过程如图 5-13(e)～图 5-13(r)所示。为了更清晰地显示破片的形成过程，图 5-13(s)～图 5-13(v)中标出了相应的比例数值。

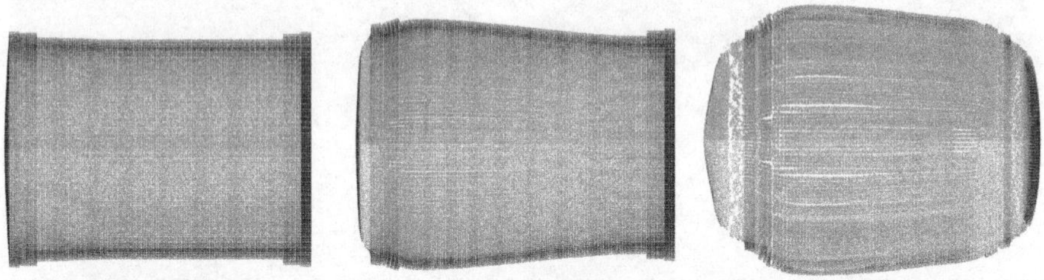

(a) t=1.39×10^{-2}ms　　(b) t=2.75×10^{-2}ms　　(c) t=5.30×10^{-2}ms

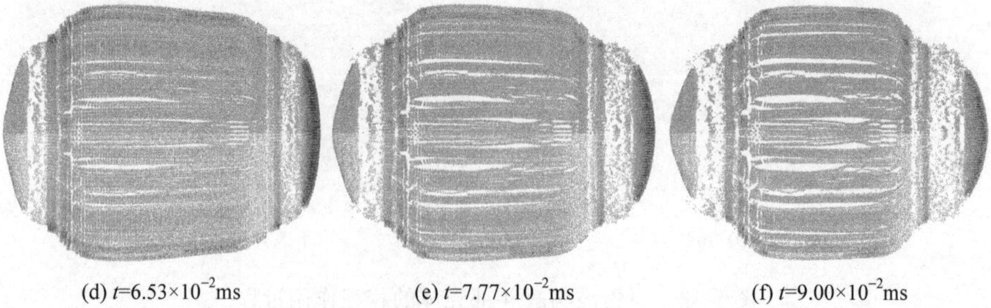

(d) t=6.53×10^{-2}ms　　(e) t=7.77×10^{-2}ms　　(f) t=9.00×10^{-2}ms

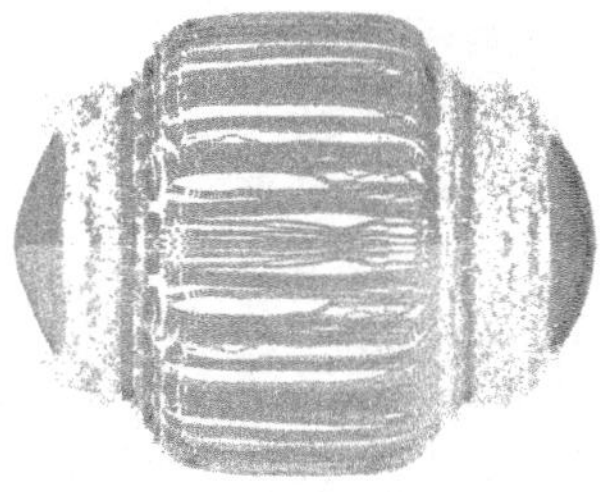

(g) t=1.02×10^{-1}ms

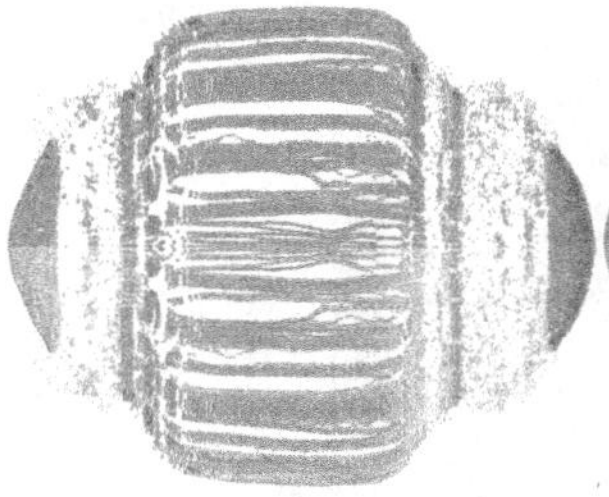

(h) t=1.14×10^{-1}ms

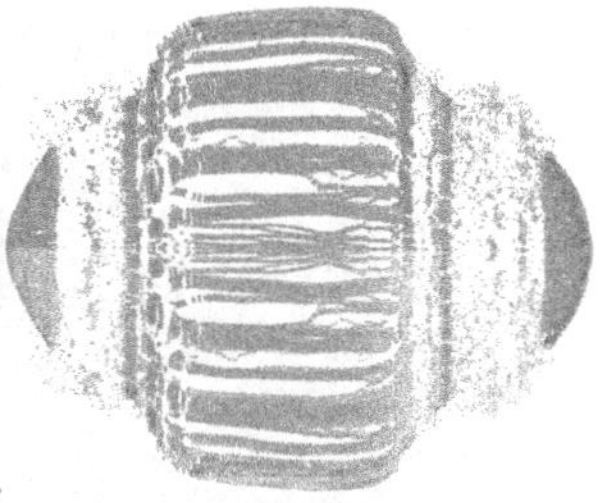

(i) t=1.27×10^{-1}ms

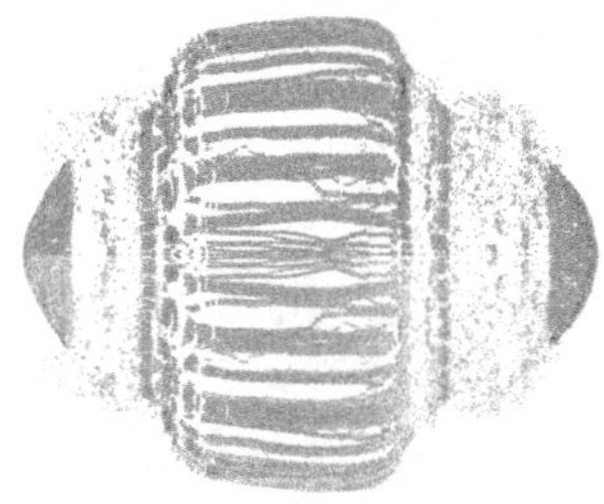

(j) t=1.40×10^{-1}ms

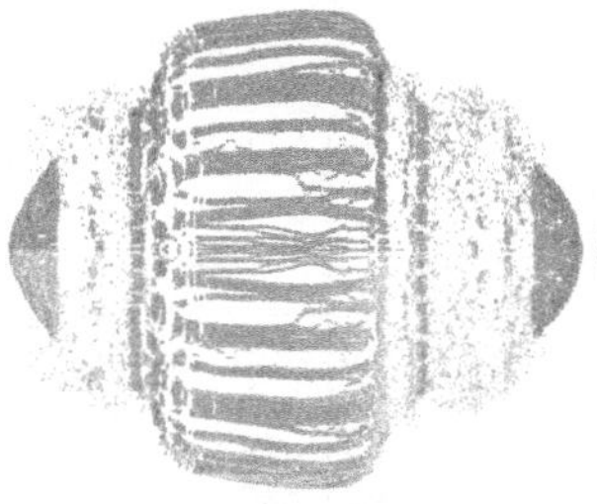

(k) t=1.52×10^{-1}ms

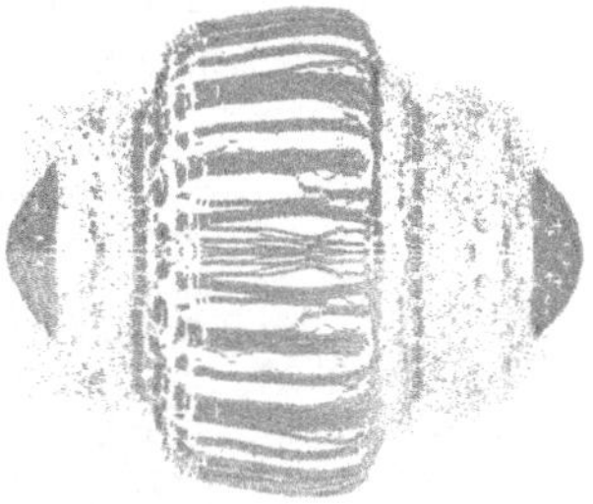

(l) t=1.64×10^{-1}ms

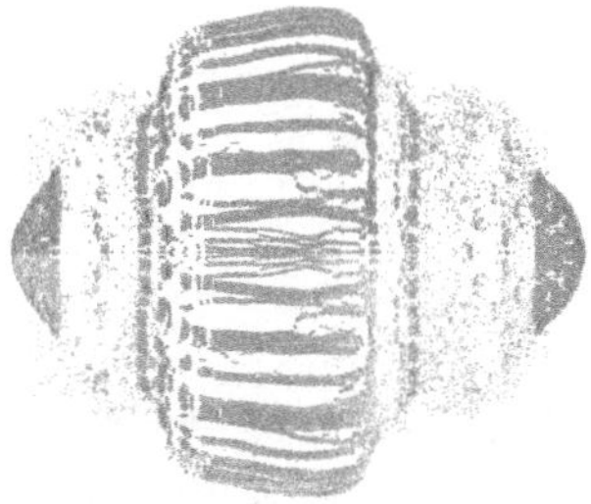

(m) t=1.77×10^{-1}ms

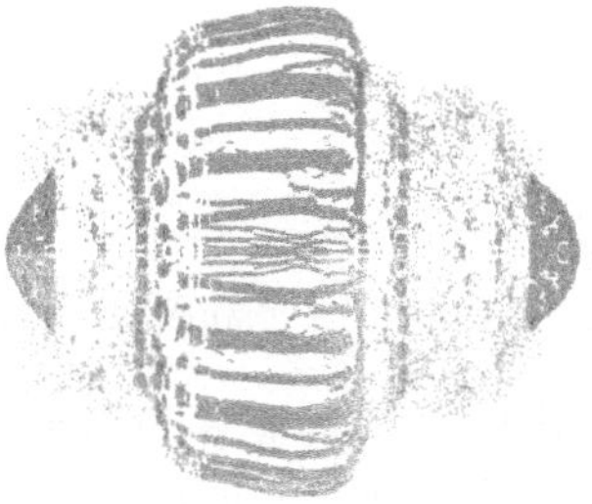

(n) t=1.89×10^{-1}ms

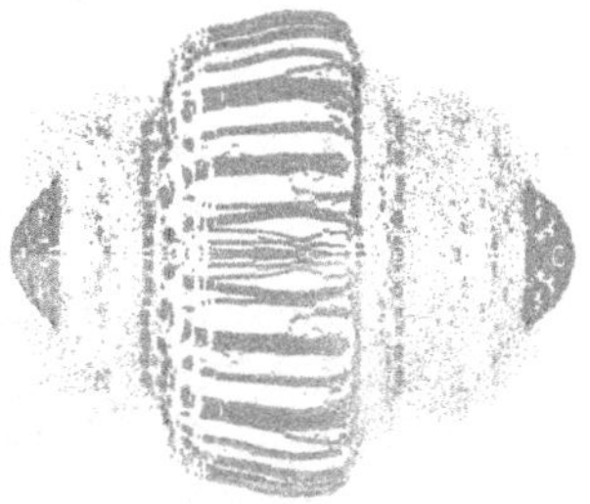

(o) t=2.02×10^{-1}ms

(p) t=2.14×10^{-1}ms

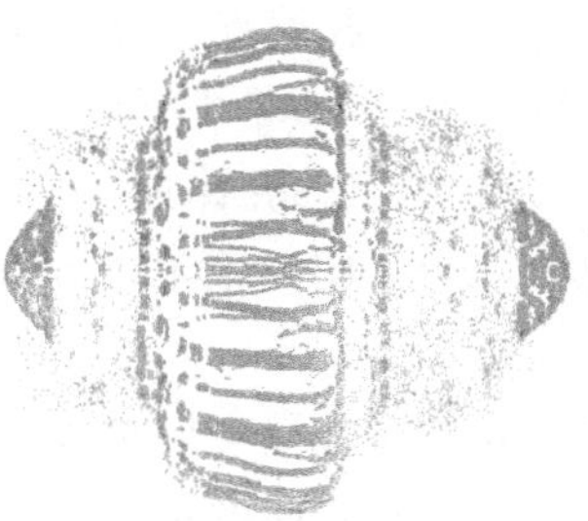

(q) t=2.27×10^{-1}ms

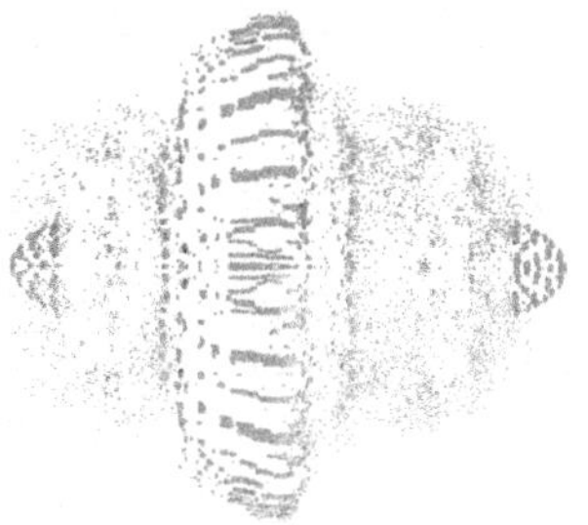

(r) t=4.87×10^{-1}ms

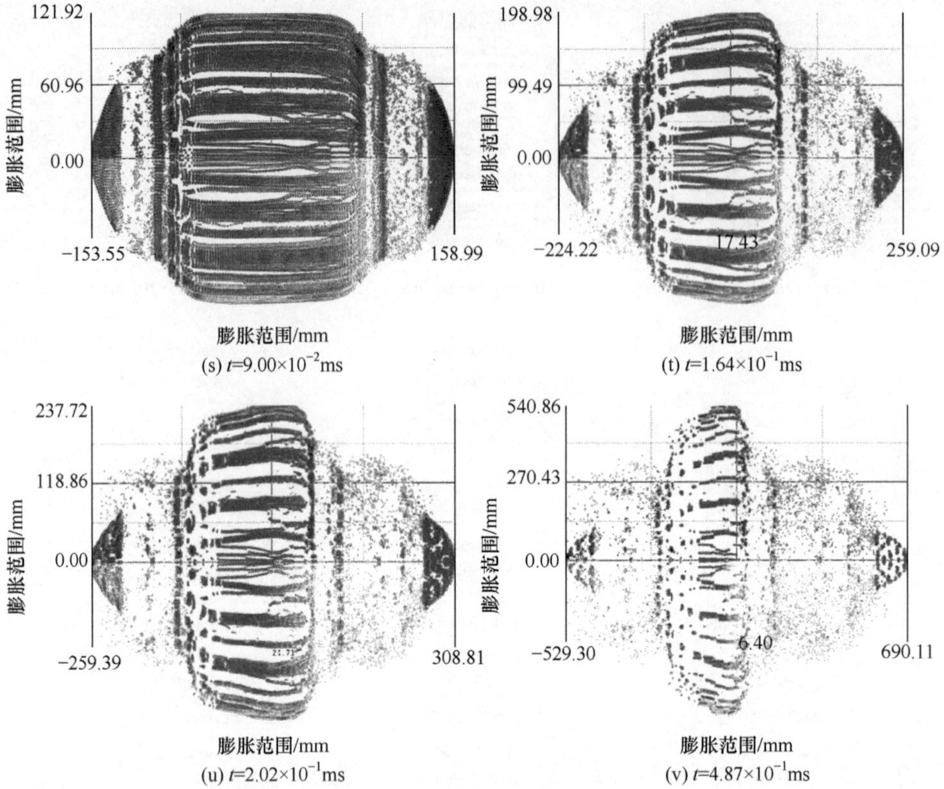

图 5-13　战斗部壳体的膨胀和破裂过程(端部起爆)

从破片的产生和分布情况来看,壳体膨胀过程中首先在靠近起爆点的端部封盖和圆柱形壳体连接处产生破片。其主要原因是该位置存在变形不连续和速度差,即端部封盖在受到壳体内部压力作用下变形的趋势方向是沿其法向,而圆柱形壳体的变形趋势是沿壳体径向。远离起爆点的端部封盖和圆柱形壳体的连接处的情况也大致相同,在该位置形成大量小质量的碎片。圆柱形壳体上首先出现沿高度方向的裂纹,破片最初在接近起爆点的壳体顶部位置出现,随着壳体膨胀过程中沿高度方向速度差的出现,在高度方向上连续的壳体间出现断点,随着膨胀的加剧破片的数量也逐渐增加。

从以上战斗部壳体膨胀和破裂的过程可以发现,壳体在内部装药爆炸压力的作用下产生破片的主要原因是壳体上的速度不连续或者变形不协调,存在速度梯度。由于初始膨胀速度很快,金属壳体的惯性效应非常明显,速度差的存在使连续的壳体出现间断点,从而形成质量大小不一的破片。

(2) 中心点起爆

当起爆点在装药中心位置时,战斗部壳体的膨胀和破裂过程如图 5-14 所示。

装药起爆后金属壳体中部首先开始膨胀。随着膨胀半径的进一步增大，两端封盖从壳体上撕裂，$t=6.55\times10^{-2}$ ms 时，圆柱形壳体在高度方向上已出现贯穿裂纹，如图 5-14(b)所示。与端部起爆的情况不同，中心点起爆的情况下壳体的膨胀比较对称，两端封盖从壳体撕裂后的速度相同，封盖与壳体连接处形成大量小质量破片，如图 5-14(c)～图 5-14(f)所示。对于圆柱形壳体，中部膨胀速度大于其他位置，而端部由于受到端部封盖的限制膨胀速度明显较小，使圆柱形壳体在高度方向上从中部到端部的膨胀速度存在梯度，中部壳体形成的破片速度明显较大，从而使圆柱形壳体沿高度方向断裂形成破片，如图 5-14(g)～图 5-14(i)所示。

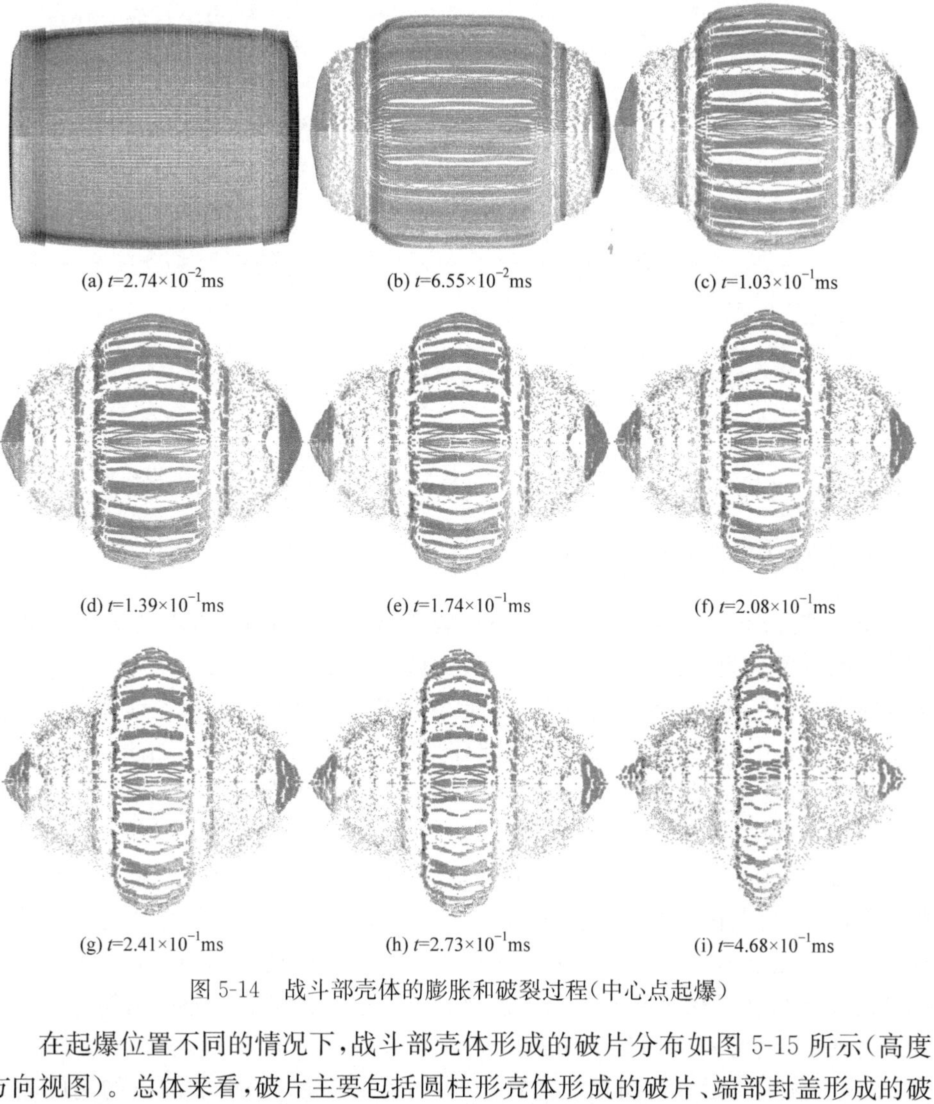

(a) $t=2.74\times10^{-2}$ms　(b) $t=6.55\times10^{-2}$ms　(c) $t=1.03\times10^{-1}$ms

(d) $t=1.39\times10^{-1}$ms　(e) $t=1.74\times10^{-1}$ms　(f) $t=2.08\times10^{-1}$ms

(g) $t=2.41\times10^{-1}$ms　(h) $t=2.73\times10^{-1}$ms　(i) $t=4.68\times10^{-1}$ms

图 5-14　战斗部壳体的膨胀和破裂过程(中心点起爆)

在起爆位置不同的情况下，战斗部壳体形成的破片分布如图 5-15 所示(高度方向视图)。总体来看，破片主要包括圆柱形壳体形成的破片、端部封盖形成的破片，以及端部封盖和圆柱形壳体相接的地方形成的大量小质量的碎片。从两者的对比来看，端点起爆情况下圆柱形壳体形成的破片分布更加均匀，主要原因是沿壳体高度方向上的膨胀速度从近爆点至远爆点逐渐递增，形成的破片较均匀地分布在膨胀半径的路径上。而中心点起爆时，由于壳体膨胀的最大速度在中部，沿圆柱形高度方向上壳体的膨胀速度在中部出现拐点，并且上下对称，使破片在膨胀半径的路径上分布相对集中。端点起爆情况下端部封盖产生的破片分布范围稍大，破片数量相对较多，大小相对均匀，圆柱形壳体和端部封盖连接处产生的小质量碎片的分布范围更广，而中心点起爆时该位置处形成的小质量破片相对比较集中。

(a) 端点起爆

(b) 中心点起爆

图 5-15　起爆位置不同时战斗部壳体形成的破片分布(高度方向视图)

3. 壳体形成破片的速度分布

由上述分析可知，战斗部壳体在内部装药爆炸压力作用下膨胀及破裂过程与起爆点的位置有关，壳体上不同位置形成的破片速度差异也较大。为了进一步研究壳体破裂后形成的破片的速度特性，本小节将进行更细致的数值计算研究。在数值计算过程中，壳体的两端封盖及圆柱形部分都设置了测点，如图 5-16 所示。测点 1～4 布置在离起爆点较近的封盖上，测点 5～8 布置在圆柱形壳体外表面，测点 9～12 布置在远端的封盖上。

在端点起爆情况下，近端封盖测点的速度曲线如图 5-17 所示。测点 1 在封盖中心部位，该测点在 Z 方向的速度最大，达到 1344m/s。靠近封盖边缘的测点 4 在 Z 方向的速度仅为 362.3m/s，但测点 4 在 Y 方向的速度达到 598.8m/s，说明端部封盖边缘处存在沿圆柱形壳体径向膨胀。这种膨胀的趋势在端部封盖边缘处尤为明显，离边缘稍远处的测点 3 和测点 2 在 Y 方向的速度分别为 152m/s 和 58m/s，其主要运动方向在端部封盖的法向。远端封盖上的测点的速度曲线

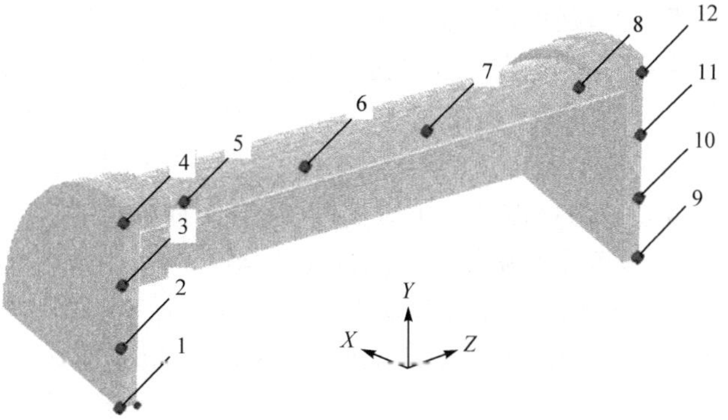

图 5-16　战斗部壳体测点布置

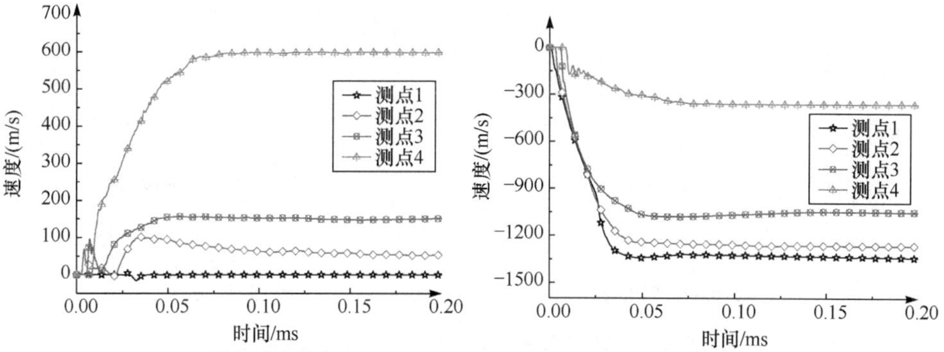

(a) 测点Y方向速度　　(b) 测点Z方向速度

图 5-17　端点起爆时近端封盖测点速度曲线

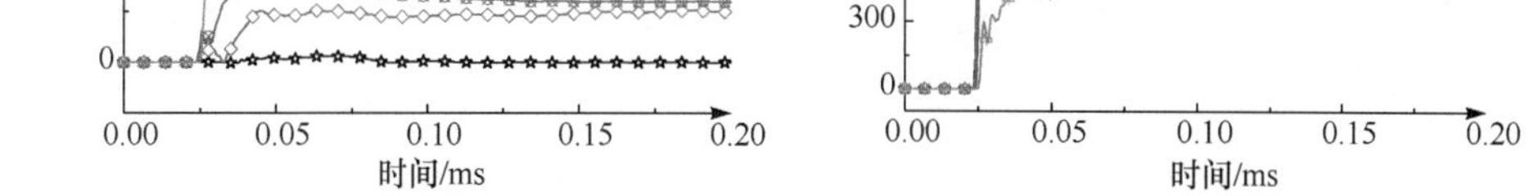

(a) 测点Y方向速度　　(b) 测点Z方向速度

图 5-18　端点起爆时远端封盖测点速度曲线

如图 5-18 所示。各测点的速度变化趋势与近端封盖上测点基本一致（Z 方向速度反向），但远端封盖处测点的速度较近端封盖测点的更大，测点 9 的 Z 方向速度达到 1748.2m/s，$V_{9Z}/V_{1Z}=1.3$；测点 12 的 Y 方向速度达到 734.3m/s，$V_{12Y}/V_{4Y}=1.23$。

在端点起爆情况下,圆柱形壳体上测点的速度曲线如图 5-19 所示。各测点 Y 方向速度,即沿圆柱形壳体径向方向的膨胀速度随着距起爆点距离的增大而增加,但测点 7 和测点 8 的径向膨胀速度基本一致。从各测点 Z 方向速度的分布来看,测点 5 出现沿 Z 轴负向的速度,达到 134.2m/s,而其他各测点 Z 方向的速度均为正。根据测点 5 的 Z 方向速度曲线可以发现,其 Z 方向速度先正后负。这种现象发生的主要原因是,当爆轰波从起爆点向远端传播时,测点 5 先经历初始爆轰波的作用,其运动方向沿 Z 轴正向;当初始爆轰波从远端壳体反射后,反射波的运动方向与初始爆轰波的方向相反,在反射波的作用下测点 5 出现沿 Z 轴负向的运动。

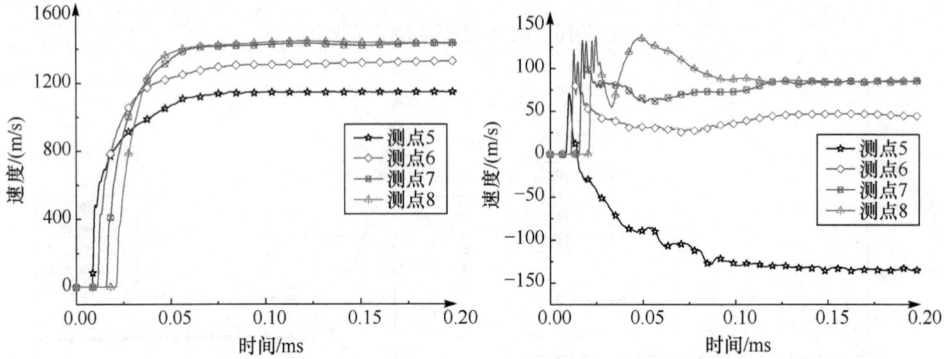

(a) 测点Y方向速度　　(b) 测点Z方向速度

图 5-19　端点起爆时圆柱形壳体测点速度曲线

中心点起爆时,端部封盖及圆柱形壳体上测点的速度曲线如图 5-20 和图 5-21 所示。由于对称性,两端封盖的测点速度大小一致,方向相反,因此对其速度特性只要分析一端就可以。端部封盖上的速度分布趋势与端点起爆的情况基本相同,壳体边缘处存在较大的沿圆柱壳径向方向的速度。圆柱形壳体上各测点的速度表

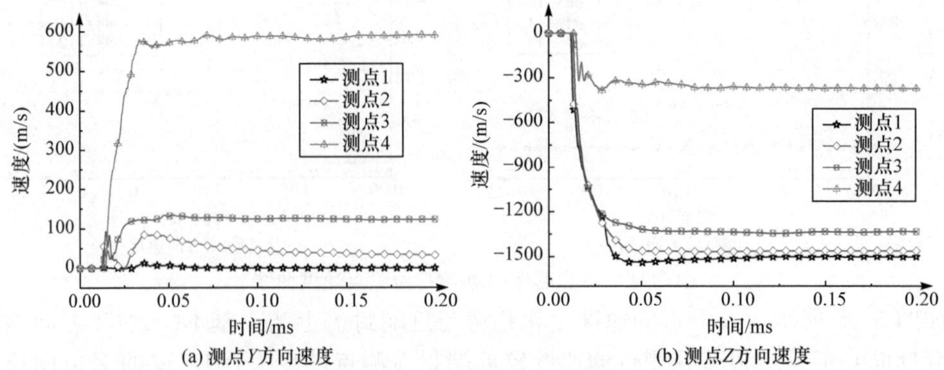

(a) 测点Y方向速度　　(b) 测点Z方向速度

图 5-20　中心点起爆时端部封盖测点速度曲线

现出明显的对称性，测点 5 和 9、6 和 7 的 Y 方向速度基本相同，而 Z 方向速度大小基本一致，方向相反。

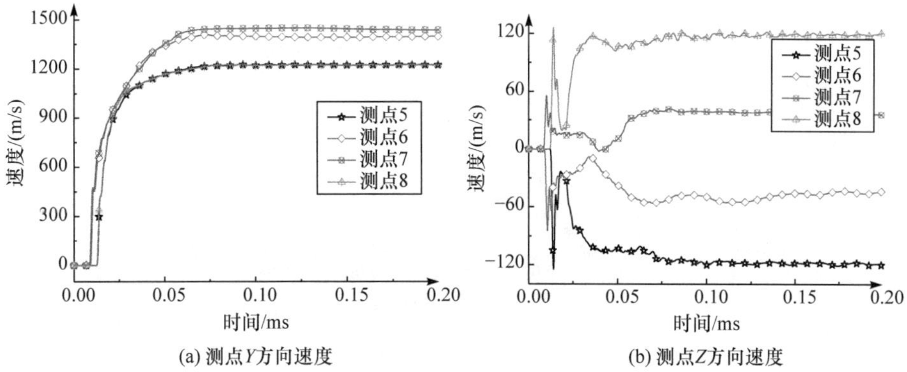

图 5-21　中心点起爆时圆柱形壳体测点速度曲线

通过对比不同起爆情况下封盖处测点的最大速度可以发现，在端点起爆的情况下，远、近端封盖中心位置的测点速度与中心点起爆时该测点速度的比值分别为 1748.2/1533.2＝1.14、1344/1533.2＝0.88。对于圆柱形壳体上的测点，两种起爆情况下测点 5 的径向膨胀速度比值为 1149.3/1226.2＝0.94；测点 7 的比值为 1433.9/1449.6＝0.989。

通过分析可知，起爆点的位置不同，对壳体形成破片的速度分布的影响也显著不同，端点起爆时壳体上最大速度出现在远端封盖的中心位置。该速度量值明显大于近端相同位置的速度，也大于中心点起爆的情况。中心点起爆时，壳体上的最大速度发生在圆柱形壳体的中部，但与端点起爆情况下特征测点的速度接近。不同起爆情况下壳体动能的变化过程如图 5-22 所示。中心点起爆时，壳体在初始时刻的动能增加较快，之后逐渐平缓，起爆 0.1ms 后壳体动能达到相对稳定的状态。端点起爆的初始时刻，壳体的动能增加相对较慢，而后有明显的增加过程。起爆 0.1ms 后，壳体的动能也达到相对平稳的状态。两种起爆情况下壳体最终获得的动能相差甚微，由此可见，不同的起爆位置对壳体动能的增加过程有一定的影响，对最终获得的动能影响不大。

4. 破片分布

在数值计算过程中，对战斗部壳体爆炸形成的破片进行了统计分析，以起爆后 3ms 为统计时刻。端点起爆和中心点起爆情况下，壳体产生的破片数量分别为 2768 个和 3171 个，其中端点起爆时形成的破片的最大质量为 33.5g，主要分布在离起爆点较远的 4/5 圆柱形壳体处；端部封盖形成的破片质量也较大，最大破片质量为 21.6g；距起爆点较近的封盖和较远的封盖形成的破片质量相差不大。中心

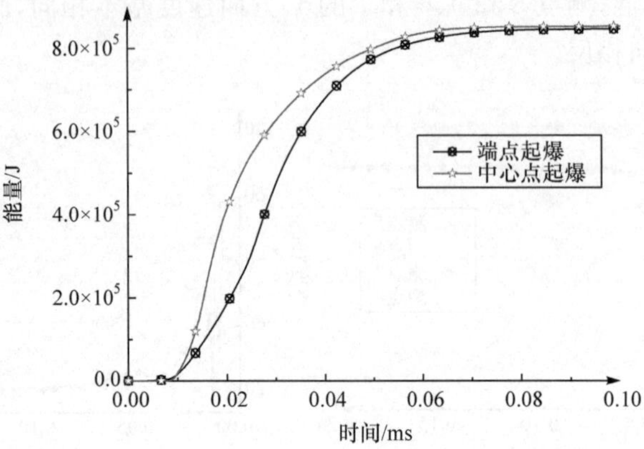

图 5-22　不同起爆情况下壳体动能变化过程

点起爆时壳体形成的破片的最大质量为 35.5g，产生于端部封盖，且质量在 18.6g 以上的破片均由端部封盖破碎形成。两种起爆情况下大部分破片都是质量在 0.5g 以下的小质量破片。破片的质量分布如图 5-23 所示。

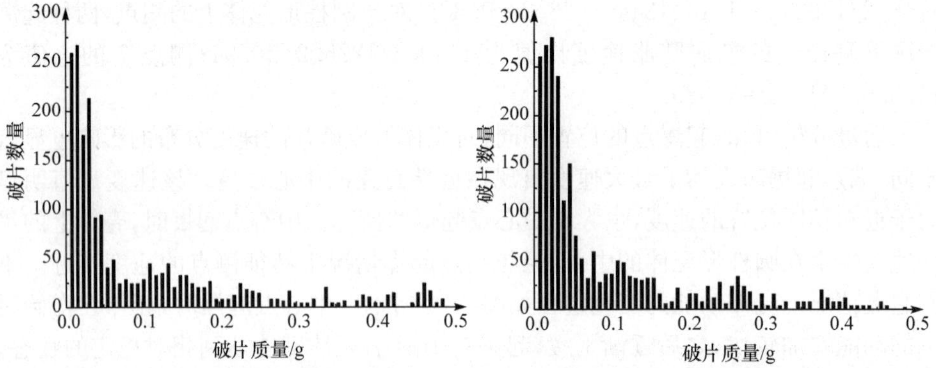

图 5-23　破片的质量分布

5. 壳体膨胀过程中爆轰产物的泄漏

壳体在膨胀至碎裂的过程中，内部的爆轰产物将从壳体的裂缝处泄出，这是在试验中经常观察到的现象(图 5-4)。下面结合数值计算对爆轰产物的泄漏过程进行分析。

图 5-24 展现了壳体膨胀至碎裂过程中爆轰产物泄漏的过程，其中图 5-24(b)和图 5-24(e)，图 5-24(c)和图 5-24(f)，以及图 5-24(d)和图 5-24(g)为同一时刻侧视图和俯视图。在计算中，壳体和内部的装药都采用 SPH 粒子离散，爆轰产物也

以粒子的形式运动。从该过程来看，装药起爆后不久壳体就出现沿高度方向的裂纹，靠近起爆点的端部封盖也从壳体上撕裂。如图 5-24(a)所示，起爆后 4.71×10^{-2}ms 时，爆轰产物开始最先从端部封盖与圆柱形壳体间的裂缝处泄出。随着壳体膨胀的持续，圆柱形壳体的裂缝宽度也进一步增大，部分爆轰产物从圆柱形壳体的裂缝间流出，如图 5-24(b)和图 5-24(e)所示。当远端封盖从壳体上撕裂后，爆轰产物也从裂缝出泄出，如图 5-24(c)、图 5-24(f)和图 5-24(d)、图 5-24(g)所示。从整个过程可以看出，两端封盖和圆柱形壳体之间的间隙是爆轰产物流出的主要途径。由于爆轰产物从壳体裂缝持续流出，内部压力也将进一步降低，导致爆轰产物对壳体的驱动力减小。结合壳体速度的时程曲线及分布情况，在起爆后 0.05ms 内，壳体各部分的速度趋于稳定，爆轰产物不再对壳体产生驱动作用。

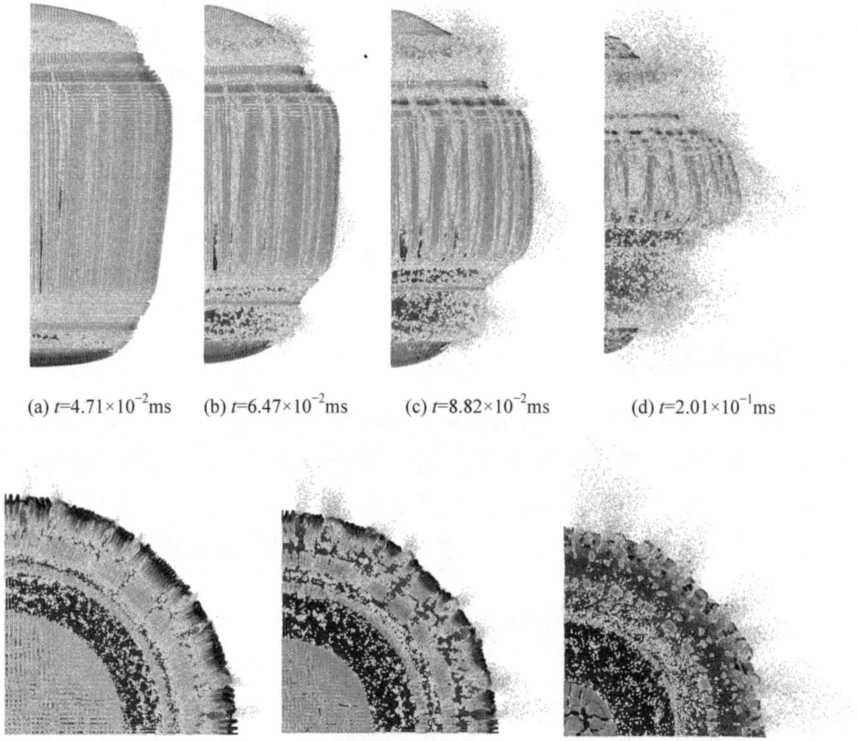

(a) $t=4.71\times10^{-2}$ms　(b) $t=6.47\times10^{-2}$ms　(c) $t=8.82\times10^{-2}$ms　(d) $t=2.01\times10^{-1}$ms

(e) $t=6.47\times10^{-2}$ms　(f) $t=8.82\times10^{-2}$ms　(g) $t=2.01\times10^{-1}$ms

图 5-24　壳体膨胀至碎裂过程中爆轰产物的泄漏

6. 破片尺寸影响因素探讨

Grady 和 Hightower 提出圆柱形壳体周向破片平均宽度的计算公式，即

$$S_f=\left(\frac{24\Gamma}{\rho\dot{\varepsilon}^2}\right)^{1/3} \tag{5-69}$$

其中，$\dot{\varepsilon}$ 为应变率；ρ 为材料密度；Γ 为壳体材料单位面积的断裂能。

从壳体的膨胀和破裂过程来看，圆柱形壳体沿高度方向出现贯穿裂纹，也就是沿高度方向形成的破片宽度尺寸（环向尺寸）差别不大。结合式(5-69)，对于同一个壳体，破片的环向尺寸仅与应变率相关。沿高度方向的断裂尺寸决定了破片的长度。数值计算结果发现，靠近起爆点的圆柱形壳体部分形成的破片长度较小，而远离起爆点的部分形成的破片长度相对较大。通过对壳体膨胀形成破片的速度特性的分析，靠近起爆点壳体上相邻测点的速度差较远离起爆点壳体上相邻测点（测点间距相同）的大。Grady 和 Hightower 给出的圆柱形壳体径向应变率为 $\dot{\varepsilon}=\mathrm{d}\varepsilon/\mathrm{d}t=V/R_0$（$V$ 为壳体膨胀速度，R_0 为初始半径），对于初始半径相同的圆柱形壳体，沿高度方向的径向应变率（膨胀应变率）只与壳体膨胀速度有关。按照式(5-69)的分析思路，圆柱形壳体轴向（沿高度方向）的膨胀应变率的差值是破片长度的主要决定因素。远离起爆点的壳体轴向膨胀应变率差值较小，是破片尺寸较大的主要原因。

5.5 试验对比

5.5.1 破片分布情况对比

在试验过程中，将如图 4-3 所示的圆柱形战斗部放置在试验结构内部，在装药一端设置雷管引爆，与数值计算中端点起爆的情况相同。战斗部模型的布置如图 5-25 所示。战斗部爆炸后，在结构上产生大量的破片穿孔。从破片分布来看，破片主要由战斗部壳体的三个部分产生，分别是圆柱形壳体、近端封盖和远端封

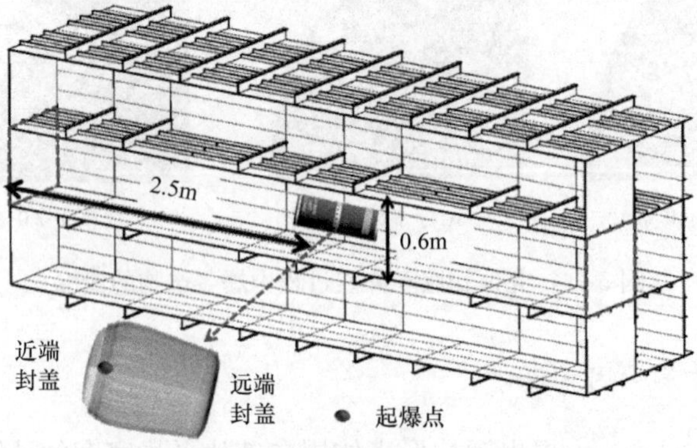

图 5-25　战斗部模型的布置

盖，且每个部分产生的破片相对比较集中，图 5-26 为战斗部壳体的三个部分产生的破片造成的结构穿孔。由于距离结构较近，圆柱形壳体破片密度较大，分布范围较窄，结构局部范围受到大密度破片群的作用而破坏严重，如图 5-26(a)所示。可以看出，穿孔分布并不对称，在离起爆点较近的一侧出现分布相对较散的穿孔。通过比较近端封盖和远端封盖破片的效应靶的穿孔分布，壳体两端封盖均产生了质量相对较大的破片，而远端封盖产生了更多的小质量破片，在结构板架产生了大量的未穿透鼓包，主要是小质量破片的动能不足以穿透结构板架。这种情况与数值计算的结果一致。

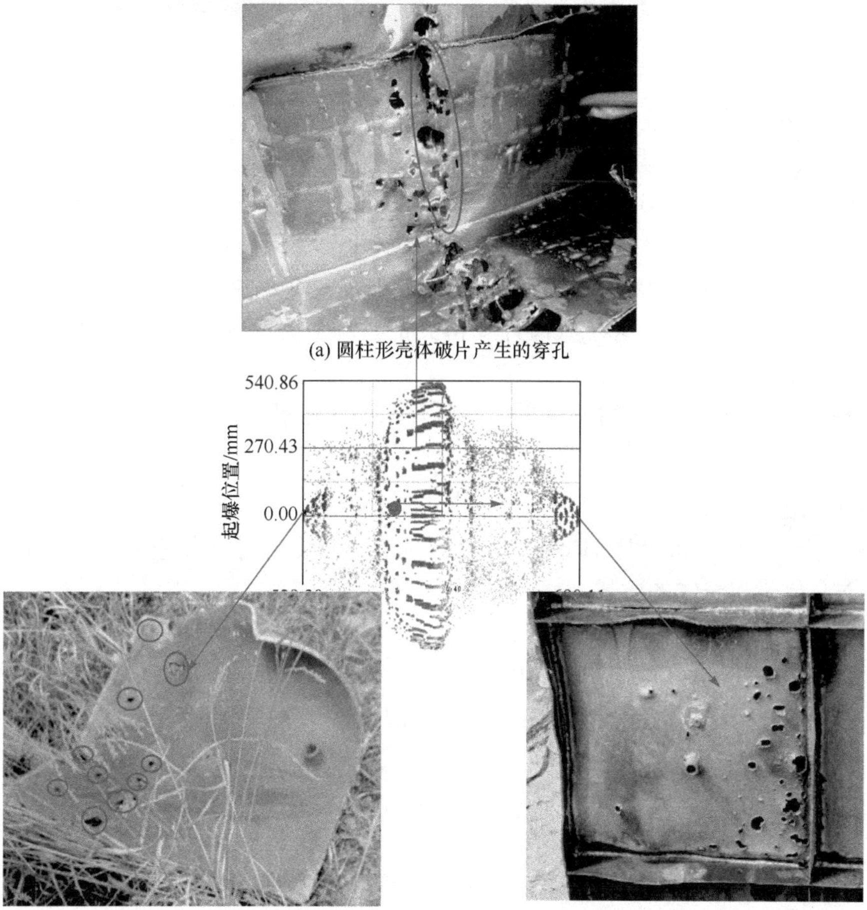

(a) 圆柱形壳体破片产生的穿孔

(b) 近端封盖破片产生的穿孔

(c) 远端封盖破片产生的穿孔

图 5-26　破片造成的结构穿孔

5.5.2　破片速度对比

试验过程采用高速摄影装置对战斗部爆炸过程中破片穿透结构板架过程进行

记录，以对比战斗部各部分形成破片的速度，如图 5-27 所示。

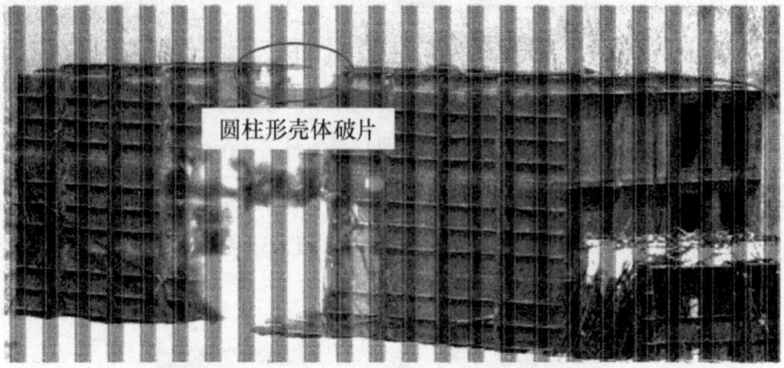

图 5-27 破片穿透结构板架过程照片

根据高速摄影装置记录的时间及结构板架与战斗部之间的距离，计算出圆柱形壳体、近端封盖和远端封盖各部分产生的破片的最大速度分别约为 $v_c=1207\text{m/s}$、$v_n=1210\text{m/s}$ 和 $v_f=1613\text{m/s}$。数值计算得到的结果战斗部各部分测点的最大速度分别为 1433.9m/s、1344m/s 和 1748.2m/s，主要原因是在数值计算中未考虑空气对破片的阻碍作用。近端封盖和远端封盖破片对应的结构与战斗部间距相同，通过对比 $v_f/v_n=1.33$，这与数值计算得到的近端封盖和远端封盖的最大速度比 1.30 相差 2.3%。

根据 Gurney 公式可得战斗部模型破片的初始速度，即

$$v_0=\sqrt{2E}\sqrt{\frac{C/M}{1+0.5C/M}} \tag{5-70}$$

其中，$\sqrt{2E}=520+0.28\text{De}$，$\text{De}=6860\text{m/s}$ 为 TNT 装药的爆轰速度；C 和 M 分别为 TNT 装药和壳体的质量。

由式(5-70)可得战斗部模型形成破片的初始速度为 1383.8m/s，而数值计算得到的圆柱形壳体不同高度上的破片速度在 1187.3～1440.2m/s，破片的最大速度为 1748.1m/s，产生自远端封盖。这种情况无法采用 Gurney 公式计算。

5.6 半预制破片战斗部的破片特性

为了进一步分析半预制战斗部的破片分布特性，本节开展半预制战斗部数值计算和试验研究，并与相关理论计算结果进行对比[55]。

5.6.1 数值计算模型

本节模拟战斗部壳体为 45 钢材质的圆柱形壳体，内径为 50.5mm，高度为 130.4mm，厚度为 6mm。战斗部壳体模型照片和有限元模型示意图如图 5-28 和

图 5-29 所示。在圆柱形壳体高度与周向均 8 等分刻槽以控制形成预制破片，刻槽深度为 3mm，宽度为 2mm，壳体质量为 948.6g，预计形成破片 64 块。壳体内装有 400g TNT 炸药，装填系数约为 29.66%。

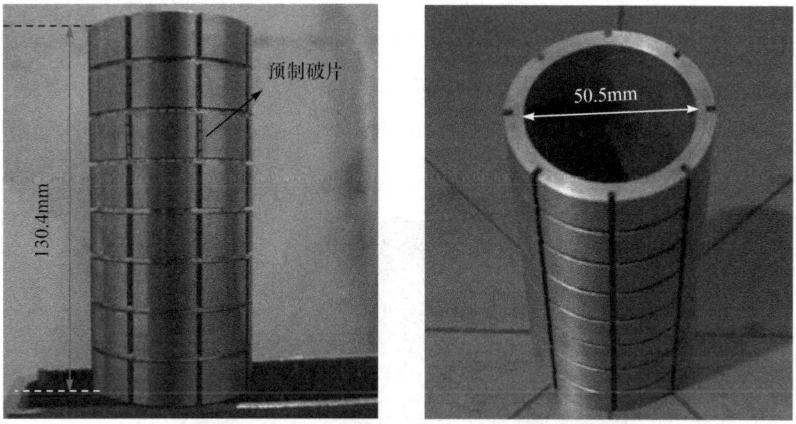

(a) 壳体侧视图　　(b) 壳体俯视图

图 5-28　战斗部壳体模型照片

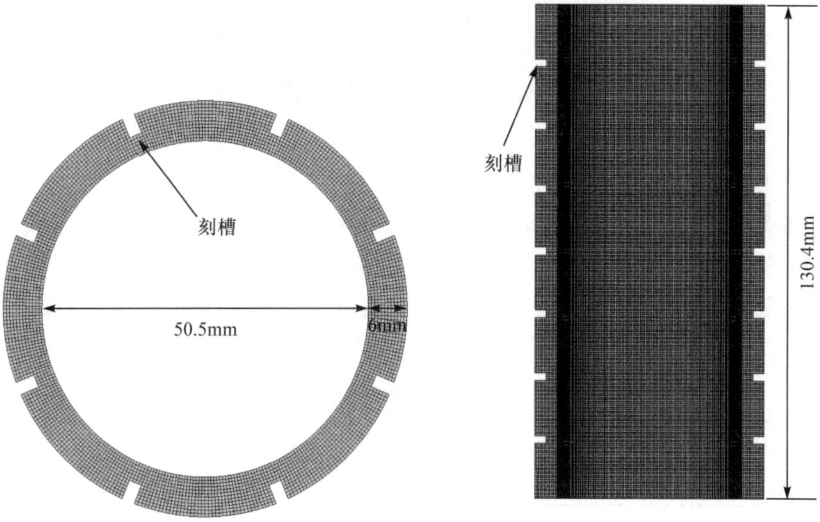

(a) 俯视图　　(b) 中剖面视图

图 5-29　战斗部有限元模型示意图

采用 AUTODYN 对该半预制战斗部破片的形成过程进行数值计算。炸药和空气域均采用欧拉单元，因为其网格是固定的，大变形或者流动的情况并不会导致网格畸变，对冲击波的形成、传播、作用过程具有较好的再现。战斗部采用拉格朗日实体单元，立方体网格边长为 0.5mm。壳体金属材料的膨胀、破碎和破片的形成过程是一个大变形的弹塑性流体动力学过程。采用拉格朗日方法虽然会导致结构网格发生大扭曲变形，但该方法对结构整体和局部的演化过程均有更清晰的描述，能真实呈现战斗部壳体膨胀、裂纹萌生、破片形成的整体过程，方便对整个演化过程进行深入分析。欧拉单元与拉格朗日单元之间采用完全耦合算法，在欧拉域相应的边界处设置透射边界条件，以模拟无限自由场。战斗部有限元模型如图 5-30 所示，因战斗部模型与起爆方式具有对称性，因此仅需建立 1/8 对称模型，模型尺寸与实际结构完全相同。空气域范围取 100mm×100mm×100mm，采用欧拉网格离散，网格边长为 1mm。

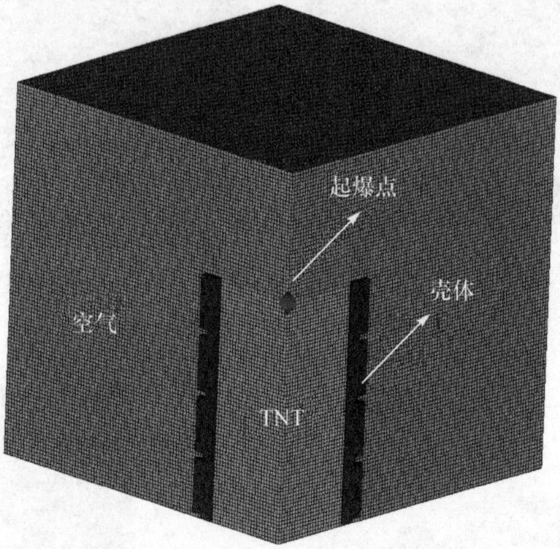

图 5-30　战斗部有限元模型

金属壳体采用 Johnson-Cook 本构方程和 Gruneisen 状态方程描述战斗部材料在冲击载荷下的力学性能。战斗部壳体材料参数如表 5-3 和表 5-4 所示。数值模拟采用随机破坏模型模拟壳体材料的随机断裂。炸药采用 Johns-Wilkins-Lee 状态方程，空气域采用理想气体状态方程。

表 5-3　战斗部壳体材料 45 钢状态方程参数

ρ/(kg/m^3)	γ	C_1/(m/s)	S_1	T_0/K	c/[J/(kg·K)]
7850	1.75	4250	1.61	298	480

表 5-4　战斗部壳体材料 45 钢的 Johnson-Cook 强度模型参数

G/GPa	A/MPa	B/MPa	n	C	m	T_m/K
80.5	506	320	0.28	0.064	1.06	1750

5.6.2　网格尺寸影响分析

在各情况中，战斗部模型均采用 1/8 模型，考虑刻槽的影响，战斗部结构模型网格尺寸为 0.5mm 保持不变，立方体空气域尺寸的边长为 100mm。400g 炸药采用填充的方式设置在空气域模型的中心位置，采用两端面中心起爆的方式。为了方便对比，每个情况在壳体上均设置观测点，测点位置在模型对称面预制破片中心位置。对于数值计算结果，其主要影响因素为计算域网格单元的相对尺寸(域尺寸与空气域网格的比值)，而非结构的绝对精细网格尺寸。在此通过改变空气域的网格尺寸，从而改变计算域的网格密度。设置空气域的网格边长分别为 4mm、3mm、2mm、1.5mm、1mm 和 0.5mm，则计算域对应的网格数量分别为 25、33、50、67、100 和 200。

如表 5-5 所示，在不同网格密度下，计算域的网格尺寸、单元数量，以及高速破片形成所需的计算时长。可以看出，随着网格尺寸的减小，其单元数量迅速增加，导致其计算时长急剧增大。在爆炸仿真计算中，通常采用映射的方式进行炸药的填充，其网格尺寸与空气域网格尺寸相同，而空气域尺寸通常较炸药尺寸大得多，导致整个计算域的网格数量较大。国内外相关学者的研究表明，在一定的程度上，细化计算域网格，会提高数值仿真计算的精度，从而使其计算结果更接近试验值，但当网格密度增大到一定程度时，再提高其网格密度，对计算精度的提高几乎可以忽略。

表 5-5　不同网格密度的计算情况

情况编号	空气域网格/mm	空气域网格数量	战斗部网格/mm	战斗部网格数量	计算时长/h
Case1	4	15 625	0.5	124 320	2
Case2	3	35 937	0.5	124 320	4.5
Case3	2	125 000	0.5	124 320	10
Case4	1.5	300 763	0.5	124 320	26
Case5	1	1 000 000	0.5	124 320	48
Case6	0.5	8 000 000	0.5	124 320	168

如图 5-31 所示为不同网格密度模型的观测点处的最大速度对比图。可以发现，随着网格密度的增大，测点处的峰值速度均有所提高，且增幅逐渐减小。当网格数量大于 100 时，再提高网格密度，会导致计算时间急剧增加，但对结果精度的提高几乎可以忽略。因此，在保证数值计算结果满足实际需求精度的前提下，选取合适的网格密度显得尤为重要，可以避免由于过大的网格密度，导致计算资源的浪费。从上述分析可知，针对半预制破片战斗部进行爆炸过程数值仿真分析时，当计算域网格数量取 100 时，计算结果具有较好的精度。

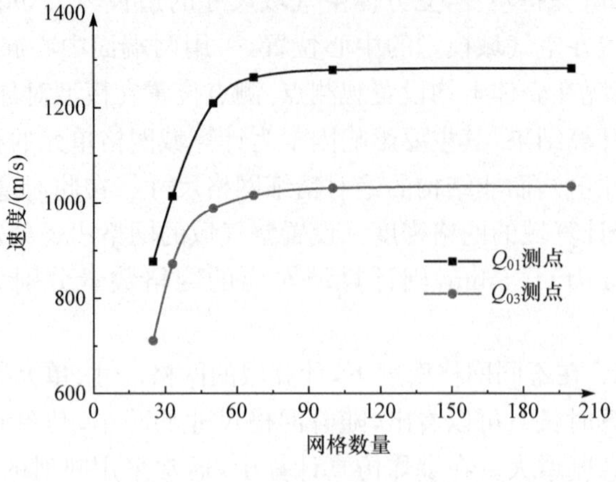

图 5-31　不同网格密度模型的观测点处的最大速度对比图

5.6.3　数值计算结果分析

在上述计算结果收敛性分析的基础上，本节针对计算域网格密度为 100 的半预制破片战斗部在内部装药作用下的破片形成过程进行数值计算，并对计算结果展开讨论分析。

1. 爆轰波的传播

在数值仿真中，壳体内的炸药以两端面中心同时起爆的方式引爆。爆轰波的传播过程如图 5-32 所示。炸药起爆时，爆轰波以半球形向炸药中心处传播，此时已反应炸药和未反应炸药的交界面是爆轰压力峰值面，如图 5-32(a)和图 5-32(b)所示。起爆后 5.11μs 时，爆轰波已传播至炸药与壳体的交界面处，由于两种材料的波阻抗差异较大，爆轰波在此处形成反射。反射波和后续的初始爆轰波在壳体内壁处发生相互作用，形成局部高压区域，其压力峰值压力达到为 1.695×10^4 MPa，远大于壳体材料的屈服强度 506MPa，壳体随即发生局部膨胀，如图 5-32(c)所示。随着炸药的进一步反应，爆轰波逐渐向炸药中心点传播，起源于两端的爆轰波 9.90μs 时在壳体的中心点发生叠加。此时战斗部内部的装药完全发生反应，爆轰产物中的压力达到峰值 2.411×10^4 MPa。随后爆轰波在壳体中心位置区域发生反射与会聚作用。其叠加峰值区域逐渐从椭圆形演化近似为矩形，且向战斗部两端发展，叠加区域的端部以锥形状态从战斗部两端开口处泄出爆轰压力。此时，战斗部壳体发生整体膨胀，但未产生局部裂纹，因此在战斗部侧部未发生压力泄漏情况，如图 5-32(d)～图 5-32(j)所示。随着爆轰压力的逐步泄出，以及壳体膨胀导致其内部爆轰产物体积的逐步增大，其物质密度逐渐减小，此时反射波强度将迅速衰减。结合图 5-32 可知，爆轰波向两端泄出时，在战斗部直径收缩处发生局部小区域压力会聚现象，但其内部的压力逐步趋于均匀状态。

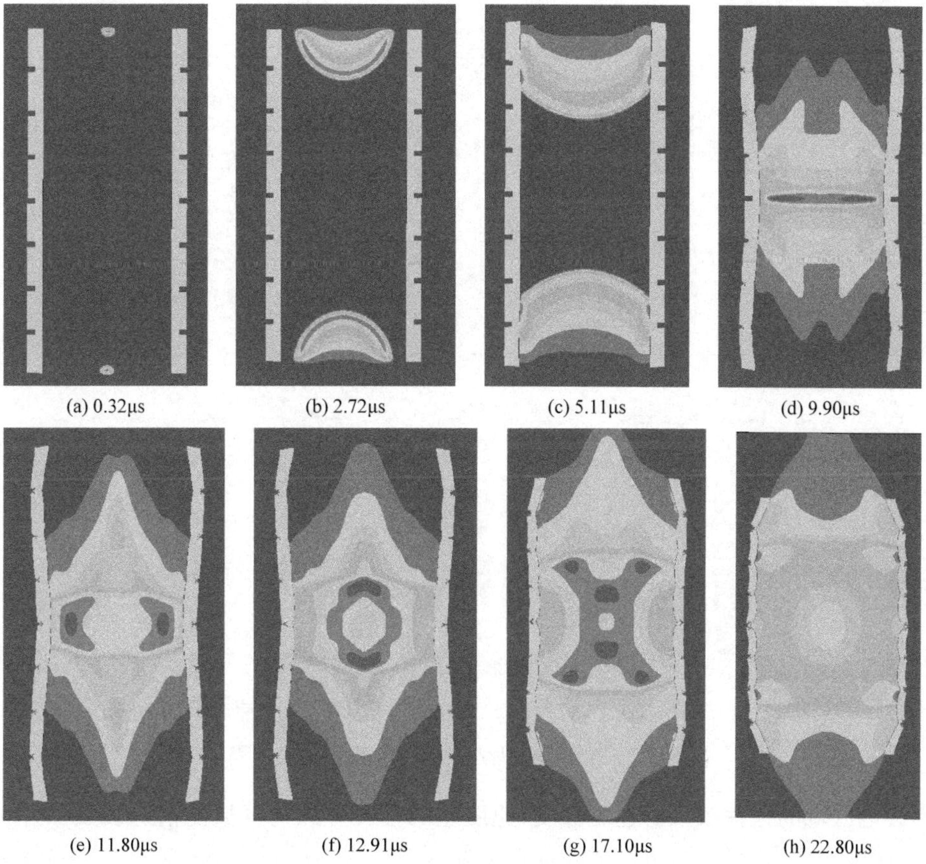

图 5-32　爆轰波传播过程

2. 壳体的膨胀和破裂过程

半预制破片战斗部壳体破片形成过程如图 5-33 所示。在内部爆轰压力作用下，接近起爆点的壳体处首先发生径向膨胀，随着爆轰波向炸药中心点传播，战斗部两端的径向膨胀逐渐向中心传递，此时战斗部呈现“花瓶”形状。当两端的爆轰波在战斗部中心点处发生会聚叠加后，内部爆轰压力逐渐达到均匀状态。由于在战斗部端部开口处存在压力泄漏现象，导致此区域的压力相对于战斗部中部区域较小，因此战斗部端部区域结构的径向膨胀速度相对于其他结构较小，如图 5-33(a)～图 5-33(d)所示。

战斗部壳体在刻槽区域由于结构形式的突变容易发生应力集中，至 24.50μs 时刻，战斗部壳体表面在刻槽区域产生随机裂纹。由于战斗部端部区域结构与壳

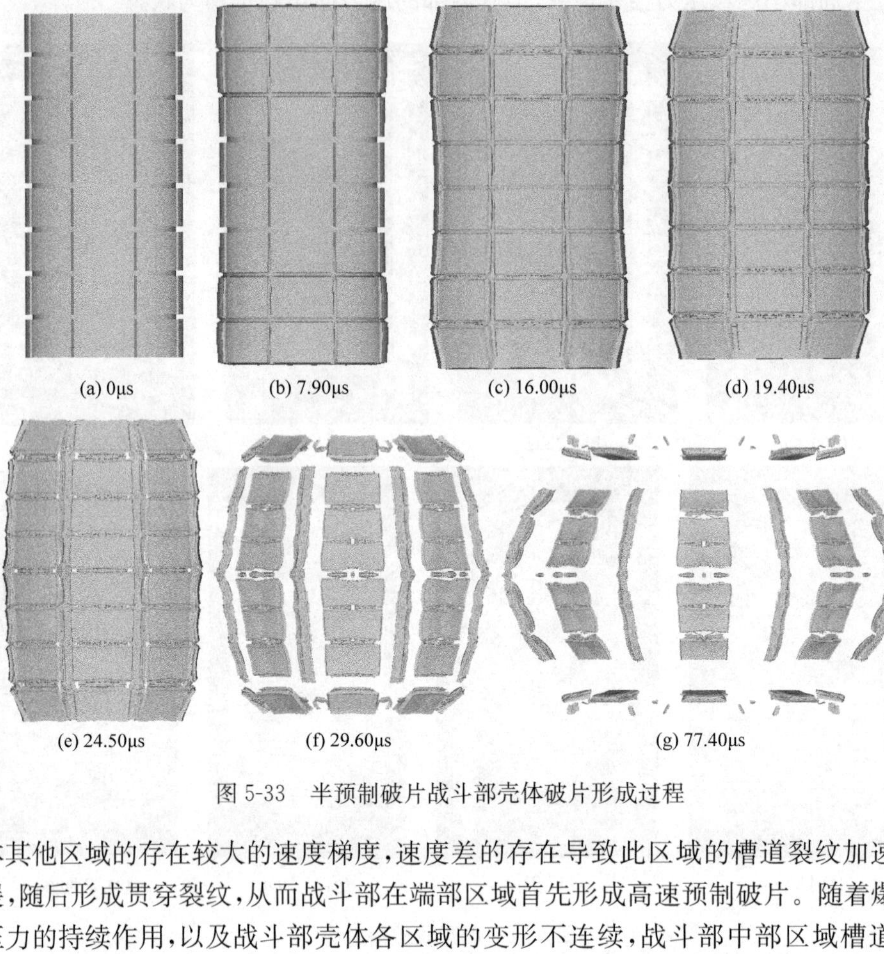

(a) 0μs (b) 7.90μs (c) 16.00μs (d) 19.40μs

(e) 24.50μs (f) 29.60μs (g) 77.40μs

图 5-33 半预制破片战斗部壳体破片形成过程

体其他区域的存在较大的速度梯度，速度差的存在导致此区域的槽道裂纹加速扩展，随后形成贯穿裂纹，从而战斗部在端部区域首先形成高速预制破片。随着爆轰压力的持续作用，以及战斗部壳体各区域的变形不连续，战斗部中部区域槽道出现径向、轴向的裂纹扩展，最终形成贯穿裂纹，战斗部沿着刻槽线形成 64 块大小相似的预制破片。其预制效果较为理想。在轴线方向上，由于稀疏波的传入，壳体中心区域的破片初速度比其他区域要大，如图 5-33(e)～图 5-33(g)所示。由于战斗部模型和起爆方式均有对称性，高速破片分布沿周向也具有对称性。

3. 壳体破片速度分布

由上述分析可知，战斗部壳体在内部爆轰压力作用下，壳体轴向不同位置处的结构存在速度差，从而导致裂纹产生，以及扩展，并最终形成高速破片。为了更加细致地研究壳体破裂后形成的预制破片的速度特性，在数值计算过程中，针对 1/8 结构模型中的预制破片区域中心点处均设置了相应测点(图 5-34)，测点编号分别为 1～12。

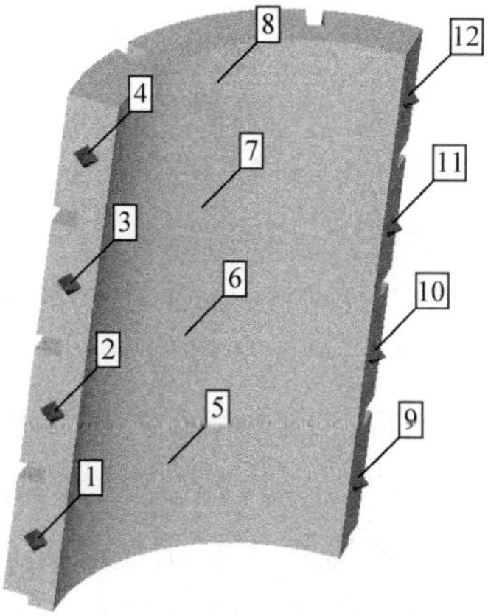

图 5-34　半预制破片测点布置图

两端起爆的半预制破片战斗部的各测点速度曲线情况如图 5-35～图 5-37 所示。由图 5-35 可知，测点 1、2、3 的 X 方向速度分别为 1295.23m/s、1185.73m/s、1020.43m/s，相应测点的 Y 方向速度在初始阶段均首先为负值，而后经历正负振荡。其主要原因是，当端部起爆的爆轰波以半球形向炸药中心处传播时，各测点先经历初始爆轰波的作用，导致其存在一个初始的负向运动，且随着壳体纵深的增加，引燃的炸药当量逐渐增大，作用于相应测点处的初始爆轰波压力增大。因此，从图 5-35(a)可以观测到，随着测点越远离起爆点，其受到初始爆轰压力的时刻越滞后，但 X 方向增速越快，其增幅迅速超越其他测点速度幅值达到最大值。从图 5-35(b)可以发现，越远离起爆点的测点其初始 Y 负向峰值时刻越滞后，但其峰值绝对值越大。随着两端起爆点传来的爆轰波在战斗部中心点处会聚并发生反射，其反射波的方向与初始爆轰波的方向相反。在反射波的作用下，各测点产生 Y

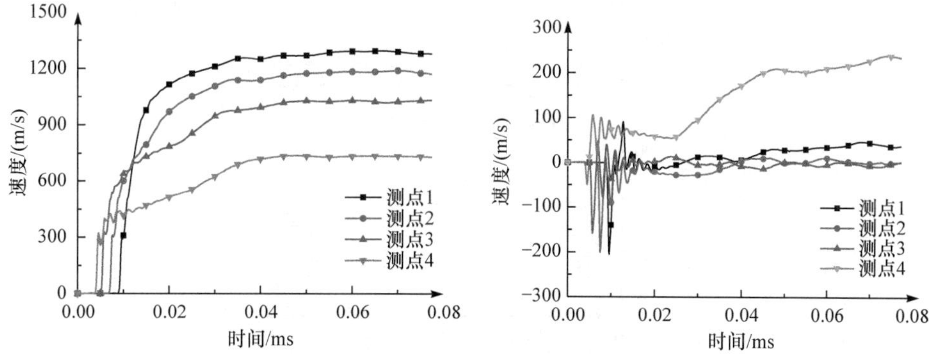

(a) 测点X方向速度　　(b) 测点Y方向速度

图 5-35　XY 平面测点速度曲线

正向的运动，爆轰波在战斗部内部发生多次反射，但随着爆轰压力的逐步泄出，以及壳体膨胀导致其内部爆轰产物的体积逐步增大。其物质密度逐渐减小，反射波强度迅速衰减，因此在图 5-35(b)中可以观测到后续速度的多次正负振荡，但其幅值快速减小。结合爆轰波在炸药中的传播过程，0.02ms 后战斗部内部的压力逐渐趋于均匀，测点振荡的周期逐渐增大，幅值逐渐趋于稳定。

测点 4 在 X 方向的速度为 734.41m/s，Y 方向的速度为 239.49 m/s，其在发生径向运动的同时沿着轴向运动。在初始爆轰波压力的作用下，该测点处结构产生一个幅值较小的 Y 负向运动，而后由于爆轰产物的增大，其反射波强度较大，导致其具有较大的 Y 正向运动。随后出现幅值衰减振荡运动，随着测点爆轰波向纵深传播，该测点周围爆轰压力有所减小。其 Y 方向运动速度存在一个下降阶段，随后爆轰压力从端口泄出，作用于破片上的压力有所增大，其运动速度逐渐增大，在 0.75ms 时达到峰值。

由图 5-36 可知，测点 5、6、7、8 的 X 方向速度分别为 924.15m/s、842.24m/s、724.92m/s、517.97m/s；Z 方向速度分别为 864.13m/s、790.51m/s、664.86m/s、434.15m/s；合速度分别为 1265.22m/s、1155.10m/s、983.64m/s、675.85m/s。各

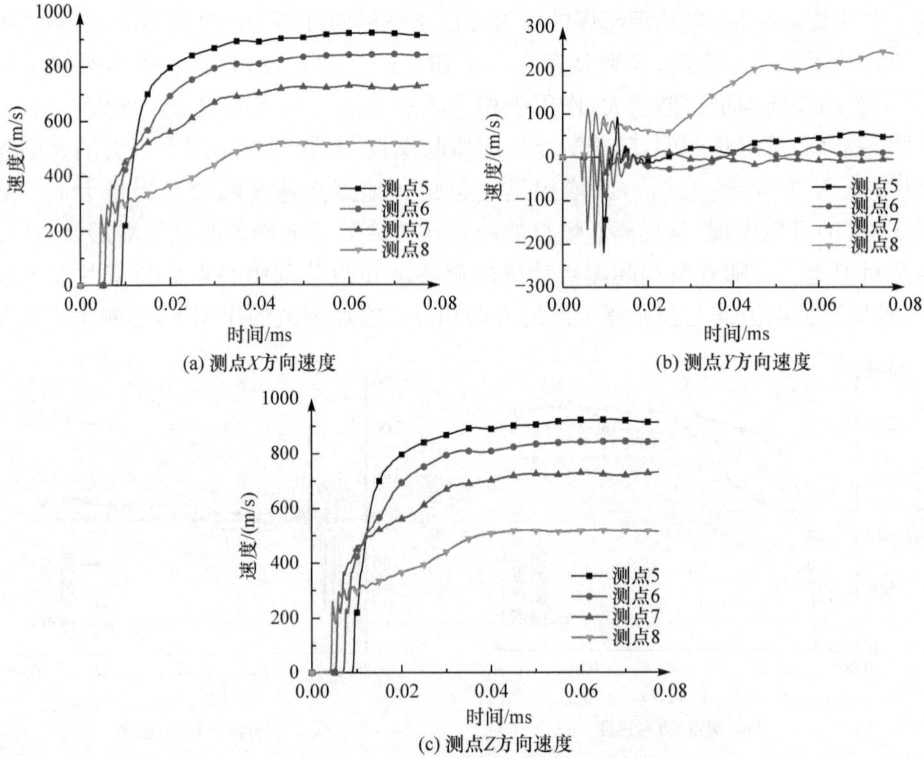

图 5-36 45°Y 平面测点速度曲线

测点与 Z 轴的角度分别为 45.9°、46.8°、47.5°、50.0°。由于测点 8 所在的破片受到泄出爆轰压力的影响，运动轨迹偏差较大，其余测点由于刻槽区域随机断裂点的产生，爆轰压力在此局部泄出，会改变破片的原始飞行路径。总体而言，其运动方向与理论角度 45°相近，且与图 5-36 中相应位置测点相比，速度误差均在 8%以内。

由图 5-37 可知，测点 9、10、11、12 的 Z 方向速度分别为 1285.68m/s、1180.49m/s、1026.29m/s、734.43m/s。与图 5-36 相应位置的测点相比，其速度值几乎吻合，各平面相应测点的 Y 方向运动特点存在一致性。在前面的叙述中，以测点 1、2、3、4 为例进行了详细的分析，不再赘述。

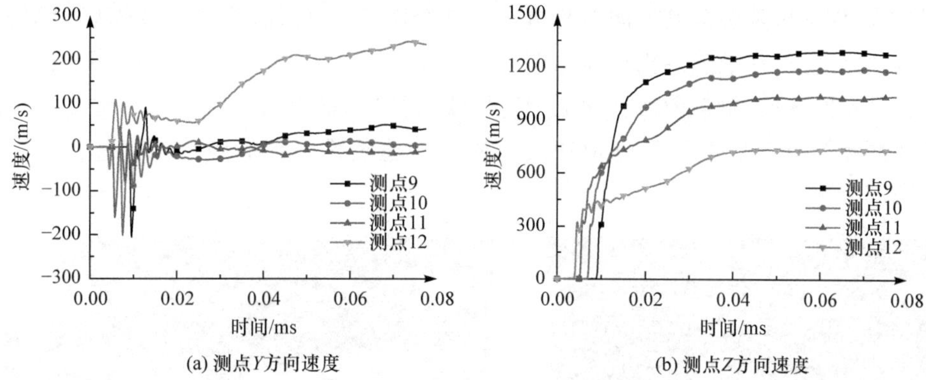

(a) 测点Y方向速度　(b) 测点Z方向速度

图 5-37　YZ 平面测点速度曲线

5.6.4　结果对比分析

1. 理论计算与数值仿真结果对比分析

(1) 战斗部壳体平均破片速度

考虑预制破片、半预制破片与自然破片的结构差异，国内外学者基于数值仿真与试验引入能量利用系数 S，则 Gurney 公式可改写为

$$v_f=\sqrt{2E_G}\left[\left(\frac{1}{S}\frac{M}{C}+\frac{1}{2}\right)\left(1+\frac{R}{L}\right)\right]^{-\frac{1}{2}} \tag{5-71}$$

其中，E_G 为 Gurney 能量；M 和 C 为装药质量和壳体质量；R 和 L 为战斗部的半径和长度；对于预制破片或者半预制破片，取 $S=0.75$，对于自然破片，取 $S=1$。

针对半预制战斗部模型，将其相应的结构尺寸，以及相关材料参数代入式(5-71)可得形成的破片理论初始均速为 1117.54m/s。提取数值仿真中的计算结果，可得其破片的平均速度为 1080.94m/s，平均速度误差为 3.28%。

(2) 壳体对爆炸冲击波的影响

由于形成高速破片需要消耗一定的炸药能量，因此对于带壳战斗部爆炸，其形成冲击波的炸药量小于初始装药量。

利用式(5-43)，根据战斗部壳体、炸药质量和材料特性，其内部装药的等效裸装药为 172.35g。

2. 试验测试与数值仿真结果对比分析

采用与数值模拟相同的战斗部结构、装药量，以及起爆方式验证数值仿真计算结果的正确性。如图 5-38 所示，战斗部两端均设置雷管，采用两端同时引爆的起爆方式，保证破片在高度方向对称分布。结合图 5-39 可知，为测量爆炸后预制破片的初始速度，在液舱结构对面靠近战斗部外围处布置 2 个破片测速靶网，当破片飞行至靶网区域，触短前后靶网上的连接线，通过测量靶网前后的信号时差，可得战斗部爆炸时形成的破片峰值速度。最终测速装置得到的破片峰值速度 $v_f=1428.6\text{m/s}$。

图 5-38　战斗部试验前照片

图 5-39　测速靶网布置

结合图 5-40 可知，战斗部中心区域的刻槽处由于速度差的存在，导致此区域槽道结构会随机形成大小不一的小质量高速破片。由于其先于理想预制破片在壳体发生脱落，因此在径向方向，其速度高于后期此区域形成的预制破片速度。通过在数值仿真中读取相关数据，可知此处小质量高速破片的速度为 $v_f=1480.63\text{m/s}$。因此，试验与数值仿真中破片的峰值误差为 3.64%，试验所得破片数值偏小的原因是未考虑破片在空气中飞行一段距离的弹速衰减。试验后收集的战斗部破片(图 5-41)尺寸相近，预制破片的效果比较理想，与仿真结果相似。

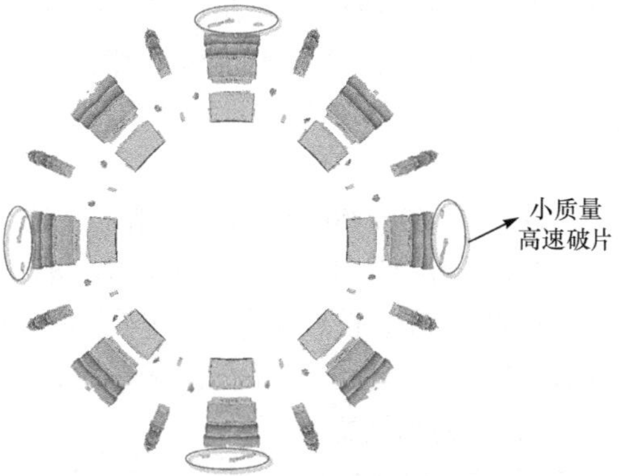

图 5-40　刻槽底部区域形成的小质量高速破片

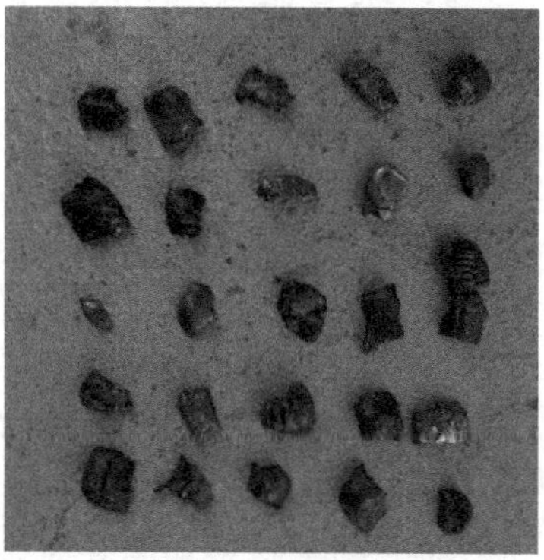

图 5-41　试验收集的战斗部破片

5.7 总　　结

本章首先对战斗部壳体在爆轰产物内压作用下的膨胀形成自然破片的过程进行了分析，并结合壳体形成破片的应力准则推导出与壳体材料强度及装药特性参数相关的破片速度计算公式。在此基础上，通过对壳体内装药的径向膨胀过程的动量分析得到与装药尺寸有关的等效裸装药的计算表达式，结合圆柱形战斗部模型爆炸试验给出计算算例，并与已有的计算公式进行了对比。同时，对试验采用的圆柱形战斗部膨胀及破裂过程进行了详细的数值计算研究，分析了壳体内装药起爆后爆轰波的传播，以及与金属壳体相互作用过程，并对不同位置起爆时壳体的膨胀和破裂特性、壳体膨胀的速度特征、破片的分布进行了深入的研究。此外，对半预制破片战斗部爆炸形成破片的过程进行了数值计算和试验研究，探讨了网格密度对仿真计算结果的影响，并对比了采用理论计算、试验测试，以及数值仿真得到的破片初速的结果。本章的研究工作得到以下几点结论。

① 战斗部壳体对爆炸冲击波强度有一定的影响，影响因素包括壳体材料强度、圆柱形壳体质量及装药尺寸等。本章推导得到的战斗部壳体破片速度计算公式的计算结果与试验结果吻合较好。公式包含壳体材料强度及装药特性参数，更具有针对性和适用性。对于壳体与装药质量比较大的战斗部，本章推导的计算公式得到的等效裸装药结果与试验差别较大。根据与试验的对比情况，建议等效裸装药的计算公式的适用范围为 $M/C \leqslant 5$。

② 由数值计算的结果可以发现，圆柱形战斗部爆炸时形成的破片主要包括圆柱形壳体形成的破片、端部封盖形成的破片，以及端部封盖和圆柱形壳体相接的地方形成的大量小质量碎片。在起爆位置不同的情况下，形成的破片的空间分布和

速度方面均存在差别。端点起爆时，壳体破片的最大速度出现在远离起爆点的端部封盖上，且距起爆点较近的端部封盖形成的破片速度明显小于远端封盖形成的破片。中心点起爆时，最大速度出现在圆柱形壳体中部的破片上，破片的速度分布在圆柱形壳体高度上具有对称性。

③ 从壳体总体动能来看，中心点起爆时，壳体在初始时刻的动能增加较快，之后逐渐平缓，达到相对稳定的状态。端点起爆的初始时刻，壳体的动能增加相对较慢，而后有明显的增加过程，达到稳定状态的时间与中心点起爆的时间基本一致。两种起爆情况下，壳体最终获得的动能相差甚微。由此可见，不同的起爆位置对壳体动能的增加过程有一定的影响，但对最终获得的动能影响不大。

④ 通过对壳体形成破片质量特性的分析，端点起爆时形成的大质量破片主要分布在离起爆点较远的 4/5 圆柱形壳体处；端部封盖形成的破片质量也较大，距起爆点较近的封盖和较远的封盖形成的破片质量相差不大。中心点起爆时，大质量破片均由端部封盖破碎形成。

⑤ 通过比较端点起爆情况下数值计算结果和试验现象及数据，两者得到的战斗部破片速度特性和分布规律基本一致。对于典型的半穿甲内爆式反舰武器战斗部，在穿透舰船结构引爆时自身还具有一定的速度，将与爆炸形成的破片的速度产生叠加效应。这对舰船内部结构的威胁更大，在防护设计时应予以重视。

⑥ 对半预制破片战斗部爆炸过程进行数值仿真分析时，当计算域网格数量取 100 时，计算结果具有收敛性，再提高网格密度，导致计算时间的急剧增加，但对计算结果精度的提高几乎可以忽略。因此，在保证数值计算结果满足实际需求精度的前提下，选取合适的网格密度显得尤为重要，可以避免计算资源的浪费。

⑦ 修正后的 Gurney 公式计算得到的破片平均速度与数值仿真结果误差为 3.28%。试验测量的峰值破片速度与数值仿真结果相比误差为 3.64%。试验收集的爆炸壳体破片尺寸相近，与仿真结果相似，验证了数值仿真结果的准确性。

第 6 章　冲击波和破片耦合作用下舰船结构响应的试验和数值计算

6.1 引　　言

鉴于反舰武器爆炸冲击波和破片对结构的严重毁伤作用，大型水面舰船均设有舷侧多层防护结构，主要作用是防御反舰武器对内部重要舱室的破坏。从防护功能来看，舰船舷侧防护结构示意图如图 6-1 所示。最外层空舱利用开阔的空间使冲击波衰减（A～C 舱），通过在横舱壁上设置开孔引导冲击波沿长度方向扩散；第二层一般为液舱（G 舱），主要作用是衰减冲击波强度并吸收高速破片；第三层为空舱（H 舱），再次阻隔冲击波对内层防御主纵舱壁的破坏作用[56,57]。

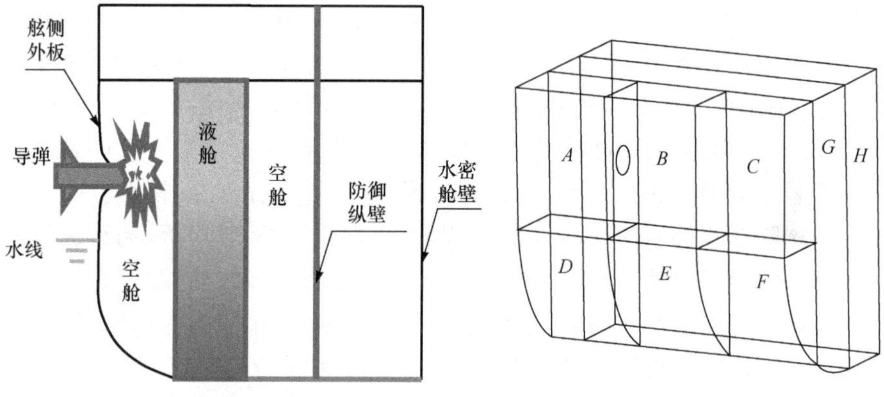

(a) 多层防护结构示意图　　(b) 多层防护结构舱室布置示意图

图 6-1　舰船舷侧防护结构示意图

大型水面舰船舷侧多层防护结构复杂、舱室布置纵横交错。当反舰武器战斗部在内部爆炸时，冲击波的传递路径随着结构的破损而改变。同时，战斗部破片的分布也会影响结构的破损。冲击波和破片耦合作用下多层防护结构的破坏，以及多层防护结构对这两种载荷的防护机理方面的研究鲜见文献报道。由于冲击波和破片的耦合作用，结构的响应很难用理论方法求解，数值计算方法也缺少验证对象，采用试验方法研究多层防护结构在战斗部内爆载荷下的破坏和响应成为最可靠的分析手段。本章首先按照多层防护结构的基本功能和舱室布置设计试验模型，根据数值计算方法得到的战斗部破片分布特性和等效裸装药量制订试验方案，通过战斗部模型(带壳战斗部)在舰船舷侧防护结构内爆的方式提供冲击波和破片群打击载荷。在此基础上研究战斗部内爆作用下防护结构的破坏模式、复合多层防护结构防御冲击波和高速破片的效果，以及内部结构的冲击响应。采用数值仿真方法开展防护结构在战斗部爆炸载荷下毁伤的模拟分析，总结准确可靠的数值计算方法[58]。

6.2　多层防护结构内部爆炸试验模型

6.2.1　试验模型

设模型总长为 5m，沿长度方向有三个舱室，中间舱室的长度为 2m，左右两边舱室的长度为 1.5m，从下到上分为三层舱室，每层舱室的高度为 0.6m；防护结构模型宽度为 2.2m，从外到内外分为四层舱室，分别为第一层空舱(0.6m)、液舱(0.6m)、第二层空舱(0.5m)，以及人员通道(空舱)，如图 6-2(a)所示。为了便于描述，模型在高度方向上的水平板架定义为 01～04 甲板(从上到下)。多层防护结构模型舷侧外板中部开有直径为 200mm 的圆孔，模拟反舰武器对舷侧外板的穿孔，在试验过程中用于吊放战斗部模型。图 6-2(b)中防护结构除舷侧外板的纵向板架，分别为液舱外板、液舱内板、防御纵壁和水密纵舱壁。防御纵壁为 5mm 厚钢板，未设置加强筋。第一层舱室布置情况如图 6-2(c)所示，横舱壁 2(TB2)设置开孔，用以模拟实际结构的横舱壁泄爆孔。第二层液舱的横舱壁设置位置与第一层空舱的横舱壁位置对应。第三层空舱和人员通道未设置横舱壁。试验模型结构的尺寸如表 6-1 所示。多层防护结构模型结构采用 Q235 钢焊接加工。在模型加工过程中，为了控制焊接变形，板上的加筋采用双面间断焊。Schleyer 等对采用间断焊的加筋板进行了一系列三点弯曲试验，发现在大变形情况下加筋板的破坏是由骨材屈曲而引起的构件失效，并不是焊接的断裂。试验证明，采用间断焊的加筋板能满足构件在大变形时的承载要求。

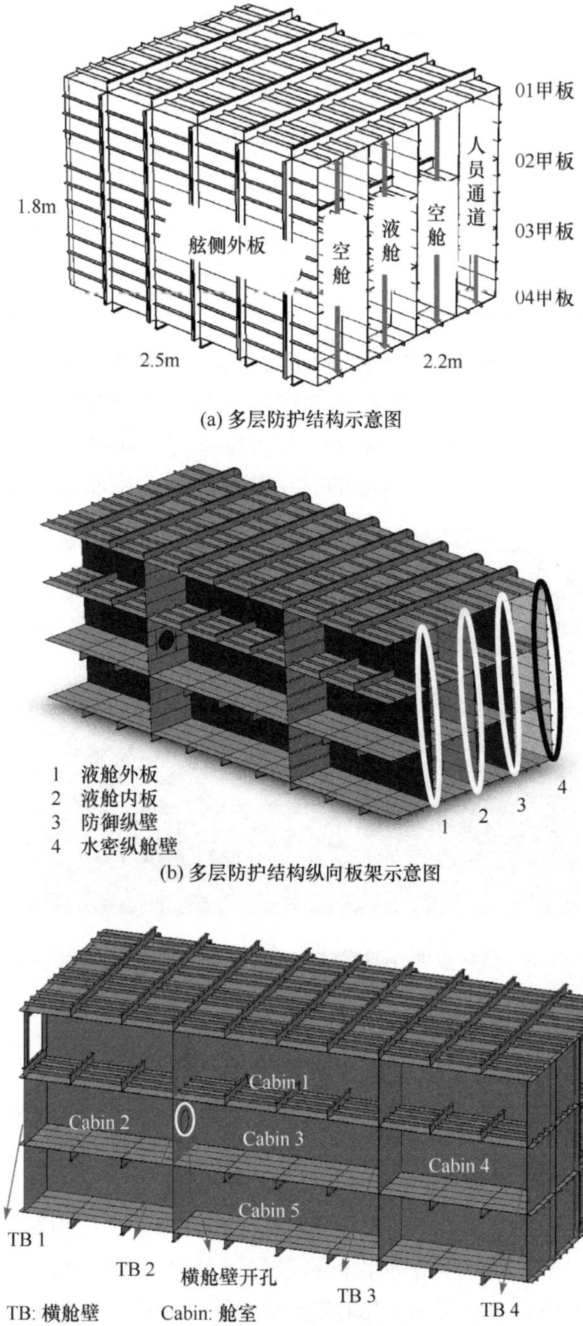

(a) 多层防护结构示意图

(b) 多层防护结构纵向板架示意图

(c) 第一层舱室布置

图 6-2　复合多层防护结构模型

表 6-1　试验模型结构的尺寸

结构部分		防御纵舱壁	甲板	舷侧外板	横舱壁
板厚/mm		5	3	4	3
纵骨(扁钢)(厚×高)/(mm×mm)		—	3×30	3×30	3×30
肋骨或梁(T 型材)	腹板(厚×高)/(mm×mm)	—	3×80	3×80	
	面板(厚×宽)/(mm×mm)	—	4×30	4×30	

战斗部在结构内部爆炸时,横舱壁上的开孔将引导爆炸冲击波沿船长纵深方向传播,可以给冲击波的衰减提供较大的空间。为了对比横舱壁的开孔对爆炸冲击波传播的影响,设计时在战斗部爆炸点所在舱室的一侧横舱壁上预留了泄爆孔,直径为 200mm,如图 6-3 所示。对应的另一侧横舱壁为完整加筋板。

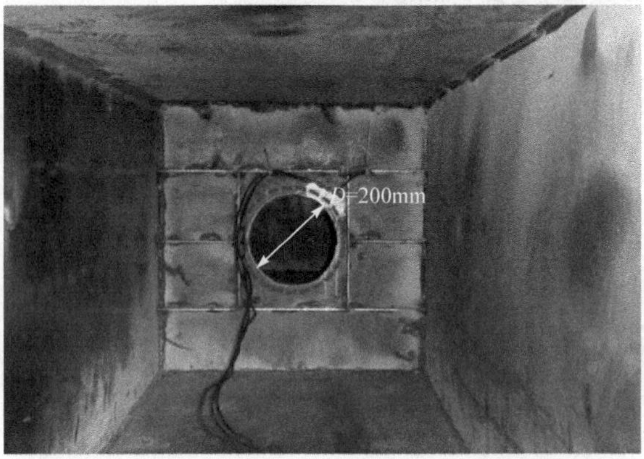

图 6-3　爆炸点所在舱室的一侧横舱壁(舱壁 2)上的开孔

6.2.2　测点布置及试验方法

复合多层防护结构模型上布置了动态应变测点和加速度测点。动态应变测点(15%大应变计)布置在舷侧外板、爆炸点所在舱的横舱壁、液舱内板和外板上,主要测量结构在导弹战斗部模型爆炸下的应变响应,以及结构破坏情况。加速度测点(过载极限量程为±12 500g)布置在最内层人员通道的 02 甲板及防御纵舱壁板上,用于评估人员通道内的冲击环境和测量导弹战斗部爆炸时人员通道内的加速度量值。如图 6-4 所示为试验模型的测点布置图,舷侧外板上的动态应变测点的布置情况如图 6-4(a)所示,其中应变测点 $S1$ 布置在液舱外板,测点 $S2\sim S5$ 依次布置在液舱内板上。加速度测点 $A1$ 布置在人员通道 02 甲板上,在防御纵舱壁上布置加速度测点 A2～A4，如图 6-4(b)所示。

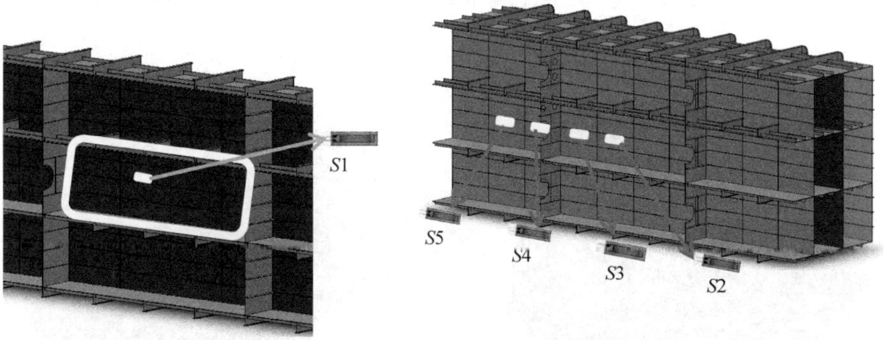

(a) 应变测点布置

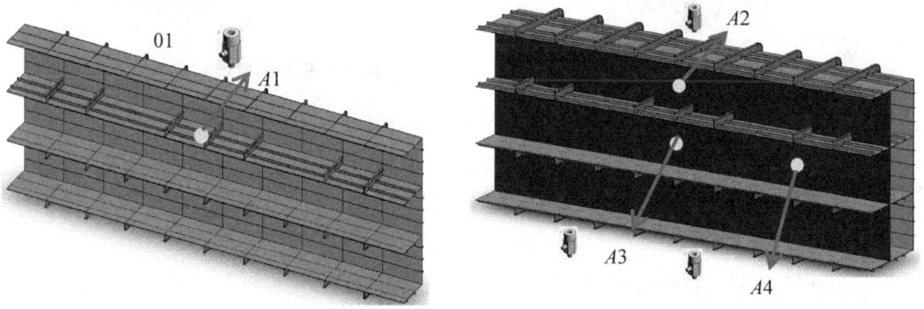

(b) 加速度测点布置

图 6-4　试验模型的测点布置图

在试验过程中，战斗部模型放置在第一层空舱中部，模拟半穿甲反舰武器穿透舷侧外板在第一层空舱内部爆炸。战斗部模型的详细尺寸和装药量在 5.3 节已列出，这里不再赘述。为了测量战斗部爆炸后破片的速度，在靠近战斗部的舷侧外板开孔处布置破片测速网。试验现场布置如图 6-5 所示。

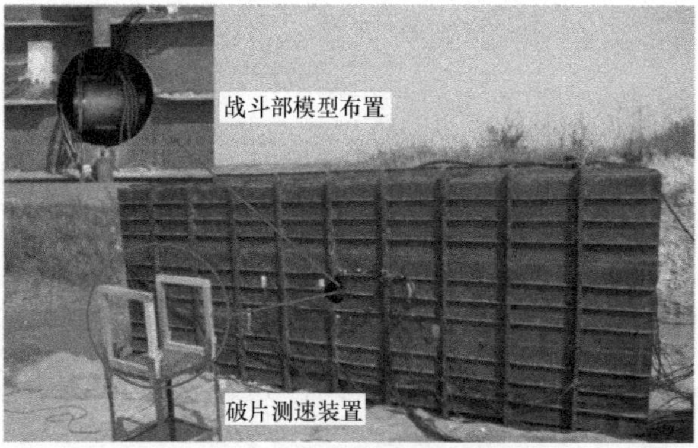

图 6-5　试验现场布置

多层防护结构模型的第二层所有舱室中注满水。同时，为了对比分析，在最外层爆炸点所在舱室的下方舱室中注满水，其余舱室为空舱，如图 6-6 所示。

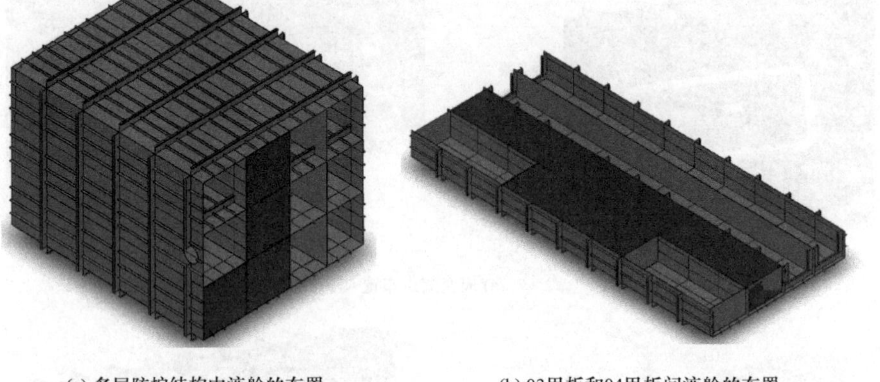

(a) 多层防护结构中液舱的布置　　(b) 03甲板和04甲板间液舱的布置

图 6-6　多层防护结构模型布置

6.2.3　试验结果及分析

1. 防护结构模型破坏情况

战斗部模型在复合多层防护结构内部爆炸时，产生的高速破片和强大的冲击波能量会对结构造成严重的损毁。防护结构整体破坏及变形如图 6-7 所示。测量外板变形测点的布置如图 6-7(b)所示，舷侧外板出现从上到下的贯穿破口，并向外翻转约 45°，最大变形为 1.36m；沿长度方向上的撕裂长度达 2m。舷侧外板的撕裂位置靠近模型左右对称中心线，外板上有大量的破片穿孔。外板与 02 和 03 甲板连接处出现局部撕裂破口。外板加强筋的焊接位置未被撕开，连接完好，加筋与板变形协调。横向加筋出现明显的褶皱屈曲。

(a) 多层防护结构整体破坏

(b) 舷侧外板变形测点布置

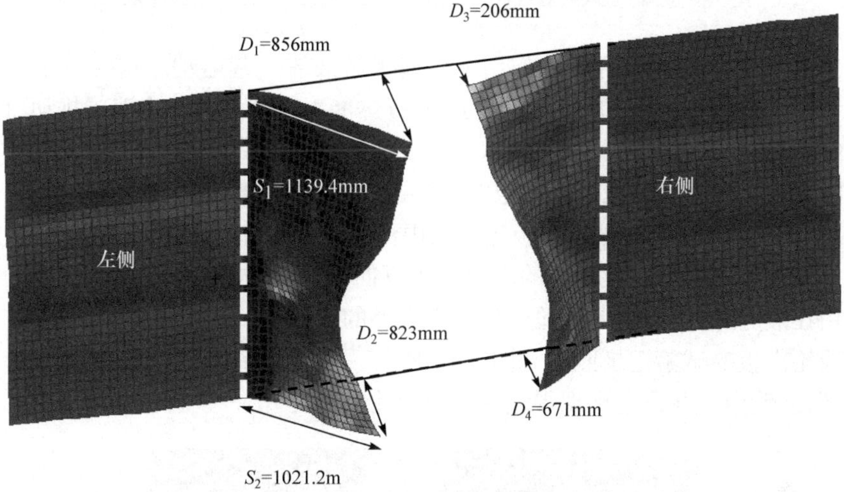

(c) 舷侧外板变形及破损测量

图 6-7　防护结构整体破坏及变形

01 和 02 甲板的破坏情况如图 6-8 所示。01 甲板向上突出,变形损毁严重,与舷侧外板连接处被撕裂,甲板上出现大量破片穿孔。从破损和变形情况来看,属于典型的冲击波和破片耦合破坏模式。01 甲板与液舱外板的连接处保持完好,未见撕裂破口。

02 甲板在爆炸冲击波和高速破片的作用下破坏损毁严重,从爆炸中心对应的位置处撕裂并向上翻转,变形最大处与液舱外板贴合在一起。02 甲板与液舱外板连接处的焊缝被撕裂。

液舱外板的破坏情况如图 6-9 所示。液舱外板被高速破片损毁严重,出现大量的破片穿孔,几乎连接成贯穿破口。但液舱外板在爆炸冲击波的作用下并未出现向内变形的情况,在未破损的位置反而出现向外变形,变形量不大。导致这种现象的原因主要有以下两点。

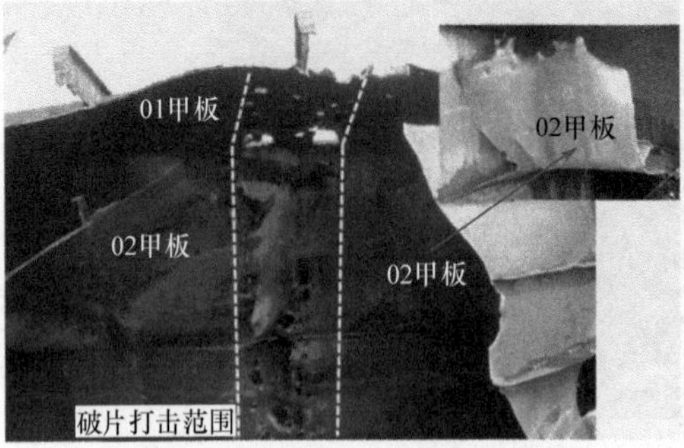

图 6-8　01 和 02 甲板的破坏图

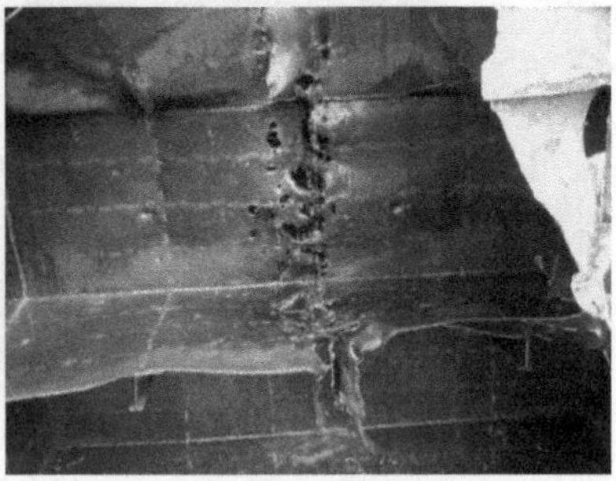

图 6-9　液舱外板破坏图

① 液舱外板在爆炸冲击波作用下引起板后液体一起运动。这时由于板后液体的参与，相当于外板的惯性力增加了，其抗爆能力得到增强。当液体扰动引起的液体中的冲击波作用在液舱内板时，内板表面反射冲击波，同时内板的运动又引起内板附近水中反射稀疏波并产生空穴，将液舱内压力减小。

② 当高速破片穿透液舱外板进入舱内液体时，舱内液体出现空腔并产生远高于冲击波强度的压力。液体内的压力作用方向与冲击波作用方向相反，即由内向外作用在液舱外板上，因此液舱外板出现向外的变形。

液舱内板的试验记录照片如图 6-10 所示。在反舰武器战斗部模型爆炸载荷作用下，液舱内板并没有出现焊缝撕裂和穿孔的情况。

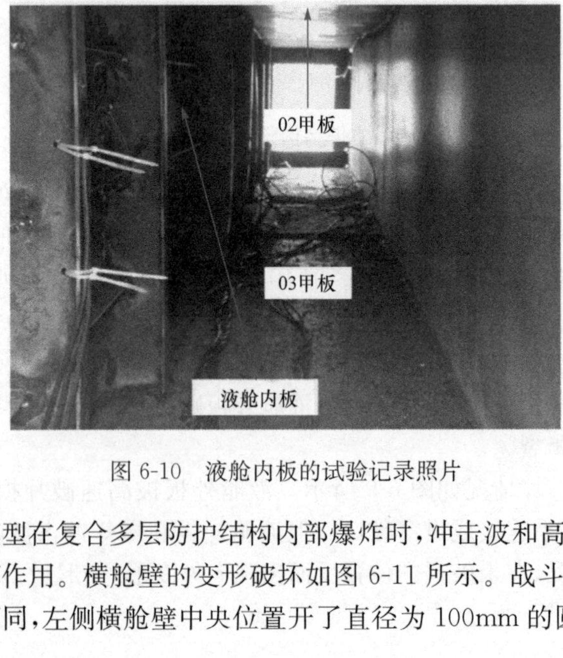

图 6-10　液舱内板的试验记录照片

当战斗部模型在复合多层防护结构内部爆炸时，冲击波和高速破片对横舱壁产生严重的破坏作用。横舱壁的变形破坏如图 6-11 所示。战斗部模型所在舱室的横舱壁结构不同，左侧横舱壁中央位置开了直径为 100mm 的圆孔，右侧横舱壁为完整的加筋板结构，未开泄爆孔。

(a) 横舱壁2的毁伤效果

(b) 横舱壁3的毁伤效果

图 6-11　横舱壁的变形破坏

图 6-11(a)反映了开有泄爆孔的舱壁的破坏情况，横舱壁 2 发生严重的扭曲变形，与其他结构相连的焊缝几乎被整体撕裂，只有与 02 甲板的连接焊缝未被完全撕开。相邻舱室的横舱壁 1 整体从模型结构上脱落，并飞出 50 余米(图 6-12)。其原因主要是，爆炸产生的高压气体通过开有泄爆孔的舱壁而直接作用在相邻舱室的舱壁上，导致其焊缝处发生撕裂并飞出。横舱壁结构发生严重的扭曲变形，并有多处破片穿孔。

图 6-12　横舱壁 1 的破坏

图 6-11(b)反映了横舱壁 3 的破坏情况，在爆炸冲击波和高速破片的作用下，横舱壁发生严重的扭曲变形，与其他结构相连的焊缝被整体撕裂，从而完全脱落。横舱壁 4 的变形和穿孔如图 6-13 所示。该横舱壁与甲板、液舱外板、舷侧外板相连处的结构保持完整，未出现焊缝撕裂的情况。这是因为作用在该横舱壁上的冲击波压力不足以使连接处发生撕裂破坏。该横舱壁上出现大量的破片穿孔，主要是战斗部爆炸产生的高速破片和结构破坏产生的二次破片造成的。

图 6-13　横舱壁 4 的变形和穿孔

对比图 6-12 和图 6-13 中横舱壁的破坏情况，横舱壁上的开孔对爆炸冲击波的传播有明显的“导向”作用。冲击波可通过开孔向相邻舱室传播，减少对内部结构的破坏。对于大型水面舰船，沿船长方向有很大的空间。设计复合多层防护结构时，应在横舱壁上布置泄爆孔，尽可能地扩散反舰武器战斗部的爆炸能。

2. 防护结构模型动态响应

(1) 防护结构模型测点的动态应变

如图 6-14 所示为液舱外板和内板应变测点的动态应变曲线。液舱外板测点 S1 的动态应变如图 6-14(a)所示，在爆炸载荷作用下，S1 所在的液舱外板出现多次应变增加过程，最终的塑性应变超过 4000$\mu\varepsilon$。测点 $S2$～$S5$ 依次布置在液舱内板上，且与爆炸发生点的距离依次增加。从图 6-14(b)～图 6-14(e)可以看出，液舱内板的各测点在初始响应开始之后有明显的二次响应出现，其中测点 $S3$～$S5$ 的二次响应明显。从爆炸载荷作用的过程来分析，液舱内板的应变包括结构响应和舱内液体对内板的压力作用。结构响应到达时间早，以结构内应力波的形式传播至测点处。舱内液体对内板的压力作用是液舱外板变形和破片群穿入液体中的效果。从动态应变测试结果可以看出，液舱内板的各测点均产生塑性变形，包括离爆炸点较远的 S5 点。由此可以发现，液舱的作用是将液舱外板受到的局部载荷转变为作用面积较大以液体内压力形式传递的载荷，通过舱壁的塑性变形和舱内液体运动来消耗爆炸能量。

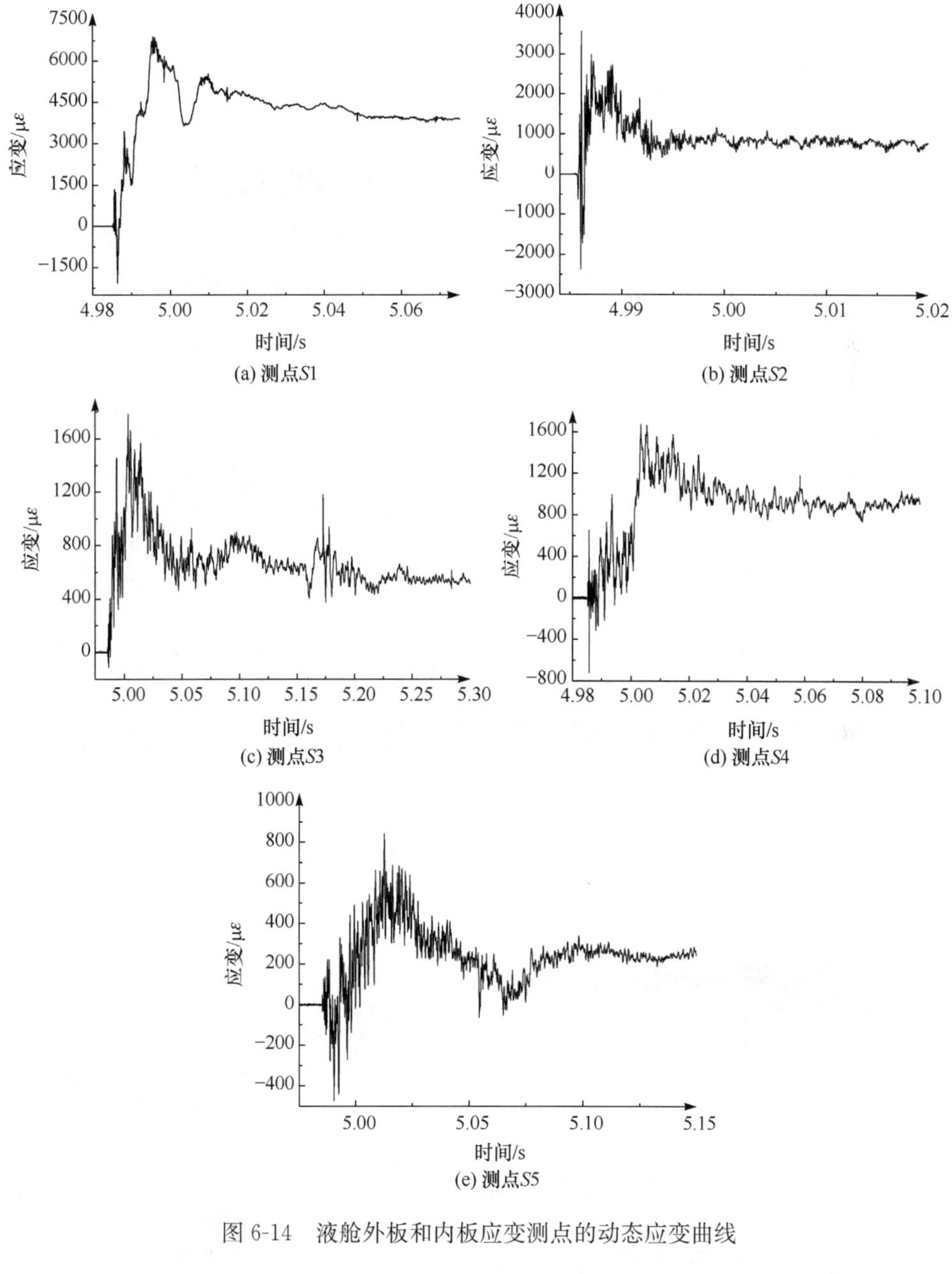

图 6-14　液舱外板和内板应变测点的动态应变曲线

（2）防护结构模型测点的冲击响应

战斗部模型爆炸载荷下，人员通道内测点的冲击响应如图 6-15～图 6-18 所示。

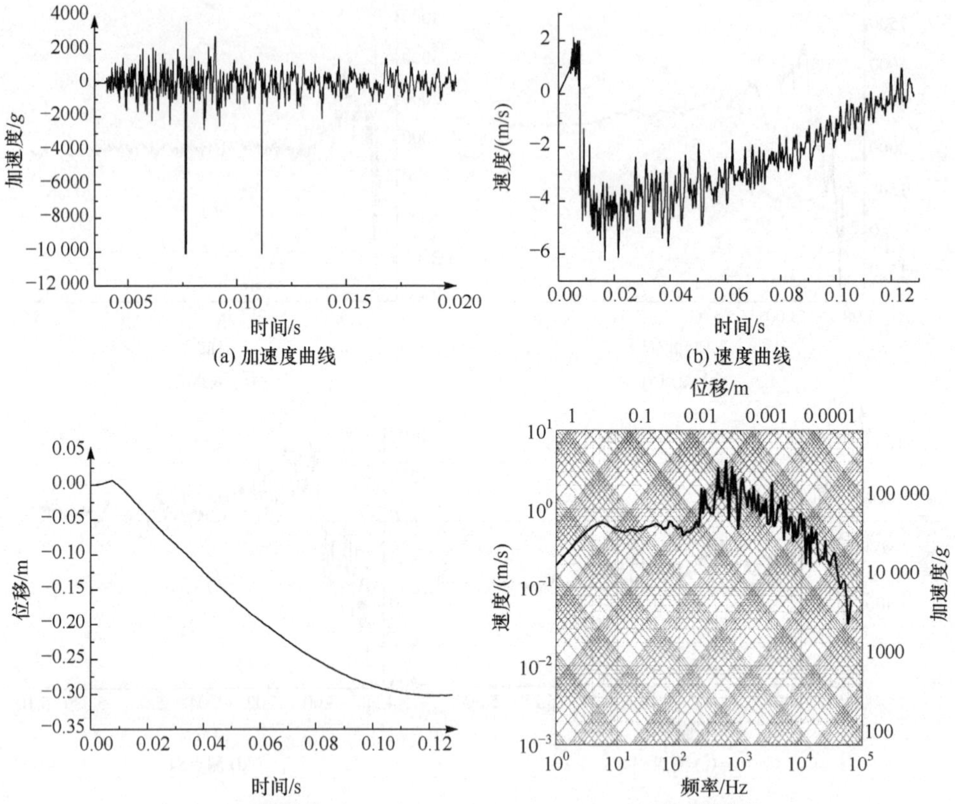

(a) 加速度曲线　(b) 速度曲线

(c) 位移曲线　(d) 冲击谱曲线

图 6-15　人员通道内测点 1 的冲击响应

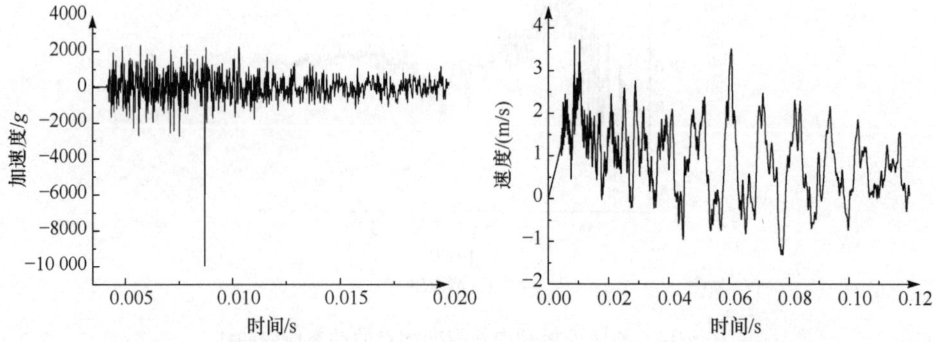

(a) 加速度曲线　(b) 速度曲线

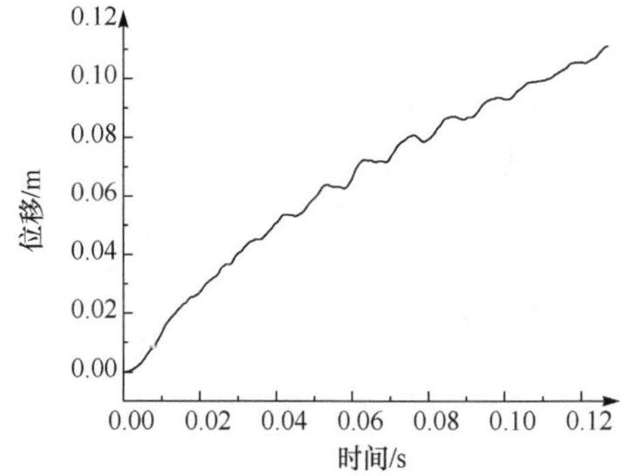

(c) 位移曲线

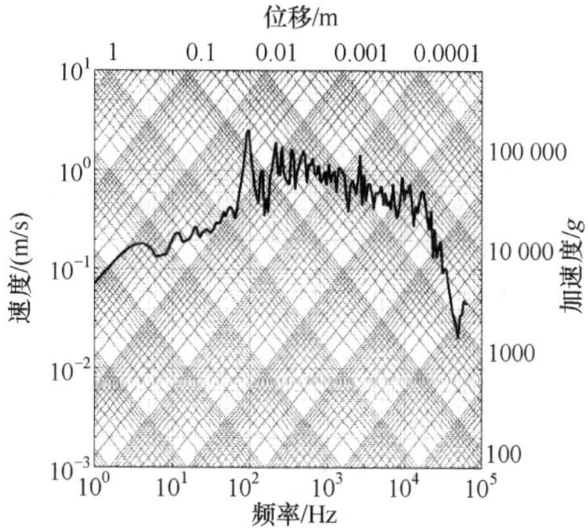

(d) 冲击谱曲线

图 6-16　人员通道内测点 2 的冲击响应

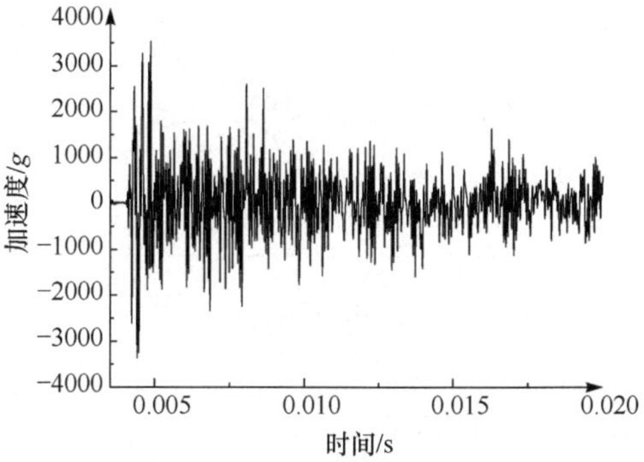

(a) 加速度曲线

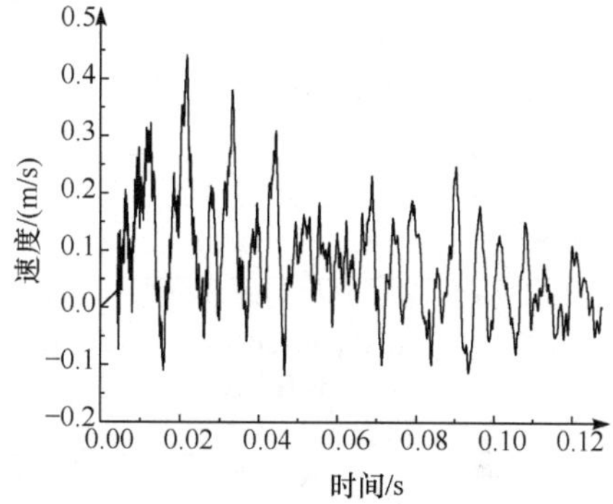

(b) 速度曲线

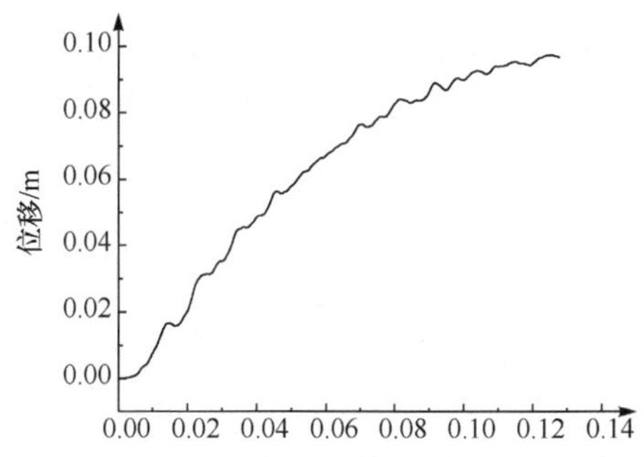

(c) 位移曲线

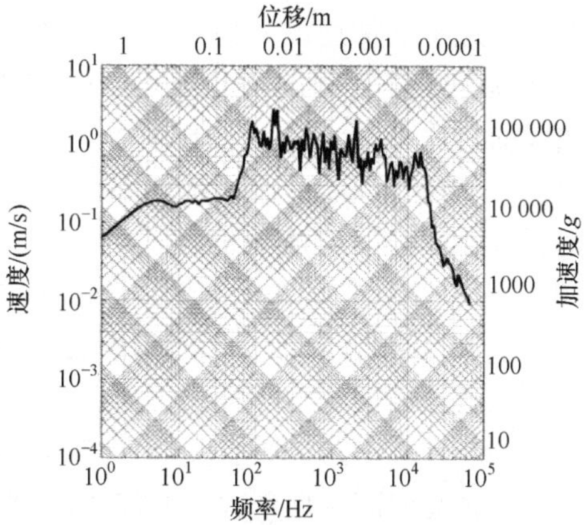

(d) 冲击谱曲线

图 6-17　人员通道内测点 3 的冲击响应

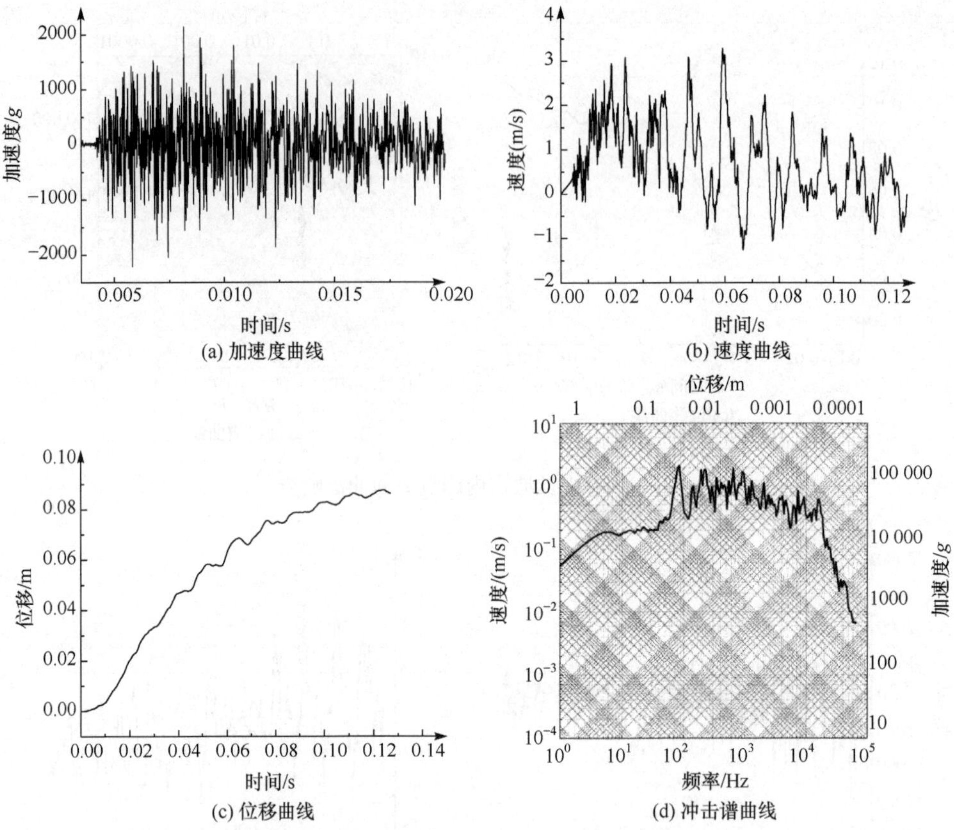

图 6-18　人员通道内测点 4 的冲击响应

战斗部模型爆炸瞬间，在人员通道内会产生强烈的冲击，并且振动加速度很大。测点 1 的加速度峰值为 10 095.6g，测点 2 的加速度峰值为 9949.8g，测点 4 的加速度峰值为 3527.8g，测点 5 的加速度峰值为 2212.2g。从各测点的加速度曲线的对比来看，测点 1 出现两次持续时间很短且峰值很大的加速度响应，而测点 2 出现一个峰值。这种响应特性的产生原因尚不能确定，有待进一步研究。除此之外的测点处结构加速度响应规律明确，各测点的加速度响应大多分布在－2000～2000g。从变化趋势来看，当爆炸在舱内发生时，测点 1 随即出现冲击加速度响应，且响应量值在初始一段时间内有所增加。从加速度测点布置来看，测点 1 垂向布置在人员通道的 02 甲板上，测点 2 布置在防御纵舱壁的 01 和 02 甲板之间，测点 3 和测点 4 在防御纵舱壁的 02 和 03 甲板之间。测点 2 和测点 3 在冲击波到达之后的很短时间内出现较大的加速度，由于测点 4 相对其他测点离爆炸点的距离较远，响应也略小。从加速度响应过程的分析来看，甲板是冲击传递的主要途径，由于存在撕裂和翻转，甲板平面内传递的冲击量值很大，导致在防御纵舱壁上出现较大的冲击响应。从冲击速度和位移响应情况来看，测点 1 的响应值明显较其他测点大，最大速度超过 6m/s，位移接近 0.3m。从 0.12s 内速度响应的变化规律来分析，爆炸发生后整个复合多层防护结构发生了较大的整体位移，这与高速摄影设备记录的试验现象一致。本书采用 Kelly-Richman 滤波法对试验采集得到的加速度数据进行处理，并绘制各测点的冲击谱曲线，如图 6-15～图 6-18 的(d)所示。

(3) 空舱与液舱在战斗部接近爆炸载荷下变形的对比分析

为了验证防护液舱对结构抗爆性能的影响，在多层防护结构的最外层舱室设置对称结构。如图 6-19 所示，模拟导弹战斗部的模型放置在中间舱室，以便对空舱和液舱提供相等的爆炸冲击波和破片冲击载荷输入。模型上部舱室为空舱，下部舱室为液舱，舱内充满水[59-61]。

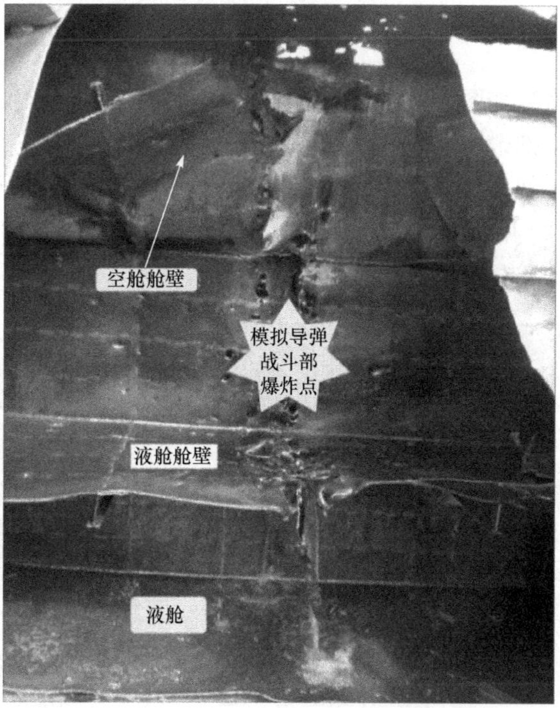

图 6-19　复合多层防护结构对比试验示意图

在战斗部模型爆炸冲击作用下，空舱毁伤严重，毁伤效果如图 6-20 所示。与爆炸点接近的空舱舱壁从中部被完全撕裂并向上翻起，变形的最大值为 0.6m，沿长度方向的撕裂尺寸达到 1.5m。空舱远离爆炸点的加筋板结构(01 甲板)被战斗部破片和二次破片贯穿，造成多处穿孔，并在冲击波压力载荷作用下发生整体变形。通过测量，该舱壁的最大变形量达到 0.135m。

图 6-20　空舱毁伤效果

液舱的毁伤效果如图 6-21 所示。靠近爆炸点的液舱结构(03 甲板)在大量破片的冲击下造成局部毁伤，出现集中破孔，液舱底部发现大量破片沉淀，如图 6-22 所示。除了局部破坏的位置，该舱壁的变形朝向爆炸点，变形量不大，为 0.1m。远离爆炸点的结构(04 甲板)没有破片穿孔出现，仅发生向下的局部塑性变形，最大变形量为 0.06m。

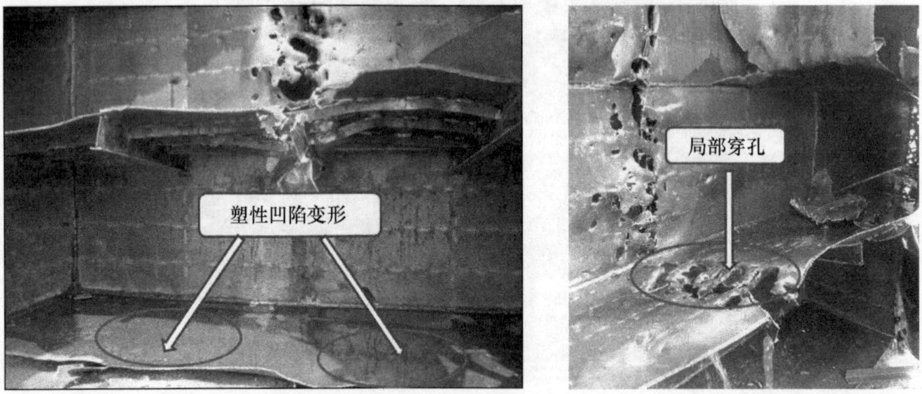

(a) 液舱结构局部塑性变形　　(b) 液舱结构局部破片穿孔

图 6-21　液舱毁伤效果

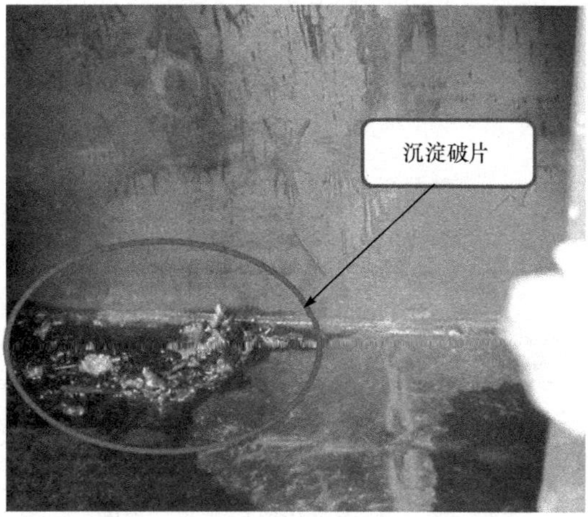

图 6-22　液舱底部沉淀破片

6.3　冲击波和破片耦合作用下结构响应的数值计算

根据复合多层防护结构模型内部爆炸试验观察到的现象，当半穿甲内爆式反舰导弹战斗部在船体内部爆炸时，冲击波和破片的耦合作用对结构造成严重的破坏。破片的分布影响结构的破坏范围和破坏模式。试验方法是评估舰船结构在反舰导弹打击下破坏情况的有效手段，但试验工作将消耗巨大的人力、物力和财力。此外，在船体结构抗爆设计阶段也很难通过试验来评估，模型试验由于受到相似换算关系的限制而在结构爆炸评估中发挥的作用有限。随着数值计算程序的逐渐完善和相关硬件设备的更新换代，通过数值方法计算结构在爆炸载荷下的响应已成为有效的辅助手段。

战斗部在舱内爆炸产生的冲击波与外部爆炸产生的冲击波情况不同。内部爆炸冲击波对舱室结构产生两种性质完全不同的载荷。一种是冲击波在舱内反射引起的短时高超压载荷；另一种是与泄出面积相关的准静态压力。

图 6-23 涉及的两种舱内爆炸载荷并未考虑舱室破损引起的泄出面积改变等复杂的情况，而且舷侧防护舱内的结构比较复杂，通常由船长和船宽方向上布置的众多舱室构成。对于半穿甲内爆式战斗部，其爆炸产生的破片群和强烈冲击波造成舱壁的损坏后将继续作用在其他舱室结构上，且仍具有很大的压力。

反舰武器战斗部在舱内爆炸产生对舱室结构的毁伤包含三个基本问题，即战斗部载荷、结构和材料特性，以及最终的结构响应。本书的第 3 章和第 5 章分别对舱内爆炸载荷的计算方法和战斗部爆炸破片的形成过程进行了研究。本章也对复

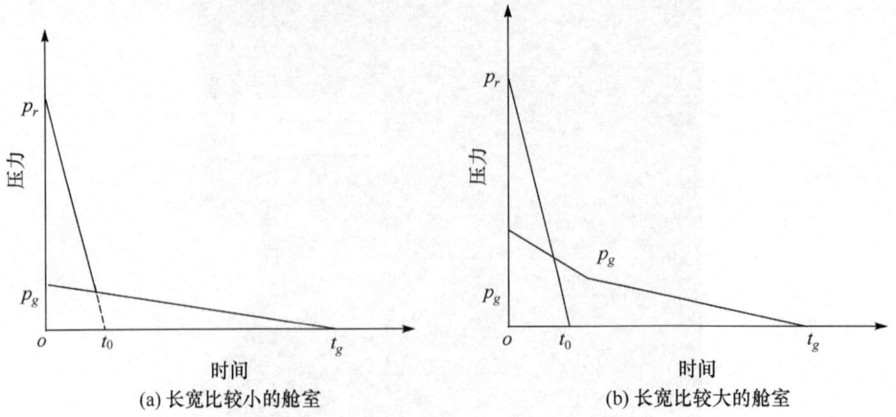

图 6-23　舱内简化爆炸载荷示意图

合多层防护结构模型在战斗部爆炸载荷下的响应进行了试验研究。本节的主要任务是在前述研究成果的基础上，采用数值计算方法对冲击波和破片耦合作用下结构的响应进行研究，并与试验结果进行对比分析，进一步分析破片和冲击波的耦合作用效果，旨在总结出能准确评估战斗部爆炸载荷下结构响应的数值计算方法[62]。

6.3.1　爆炸载荷与结构的耦合作用

1. 流固耦合过程

流固耦合的目的是为了使欧拉网格和拉格朗日网格中定义的材料发生相互作用。由于欧拉网格和拉格朗日网格的求解器是分开的，如果不定义耦合关系，即使拉格朗日单元恰好在欧拉网格范围内，也不会对欧拉材料的流动产生任何影响，同时自身也不会受到任何来自欧拉材料的力的作用。在瞬态动力学软件中，拉格朗日网格和欧拉网格通过一个界面相互耦合，该面称为耦合面。耦合面作为欧拉网格中材料的流场边界，同时材料对界面产生作用力，使拉格朗日网格发生变形。拉格朗日网格和欧拉网格可以用在同一个分析模型中，并且可以通过一个界面相互耦合。该界面是欧拉网格中材料的流场边界，同时欧拉网格中的材料对界面产生作用力，使拉格朗日网格发生变形。在每一时间步，欧拉求解器都需要知道新的耦合面位置，因此在每一时间步都要计算耦合面引起的控制体积的变化，如图 6-24 所示。

结构的动态响应可以直接由有限元求解器计算。舱室内部和外部的空气压力传播可以由欧拉求解器得到。这两种求解器的相互作用通过以下两个步骤进行。

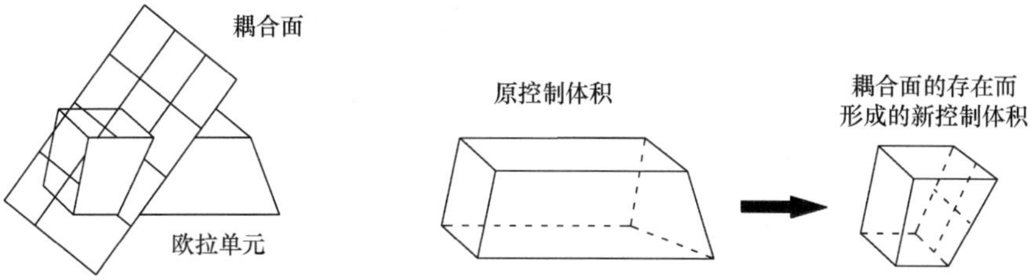

图 6-24　耦合面引起的控制体积的变化

① 欧拉单元的质量在结构表面施加压力载荷。这种载荷就是有限元求解器的边界条件,会对结构节点产生加速度和速度。从板单元产生的塑性应变和应力可以判断单元是否失效,继而判断结构的节点是否以新的速度运动。

② 结构的节点移动使欧拉单元产生新的边界。其结果是每个体单元的质量发生改变,密度也发生改变,由此使压力变化。耦合面上的流体压力如图 6-25 所示。

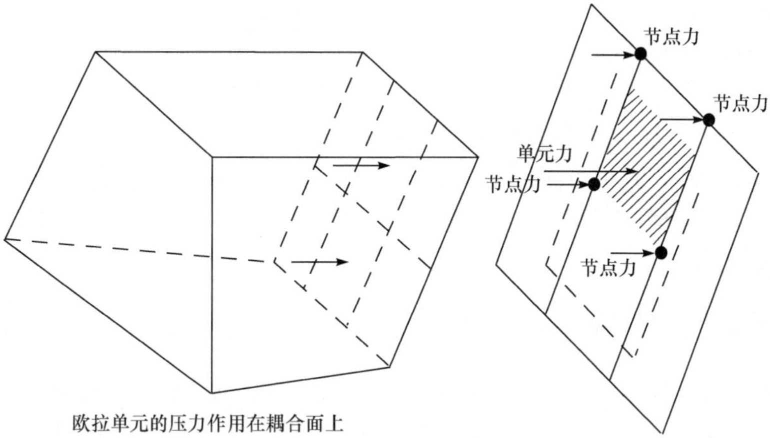

图 6-25　耦合面上的流体压力

在 AUTODYN 中,欧拉和拉格朗日单元之间的相互作用普遍且有效。其耦合过程如图 6-26 所示。拉格朗日界面(耦合面)可以通过任意的方式切割欧拉网格。在处理大变形问题中,初始时刻没有被覆盖的欧拉网格可能被移动的拉格朗日单元完全覆盖。类似的,初始时刻被耦合面切割的欧拉网格也可能不再与拉格朗日单元相交。在拉格朗日单元移动的过程中,欧拉网格的控制体积会变得非常小,甚至趋于零。为了保证计算的稳定,AUTODYN 程序会不断地把小的控制体积与相邻的单元合并起来,形成一个更大的控制体积。

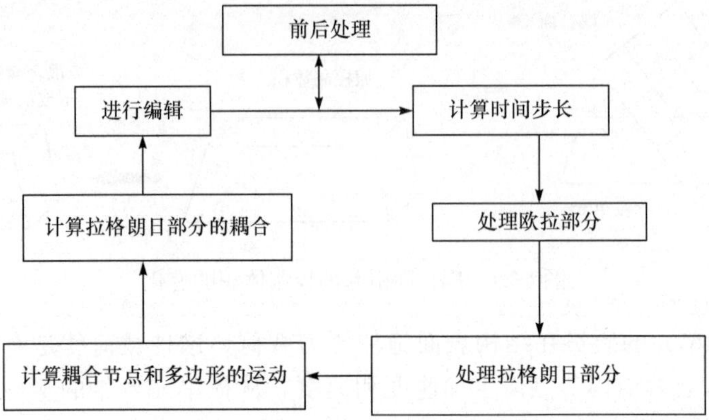

图 6-26　欧拉和拉格朗日耦合过程

AUTODYN 中的耦合方式有刚性耦合、完全耦合和快速耦合。刚性耦合将拉格朗日单元作为刚体处理,只影响欧拉网格的边界。完全耦合包含所有的欧拉-拉格朗日耦合、欧拉-板单元耦合和 ALE 耦合。快速耦合类似于完全的欧拉-拉格朗日耦合,欧拉给拉格朗日网格施加一个压力场,作为拉格朗日的边界条件,但是从拉格朗日网格没有反馈到欧拉网格。由于本章的计算需要考虑结构模型和冲击波的相互作用和影响,结构和流体欧拉网格之间采用完全欧拉-板单元耦合。欧拉-板单元耦合时需要对板单元定义人工厚度。人工耦合厚度与物理模型的尺寸厚度是不同的,耦合厚度必须至少是它周围欧拉单元最小尺寸的两倍,以免耦合不完全而产生泄漏。

2. 多求解器之间耦合

下面对战斗部爆炸载荷下复合多层防护结构响应的全过程进行数值计算。为了使计算结果准确可靠,需要从爆炸载荷、材料本构,以及耦合效应等各方面进行周全的处理。第 3 章对 Euler-FCT 求解器计算舱内冲击波传播的过程进行了试验对比,验证了其在计算舱内冲击波载荷(初始冲击波、反射冲击波和准静态压力)方面的准确性。第 5 章针对带壳弹体在内爆炸作用下膨胀至形成破片过程的特点,采用 SPH 方法对破片的空间分布、质量分布、等效裸装药量进行了详细的研究,从速度分布特性及质量分布两个方面的试验结果对计算方法进行了验证。本节的数值计算过程既有冲击波在多层舱室中的传播、结构流固耦合,又有战斗部自然破片对结构的穿透。因此,本章的数值计算采用 Euler、SPH 和 Shell 三种求解器,相互之间的作用力传递过程需要进一步明确。在 AUTODYN 中,SPH 与 Shell 求解器之间可以进行接触和连接,Shell 与 Euler 求解器之间也可以通过耦合来传递作用力。

这里对多层防护结构内部爆炸试验过程中数值计算战斗部的处理方式与第5章一致。战斗部壳体产生的自然破片可以与结构单元发生接触，穿透破片打击范围内的结构。战斗部模型内部的装药也用SPH粒子来模拟，但目前采用的分析程序不能传递SPH与欧拉单元之间的作用力。这里分两步来解决这个问题。首先，采用本书的方法进行战斗部破片产生过程的计算，当破片完全形成后采用抑制技术阻断模拟TNT的SPH粒子计算。然后，将等效裸装药填充在欧拉单元中，使TNT形成的冲击波能与多层防护结构发生耦合作用。由于在多层防护结构模型的部分舱内充满水，破片将与舱内的水发生相互作用，但面临同样的问题，用SPH模拟的破片不能与充满水的欧拉单元耦合。在计算处理中，将液舱内的水离散为SPH粒子，使破片能与之发生耦合作用并在舱壁上产生压力，将舱壁上的压力值提取后以边界条件的方式施加在舱壁上。在后续的计算中，继续采用欧拉单元对水进行模拟。通过以上处理方式可以使不同求解器之间的作用力传递渠道畅通，方便计算复合多层防护结构模型在战斗部破片和冲击波耦合效应下的破损和变形。

6.3.2　计算模型和相关参数设置

1. 复合多层防护结构有限元模型及空气域

复合多层防护结构的数值计算模型根据试验模型建立，舱室布置和构件尺寸与试验模型完全一致。有限元网格的划分采用基于Belytschko-Tsay理论的板单元，在厚度上有3点高斯积分。考虑在大变形过程中引起的几何非线性，Belytschko等提出在计算扭曲单元的应变率时引入曲率项。AUTODYN将曲率项定义为

$$
\begin{aligned}
\hat{\kappa}_{xx}^{c} &= \frac{4z_\gamma}{A}\hat{z}(B_{\hat{y}1}\hat{u}_{x24}+B_{\hat{y}2}\hat{u}_{x13}) \\
\hat{\kappa}_{yy}^{c} &= -\frac{4z_\gamma}{A}\hat{z}(B_{\hat{x}1}\hat{u}_{y24}+B_{\hat{x}2}\hat{u}_{y13}) \\
\hat{\kappa}_{xy}^{c} &= \frac{2z_\gamma}{A}\hat{z}(B_{\hat{y}1}\hat{u}_{y24}+B_{\hat{y}2}\hat{u}_{y13}-B_{\hat{x}1}\hat{u}_{x24}-B_{\hat{x}2}\hat{u}_{x13})
\end{aligned}
\tag{6-1}
$$

其中

$$z_\gamma=\gamma\hat{z}=\gamma_1\hat{z}_1+\gamma_2\hat{z}_2+\gamma_3\hat{z}_3+\gamma_4\hat{z}_4 \tag{6-2}$$

$$\gamma_1=\frac{1}{4}[h_1-B_{\hat{x}1}(\hat{x}_{12}+\hat{x}_{34})-B_{\hat{y}1}(\hat{y}_{12}+\hat{y}_{34})] \tag{6-3}$$

$$h_1=[1\ \ -1\ \ 1\ \ -1] \tag{6-4}$$

四边形单元的应变率由下式给出，即

$$
\begin{aligned}
\hat{d}_{xx} &= B_{\hat{x}1}\hat{u}_{x13} + B_{\hat{x}2}\hat{u}_{x24} + \hat{z}(B_{\hat{x}1}\hat{\theta}_{y13} + B_{\hat{x}2}\hat{\theta}_{y24}) \\
\hat{d}_{yy} &= B_{\hat{y}1}\hat{u}_{y13} + B_{\hat{y}2}\hat{u}_{y24} - \hat{z}(B_{\hat{y}1}\hat{\theta}_{x13} + B_{\hat{y}2}\hat{\theta}_{x24}) \\
\hat{d}_{xy} &= B_{\hat{y}1}\hat{u}_{x13} + B_{\hat{y}2}\hat{u}_{x24} + B_{\hat{x}1}\hat{u}_{y13} + B_{\hat{x}2}\hat{u}_{y24} \\
&\quad - \hat{z}(B_{\hat{y}1}\hat{\theta}_{y13} + B_{\hat{y}2}\hat{\theta}_{y24} - B_{\hat{x}1}\hat{\theta}_{x13} - B_{\hat{x}2}\hat{\theta}_{x24}) \\
\hat{d}_{yz} &= B_{\hat{y}1}\hat{u}_{z13} + B_{\hat{y}2}\hat{u}_{z24} - \frac{1}{4}(\hat{\theta}_{x1} + \hat{\theta}_{x2} + \hat{\theta}_{x3} + \hat{\theta}_{x4})
\end{aligned} \tag{6-5}
$$

其中

$$
B = \begin{bmatrix} B_{\hat{x}1} \\ B_{\hat{y}1} \end{bmatrix} = \frac{1}{2A}\begin{bmatrix} \hat{y}_{24} & \hat{y}_{31} & \hat{y}_{42} & \hat{y}_{13} \\ \hat{x}_{42} & \hat{x}_{13} & \hat{x}_{24} & \hat{x}_{31} \end{bmatrix} \tag{6-6}
$$

根据式(6-1)和式(6-5)可得，沿厚度方向一系列积分点的 3 个应变率分量($\hat{d}_{xx}$,$\hat{d}_{yy}$,$\hat{d}_{xy}$)，而每个单元的应变率分量($\hat{d}_{yz}$,$\hat{d}_{zx}$)只计算一次。板单元厚度方向不同层的应力根据应变率的时间积分来更新。单元的节点力则由单元膜力和弯矩值，以及程序中给出的沙漏应力联合求得。对于在局部旋转坐标系下的节点 I，其节点力可以表示为

$$
\begin{aligned}
\hat{F}_{x1} &= A(B_{\hat{x}I}\hat{n}_{xx} + B_{\hat{y}I}\hat{n}_{xy}) + \hat{f}^{H}_{xI} \\
\hat{F}_{y1} &= A(B_{\hat{y}I}\hat{n}_{yy} + B_{\hat{x}I}\hat{n}_{xy}) + \hat{f}^{H}_{yI} \\
\hat{F}_{z1} &= A\bar{\kappa}(B_{\hat{x}I}\hat{q}_{xx} + B_{\hat{y}I}\hat{q}_{yy}) + \hat{f}^{H}_{zI} \\
\hat{M}_{xI} &= A(B_{\hat{y}I}\hat{m}_{yy} + B_{\hat{x}I}\hat{m}_{xy} - \frac{1}{4}\bar{\kappa}\hat{m}_{yz}) + m^{H}_{xI} \\
\hat{M}_{yI} &= A(-B_{\hat{x}I}\hat{m}_{xx} + B_{\hat{y}I}\hat{m}_{xy} + \frac{1}{4}\bar{\kappa}\hat{m}_{zx}) + m^{H}_{yI} \\
\hat{M}_{zI} &= 0
\end{aligned} \tag{6-7}
$$

其中，$\hat{f}^{H}_{xI}$,$\hat{f}^{H}_{yI}$,$\hat{f}^{H}_{zI}$,$\hat{m}^{H}_{xI}$,$\hat{m}^{H}_{yI}$为沙漏力；$\bar{\kappa}$ 为横向剪切修正系数(0.833)。

整个多层防护结构有限元模型共 68 504 个板单元。因为数值计算过程包含战斗部模型自然破片的穿透过程和冲击波与结构的耦合作用，所以对结构的不同区域采用不同的网格大小。在破片打击区域的网格比较细密，而非打击区域的网格相对较大。在多次数值试验的基础上，综合考虑破片穿透效应、冲击波与结构的耦合，以及计算规模因素，细密网格的最小边长为 25mm，较大尺寸的网格边长为 50mm。复合多层防护结构有限元模型如图 6-27 所示。

欧拉区域必须覆盖结构破损和变形的范围，才能使结构受到持续的冲击波作用，也就是流固耦合效应。为了使耦合面持续存在，欧拉单元的范围应包含结构单元的变形范围(从结构上撕裂飞出的单元除外)。欧拉单元与复合多层防护结构模型的相对位置如图 6-28 所示。欧拉单元为均匀的六面体网格，边长为 40mm，共

图 6-27　复合多层防护结构有限元模型

有 594 000 个单元。由于网格数量较大，计算工作在工作站上完成，采用 AUTODYN 8MPI 并行计算模块，以提高计算效率。

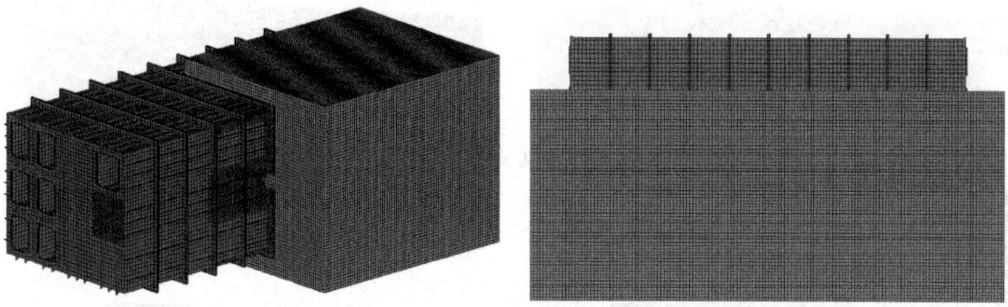

图 6-28　欧拉单元与复合多层防护结构模型的相对位置

2. 边界条件

数值计算的边界按照试验的实际情况考虑，将空气域的边界设置为流出边界，边界处的初始压力为大气压力。试验模型放置在地面上，约束有限元模型相应位置的节点在高度方向上的位移。

6.3.3　复合多层防护结构模型响应的数值计算

1. 冲击波在多层结构中的传播

冲击波在模型舱室内部传播的过程如图 6-29 所示，其中冲击波压力的显示面位于第一层空舱中间。爆炸发生后冲击波首先作用在模型的 02 和 03 甲板上，并向两侧传播，如图 6-29(a)～图 6-29(c)所示。当冲击波到达两侧的横舱壁时，对未开泄爆孔的舱壁形成明显的反射，压力较大；对有开孔的舱壁反射压力较小，部分冲击波通过开孔流入相邻的舱室，如图 6-29(d)所示。由于破片群的打击效应，爆炸点所在舱的舱壁均发生不同程度的破坏，也就是数值计算中的流固耦合面出现破损，冲击波从结构的破损处流出，如图 6-29(e)所示。未开孔的舱壁由于受到战斗部远端封盖形成的破片群的打击而严重毁坏，冲击波从破口处流出，进入相邻的舱室。此外，第一层空舱中的 02 甲板在舱内冲击波压力的作用下从破片穿孔的位置撕裂并发生较大的变形，从撕裂破口泄出的冲击波继续作用在 01 甲板上，使该甲板发生变形，如图 6-29(f)～图 6-29(j)所示。

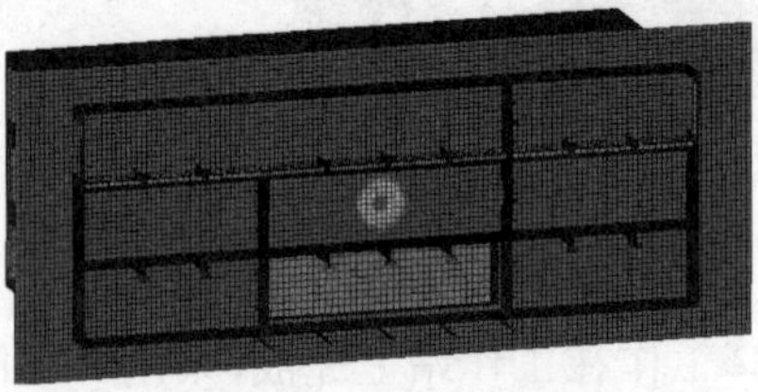

(a) t=5.968×10^{-2}ms

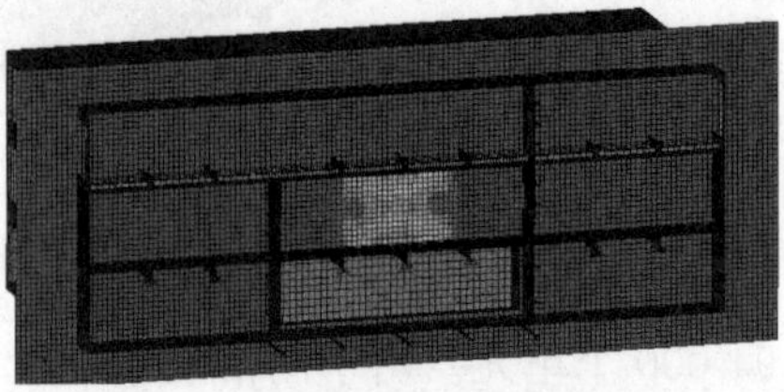

(b) t=1.546×10^{-1}ms

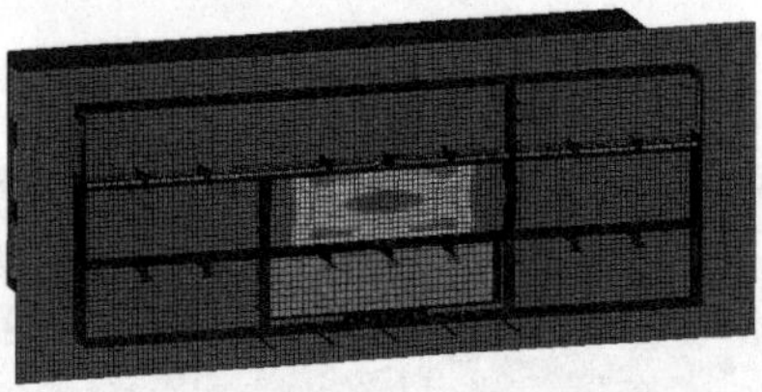

(c) t=2.955×10^{-1}ms

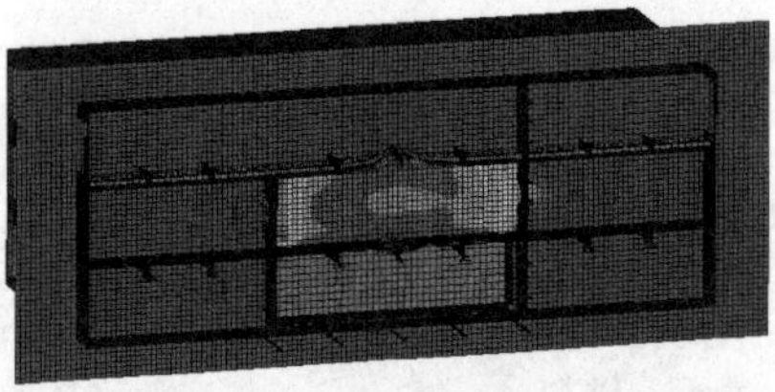

(d) t=6.123×10^{-1}ms

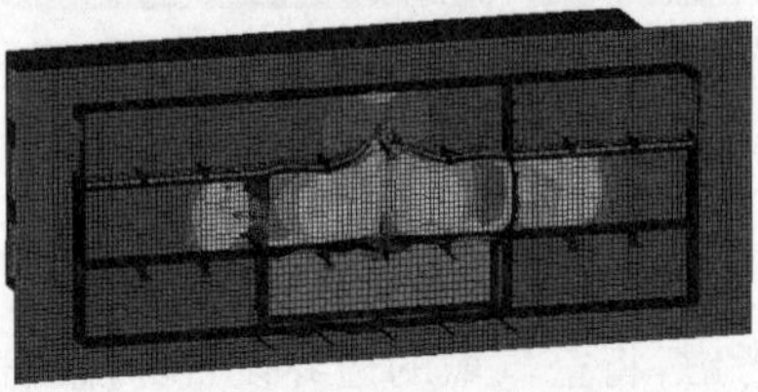

(e) t=1.135ms

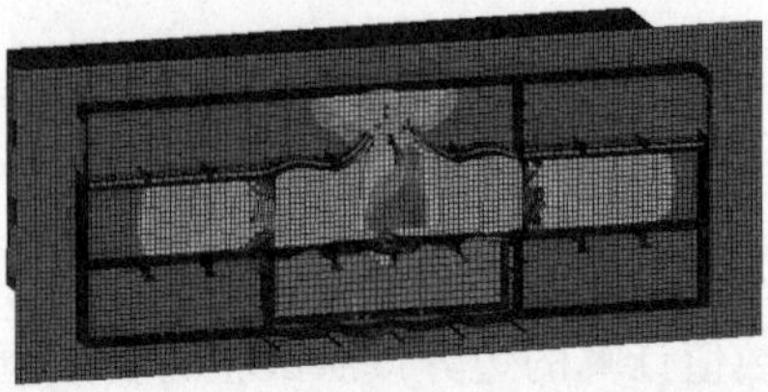

(f) t=1.657ms

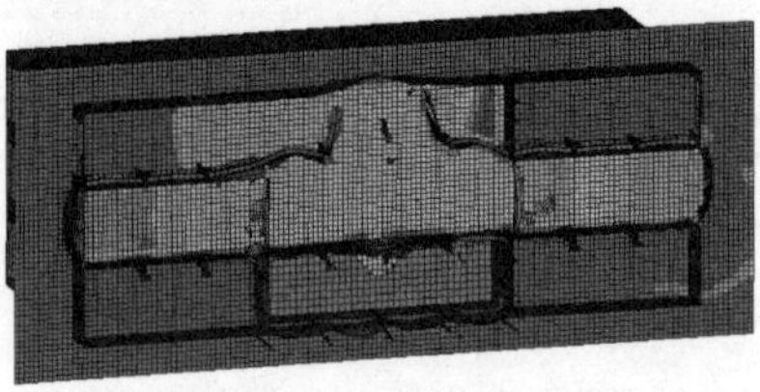

(g) t=3.432ms

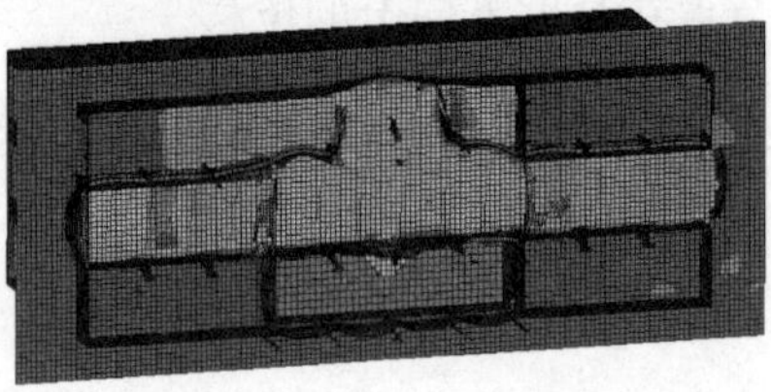

(h) t=3.641ms

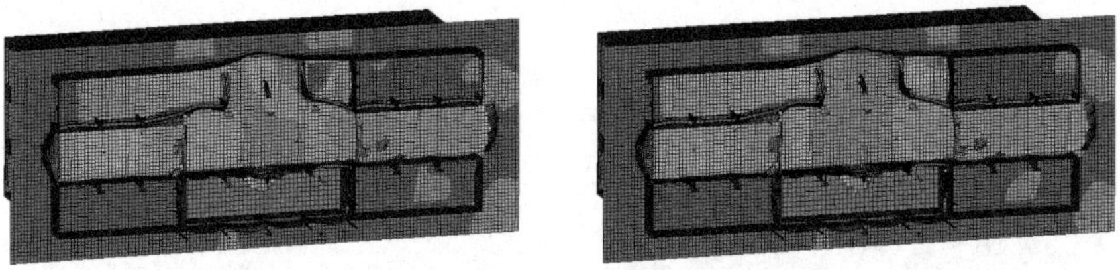

(i) t=4.164ms　　(j) t=4.374ms

图 6-29　冲击波在模型舱室内部传播过程

2. 多层防护结构在破片和冲击波耦合作用下的响应

多层防护结构外板在破片和冲击波耦合作用下的破坏过程如图 6-30 所示。战斗部爆炸后，舷侧外板的开孔附近结构被破片群贯穿，出现不规则的破损。在冲击波压力的进一步作用下，破口的范围逐渐增大，在舷侧外板垂直方向延伸。此外，舷侧外板的局部范围内出现冲击波压力导致的变形，包括战斗部所在舱和下层液舱对应的外板。从图 6-29 可以看出，由于战斗部所在舱的横舱壁在冲击波和破片作用下发生严重的破损，冲击波由破口传播至相邻的舱室，导致这些舱室对应的舷侧外板出现变形，这也反映了冲击波的传播路径。随着舱内冲击波压力的持续作用，外板的破口逐渐增大，防护结构模型出现上下贯穿的破损。01 甲板与舷侧外板的连接处被撕裂，也出现较大的变形。由图 6-30(c)～图 6-30(f)可以看出，与开有泄爆孔的横舱壁相邻的舱壁在爆炸载荷的作用下从防护结构模型上撕裂飞出，这与试验观察到的现象一致。

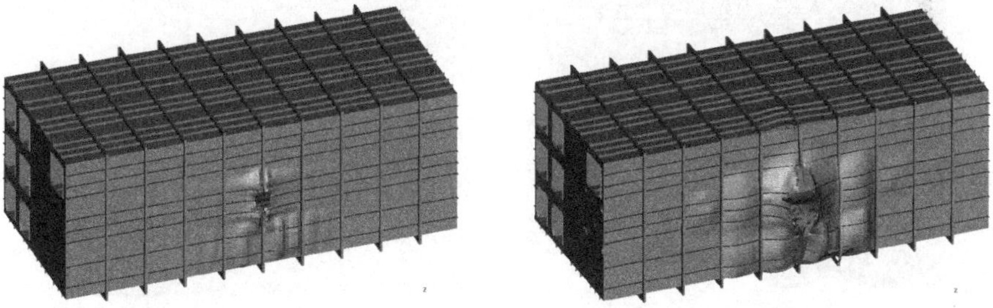

(a) t= 6.207×10^{-1}ms　　(b) t=2.186ms

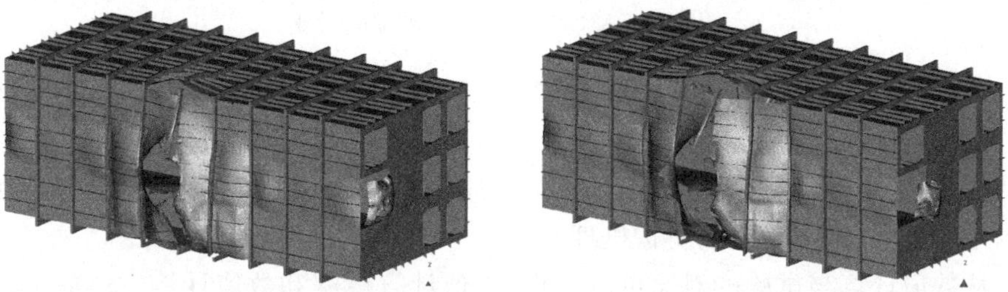

(c) t=3.750ms　　(d) t=5.314ms

(e) t=6.253ms　　(f) t=6.878ms

图 6-30　多层防护结构外板破坏过程

战斗部所在舱室局部变形和破损的对比如图 6-31 所示。从数值计算的模型破损情况来看,液舱外板均只出现局部的破片群穿孔,没有发生大的变形和破损,远离爆点的液舱舱壁出现局部塑性变形。02 甲板从破片群穿孔位置处撕裂,产生较大的向上翻转变形,甚至到达 01 甲板所在位置。相对试验结果,数值计算结果与试验反映出的局部结构破坏模式基本一致,能较真实地评估防护结构在冲击波和破片耦合作用下的响应。

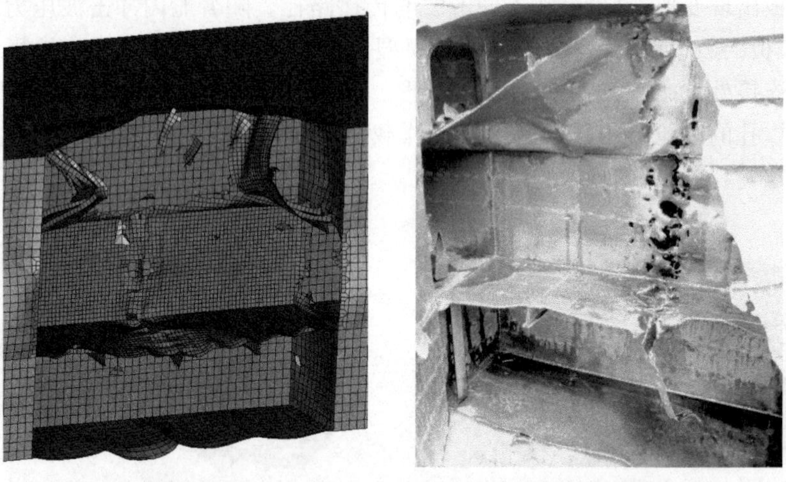

(a) 数值计算结果　　(b) 试验结果

图 6-31　舱室局部变形和破损的对比

多层防护结构舷侧外板在战斗部爆炸载荷下变形和破坏的对比如图 6-32 所示。两者的破坏情况基本一致,从整个破口来看都呈现出上部尺寸小于下部破口尺寸的形式。对比上部破口和下部破口对应的舱室之间的异同,主要的区别在于舱内是否有水,这与液舱的防护机理有关。

从数值计算与试验的对比可以发现,数值计算模型和数值计算方法能准确地

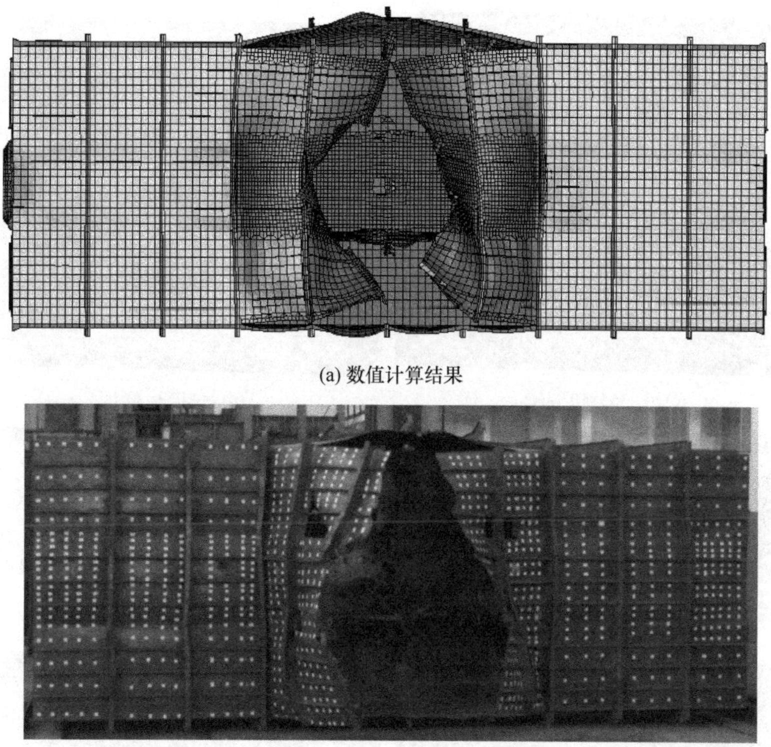

(a) 数值计算结果

(b) 试验结果

图 6-32　多层防护结构舷侧外板变形和破坏的对比

评估冲击波和破片耦合作用下防护结构的响应，从而为进一步揭示多层防护结构的防御机理提供有力的数值试验手段。

6.3.4　液舱的防护机理

在战斗部爆炸载荷作用下，位于爆炸点下方的液舱的结构响应和冲击波传播过程如图 6-33 所示。在战斗部破片和冲击波的作用下，靠近爆炸点的 03 甲板局部区域发生破损和变形，但由于舱内水的限制和支撑作用，03 甲板的变形和破坏程度远小于 02 甲板。从舱内水的角度分析，因为局部区域受到由结构快速变形产生的冲击作用，水中形成了冲击波，冲击波以破片打击(板架最大变形)位置为中心向外辐射。液舱内水中的冲击波到达其他舱壁壁面时形成反射，舱壁结构受到冲击波的作用而发生变形。由图 6-33(a)可以看出，液舱离爆炸点较远的舱壁发生相对较大的塑性变形，变形朝远离爆心的方向。距爆炸点较近的舱壁只是局部结构受到损坏，其他位置的变形量不大。

根据上述液舱响应过程，液舱对爆炸破片和冲击波的防御机理和能量传递的

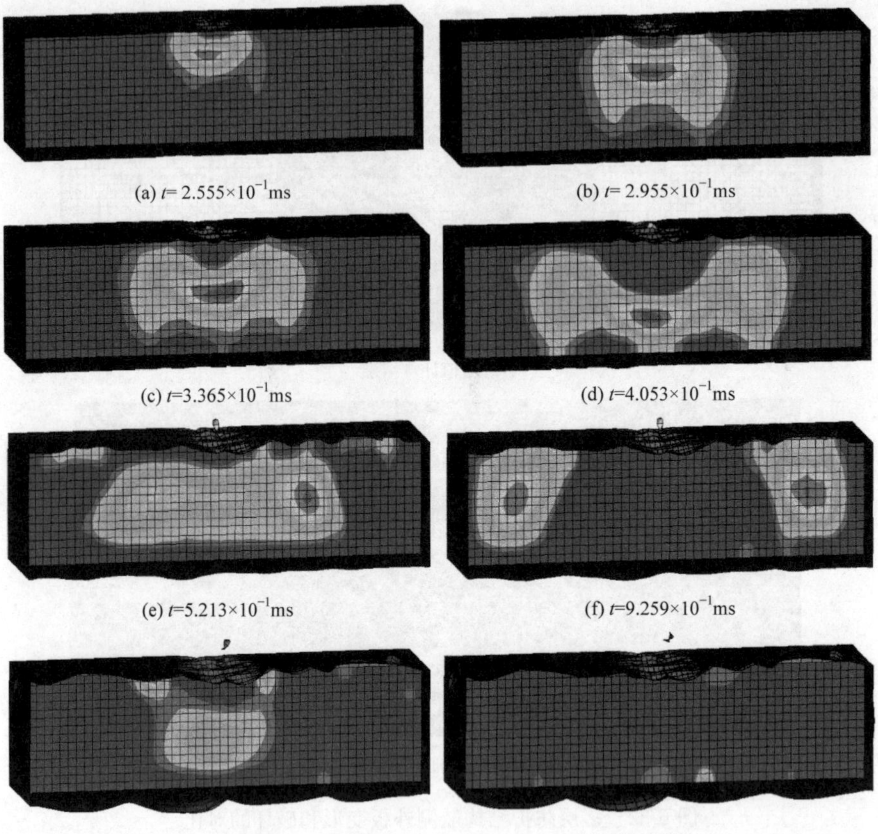

(a) $t=2.555\times10^{-1}$ms　(b) $t=2.955\times10^{-1}$ms

(c) $t=3.365\times10^{-1}$ms　(d) $t=4.053\times10^{-1}$ms

(e) $t=5.213\times10^{-1}$ms　(f) $t=9.259\times10^{-1}$ms

(g) $t=1.553$ms　(h) $t=1.866$ms

图 6-33　液舱的结构响应和冲击波传播过程

规律可总结为:受冲击波和破片作用而变形的液舱舱壁会对舱内的水产生冲击,由此在水中形成冲击波,并向其他舱壁结构传播。当冲击波在舱壁处形成反射时,舱壁发生塑性变形,而受到破片和冲击波直接打击的结构在舱内水的支撑和水中冲击波压力的叠加作用下产生的变形较小。从能量传递的角度来分析,冲击波和破片传递给液舱的能量被液舱舱壁的塑性变形和舱内水的运动而消耗。不难看出,液舱内水的主要作用是把输入液舱的局部载荷"消化吸收",并将载荷作用范围扩大,通过"集体的力量"消耗爆炸输入的能量。

为了进一步研究液舱在复合多层防护结构中的作用,对没有液舱的复合多层防护结构在战斗部爆炸载荷下的响应进行计算。无液舱的复合多层防护结构破坏情况如图 6-34 所示。从图 6-34(a)可以看出,在冲击波和破片的耦合作用下,爆炸点附近的结构被严重损毁,02 甲板和 03 甲板的破坏基本对称,破坏模式为从破片穿孔位置撕裂,并在冲击波作用下翻转变形。外板破坏和变形情况如图 6-34(b)

所示。对比有液舱情况下外板的响应，无液舱外板的整体变形明显减小，且在高度方向沿爆炸点所在平面对称。通过对比发现，舱内有水与否还对液舱对应的外板部分的变形有明显的影响。在舱内有水的情况下，03 甲板与 04 甲板之间部分的外板变形要大。如图 6-35 所示，当第二层舱为空舱时，靠近爆点的舱壁在冲击波和破片耦合作用下产生严重的破坏，出现大的破口，冲击波从破口传播至第二层舱。此外，战斗部产生的破片群也将穿透第二层舱的内壁，使其丧失水密性。

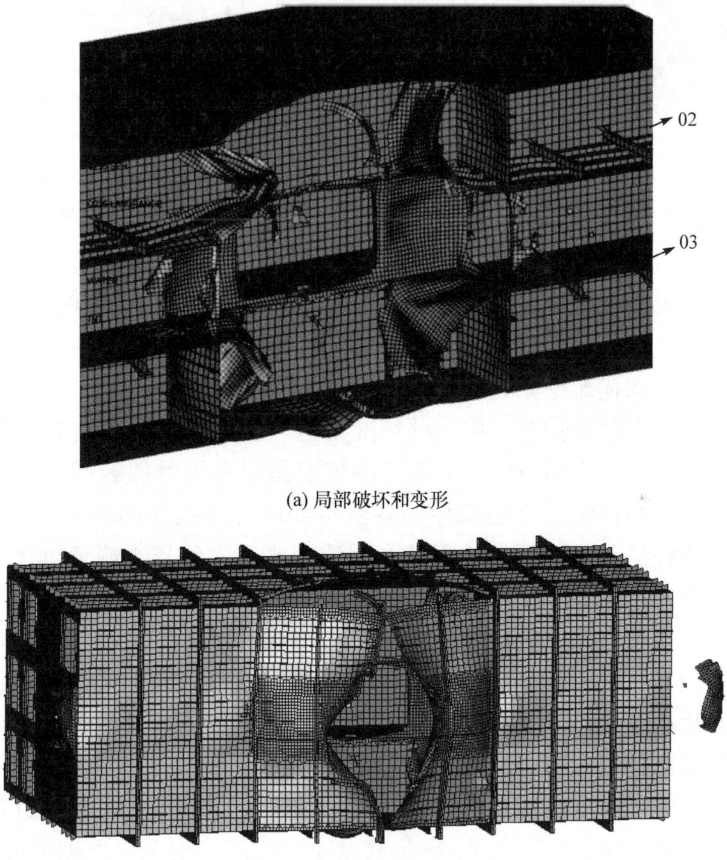

(a) 局部破坏和变形

(b) 外板破坏和变形

图 6-34　无液舱的复合多层防护结构破坏情况

6.3.5　冲击波和破片的耦合破坏效应

破片和冲击波的耦合效应不是两者载荷的简单叠加，会对结构产生更加严重的破坏，特别是在近场爆炸的情况下。当反舰武器战斗部在舰船舱内爆炸时，这一问题变得更加复杂。本节对破片和冲击波的耦合效应进行深入的研究，评估两种

图 6-35　冲击波在多层空舱中的传播

载荷对舰船结构破坏的参与程度。为了对不同情况下的冲击波传播和结构破坏模式进行定量分析,需要对比特定点的冲击波压力变化。共布置四个典型的测点,测点 1 布置在距无开孔舱壁中心位置 50mm 的空气域;测点 2 与测点 1 相对爆炸点对称,距舱壁开孔中心 50mm;测点 3 布置在相邻舱室的中部,靠近测点 1;测点 4 布置在与有开孔的横舱壁相连的舱室中部,靠近测点 2。

本节的计算有两种情况。第一种情况是舱内爆炸载荷为冲击波和破片,结构在冲击波和破片耦合作用下响应。第二种情况是只有等效裸装药在舱内爆炸,产生冲击波载荷。两种情况下空气域中各测点的压力曲线如图 6-36 所示。测点 1 和测点 2 在两种情况下的压力过程基本一致。测点 1 的压力峰值远大于测点 2,这是因为测点 1 布置在空气域与横舱壁耦合厚度的范围内,得到的是舱壁的反射压力。测点 2 在另一侧横舱壁的开孔附近,由于开孔的存在,没有结构作为空气域欧拉单元的边界,也没有压力反射。测点 3 的压力变化过程如图 6-36(c)所示。在冲击波和破片耦合作用的情况下,冲击波到达测点 3 的时间较早且峰值较大,而在等效裸装药爆炸的情况下,该测点压力上升较慢且峰值较小。主要原因是在冲击波和破片耦合作用下,横舱壁在破片群的打击下出现破口,冲击波从破口流入相邻的舱室。在裸装药爆炸的情况下,横舱壁仅在冲击波作用下出现破损需要较长的时间,而且有更多的能量从其他破口耗散,最终进入测点 3 所在舱室的冲击波能量较小。测点 4 的压力变化过程如图 6-36(d)所示。在两种情况下,测点 4 的压力变化趋势相似,都出现两次峰值。在等效裸装药爆炸情况下,测点 4 的第二次峰值压力较大,从结构破损情况来看,仅在冲击波作用下舱室结构从受载到变形或破损需要的时间较长,初始冲击波将在各舱壁形成反射冲击波,并通过舱壁的开孔传播至相邻的舱室,从而使测点 4 所在的舱室可以承受更大的冲击波载荷。

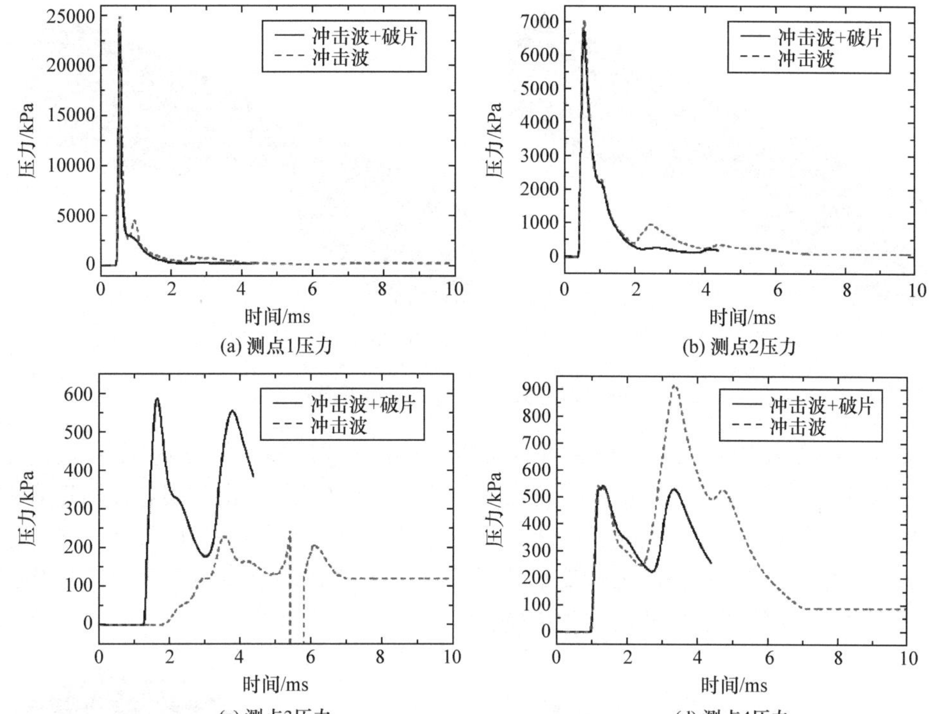

(a) 测点1压力　(b) 测点2压力

(c) 测点3压力　(d) 测点4压力

图 6-36　两种情况下空气域中各测点的压力曲线

在两种情况下，02 甲板和 01 甲板的变形和破损分别如图 6-37 和图 6-38 所示。在等效裸装药爆炸载荷作用下，02 甲板的变形和破损如图 6-37(a)所示。02 甲板局部结构仅受到冲击波压力，出现整体变形，当变形达到一定程度时从连接处撕裂，整体向上翻转。冲击波和破片耦合作用下 02 甲板的变形和破损如图 6-37(b)所示。02 甲板的破损最先从破片群穿孔处发生，并在持续的冲击波作用下出现较大的翻转变形，破坏模式与仅在冲击波情况下的明显不同。从图 6-38(a)和

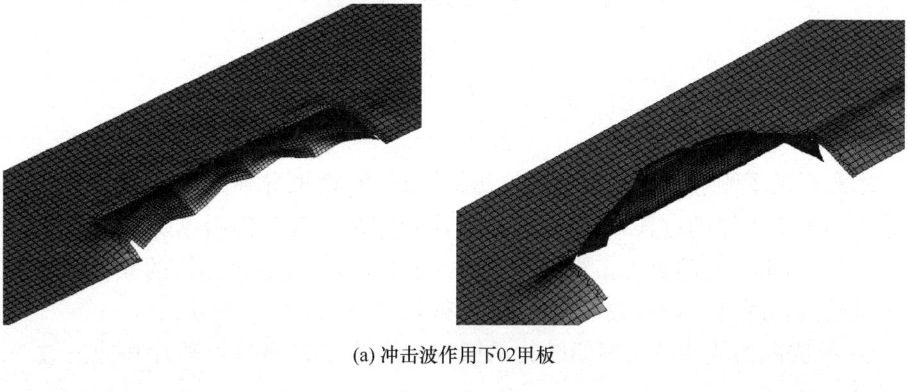

(a) 冲击波作用下02甲板

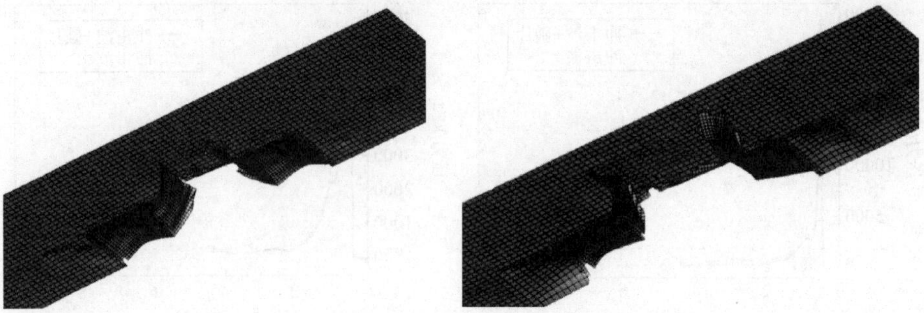

(b) 冲击波和破片耦合作用下02甲板

图 6-37　02 甲板的变形和破损

图 6-38(b)中 01 甲板的变形对比可以发现,02 甲板的破损直接影响 01 甲板的变形。从这个角度来说,破片群对冲击波有一定的导向作用,冲击波很容易损坏有破片群穿孔的结构,并从结构破损处传播至相邻的舱室,造成进一步的破坏。在冲击波和破片耦合作用下,这两种载荷形式对结构产生的破坏效果相互影响。从某种意义上来说,破片群引导冲击波的传播。

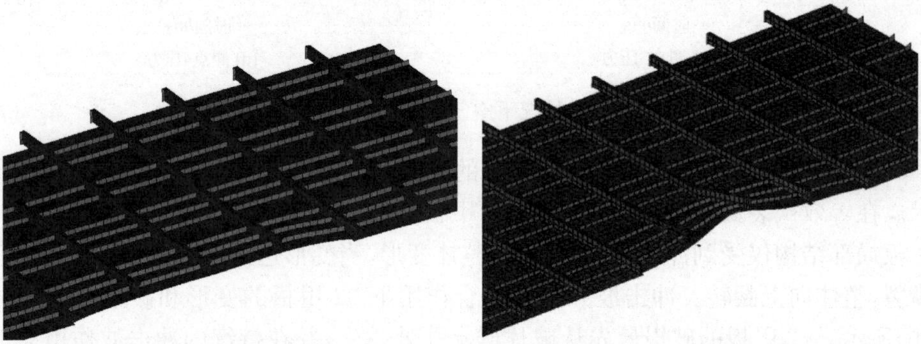

(a) 冲击波作用下01甲板　　(b) 冲击波和破片耦合作用下01甲板

图 6-38　01 甲板的变形和破损

6.4　总　　结

本章开展了舰船多层防护结构抗爆模型试验,模拟导弹战斗部在舰船舷侧防护结构的内部爆炸的过程,研究在高速破片和冲击波耦合作用下防护结构的破坏模式、多层防护结构防御冲击波和高速破片的效果,以及内部结构的冲击响应。通过对试验的物理过程开展数值仿真计算,得到以下几点结论和建议。

① 反舰武器战斗部对舰船结构的毁伤效应主要包括爆炸破片和冲击波。两

者具有一定的相关性，爆炸冲击波和高速破片的耦合对结构的破坏具有叠加增强效应。对于试验采用的战斗部，从破片在模型结构上穿孔的分布来看，圆柱形战斗部的破片分布方向主要包括壳体径向膨胀方向和端面法向方向，破片分布比较集中。

② 反舰武器战斗部模型在复合多层防护结构内部爆炸时，爆炸冲击波和高速破片的耦合作用会对结构造成严重的破坏，破片的空间分布情况对结构的最终破坏形态影响很大。复合多层防护结构的第一层舱室完全损毁，舷侧外板在垂直方向被破片群贯穿撕裂，并在爆炸冲击波作用下向外翻转变形，最大变形为 1.36m；沿长度方向的撕裂长度达 2m；液舱外板在高速破片的打击下出现大量穿孔，液舱外板结构破裂，液舱内板未出现穿孔和破裂。

③ 通过横舱壁上直径为 200mm 的开孔泄出的冲击波将相邻横舱壁从模型上撕裂，飞出距离超过 50m。从横舱壁破坏的对比分析来看，在横舱壁上设置开孔（泄爆孔）可有效地引导爆炸冲击波沿舰船长度方向传播，同时利用长度方向开阔的空间可以衰减冲击波强度，降低冲击波对内部结构、设备和人员的损伤。

④ 防护液舱在多层防护结构中起着至关重要的作用。首先，防护液舱内的液体能有效地吸收高速破片，阻止破片穿入内部舱室。在试验中，0.6m 宽的液舱可以将圆柱形壳体产生的破片群全部吸收。其次，舱内的水对外板结构有一定的支撑作用，限制外板的变形和破坏。

⑤ 通过空舱与液舱在战斗部近场爆炸载荷下变形的对比试验，与爆炸点接近的空舱结构从中部被完全撕裂并向上翻起，变形的最大值为 0.6m，沿长度方向的撕裂尺寸达到 1.5m；液舱靠近爆炸点的结构出现朝向爆炸点的变形，最大变形量为 0.1m；充水舱底部结构出现向下的塑性变形，最大变形量为 0.06m。这主要是破片在水中高速运动产生的压力所致，建议在设计时尽量在合适的位置设置通水孔，通过水的流出减小内部结构承受的压力，从而避免结构因大变形而被撕裂。

⑥ 战斗部在舱内爆炸时，冲击波和破片直接作用在舱室结构上，除了被破坏的结构，在较远的位置将产生严重的冲击。从试验结果来看，冲击加速度很大，且各层甲板是冲击传递的主要路径。高量值的冲击将对舰员生命安全和舰载设备造成严重的危害，在设计舰船的防护结构时应采取相应的抗冲击减振措施。

⑦ 采用流固耦合方法和多求解器分项处理的方式对复合多层防护结构的内部爆炸的试验过程进行数值计算。采用第 5 章的数值方法得到战斗部爆炸产生的自然破片的质量分布、空间分布和速度特性，通过 SPH 与板单元耦合的方式直接为复合多层防护结构提供自然破片的打击载荷。此外，通过欧拉与板单元耦合的方式可以实现战斗部等效裸装药产生的冲击波与复合多层防护结构数值模型的相互作用。实现复合多层防护结构响应过程的数值计算，通过数值计算结果与试验现象的对比，总结得到破片和冲击波耦合作用下结构响应的数值计算方法。

⑧ 液舱内水的主要作用是把输入到液舱的局部载荷“消化吸收”,并将载荷作用范围扩大,通过“集体的力量”来消耗爆炸输入的能量。

⑨ 对于复合多层防护结构来说,冲击波和破片耦合作用的主要机理是,冲击波载荷持续时间相对较长,而破片的空间分布主要与战斗部的姿态和形式有关,在特定方向上呈密集分布状态。破片打击舱壁结构时会造成舱壁的密集穿孔,对舱壁结构的断面造成毁伤并形成大量穿孔。这些舱壁结构同时又在冲击波压力作用下发生整体变形。由于穿孔形状不规则且周围存在应力集中,很容易产生裂纹并使不同位置的穿孔贯通,进而使被打击舱壁结构断面发生整体破坏,在冲击波压力下产生较大的变形和翻转。在冲击波和破片耦合作用下,这两种载荷形式对结构产生的破坏效果相互影响。从某种意义上来说,破片群引导冲击波的传播。

第 7 章　爆炸载荷下舰船结构缩比模型设计方法

7.1 引　　言

7.1.1　爆炸载荷下缩比模型试验

在诸如爆炸、冲击等极端动态载荷作用下，受载结构将发生严重的破坏，从而导致灾难性的后果。极端载荷下结构的动态响应也成为相关领域研究的热点。以舰船工程为例，反舰武器战斗部爆炸瞬间产生的高强度冲击波载荷会对舰艇的船体结构、舰载设备和人员造成不同程度的损伤，从而破坏舰艇正常执行任务的能力，甚至破损沉没。从各国海军进行的实船爆炸试验结果来看，反舰武器对舰船结构的破坏力是惊人的，尤其以反舰导弹战斗部的内爆、鱼雷和水雷的水下爆炸为甚[8,63-65]。

面对日益突出的攻防矛盾，舰船设计领域的科研人员也致力于爆炸载荷的准确评估、材料动态特性的正确描述，以及结构响应和毁伤的精确计算等方面的研究攻关。舰船结构在爆炸作用下的动态损伤一直以来都是考核舰船战时生命力的重要指标之一。随着非线性有限元技术的发展，国内外已有不少学者采用该技术分析结构爆炸响应问题[66]。然而，对于爆炸冲击载荷下结构响应这类瞬态的、包含几何大变形和材料发生塑性、损伤，乃至断裂破坏的强非线性问题，非线性有限元存在数值不稳定、建模和计算效率低等不足，使基于非线性有限元分析船体结构爆炸响应的方法很难突破瓶颈。

相对实船爆炸试验，缩比模型试验具有试验成本低，便于深入研究结构损伤机理的特点，被广泛地采用。

2005 年，美国海军在其最新的“朱姆沃尔特级”驱逐舰 DDG-1000 的设计阶段，建造了 1∶4 缩比模型，并开展水下爆炸试验。近年来，我国海军装备发展迅速，相关领域研究人员在结构模型爆炸试验方面开展了大量类似的研究工作。从发展趋势来看，缩比模型试验逐渐成为结构爆炸响应评估和预报的主要手段[67,68]。

7.1.2　爆炸载荷下结构动态响应缩比试验模型的特点

常用的低碳钢、铝合金等材料具有良好的韧性，因此在压力加工过程中可以经历塑性大变形而不发生断裂。由这些材料制成的结构在受到撞击、爆炸等短时强动载荷的作用时会发生快速的塑性大变形，其最终的变形形状将大大不同于初始构形。构件的变形历史和最终形状不但与构件的几何构形、尺寸和支撑条件相关，而且与材料的弹塑性及其应变率有关，同时还依赖动载的时间和空间分布[69]。

由于材料的动态力学行为与应变率的相关性，在缩比结构模型试验中，模型和原型的动态屈服强度还与应变率和缩比系数密切相关。以选用 Cowper-Symonds 材料动态强化模型为例，原型和模型的动态屈服强度比不满足完全相似的条件，而是随着缩比系数和应变率的不同而改变(图 7-1)[70]。

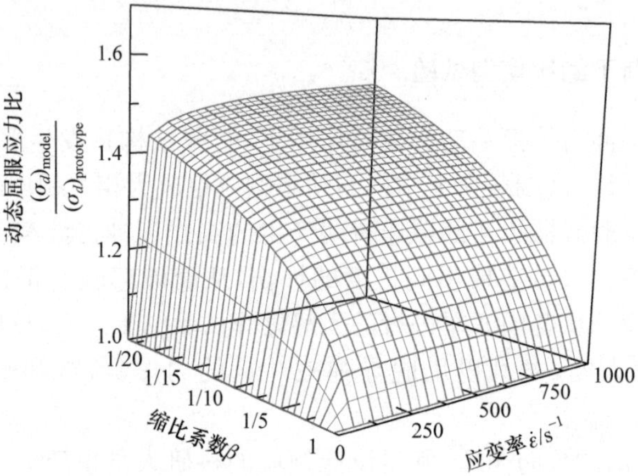

图 7-1　模型、原型的动态屈服强度比与应变率及缩比系数之间的关系

因此，在结构缩比模型试验中有两个问题需要考虑。

① 缩比模型试验设计依据的相似准则是什么?

② 在完全相似不成立的情况下，能否找到一个合理的方法，利用模型试验结果预报实际结构的动态响应?

此外，舰船结构的基本组成构件是加筋板。加筋板属于薄壁结构。在缩比模型试验中常常遇到这样的问题，即试验方案确定的缩比系数对于长度和宽度来说都很容易满足，但板厚尺寸因受限于板材规格或模型加工工艺而无法准确满足缩比系数，即发生几何畸变。在静力试验中，通常通过设计加工相似畸变模型来克服限制条件，这在实践过程中已被广泛验证和应用。然而，对于爆炸载荷下的结构响应来说，由于载荷的局部效应和响应的惯性效应等特性，不能像静力试验那样仅仅使得结构的整体截面特性满足相似关系，需要以基本构件作为研究对象。如何处理由于几何(板厚)尺寸不满足相似缩比关系而导致的相似畸变，探索该类问题的相似畸变规律和准则是爆炸载荷下缩比模型设计需要迫切解决的难题[71-76]。

7.1.3　国内外研究进展

结构在动态载荷作用下(碰撞、爆炸冲击)的响应问题受到越来越多研究人员的关注,主要包括两个侧重点。

① 在结构防护领域(如航空航天、汽车、船桥碰撞防护),探索安全可控的结构失效模式,通过材料的塑性变形来消耗动态载荷传递的动能,在此基础上进行结构的优化设计[77-79]。

② 在毁伤评估领域(弹药工程、舰船、建筑),研究爆炸载荷特性,以及结构在强冲击载荷下的毁伤情况,评估结构的生命力和结构物功能的退化程度。

以弹性力学为基础的船舶结构静力模型试验的相似理论已经非常成熟且被广泛应用。在结构冲击研究领域,与模型和原型相关的变量参数较多,包括几何尺度、质量特性、力、应力应变、时间、速度、应变率、能量等。结构模型与原型之间的相似包括两类。第一类是完全相似,即模型所有的无量纲数与原型相应的无量纲数相匹配。第二类为不完全相似,即不满足模型与原型无量纲数相匹配的条件。对于结构的动态受载情况来说,由于存在材料的应变率敏感性、材料断裂及材料热效应等影响因素,不同尺寸结构的响应将不满足缩比定理[69],属于第二类相似问题。第二类相似问题包含的对象也更加广泛[80]。

1. 理论研究发展动态

针对结构动态响应的问题,研究人员根据量纲分析原理,并结合Π定理推导表征动态响应物理现象的无量纲数,寻求一种解决该类问题的理论途径,力求准确预报不同尺寸结构的动态响应。Johnson[81]提出损伤数 D_n 的概念,并将其应用于梁和板结构的动态塑性响应。Zhao[82]在 Johnson 研究工作的基础上将几何尺寸影响因素引入理论分析过程,得到响应数 R_n。随后,Li 等[83]考虑应变强化、应变率强化、温度,以及横向剪切载荷等影响因素,进一步发展了前人提出的方法。Hu 等[84,85]将响应数 R_n 的方法应用于几类结构动态响应分析中,他们的研究工作也反映了响应数 R_n 对这类问题的适用性。

由于动态载荷、动态响应问题的复杂性,结构自身的复杂性和结构与周围介质特性的相关性,大部分动态响应问题难以采用理论解析方法解决。此外,从本质上来说,Π定理并不能得出真实现象中具有物理含义的无量纲数,而通常需要采用试验的方法确定这些无量纲数,以便更全面地认识物理过程。直接采用实际结构进行试验研究往往是不可能实现的,并且也会使研究具有很大的局限性。借助“模拟”方法,采用物理相似模型进行结构动态响应问题的研究,一直是解决复杂动态响应问题的主要途径[70,86-93]。

2. 试验及数值方法研究发展动态

在与结构动态响应相似问题的研究领域,很多学者都开展了结构冲击问题的不完全相似研究。Booth 等[94]开展了低碳钢和不锈钢薄壁结构 1∶4 缩比模型的落锤试验,发现原型结构的焊缝撕裂程度更加严重,而且结构变形超过 2.5 倍的缩比换算值。Schlyer 等采用试验手段研究了不同边界支撑方式的低碳钢方板在均匀分布的三角形脉冲载荷作用下响应的相似问题。在试验过程中,试件未发生撕裂或破损,但从结果来看,板的瞬态响应并不满足缩比关系。此外,也有学者对弹体穿甲过程进行了研究,发现穿甲过程也属于不完全相似。有学者将其归因于应变率的影响,也有学者认为是表面效应——摩擦、裂纹、断裂、热传导等导致的能量消耗引起的。Drazetic 等[95]采用数值计算和试验手段相结合的方法对矩形截面金属管受横向冲击时的弯曲失效问题进行研究。在其研究工作中,缩比模型在初始速度、几何,以及材料特性方面都未严格按照统一的缩比关系,而是提出间接相似的试验技术,并经过修正处理使模型和原型的响应满足直接对比关系,得到了理想的结果。

对于率敏感金属材料来说(如低碳钢等),应变率的变化可以显著地改变材料的力学行为,所以材料的应变率效应是结构动态响应相似畸变,即不完全相似的主要因素之一。Oshiro 等[90]在研究工作中通过合理地改变冲击速度来考察应变率的影响,提出处理由应变率效应导致的不完全相似问题的方法。也就是说,模型和原型之间的速度缩比不等于缩比 λ,而是一个与 λ 相关的修正值,从而使模型和原型之间的结构响应行为相似。此后,Alves 等[93]采用改变冲击质量的方法来代替初始速度,也得到较好的解决方法。不难看出,这种处理方式将冲击质量引入结构响应的问题中,建立了载荷、材料特性,以及结构响应的闭环分析系统。钢质方管在受到刚性质量轴向冲击载荷下的稳定性和屈曲是一个典型且复杂的结构动态响应问题。Oshiro 等[70]将试验结果作为验证缩比方法合理性和有效性的对象,证明采用冲击速度修正的方法可以预测原型结构的屈曲模式,而采用不加修正的缩比模型时将得到完全不同的失效模式。然而,冲击速度修正的方法需要确定模型的应变率来计算缩比系数,这通常在实际问题的分析过程中是较难确定的。针对这个问题,他们又提出采用指数形式表达的本构方程(Norton-Hoff 方程)确定材料的动态屈服强度,得到只与材料自身动态特性相关的修正冲击速度和缩比系数的表达式。

在实际缩比模型试验过程中,模型的加工制造误差或模型材料规格的限制而产生的几何畸变也是准确相似预报必须要面对和解决的问题。对于冲击载荷下结构几何畸变问题,Cho 等[96]研究了几何畸变和不同材料组成(材料畸变)的模型之间的缩比关系。他们采用两个不同的模型——一个是与原型之间存在几何畸变，另一个是与原型材料不同，开展研究工作，以期得到同时考虑两种畸变影响因素的第三个模型来预测原型的响应行为。Oshiro 等[89]引入新的修正系数，建立几何畸变结构动态响应的相似分析方法，并通过与三种简单结构在动载荷作用下响应的理论解的对比分析验证所建立方法的有效性。

随着测试技术的不断发展和进步，基于数字图像相关的技术也被引入结构动态响应试验中，使得研究者能获得更多的结构响应数据，进而深入探索结构动态响应相似的规律、控制机理和影响因素。Zhao 等[97]采用量纲分析方法指导试验设计，开展 Al6061-T6 铝合金材质固支圆板的缩比模型与原型的沙埋炸药爆炸试验，借助高速摄影和图像处理技术得到了不同比例试件的动态响应详细数据。从试验结果来看，原型与缩比模型结构的中心点挠度结果相差较大，作者将其归因于不同比例模型加工材料的屈服强度不同。

在国内，李玉龙等基于量纲分析和相似理论得到结构受飞鸟撞击问题的相似准则，并采用非线性动力分析程序对不同缩比系数的模型进行计算，对比了应变率效应对结构动态响应缩比的影响。张振华等[67,68]开展了加筋板结构在水下爆炸冲击波作用下动态响应的相似方法研究，他们首先根据几何相似确定试验模型的装药量和爆距，采用水下爆炸经验公式确定试验板架的初始响应速度，然后引入修正模型、结合 Cowper-Symonds 本构关系确定修正的响应速度，通过试验得到其最终变形，在此基础上利用修正模型和原型的几何相似关系确定原型的最终变形。

从这一系列的研究不难发现，结构动态响应缩比模型试验的相似准则依赖于材料本构关系（动态强化模型），采用不同的本构方程将得到不同的相似准则，试验过程中载荷修正的依据和处理方法也不同。此外，由载荷修正带来的载荷形式的变化或爆源药量的调整也是试验中较难控制的因素。

值得指出的是，尽管国内外学者对动态结构响应的相似预报方法进行了广泛深入的探索，但仍有许多基础性的问题有待进一步研究。例如，如何根据试验现象和理论分析确定相似准则推导过程中能反映物理现象和本质的基本量纲组、爆炸载荷系统和结构系统中量纲相同的物理量对相似分析的影响程度、应变率效应对不完全相似的影响机理、模型几何畸变的有效处理方法等。为了深入揭示加筋板结构动态响应相似问题的控制机理和影响因素，从而建立合理的相似准则和预报分析方法，开展合理的相似规律分析并设计有效的验证试验是迫切而必要的。

7.1.4　需探索的问题

由于结构动态响应问题的复杂性和多样性，将目前的方法应用于指导爆炸载荷下结构动态响应试验的缩比模型设计，还要深入且系统地研究以下问题。

① 作为构建相似准则的基础，确定能够准确反映结构动态响应物理过程的基本量纲是至关重要的。量纲分析法可以对规律尚未充分掌握的复杂现象直接进行相似推广。然而，该方法很难区别量纲相同，却有不同物理意义的物理量，导致无法显示现象内部结构和各物理量所占的地位。爆炸载荷下结构响应包含载荷系统物理量和结构系统物理量，需要在借鉴试验现象和结果的基础上进行深入分析和比对，选择合理的基本量纲组保证得到可靠有效的相似准则。例如，对于爆炸载荷下加筋板响应的问题，根据应变率效应的影响得到的相似畸变准则需要通过修正炸药质量（初始冲击速度）来满足，如果选用质量作为基本量纲，将对载荷确定和结构响应分析带来诸多不确定因素。几何畸变的相似分析也存在类似的问题，需开展深入研究基本量纲组选取的原则和方法。

② 爆炸载荷下结构响应包含材料的动态屈服。在相似准则推导过程中，确定与材料动态特性相关物理量的缩比系数时通常需要结合材料的动态响应本构关系，因此缩比系数的表达形式和具体数值也不尽相同。其合理性和适用性需要结合试验进行验证和对比分析。

③ 由材料应变率效应产生的不完全相似和由几何尺寸的差别而导致的相似畸变是耦合存在的，也是试验中通常会出现的问题。如何确定两者的影响程度，得到描述其影响因素的控制机理表达式，进而构建合理的相似准则，需要进一步研究。

④ 相似准则的准确性最终将通过不同比例的模型试验进行验证。对于相似畸变问题来说，需要调整载荷来修正结构初始响应速度从而满足畸变相似准则。如何在试验中对结构的受载进行准确调整是保证试验是否可靠的关键因素，其加载方法需要进一步探索。此外，模型的加工工艺、可靠的试验方法和数据测试手段尤为重要，需要开展深入的研究。

7.2 冲击载荷作用下结构动态响应相似分析

7.2.1 三类动态响应金属材料本构方程对比及选取

量纲分析法因其普适性常被用来分析相似问题。量纲分析法固然有很多优点，但其分析结果往往有很大的局限性。例如，使用该方法导出结构动态响应相似准则时，不同结构材料本构关系的选取往往影响最后相似准则的建立，进而导致试验依据的修正方式和处理方法也不尽相同。在对船用钢结构进行结构动态响应分析时，三类材料本构方程常被采用，即 Cowper-Symonds 方程、Norton-Hoff 方程、Johnson-Cook 方程。虽然这三类本构方程都能较好地描述钢结构的动态响应过程，但是它们在本构关系的构造上还是略有差异，如 Cowper-Symonds 方程和 Norton-Hoff 方程只考虑应变率项，在形式上极尽简洁；Johnson-Cook 方程则纳入了温度项和应变强化项，在参量方面的考虑更为全面与精细。虽然这三类本构方程在不同动态问题中有着各自的应用特点，但是它们对冲击载荷下的结构动态响应问题的优劣还有待分析。下面引入经典的 Calladine 模型对这三类本构关系的优缺点进行探讨。

1. Calladine 模型及其运动方程

Calladine 模型最早由英国剑桥大学的 Calladine 等[98]提出，并经过 Tam 等[99]详细研究。该结构对应变率效应十分敏感，因此适合用来探究抗冲击问题中结构材料的动态响应本构关系。其结构主要由两块大小相同的钢板组成，且钢板的顶部和基部分别被紧固在一起；一质量块以一定的初速度沿轴向撞击其顶部。该系统的撞击过程可以分为两个阶段。第一阶段始于板架承受轴向压缩，终于结构顶部垂向速度与撞击块速度达成一致。第二阶段，试件绕着中部和首尾两端的塑性铰转动，直至运动结束。令该结构由两块长宽为 $l(l=2L)$、宽度为 b 和厚度为 h 的钢板组成，且结构上下端部具有初始预弯转角 θ。该模型的结构如图 7-2 所示。

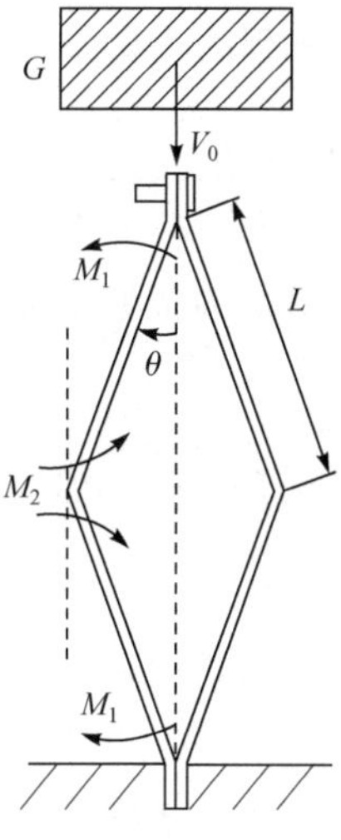

图 7-2　Calladine 模型的结构示意图

用一质量为 G 的撞击块以初速度 V_0 撞击其顶端，则有第一阶段的运动方程，即

$$V_0-\frac{S\sigma_d t}{G}=2\left(\frac{12S\sigma_d}{lm}\right)^{0.5}\frac{w_0^2}{l}\sinh\left[2\left(\frac{12S\sigma_d}{lm}\right)^{0.5}t\right]+\dot{c} \tag{7-1}$$

其中，S 为板架的横截面积，$S=2bh$；σ_d 为材料的动态屈服强度；t 响应时间；w_0 为初始转角 θ 对应的横向位移，即 $w_0=L\sin\theta$；$\dot{c}$ 为板架的垂向镦粗速率；m 为 Calladine 梁的质量。

随着板架的垂向镦粗速率降至 0，第一运动阶段结束且该阶段结束瞬间的板架中部横向位移 w_1 及水平速度 $\dot{w}_1$ 为

$$w_1 = w_0 \cosh\left[\left(\frac{12\sigma_d S}{lm}\right)^{0.5} \tau_1\right] \tag{7-2}$$

$$\dot{w}_1 = w_0 \left(\frac{12\sigma_d S}{lm}\right)^{0.5} \sinh\left[\left(\frac{12\sigma_d S}{lm}\right)^{0.5} \tau_1\right] \tag{7-3}$$

对于小角度情况有以下关系式，即

$$\theta \approx 2w_0/l \tag{7-4}$$

代入式(7-2)和式(7-3)并改写两式，有

$$\theta_1 = \frac{2}{l} w_0 \cosh\left[\left(\frac{12\sigma_d S}{lm}\right)^{0.5} \tau_1\right] \tag{7-5}$$

$$\dot{\theta}_1 = \frac{2}{l} w_0 \left(\frac{12\sigma_d S}{lm}\right)^{0.5} \sinh\left[\left(\frac{12\sigma_d S}{lm}\right)^{0.5} \tau_1\right] \tag{7-6}$$

$\theta_1, \dot{\theta}_1 |_{t=\tau_1}$ 即为第二阶段运动方程的初始条件。第二阶段的运动方程为

$$\ddot{\theta} + \frac{l^2(m+G)\sin\theta \cdot \cos\theta \cdot \ddot{\theta}^{\,2} + M_1 + M_2}{l^2[m/3 + (m+G)\sin^2\theta]} = 0 \tag{7-7}$$

其中，M_1 为板架上下端部的弯矩；M_2 为板架中部的弯矩。

M_1 和 M_2 可由下式求出，即

$$M = \int \sigma_d z \, \mathrm{d}S \tag{7-8}$$

其中，z 为微面元形心距中和轴的距离。

将式(7-5)和式(7-6)求出的初始条件和式(7-8)求出的弯矩值代入式(7-7)，即可解出该 Calladine 结构的第二阶段运动方程。

式(7-1)和式(7-8)涉及材料的动态屈服强度参量，而该参量的瞬时计算数值大小与所采用的材料本构方程直接相关。当采用 Cowper-Symonds 方程时，其表达式为

$$\sigma_d = \sigma_0 \left[1 + \left(\frac{\dot{\varepsilon}}{D}\right)^{1/p}\right] \tag{7-9}$$

其中，D 和 p 均为材料常数；σ_0 为准静态屈服强度；$\dot{\varepsilon}$ 为塑性应变率。

采用 Norton-Hoff 方程时，其表达式为

$$\sigma_d = \sigma_0 \left(\frac{\dot{\varepsilon}}{\dot{\varepsilon}_0}\right)^q \tag{7-10}$$

其中，$\dot{\varepsilon}_0$ 为参考应变率；q 为材料常数。

采用 Johnson-Cook 方程时，其表达式为

$$\sigma_Y=(A+B\varepsilon_p^n)\left[1+C\ln\left(\frac{\dot{\varepsilon}}{\dot{\varepsilon}_0}\right)\right](1-T^{*m}) \tag{7-11}$$

其中，σ_Y 为动态屈服应力；A 为静态屈服应力；B 为硬化参数；ε_p 为有效塑性应变；n 为硬化指数；C 为应变率参数；$\dot{\varepsilon}$ 为有效塑性应变率；$\dot{\varepsilon}_0$ 为参考应变率，一般取 $\dot{\varepsilon}_0=1\text{s}^{-1}$；$T^*=(T-T_r)/(T_m-T_r)$，$T$ 为温度；T_r 为室温；T_m 为熔化温度；m 为温度指数。

分别将以上三类本构方程代入相应的表达，即可解出该结构在第一、第二阶段的运动方程。

2. 算例结果对比和分析

Calladine 等曾进行过系列 Calladine 梁碰撞试验，试验结果与上节给出的运动方程的计算结果吻合良好。鉴于此，我们借用该算例来比较三类本构方程在描述金属结构动态响应过程时的适用性。

如表 7-1 所示为 Calladine 碰撞算例中的相关参数。所用材料 Q235 钢的准静态屈服强度 $\sigma_0=235\text{MPa}$；Cowper-Symonds 本构方程中材料参数 D 和 p 分别取 40 和 5，而 Norton-Hoff 本构方程中材料参数 $q=0.077$。如此使得 Norton-Hoff 和 Cowper-Symonds 两种模型间的应力-应变曲线误差最小。Johnson-Cook 模型相关参数的取值则参考试验测试结果。

表 7-1　Calladine 碰撞算例中的相关参数

名称	数值	单位
撞击块质量 G	10.3	kg
撞击速度 V_0	4.8	m/s
结构材料密度 ρ_s	7800	kg/m^3
准静态屈服强度 σ_0	235	MPa
长度 l	50	mm
宽度 b	50	mm
厚度 h	1.6	mm
初始转角 θ	1.6	(°)
Cowper-Symonds 方程中的材料参数 D	40	—

续表

名称	数值	单位
Cowper-Symonds 方程中的材料参数 p	5	—
Norton-Hoff 方程中的材料参数 q	0.077	—
屈服强度为 σ_0 时的应变率 $\dot{\varepsilon}_0$	0.001	s^{-1}
Johnson-Cook 方程中的材料参数 B	275	MPa
Johnson-Cook 方程中的材料参数 C	0.022	—
Johnson-Cook 方程中的材料参数 m	1.03	—
Johnson-Cook 方程中的材料参数 n	0.36	—
相对温度 T^*	0	℃

如图 7-3 所示，分别将这三类本构方程应用到 Calladine 梁运动方程的求解过程，并将计算结果和 Tam 等通过高速摄影仪采集到的试验数据进行对比。

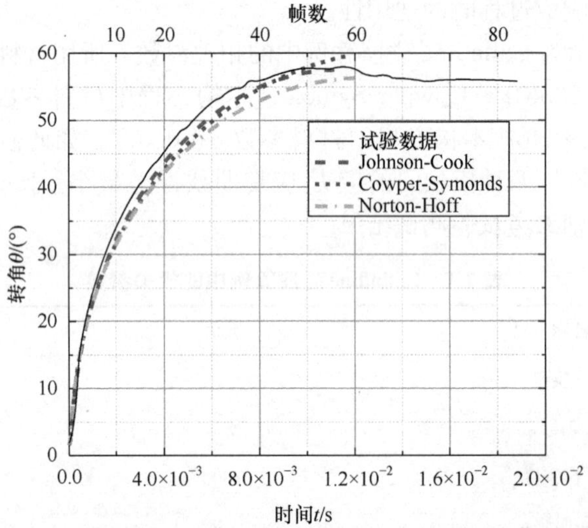

图 7-3 采用三类本构方程的计算结果与试验数据对比

具体的数值计算结果如表 7-2 所示。

表 7-2 采用三类本构方程的计算结果

本构方程	参数	数值	单位
Johnson-Cook	最终转角 θ	57.5	(°)
	全部用时 t	0.0119	s

续表

本构方程	参数	数值	单位
Cowper-Symonds	最终转角 θ	60.5	(°)
	全部用时 t	0.0144	s
Norton-Hoff	最终转角 θ	56.3	(°)
	全部用时 t	0.0124	s

可以发现，与其他两类本构方程相比，当结构材料采用 Johnson-Cook 本构方程时，计算出的最终转角和整个碰撞所用的时间与试验结果最为接近，而且由其计算出的转角时间曲线较其余两组也与试验曲线最贴合。可见，进行 Calladine 结构的动态响应分析时，选用 Johnson-Cook 模型更能准确反映结构的动态响应。基于以上分析结果，在下面的分析中结构材料的本构关系均统一采用 Johnson-Cook 模型来描述。

7.2.2　应变率效应的影响

1. 应变率效应在结构动态响应中的影响

在分析爆炸或撞击等现象中钢结构的动态响应时，因结构材料所用的普通钢为率敏感材料，需注意应变率效应对响应结果的影响。下面基于 Calladine 算例的分析结果，进一步探究应变率效应对结构动态响应的影响。

首先，考察该模型与应变率相关的物理量。设 Calladine 结构顶端在极短的时间 Δt 内下降的距离为

$$\Delta H=2L(\cos\theta_1-\cos\theta_2)=2L[\cos\theta_1-\cos(\theta_1+\Delta\theta)] \tag{7-12}$$

其中，θ_1 和 θ_2 分别为 t_1 和 t_2 时刻结构上下端的瞬时转角；$\Delta t=t_1-t_2$。

将 $\cos(\theta_1+\Delta\theta)$ 在 θ_1 处进行泰勒展开，忽略二阶及以上的无穷小，则 $\cos(\theta_1+\Delta\theta)\approx\cos\theta_1-\Delta\theta\sin\theta_1$，将其代入式(7-12)，可得下式，即

$$\Delta H=2L(\cos\theta_1-\cos\theta_1+\Delta\theta\sin\theta_1)==2L\Delta\theta\sin\theta_1 \tag{7-13}$$

且在该极短时间内顶端的运动速度为

$$v=\lim_{\Delta t\to 0}(\Delta H/\Delta t)=2L\sin\theta_1\dot{\theta} \tag{7-14}$$

整理得

$$\dot{\theta}=\frac{v}{2L\sin\theta_1} \tag{7-15}$$

结构上下端部和中部弯折处有曲率 k，即

$$k=\Delta\theta/\Delta\lambda \tag{7-16}$$

其中,$\Delta\theta$ 为弯折段对应的转角;$\Delta\lambda$ 为弯折段的长度。

对于 $\Delta\lambda$ 的取值可参考 Tam 等的试验结论,取 $\Delta\lambda=4h$。对式(7-16)两端关于时间 t 求导,有

$$\dot{k}=\dot{\theta}/\Delta\lambda \tag{7-17}$$

Calladine 梁截面在厚度方向距离中和轴 $h/2$ 处有最大应变,即

$$\varepsilon=\frac{1}{2}hk \tag{7-18}$$

两端对时间 t 求导,可得下式,即

$$\dot{\varepsilon}=\frac{1}{2}h\dot{k} \tag{7-19}$$

分别将式(7-15)和式(7-17)代入上式,可得下式,即

$$\dot{\varepsilon}=\frac{1}{2}\frac{\dot{\theta}}{4h}=\frac{v}{16L\sin\theta} \tag{7-20}$$

可见,应变率受模型长度 L、瞬时转角 θ,以及垂向运动速度 v 的影响。

下面通过算例进一步说明应变率效应的影响。用刚性质量块撞击长为 200mm、宽为 40mm、厚度为 4mm 的 Calladine 梁。该梁的初始预弯转角为 2°。在保证撞击块的动能不变的前提下,逐渐调整其撞击速度与质量。1~7 号情况撞击质量块的具体参数如表 7-3 所示。

表 7-3 1~7 号情况撞击质量块的具体参数

情况	撞击质量块参数					
	长/mm	宽/mm	高/mm	初速度 /(m/s)	质量/kg	总能量/J
1	320	320	320	1.0	257.2	128.6
2	320	160	160	2.0	64.3	128.6
3	200	200	91	3.0	28.6	128.6
4	160	160	80	4.0	16.1	128.6
5	128	128	80	5.0	10.3	128.6
6	64	64	80	10.0	2.6	128.6
7	50	50	32.8	20.0	0.6	128.6

计算结果如表 7-4 所示。

表 7-4　1～7 号情况的撞击计算结果

情况	顶端下降高度/mm	最终转角/(°)	全部用时/ms
1	8.7	17.2	25.5
2	7.2	15.5	11.2
3	5.7	13.9	6.3
4	4.5	12.5	4.2
5	3.7	11.5	2.9
6	1.8	8.7	1.1
7	1.3	7.1	0.2

由式(7-20)可知，在初始转角和长度确定的情况下，应变率与撞击速度直接相关。不同撞击速度下 Calladine 梁的顶部位移如图 7-4 所示。

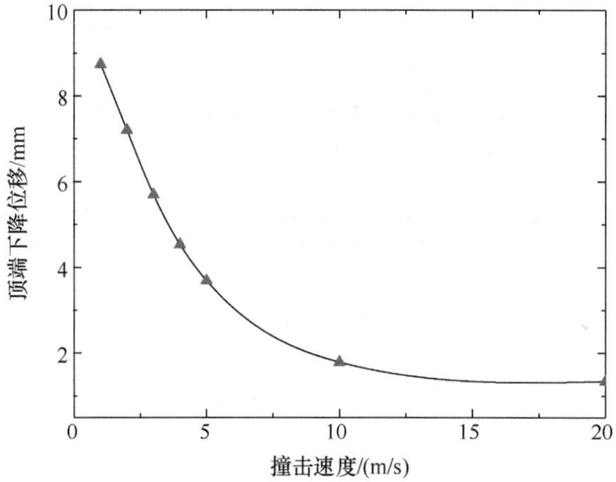

图 7-4　不同撞击速度下 Calladine 梁的顶部位移

可以看出，在保持撞击块动能不变的前提下，随着撞击速度(≤5m/s)的逐渐增大，结构顶部的最终下降位移近似呈线性关系；当撞击速度进一步增大时，结构顶部最终位移的增幅开始减小，当撞击速度高于 15m/s 时，结构顶部的最终位移几乎不变。这种现象正是由应变率效应导致的。关于该现象的解释可基于 Q235 钢试件在不同应变率下流动应力的试验测试结果来说明(图 7-5)。在其他参量不变的前提下，大幅提升撞击速度才能引起应变率的显著变化，从而提高材料的动态屈服强度。换言之，在撞击速度不高($\ln\dot{\varepsilon}\approx4.5$ 及以上所对应的撞击速度)时，材料的动态屈服强度随着速度的增加存在明显的提高。如果进一步提高同等幅度的撞击速度，对材料动态屈服强度值的提升效果甚微。

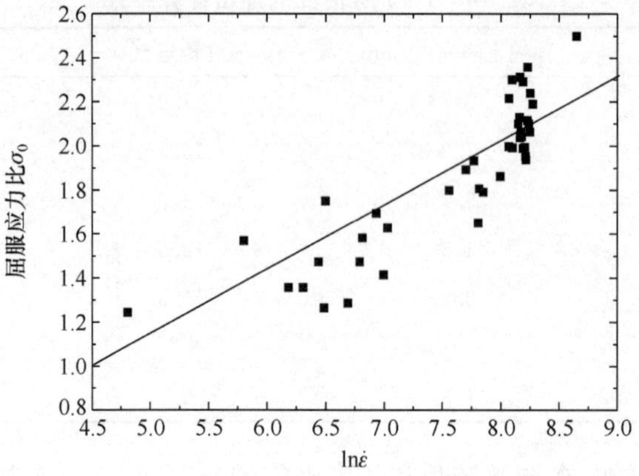

图 7-5 试件在不同应变率下的屈服强度

2. 应变率效应在相似分析中的影响

以 Calladine 模型为研究对象，分析应变率效应在相似分析中的影响规律。Calladine 模型系统中的相关物理量如表 7-5 所示。

表 7-5 Calladine 模型系统中的相关物理量

符号	名称	量纲
G	撞击块质量	m
V_0	撞击速度	LT^{-1}
ρ_s	结构材料密度	mL^{-3}
σ_d	动态屈服强度	$MT^{-2}L^{-1}$
l	长度	L
h	厚度	L
b	宽度	L
w	横向位移	L

根据相似第二定律，Calladine 梁的横向位移可以由下式表示，即

$$w=f(G,V_0,\rho_s,\sigma_d,l,h,b) \tag{7-21}$$

通过量纲分析法导出无量纲 π 数，得 $\pi_1=\rho_s/Gl^{-3}$、$\pi_2=\sigma_d/GV_0^2l^{-3}$、$\pi_3=h/l$、$\pi_4=b/l$、$\pi_5=w/l$。

缩比模型和原型之间的各项物理量存在相应的缩比因子，对它们进行如下定义(分别用上标 m、p 表示缩比模型和原型的物理参量)，即 $\beta=(l)^m/(l)^p$、$\beta(\rho_s)=(\rho_s)^m/(\rho_s)^p$、$\beta(\sigma_d)=(\sigma_d)^m/(\sigma_d)^p$、$\beta(h)=(h)^m/(h)^p$、$\beta(b)=(b)^m/(b)^p$、$\beta(w)=(w)^m/(w)^p$、$\beta(v)=(v)^m/(v)^p$。

如果模型与原型几何相似且所用材料相同，则 $\pi_1^m/\pi_1^p=\pi_3^m/\pi_3^p=\pi_4^m/\pi_4^p=1$。

由于 $\pi_2^m/\pi_2^p=\beta(\sigma_d)$，考虑应变率效应，模型和原型在冲击作用下的动态屈服强度往往不相同，即 $\pi_2^m/\pi_2^p\neq1$，从而无法满足 $\pi_5^m/\pi_5^p=1$，导致不同比例的结构动态响应值之间不满足缩比关系。以 Calladine 梁受到集中质量块撞击产生的动态响应为例，采用表 7-1 中的参数作为 Calladine 梁原型的尺寸，分别计算缩比为 1：2、1：4、1：20 和 1：100 时缩比模型的最终转角值，乘以对应的缩比因子来预测最终转角(表 7-6)。各缩比模型的转角时间预测曲线与原型计算结果如图 7-6 所示。

表 7-6　各缩比因子下模型的预测结果

项目	不同缩比因子 β 下模型的预测结果				
	$\beta=1$	$\beta=0.5$	$\beta=0.25$	$\beta=0.05$	$\beta=0.01$
预测最终转角 θ/(°)	49.73	48.51	47.27	44.57	42.24
转角误差/%	0.00	2.45	4.95	10.38	15.06
预测总耗时/s	6.15×10^{-3}	5.89×10^{-3}	5.60×10^{-3}	5.02×10^{-3}	4.55×10^{-3}

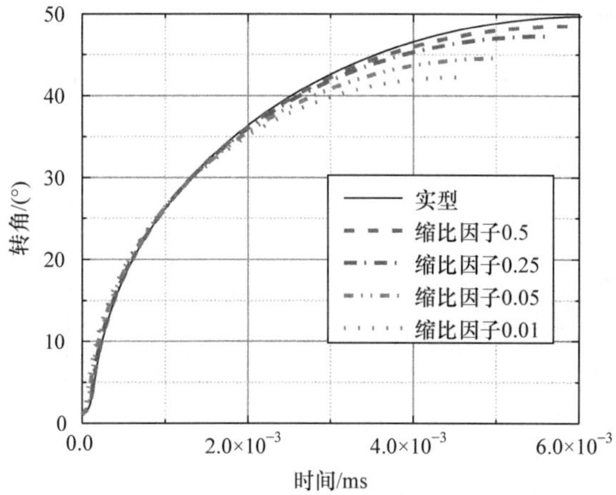

图 7-6　各缩比模型的转角时间预测曲线与原型计算结果

可见，当缩比因子达到 0.25 时，因应变率效应引起的转角预测误差已接近 5%；当缩比因子为 0.01 时，相应的预测误差增至 15%。因此，在分析结构动态响应相似现象时，需要把应变率效应的影响因素考虑在内。

3. 基于应变率效应的相似关系修正

要保证缩比模型的最终变形与原型一致，必须保证两者间各 π 项一一相等。为解决该问题，引入修正模型(用上标 c 表示该模型的相关参量)。在该模型中，除撞击块速度外的其他物理量均与缩比模型中的物理量有相同的值。通过调整撞击块的速度使 $\pi_2^c/\pi_2^p=1$，从而使模型与原型的动态响应结果满足相似关系。

由 $\pi_2^c/\pi_2^p=1$ 可得速度缩比因子与动态屈服应变缩比因子间的关系，即

$$\beta(\sigma_d)=\beta(v)^2 \tag{7-22}$$

当结构的材料采用 Johnson-Cook 模型时，可得如下速度修正公式，即

$$(\beta_{v_0}^{cp})^2=[1+C\ln(\dot{\varepsilon}^m\beta_{v_0}^{cp})]/[1+C\ln(\dot{\varepsilon}^m\beta)] \tag{7-23}$$

质量块冲击速度经过修正后，缩比模型对原型响应的预测结果如表 7-7 所示。修正后缩比模型预测的转角曲线如图 7-7 所示。

表 7-7 修正后的缩比模型对原型响应的预测结果

项目	不同缩比因子 β 下的预测结果				
	$\beta=1$	$\beta=0.5$	$\beta=0.25$	$\beta=0.05$	$\beta=0.01$
速度缩比因子 β_v	—	1.016	1.036	1.057	1.101
修正后的速度值 v/(m/s)	7.00	7.11	7.25	7.40	7.71
修正后的最终转角/(°)	49.73	49.62	49.40	48.99	48.83
转角误差/%	—	0.22	0.66	1.49	1.81
预测总耗时/s	6.15×10^{-3}	6.13×10^{-3}	6.09×10^{-3}	5.96×10^{-3}	5.91×10^{-3}

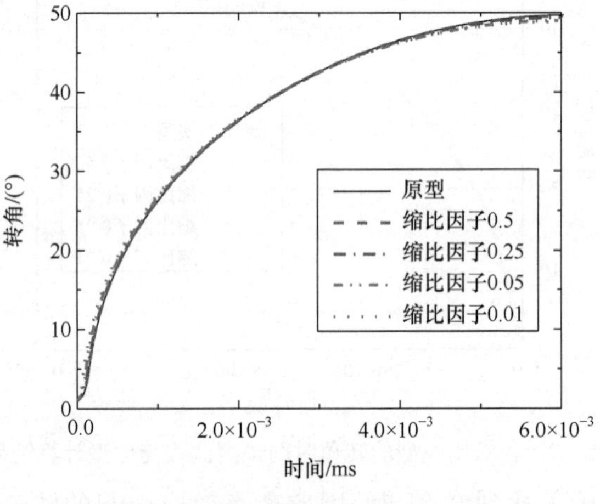

图 7-7 修正后缩比模型预测的转角曲线

可见，通过修正质量块的撞击速度，能有效减小因应变率效应引起的误差，使模型的预测精度大大提高。即使在缩比因子达到 0.01 的情况下，最终的转角预测误差仍只有 1.81%。

7.3 爆炸载荷作用下结构动态响应相似性准则

爆炸载荷作用下的结构动态响应相似问题包含的物理量众多，还涉及流固耦

合等现象。对于此类相似性问题的分析，需从以下三方面入手，即结构动态响应相似、爆炸载荷的相似，以及冲击波与结构物耦合作用的相似。由于爆炸载荷下结构的响应复杂，目前尚未提出可靠的求解方法，因此如何得到其相似关系，以及基于何种外载荷参数进行相似性修正是关键所在。

7.3.1　基于冲量的爆炸载荷相似关系修正式

1. 爆炸现象包含的物理量的量纲分析

以舰船结构的基本单元加筋板作为对象，在其遭受爆炸冲击波的过程中，当边界、载荷等相关条件确定时，加筋板的动态响应也应是确定的。表征这一现象的物理量包括炸药药量 W、爆距 R、壁面反射超压 $p_r(t)$、冲击波冲量 I、冲击波正压作用时间 t_+、板架边长 L、板架厚度 h、板架材料密度 ρ、加筋数 n_0、加筋的塑性极限弯矩 M_0、加筋的塑性极限中面力 N_0、材料的动态屈服强度 σ_d、板架中心速度 $v(t)$、应变 ε、应变率 $\dot{\varepsilon}$。

若以加筋板的中心最终变形为因变量，可得

$$w=f[L,h,\rho,M_0,N_0,n_0,W,R,p_r(t),t_+,I,\sigma_d] \tag{7-24}$$

在爆距和药量确定的情况下，可计算出壁面反射峰值超压 p_r 和冲击波正压作用时间 t_+，从而得到相应的冲量 I。

因此，式(7-24)中的物理量可简化为

$$w=f[L,h,\rho,M_0,N_0,n_0,I,\sigma_d] \tag{7-25}$$

选 σ_d，ρ 和 L，经无量纲化后的 π 项如下，即

$$\pi_1=\frac{h}{L},\quad \pi_2=\frac{M_0}{\sigma_d L^3},\quad \pi_3=\frac{N_0}{\sigma_d L^2},\quad \pi_4=n_0,\quad \pi_5=\frac{I^2}{\sigma_d \rho L^2} \tag{7-26}$$

式(7-25)的无量纲形式为

$$\frac{w}{L}=f\left(\frac{h}{L},\frac{M_0}{\sigma_d L^3},\frac{N_0}{\sigma_d L^2},n_0,\frac{I^2}{\sigma_d \rho L^2}\right) \tag{7-27}$$

要使缩比模型与原型相似，必须使两者之间对应的相似参数一一相等。假设模型与原型的材料相同且几何相似，即

$$\beta_L^{mp}=L^m/L^p=\beta \tag{7-28}$$

其中，L^m 为模型板边长；L^p 为原型板边长。

加筋骨架梁的塑性极限弯矩 M_0 和加筋骨架梁的塑性极限中面力 N_0 可分别由下两式得到，即

$$M_0=\sigma_d(S_1+S_2)=0.5\sigma_d A_0(l_1+l_2) \tag{7-29}$$

$$N_0=\sigma_d A_0 \tag{7-30}$$

其中，S_1 和 S_2 分别为加筋骨架横剖面受压和受拉面积对中和轴的静距；l_1 和 l_2 分别为剖面受压和受拉面积形心到中和轴的距离；A_0 为加筋截面面积。

由此对于各 π 项，有

$$\frac{\pi_1^m}{\pi_1^p}=\frac{\beta_h^{mp}}{\beta_L^{mp}}=1,\quad \frac{\pi_2^m}{\pi_2^p}=\frac{M_0^m}{M_0^p}\frac{\sigma_d^p}{\sigma_d^m}\left(\frac{L^p}{L^m}\right)^3=\frac{\sigma_d^m(S_1^m+S_2^m)}{\sigma_d^p(S_1^p+S_2^p)}\frac{\sigma_d^p}{\sigma_d^m}\left(\frac{L^p}{L^m}\right)^3=1$$

$$\frac{\pi_3^m}{\pi_3^p}=\frac{N_0^m}{N_0^p}\frac{\sigma_d^p}{\sigma_d^m}\left(\frac{L^p}{L^m}\right)^2=\frac{\sigma_0^m A_0^m}{\sigma_0^p A_0^p}\frac{\sigma_d^p}{\sigma_d^m}\left(\frac{L^p}{L^m}\right)^2=1,\quad \frac{\pi_4^m}{\pi_4^p}=\frac{n_0^m}{n_0^p}=1$$

$$\frac{\pi_5^m}{\pi_5^p}=\left(\frac{I\ (t)^m}{I\ (t)^p}\right)^2\frac{\sigma_d^p\rho^p}{\sigma_d^m\rho^m}\left(\frac{L^p}{L^m}\right)^2=\frac{(\beta_I^{mp})^2}{\beta_\sigma^{mp}\beta^2},\quad \pi_6=\frac{w}{L}$$

若要模型和原型的最终变形满足相似关系，即 $\dfrac{w^p}{L^p}=\dfrac{w^m}{L^m}$，则必须保证各相应 π 项相等。然而，仅仅对以上几组 π 项进行分析还不足以推出相似准则。因此，对包含在该现象中的其他几组物理量进行无量纲化，即

$$\pi_7=\frac{t^2\sigma_d}{\rho L^2},\quad \pi_8=\frac{v^2\rho}{\sigma_d},\quad \pi_9=\varepsilon,\quad \pi_{10}=\frac{\dot{\varepsilon}^2\rho L^2}{\sigma_d}$$

同样，可得模型和实型间对应 π 项的比值，即

$$\frac{\pi_7^m}{\pi_7^p}=\left(\frac{t^m}{t^p}\right)^2\frac{\sigma_d^m\rho^p}{\sigma_d^p\rho^m}\left(\frac{L^p}{L^m}\right)^2=\frac{(\beta_t^{mp})^2\beta_{\sigma_d}^{mp}}{\beta^2}$$

$$\frac{\pi_8^m}{\pi_8^p}=\left(\frac{v^m}{v^p}\right)^2\frac{\rho^m\sigma_d^p}{\rho^p\sigma_d^m}=\frac{(\beta_v^{mp})^2}{\beta_{\sigma_d}^{mp}}$$

$$\frac{\pi_9^m}{\pi_9^p}=1$$

$$\frac{\pi_{10}^m}{\pi_{10}^p}=\left(\frac{\dot{\varepsilon}^m}{\dot{\varepsilon}^p}\right)^2\frac{\rho^m}{\rho^p}\left(\frac{L^m}{L^p}\right)^2\frac{\sigma_d^p}{\sigma_d^m}=\frac{(\beta_{\dot{\varepsilon}}^{mp}\beta)^2}{\beta_{\sigma_d}^{mp}}$$

由此可知，模型和原型之间有部分 π 项满足 $(\pi_i)^m=(\pi_i)^p$，其中下标 i 取 1～4、9；对于剩下的 π 项，要满足 $(\pi_i)^m=(\pi_i)^p$，即

$$\frac{\pi_5^m}{\pi_5^p}=\frac{(\beta_I^{mp})^2}{\beta_{\sigma_d}^{mp}\beta^2}=1,\quad (\beta_I^{mp})^2=\beta_{\sigma_d}^{mp}\beta^2 \tag{7-31}$$

$$\frac{\pi_7^m}{\pi_7^p}=\frac{(\beta_t^{mp})^2\beta_{\sigma_d}^{mp}}{\beta^2}=1,\quad (\beta_t^{mp})^2=\beta^2/\beta_{\sigma_d}^{mp} \tag{7-32}$$

$$\frac{\pi_8^m}{\pi_8^p}=\frac{(\beta_v^{mp})^2}{\beta_{\sigma_d}^{mp}}=1,\quad (\beta_v^{mp})^2=\beta_{\sigma_d}^{mp} \tag{7-33}$$

$$\frac{\pi_{10}^{m}}{\pi_{10}^{p}}=\frac{(\beta_{\dot{\varepsilon}}^{mp}\beta)^{2}}{\beta_{\sigma_d}^{mp}}=1,\quad (\beta_{\dot{\varepsilon}}^{mp})^{2}=\beta_{\sigma_d}^{mp}/\beta^{2} \tag{7-34}$$

将式(7-31)代入式(7-34)，可得下式，即

$$\beta_{\dot{\varepsilon}}^{mp}=\beta_{I}^{mp}/\beta^{2} \tag{7-35}$$

当 W 和 R 按比例进行缩比时，根据霍普金森比例定律有 $\beta_{I}^{mp}=\beta$，$\beta_{\dot{\varepsilon}}^{mp}=1/\beta$。可知因应变率受几何尺度影响在模型和原型中无法保证大小相等，导致$\beta_{\sigma_d}^{mp}\neq 1$，从而使$\frac{\pi_5^m}{\pi_5^p}$、$\frac{\pi_7^m}{\pi_7^p}$和$\frac{\pi_8^m}{\pi_8^p}$均不为 1(应变率效应)，最终造成爆炸载荷作用下缩比模型和原型动态响应之间的不完全相似。

2. 基于冲量的相似修正式

此种情况可以通过外载荷修正使$(\pi_i)^c=(\pi_i)^p$，$i=5,7,8$，并由此建立爆炸载荷作用下结构动态响应之间的相似准则。假设缩比模型和修正模型具有相同几何尺寸，则两者间有缩比因子 $\beta^{mc}=1$。

若使$\frac{\pi_5^c}{\pi_5^p}=1$，可得

$$\left(\frac{\beta_{I}^{cp}}{\beta}\right)^{2}=\beta_{\sigma_d}^{mp}=\frac{\sigma_d^c}{\sigma_d^p}=\frac{[A+B\,(\varepsilon^{c})^{n}][1+C\ln(\dot{\varepsilon}^{*c})][1-(T^{*c})^{m}]}{[A+B\,(\varepsilon^{p})^{n}][1+C\ln(\dot{\varepsilon}^{*p})][1-(T^{*p})^{m}]} \tag{7-36}$$

式(7-36)中代入的塑性应变率 $\dot{\varepsilon}$ 值为考察点处的最大应变率。对于仅发生大变形的加筋板结构来说，温度项动态屈服强度的影响不显著，则上式可简化为

$$\left(\frac{\beta_{I}^{cp}}{\beta}\right)^{2}=\beta_{\sigma_d}^{cp}=\frac{\sigma_d^c}{\sigma_d^p}=\frac{1+C\ln(\dot{\varepsilon}^{c})}{1+C\ln(\dot{\varepsilon}^{p})} \tag{7-37}$$

又因为

$$\dot{\varepsilon}^{m}/\dot{\varepsilon}^{c}=\beta_{I}^{mc}/(\beta^{mc})^{2},\quad \dot{\varepsilon}^{m}/\dot{\varepsilon}^{p}=\beta_{I}^{mp}/(\beta^{mp})^{2}=1/\beta \tag{7-38}$$

所以

$$\dot{\varepsilon}^{c}=\dot{\varepsilon}^{m}/\beta_{I}^{mc}=\dot{\varepsilon}^{m}\beta/\beta_{I}^{cp},\quad \dot{\varepsilon}^{p}=\dot{\varepsilon}^{m}\beta \tag{7-39}$$

代入式(7-37)，可得如下关系式，即

$$\beta_{I}^{cp}=\beta\sqrt{\frac{1+C\ln(\dot{\varepsilon}^{m}\beta_{I}^{cp}/\beta)}{1+C\ln(\dot{\varepsilon}^{m}\beta)}} \tag{7-40}$$

式(7-40)为基于应变率效应的冲量修正式，通过模型试验可测得考察点处应变率 $\dot{\varepsilon}^{m}$ 的数值，将其代入上式进行迭代计算，并根据计算结果 β_{I}^{cp} 对载荷进行修正。

7.3.2 药量修正

在爆炸问题中，通过式(7-40)修正冲量后，如何将对冲量的修正转化成对药量的修正是建立整个模型试验与原型相似的关键问题之一。

1. 壁面反射超压计算经验公式

在空爆现象中，当药量和爆距给定时，可以唯一确定壁面反射超压 $p_r(t)$和初始冲击波正压作用时间 t_+。该药量和爆距下的冲击波冲量 I 的计算值也是确定的。相比空爆问题，尽管舱内爆炸现象中还存在诸如准静态压力等因素，但是从建立药量、爆距和冲量之间关系的角度出发，可以仅着眼于初始冲击波载荷，即壁面反射超压 $p_r(t)$和冲击波正压作用时间 t_+。这两者同样可参考空气中爆炸中的相关公式进行计算。

对于空气中的爆炸，计算其正压作用时间的经验公式为

$$t_+=1.35\times10^{-3}\times W^{1/6}\times R^{1/2},\quad R\geqslant 12r \tag{7-41}$$

其中，r 为装药半径，单位为 m；t_+ 正压作用时间，单位为 s；W 为炸药的质量，单位为 kg；R 为板架上考察点与装药中心的距离，单位为 m。

冲击波超压时间历程为

$$\Delta p(t)=\Delta p_\Phi(1-t/t_+)\mathrm{e}^{-at/t_+} \tag{7-42}$$

衰减系数 a 为

$$a=3.02\Delta p_\Phi^{0.38}+6.85\Delta p_\Phi^{0.79}\mathrm{e}^{[-4.55(t-t_r)/t_+]} \tag{7-43}$$

其中，Δp_Φ 为爆炸冲击波超压峰值；t_r 为冲击波到达时间；t_+ 为冲击波正相持续时间。

空气中爆炸冲击波超压峰值 Δp_Φ 可根据其比例，距离 Z 所在的范围代入下列经验公式求出，即

$$\Delta p_\Phi=\frac{14.0717}{Z}+\frac{5.5397}{Z^2}-\frac{0.3572}{Z^3}+\frac{0.00625}{Z^4}(\mathrm{kg/cm^2}),\quad 0.05\leqslant Z\leqslant 0.3 \tag{7-44}$$

$$\Delta p_\Phi=\frac{6.1938}{Z}-\frac{0.3262}{Z^2}+\frac{2.1324}{Z^3}(\mathrm{kg/cm^2}),\quad 0.3\leqslant Z\leqslant 1 \tag{7-45}$$

$$\Delta p_\Phi=\frac{0.662}{Z}+\frac{4.05}{Z^2}+\frac{3.288}{Z^3}(\mathrm{kg/cm^2}),\quad 1\leqslant Z\leqslant 10 \tag{7-46}$$

壁面处冲击波的正反射峰值超压为

$$\Delta p_r=\left[2\Delta p_\Phi+\frac{6\Delta p_\Phi^2}{\Delta p_\Phi+7p_0}\right]s \tag{7-47}$$

其中，s 为冲击波超压壁面反射系数；p_0 为大气压强。

2. 公式计算结果与试验数据对比

考虑作用在刚性壁面的超压远大于入射超压，因此相比入射超压的正压作用时间，其正压作用时间将大大缩短。结合相关试验数据，通过对入射超压的正压作用时间乘以一系数，以此作为壁面反射超压的正压作用时间 t_{r+}。该系数在此处取为 0.55，即

$$t_{r+}=1.35\times10^{-3}\times W^{1/6}\times R^{1/2}\times0.55 \tag{7-48}$$

同样，参考衰减系数的经验表达式，结合试验数据对其进行拟合，拟合后的表达式为

$$a=1.32\Delta p_{\Phi}^{0.52}+7.17\Delta p_{\Phi}^{0.68}\mathrm{e}^{-3.84(t-t_r)/t_+} \tag{7-49}$$

将式(7-49)计算出的壁面超压历程曲线与团队积累试验数据进行对比。选择两组典型爆炸情况，相关参数如表 7-8 所示。

表 7-8　两组典型爆炸情况参数列表

情况	泄爆孔半径/mm	药量/g	炸药位置	布置传感器
1	100	55	正中	装置端部
2	100	110	正中	装置端部

试验装置尺寸和端面测点布置分别如图 7-8 和图 7-9 所示。

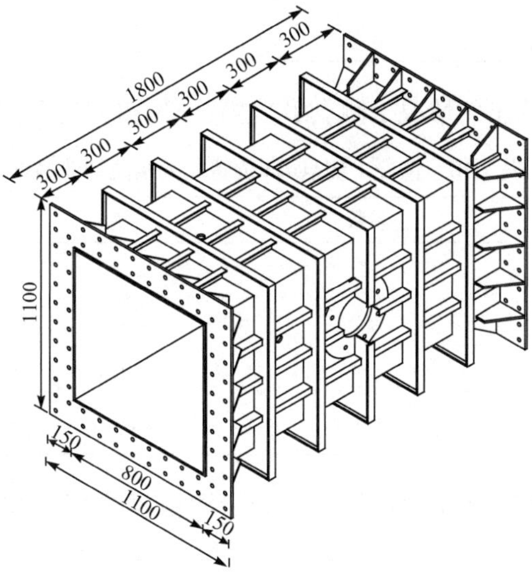

图 7-8　试验装置尺寸(单位:mm)

首先，通过经验公式计算情况 1 的 $B2$、$B3$ 处的壁面反射超压曲线。由经验公式计算出的测点 $B2$ 位置处的相关数据如表 7-9 所示。

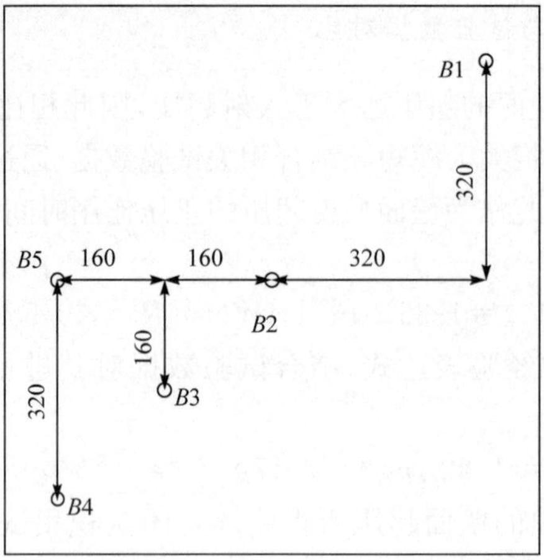

图 7-9　端面测点布置(单位:mm)

表 7-9　情况 1 测点 *B2* 位置处的相关计算数据

名称	参数	数值	单位
比例距离	Z	2.37	—
正压作用时间	t_{r+}	0.386	ms
入射超压峰值	ΔP_{Φ}	125.09	kPa
壁面反射超压峰值	ΔP_r	363.02	kPa

由经验公式计算出的情况 1 测点 $B3$ 位置处的相关数据如表 7-10 所示。

表 7-10　情况 1 测点 *B3* 位置处的相关计算数据

名称	参数	数值	单位
比例距离	Z	2.44	—
正压作用时间	t_{r+}	0.441	ms
入射超压峰值	ΔP_{Φ}	117.8	kPa
壁面反射超压峰值	ΔP_r	336.44	kPa

将计算结果整理绘制成图,并与试验所测数据进行对比,分别如图 7-10 和图 7-11 所示。

由经验公式计算出的情况 2 测点 $B3$ 位置处的相关数据如表 7-11 所示。

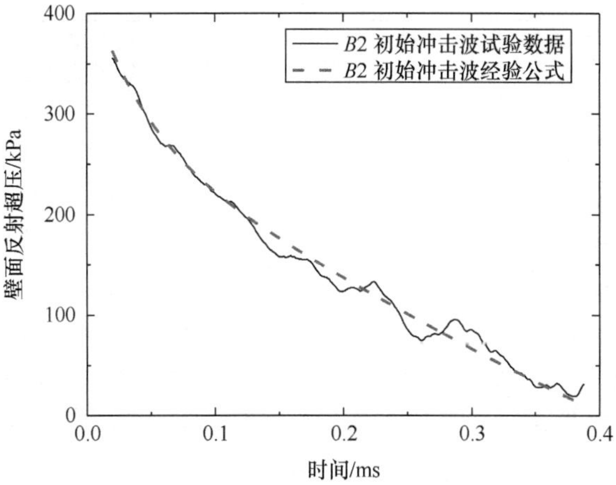

图 7-10 情况 1 测点 $B2$ 反射超压时间曲线

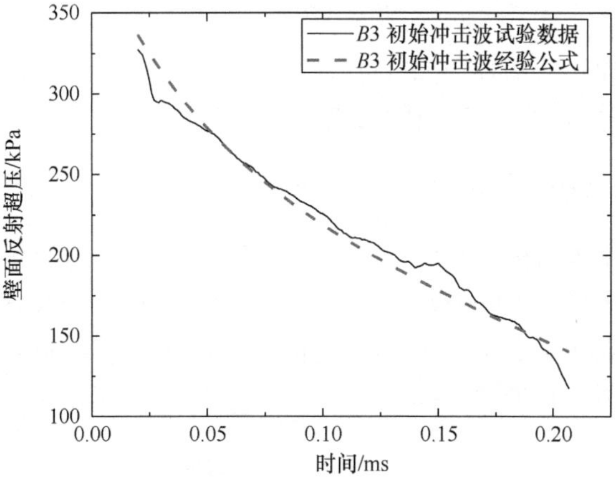

图 7-11 情况 1 测点 $B3$ 反射超压时间曲线

表 7-11 情况 2 测点 *B*3 位置处的相关计算数据

名称	参数	数值	单位
比例距离	Z	1.93	—
正压作用时间	t_{r+}	0.440	ms
入射超压峰值	ΔP_{Φ}	187.40	kPa
壁面反射超压峰值	ΔP_r	590.73	kPa

情况 2 测点 $B3$ 反射超压时间曲线如图 7-12 所示。

从以上分析可知,通过上述方法来计算初始冲击载荷是可行的。在此基础上可得出冲量的计算式,即

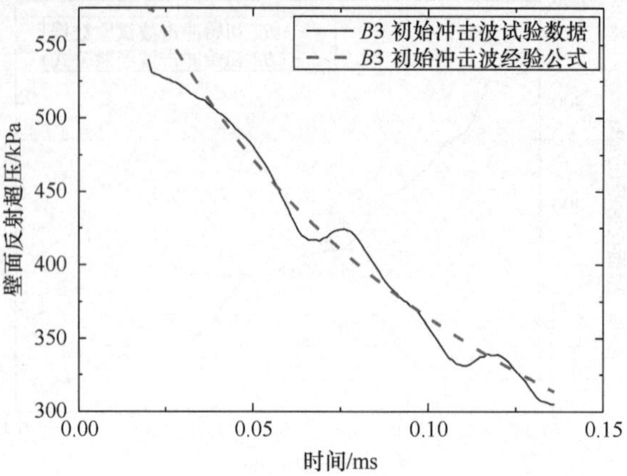

图 7-12 情况 2 测点 B3 反射超压时间曲线

$$I = \int p(t)\ \mathrm{d}t \tag{7-50}$$

这表明，在爆距一定的情况下，可建立药量 W 和冲量 I 之间的关系，从而根据修正后的冲量 I 对药量进行适当的修正。

7.3.3 相似修正法相关算例验证

以某型舰的船体结构局部加筋板作为原型，考察缩比过程中动态响应的相似关系。该加筋板边长为 10m，板厚为 10mm，四周为固支边界约束，在其横向和纵向各有 5 根 T 形加筋，受到爆距 10m、药量 1000kg 的 TNT 爆炸载荷作用。加筋板有限元模型如图 7-13 所示。

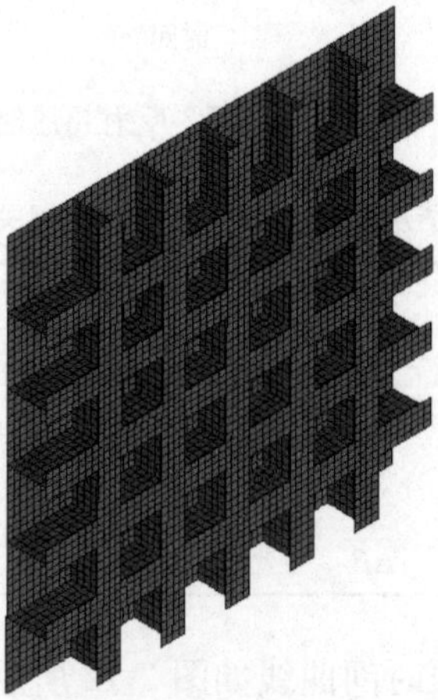

图 7-13 加筋板有限元模型

考察缩比为 1∶5、1∶10 和 1∶20 的缩比模型的动态响应，各缩比模型的几何参数如表 7-12 所示。

表 7-12 各缩比模型的几何参数

编号	缩比因子	边长 l/mm	板厚 h/mm	加筋尺寸/mm
1	1	10 000	10	$\perp\frac{1000\times8}{600\times10}$
2	0.4	4000	4	$\perp\frac{400\times3.2}{240\times4}$
3	0.1	1000	1	$\perp\frac{100\times0.8}{60\times1}$
4	0.05	500	0.5	$\perp\frac{50\times0.4}{30\times0.5}$

不考虑几何畸变，将结构模型进行缩比，以加筋板架中心的变形、速度和应变率等物理量作为对比对象，分析应变率对不同缩比结构之间动态响应相似的影响，计算结果如表 7-13 所示。

表 7-13 加筋板架中心相关参数的计算结果

编号	缩比因子	中心变形终值预测/mm	中心最大运动速度/(m/s)	中心最大应变率/s^{-1}	变形误差/%
1	1	187.89	25.56	1.55	—
2	0.4	182.38	25.62	3.83	2.93
3	0.1	179.19	25.71	14.70	4.63
4	0.05	178.38	25.63	29.00	5.06

由表 7-14 计算结果可知，加筋板架中心应变率大小与缩比因子成反比，导致随着缩比的增大其变形终值预报误差也相应增加。当缩比因子达到 0.05 时，预报误差已经超过 5%。

对于缩比因子分别为 0.4、0.1 和 0.05 的缩比模型，其相应的 TNT 药量分别为 64kg、1kg 和 0.125kg。在对应药量的一定范围内取系列不同药量值，并计算药量对应的冲量，根据所得数据拟合药量与冲量的关系式。根据式(7-40)可以得到修正后的冲量，将其代入药量与冲量的关系式，即可得到修正后的药量。

以缩比因子 0.05 的模型为例，根据缩比确定爆距为 500mm，分别计算药量为 0.10，0.11，…，0.19 kg 时对应的冲量，如表 7-14 所示。

表 7-14 爆距 500mm 时各药量对应的冲量

药量/kg	0.10	0.11	0.12	0.13	0.14	0.15	0.16	0.17	0.18	0.19
爆距/mm	500	500	500	500	500	500	500	500	500	500
冲量/(Pa/s)	295	321	345	365	381	397	416	428	442	456

以冲量为横坐标、药量为纵坐标将上表中数据以点的形式绘制于图中并进行曲线拟合，结果如图 7-14 所示。可得到相应的药量与冲量的拟合关系式，即

$$W=1.34\times10^{-3}I^2-0.447I+115.24$$

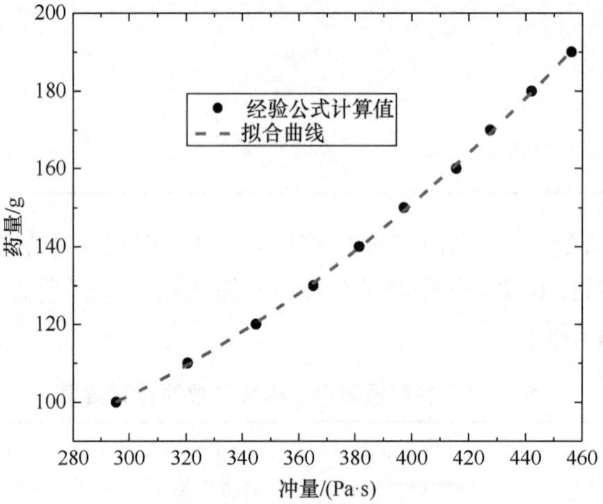

图 7-14 冲量-药量拟合曲线

根据表 7-13 将相应的应变率代入式(7-40)，可得施加在修正模型上冲量的缩比因子 β_I^p 为 0.0516，进而得到施加在修正模型上的冲量为

$$I^c=\frac{\beta_I^p}{\beta}I^m=359\text{Pa}\cdot\text{s}$$

将该值代入拟合得到的冲量-药量方程中，计算出修正后的药量为 127.5 kg。对药量修正后的模型再次计算，得到缩比因子 β 为 0.05 下的修正模型中心最终变形值为 9.32mm。将其对应到原型，可得原型中心最终变形预测值为 186.38mm，预测误差为 0.80%。

原型与修正前后缩比模型的位移及速度曲线对比分别如图 7-15 和图 7-16 所示。

观察两图可知，对于该空爆下载荷作用下加筋板的动态响应过程，应变率效应的影响并不显著。尽管如此，在使用该方法对模型药量修正后，修正模型的预报精度都相比于未修正前提高不少。

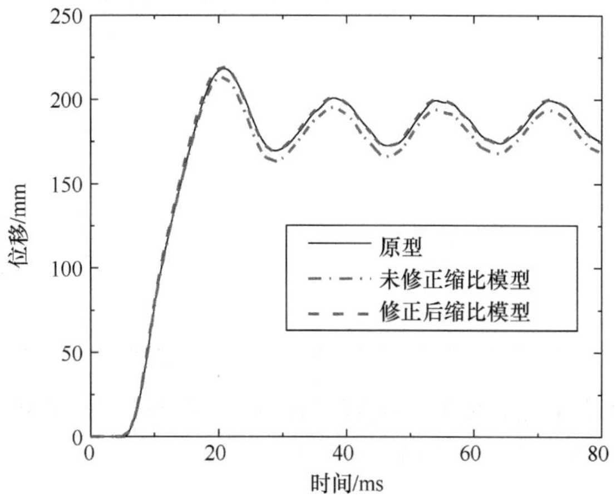

图 7-15　原型与修正前后缩比模型的位移曲线

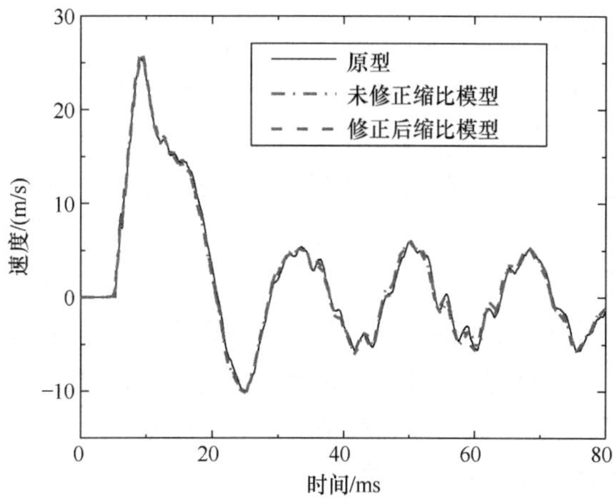

图 7-16　原型与修正前后缩比模型的速度曲线

对缩比因子为 0.4 和 0.1 的模型进行相同处理，并预报原型响应，相关计算结果如表 7-15 所示。可以看出，当缩比因子 β 为 0.4 时，通过式(7-40)可得冲量修正因子 $\beta_I^p=0.404$，在保证爆距 4m 不变的情况下对药量进行修正，修正后的药量约为 65kg。在该药量下将模型中心最终变形结果换算至原型，最终预报结果为 188.40mm，与原型最终变形 187.89mm 的误差为 0.27%，较之未修正前的 2.93%显著提高。同样，当缩比因子 β 为 0.1 和 0.05 时，相应的预报误差也从未修正模型的 4.63%和 5.06%分别降至 1.76%和 0.80%。

表 7-15 各缩比因子下修正模型的计算结果

编号	缩比因子	$\frac{\beta_I^p}{\beta}$	修正后的药量/g	修正模型中心最终变形值/mm	中心最终变形预测值/mm	误差
1	1	1	—	187.89	—	—
2	0.4	1.01	6.502×10^4	75.36	188.40	0.27%
3	0.1	1.02	1.032×10^3	19.12	191.20	1.76%
4	0.05	1.03	1.275×10^2	9.32	186.38	0.80%

从上述分析可知，利用修正方法对缩比模型的药量进行修正，可以降低应变率效应导致的缩比模型对原型动态响应预报的误差。

7.4 几何畸变结构的动态响应相似性分析

在实际的缩比模型试验中，由于材料规格和加工工艺的限制，往往无法保证缩比模型和原型之间完全几何相似。对于舰船结构来说，通常是板厚不满足缩比，这类试验模型称为几何畸变模型。对于几何畸变模型，不能直接应用相似条件来处理其试验结果或者仿真计算结果，需要建立畸变模型与原型之间的相似关系[100]。

有限元预测系数法是目前较常用的一类方法，其主要思想是借助数值仿真方法计算一系列不同缩比系数的畸变模型，建立预测系数和畸变系数之间的关系，实现动态响应的预报。除此之外，近年来也有国外学者通过建立包含畸变参数的修正方程，求出与该畸变量有关的修正指数对载荷进行修正，最终使畸变模型与原型的动态响应满足相似关系。由于该修正方法尚无特定名称，为了方便叙述，本书暂将该方法称为指数修正法。

7.4.1 两种畸变相似预报方法

为了建立畸变模型与原型的动态响应的相似关系，可引入一个修正模型。该修正模型与原型满足完全几何相似，且施加在其上的载荷由式(7-40)得到。为了在缩比模型中考虑几何畸变，这里引入相关的几何畸变因子，若某参量 x 发生畸变，定义如下畸变因子（上标 d 表示畸变模型），即

$$\beta_x = x^d / x^p \tag{7-51}$$

可按照如图 7-17 所示的流程对包含应变率的畸变模型进行修正。修正方法包括指数修正法和有限元系数预测法，下面分别介绍。

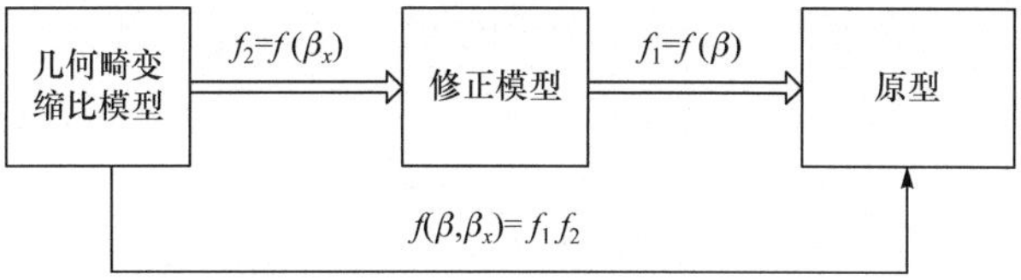

图 7-17　畸变模型相似预报一般流程

1. 指数修正法

(1) 指数修正法的预报流程

假设对输入载荷冲量 I 进行修正，且修正因子为 β_I'。定义修正方程为

$$f_I=f(\beta,\beta_x)=f_1 f_2=\beta_I' \tag{7-52}$$

其中，$f_1=f(\beta)$，即考虑应变率效应的外载荷修正式(7-40)；$f_2=f(\beta_x)$，与畸变因子 β_x 有关。

令 f_2 具有如下形式，即

$$f_2=\lambda_x^{n_I} \tag{7-53}$$

其中，λ_x 为参量 x 的畸变系数，$\lambda_x=\beta_x/\beta$。

在 Oshiro 等的研究工作中，对于如何求出式(7-53)中的指数 n_I 并没有一个明确的方法，只能通过经验或多次试验不断摸索。为了解决这一不足，这里提出一种快速确定法，可按以下步骤求出。

① 当模型的某几何参数 x 发生畸变时有畸变因子 β_x。对该畸变因子取两个不同值 β_{x1} 和 β_{x2} 进行考察，且在输入载荷冲量 I_0 的附近邻域中取系列值 $I_i(i=1,2,3,\cdots)$，施加在相应畸变模型上。

② 以模型某响应参数作为考察对象(如板架上特征点处最终变形 w)，可建立畸变系数分别为 λ_{x1} 和 λ_{x2} 时，I_1-w_1 和 I_2-w_2 之间的关系式，$w_1=g(I_1)$ 和 $w_2=g(I_2)$。

③ 给 n_I 赋予一个初值，代入表达式 $\lambda_I=\lambda_x^{n_I}$，可分别得到 λ_{I1} 和 λ_{I2}，再将 λ_{I1} 和 λ_{I2} 代入步骤②，求出并比较 w_1 和 w_2。若 $w_1=w_2$，则 n_I 为所求值；否则，调整 n_I，再次重复步骤②和③，直到 w_1 和 w_2 的值相同。

上述过程可以通过计算程序来处理。

采用指数修正法对畸变模型进行修正的具体流程如下。

① 确定缩比模型的应变率。借助有限元仿真软件建立完全几何相似模型，确定关键部位的应变率。

② 输入载荷初次修正。将提取的应变率代入 f_1，得到原型的初始载荷和满足缩比关系的修正模型载荷(I^c)之间的修正关系式。借助该式即可以得到施加在缩比模型上的载荷。

③ 输入载荷二次修正。在得到作用在缩比模型上的修正载荷 I^c 后，按 n_I 确

定法计算畸变模型中的指数 n_I，将 n_I 和相应的畸变系数 λ_x 代入 f_2，得到原型的初始载荷和几何畸变缩比模型载荷之间的修正关系式，即 $f=f_1f_2$。借助该式即可计算出最终施加在几何畸变缩比模型中的载荷。

在流程①中，存在一个棘手的问题，即如何确定完全几何相似模型(载荷未修正)关键处的应变率。借助有限元仿真软件可以提取考察点处的应变率值，但是仿真软件的计算精度值得考量。若通过完全几何相似试验进行应变率采集，因为条件限制无法制得相应模型，否则就无需制作相关的几何畸变缩比模型。本书采用如图 7-18 所示的流程近似预测完全几何相似模型(外载荷未修正)关键处的应变率。具体步骤如下。

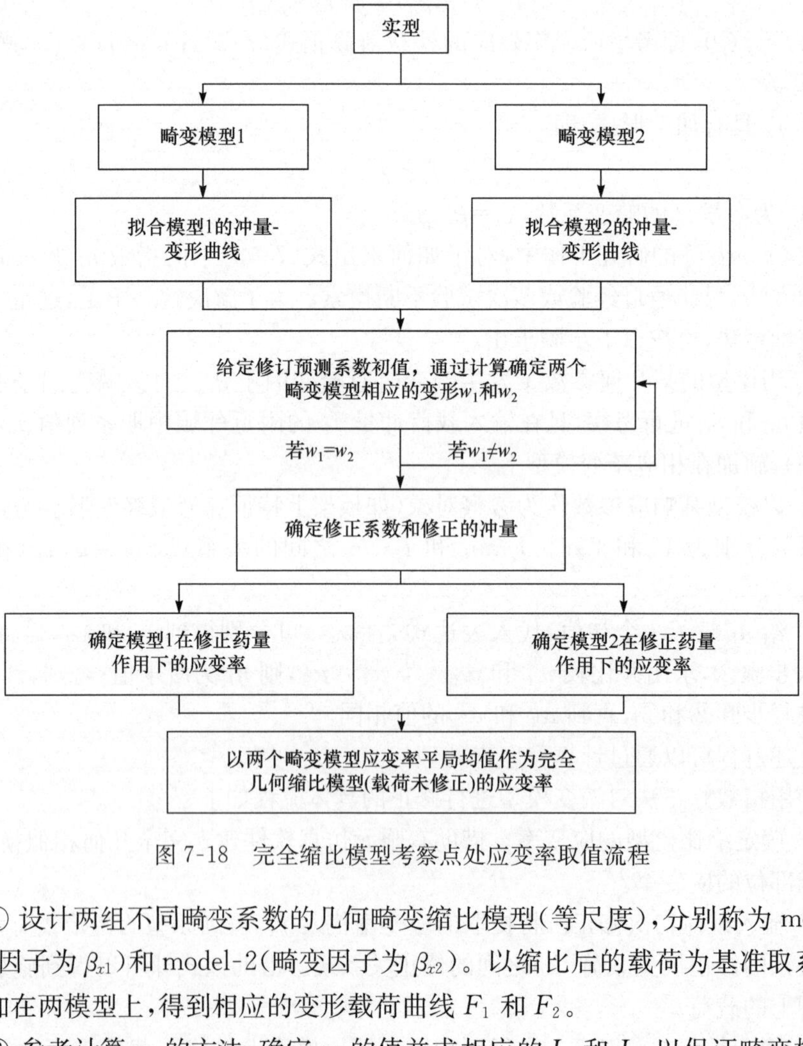

图 7-18　完全缩比模型考察点处应变率取值流程

① 设计两组不同畸变系数的几何畸变缩比模型(等尺度)，分别称为 model-1(畸变因子为 β_{x1})和 model-2(畸变因子为 β_{x2})。以缩比后的载荷为基准取系列载荷施加在两模型上，得到相应的变形载荷曲线 F_1 和 F_2。

② 参考计算 n_I 的方法，确定 n_I 的值并求相应的 I_1 和 I_2，以保证畸变模型在

相应修正载荷下与完全缩比模型具有相同变形。

③ 分别确定在载荷 I_1 作用下的 model-1 关键部位处的应变率数据 $\dot{\varepsilon}_1^d$ 和载荷 I_2 作用下的 model-2 关键部位处的应变率数据 $\dot{\varepsilon}_2^d$。若两者相差不大，则取两者平均值作为完全缩比模型关键部位处的应变率。

(2) 算例分析

仍采用 Calladine 模型来验证此种方法的可行性。

以缩比 1∶100 下的畸变缩比模型为例，通过同等几何大小的畸变模型确定关于速度的幂指数 n_v。设模型在厚度方向发生畸变，为了确定 n_v，分别取厚度畸变系数 λ_{h1} 和 λ_{h2} 为 1.2 和 2.0 进行计算。当厚度畸变系数 $\lambda_{h1}=1.2$ 时，其计算结果如表 7-16 所示。

表 7-16　厚度畸变系数为 1.2 时系列撞击速度下结构的最终转角

情况	厚度畸变系数 λ_h	速度 v/(m/s)	最终转角 θ_t/(°)	实际转角 θ/(°)
1	1.2	5	19.26	18.19
2	1.2	6	25.40	24.33
3	1.2	7	31.82	30.75
4	1.2	8	38.86	37.79
5	1.2	9	46.29	45.22
6	1.2	10	53.95	52.88
7	1.2	11	62.24	61.17

表中列出的实际转角是在结构最终转角的基础上扣除结构的初始转角 $\theta_0=1.07°$得到的。根据计算结果，可拟合冲击速度与转角的关系表达式，即

$$\theta=0.2111v^2+3.7839v-6.0057$$

同理，当厚度畸变系数 $\lambda_{h2}=2.0$ 时，其计算结果如表 7-17 所示。

表 7-17　厚度畸变系数为 2.0 时系列撞击速度下结构的最终转角

情况	厚度畸变因子 λ_h	速度 v/(m/s)	最终转角 θ_t/(°)	实际转角 θ/(°)
1	2.0	10	24.45	23.37
2	2.0	11	28.32	27.25
3	2.0	12	32.08	31.01
4	2.0	13	36.28	35.21
5	2.0	14	40.54	39.47
6	2.0	15	44.85	43.78
7	2.0	16	49.18	48.11

根据计算结果，可拟合冲击速度与转角的关系表达式，即

$$\theta=0.0608v^2+2.5531v-8.2479$$

编写计算程序，并给 n_v 赋任意初值，经过不断迭代计算，最终当 $n_v=1.042$ 时有 $\theta_1=\theta_2$，因此取 $n_v=1.042$。

若几何畸变模型在厚度上发生畸变，且畸变因子为 1.5，对其外形进行系列缩比，缩比因子分别取 0.01、0.1、0.2 和 0.5。各缩比因子下畸变模型的计算结果如表 7-18 所示。

表 7-18　各缩比因子下畸变模型的计算结果

模型编号	缩比因子	f_1	f_2	f_v	v_h	最终转角 θ/(°)	与原型的最终转角间的误差/%
1	1	1.000	0	1.000	7.00	49.73	—
2	1	1.000	1.512	1.512	10.59	49.63	0.20
3	0.5	1.016	1.512	1.536	10.75	49.57	0.32
4	0.2	1.036	1.512	1.567	10.96	49.24	0.99
5	0.1	1.057	1.503	1.589	11.12	48.97	1.56
6	0.01	1.101	1.526	1.680	11.76	48.92	1.63

不同缩尺比的 Calladine 畸变模型在受到撞击块冲击作用时，基于完全相似准则的转角曲线如图 7-19 所示。

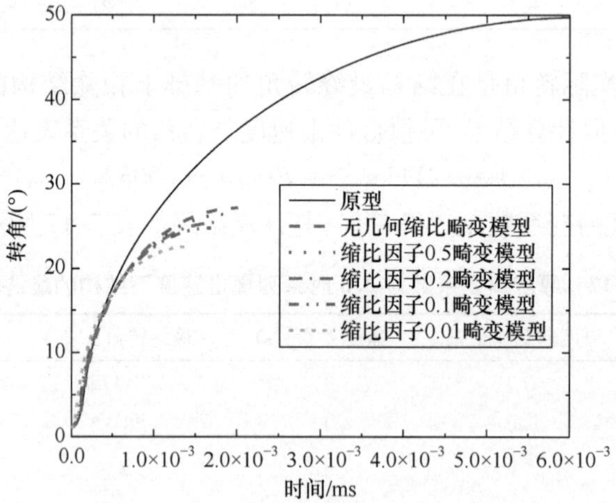

图 7-19　基于完全相似准则的转角曲线

根据畸变相似准则对模型进行修正，可以得到各缩尺比下的畸变模型转角曲线。在此基础上，将曲线各点的横坐标无量纲化。令 t_w 为模型的全部运动时间，将 t/t_w 作为横坐标，可以得到修正后的转角曲线，如图 7-20 所示。

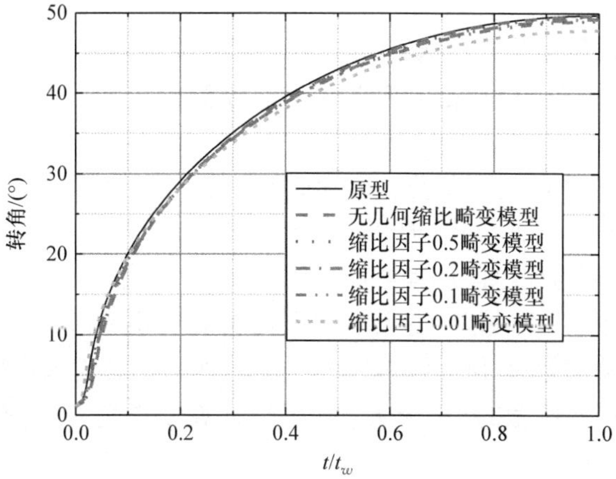

图 7-20　修正后转角曲线

可以看到，对畸变模型的结果进行处理后，几何畸变缩比模型的预测结果与原型的转角曲线吻合良好，且当缩比达到 0.01 时，最终转角的误差仍控制在 2%以内，说明采用修正方法预测原型的动态响应具有很高的精度。

2. 有限元系数预测法

假设对输入载荷冲量 I 进行修正，关于修正模型和原型之间的相似关系可通过 f_1求出。通过有限元系数预测法建立畸变模型与修正模型之间的相似关系。当参量 x 发生畸变时，畸变模型与修正模型中包含该参量的 π 项之间无法满足 $\pi_x^d\neq\pi_x^c$，因此定义畸变系数为 $\lambda_x=\pi_x^d/\pi_x^c$。根据式(7-27)可知，在舱内爆炸现象中，$\pi_1\sim\pi_5$ 皆为自变项，π_6 为因变项，设加筋板厚度 h 发生畸变，则该式关于修正模型和畸变模型的 π 方程分别为

$$\pi_6^c=D^c(\pi_1^c)^{a1}(\pi_2^c)^{a2}(\pi_3^c)^{a3}(\pi_4^c)^{a4}(\pi_5^c)^{a5} \tag{7-54}$$

$$\pi_6^d=D^d(\pi_1^d)^{a1}(\pi_2^d)^{a2}(\pi_3^d)^{a3}(\pi_4^d)^{a4}(\pi_5^d)^{a5} \tag{7-55}$$

其中，D^c 和 D^d 为待定系数；$a_1\sim a_5$ 为待定幂指数。

模型和修正模型的相应因变量 π 项之间的比值为

$$\delta_w=\pi_6^d/\pi_6^c=\frac{D^d(\lambda_h\cdot\pi_1^c)^{a_1}(\pi_2^d)^{a_2}(\pi_3^d)^{a_3}(\pi_4^d)^{a_4}(\pi_5^d)^{a_5}}{D^c(\pi_1^c)^{a_1}(\pi_2^c)^{a_2}(\pi_3^c)^{a_3}(\pi_4^c)^{a_4}(\pi_5^c)^{a_5}}=g(\lambda_h) \tag{7-56}$$

可以看出，加筋板中心出的最终变形预测系数 δ_w 是关于厚度畸变系数 λ_h 的函数 $g(\lambda_h)$。同理，还可以依次得到时间 t、速度 v 等参数关于厚度畸变因子的预测系数。

在大部分情况下，动态响应的预测系数可以通过一系列模型试验来确定，但是这样往往会产极大的消耗，失去模型试验的优势。因此，通常借助数值仿真方法得

到相关参数的变化规律。

其修正的步骤与指数修正法类似。

① 确定缩比模型关键部位的应变率。该应变率的测得可参考指数修正法给出的计算方法。

② 修正缩比模型的输入载荷。得到应变率后,将其代入 f_1,可以得到修正模型和原型载荷间的修正关系式,即 $f=f_1$。借助该式即可得到施加在修正模型上的载荷,使修正模型与原型间的动态响应满足相似关系。

③ 建立与修正模型同等尺度大小的系列畸变模型。借助有限元仿真软件建立系列与修正模型同等尺寸的单参数畸变模型,保证两者输入载荷值一致,计算该输入载荷作用下畸变模型的动态响应,并根据计算结果建立预测系数与畸变系数之间的关系式。

④ 预测原型的动态响应。将畸变系数代入步骤③所得的函数关系式,可以得到相应动态响应物理量的预测系数。结合步骤②的相似关系,用几何畸变缩比模型的动态响应结预测原型的动态响应。

同样以 Calladine 梁的冲击响应为对象来验证有限元系数预测法,结构参数如表 7-1 所示。假设 Calladine 梁在厚度方向发生畸变,在缩比为 1∶100 的情况下,建立与参考修正模型同等尺寸的厚度畸变模型。

当缩比因子 $\beta=0.01$ 时,考虑应变率效应 Calladine 梁的缩比修正模型中撞击块的速度应调整为 7.71m/s,因此对于该缩尺比下的畸变模型,其撞击块的速度都应统一为 7.71m/s。

在建立转角预测方程时,转角预测系数 δ_θ 可按下式得到,即

$$\delta_\theta=(\theta_i-\theta_0)/(\theta_1-\theta_0) \tag{7-57}$$

其中,θ_0 为模型的初始转角,此处取 1.07°;θ_1 为原型的最终转角;θ_i 为编号 1~8 模型的最终转角,i 分别取 1~8。

通过计算可以得到不同厚度畸变系数下模型的转角预测系数,如表 7-19 所示。

表 7-19 不同厚度畸变系数下模型的转角预测系数

编号	厚度畸变系数 λ_h	冲击速度 v/(m/s)	最终转角 θ/(°)	转角预测系数 δ_θ
1	1	7.71	48.82	1.000
2	1.4	7.71	29.07	0.586
3	1.8	7.71	19.58	0.388
4	2.2	7.71	14.78	0.281
5	2.6	7.71	11.29	0.214
6	3.0	7.71	9.15	0.169

由此建立转角预测系数与畸变系数之间的关系式，则有缩比因子$\beta=0.01$时的转角预测方程，即

$$\delta_\theta=0.0856\lambda_h^4-0.8465\lambda^3+3.1975\lambda_h^2-5.6227\lambda_h+4.1860$$

当几何畸变模型发生厚度畸变且λ_h为 2.0 时，由上式可得转角预测系数δ_θ为 0.328。该畸变模型的最终转角θ^d为 16.75°，结合转角预测系数δ_θ可预测得到原型的最终转角为 48.85°。与原型的计算结果比较，畸变模型预测误差为 1.78%。

按照上述方法，修正后各畸变模型的最终转角如表 7-20 所示。

表 7-20　预测系数法修正后各畸变模型的最终转角

模型编号	缩比因子	f_1	v_h/(m/s)	最终转角 θ/(°)	δ_θ	修正后的转角 θ/(°)	与原型的最终转角间的误差/%
1	1	1.000	7.00	49.73	1.00	49.73	—
2	1	1.000	7.00	17.99	0.348	49.63	0.21
3	0.5	1.016	7.11	17.87	0.347	49.52	0.43
4	0.2	1.036	7.25	17.64	0.344	49.25	0.97
5	0.1	1.052	7.36	17.46	0.341	49.12	1.23
6	0.01	1.101	7.71	16.75	0.328	48.85	1.78

完全相似准则缩比模型转角曲线如图 7-21 所示。

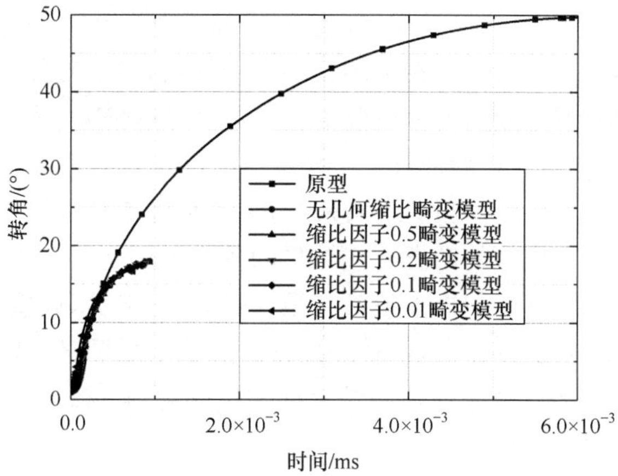

图 7-21　完全相似准则缩比模型转角曲线

在此基础上，无量纲化模型曲线上各点的横坐标，得到的有限元系数预测法修正的转角曲线如图 7-22 所示。

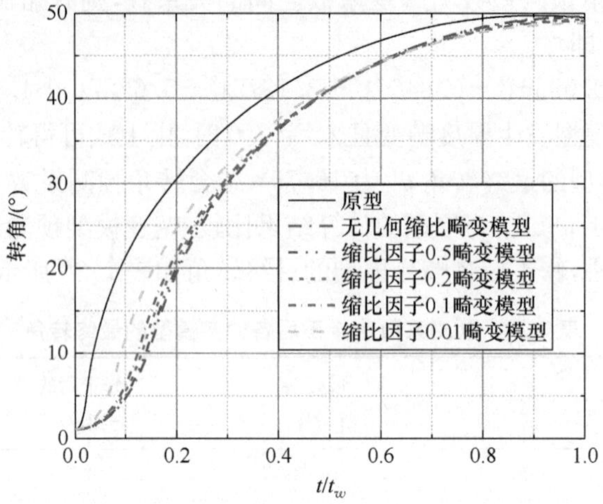

图 7-22 有限元系数预测法修正的转角曲线

3. 两种相似预报方法的对比分析

在畸变模型预测方面，大部分文献都采用有限元系数预测法。一般情况下，若对试验模型熟悉，可根据经验给出畸变因子幂指数 n 值的初值范围，并结合多次计算或试验来确定。然而，对于复杂结构，n 值初值范围的给定具有一定的盲目性，需要借助大量反复的计算或试验来确定。有限元系数预测法只需进行多个畸变模型的计算，并根据计算结果建立相关的预测方程即可，较指数修正法操作更简单、导向更明确。但是，本书提出的 n 值确定法却能很好地解决这一不足，使指数修正法在实际应用中同样具有可操作性。

从 Calladine 模型转角预测的结果来看，无论是采用有限元系数预测法，还是指数修正法，都可以在原型的动态响应结果的预报方面达到令人满意的结果。不管采用哪种方法，只要试验中样本数量充足、数据采集充分，就能在预报上达到较高的精度。当缩比达到 1∶5 时，两种预报方法的预报结果误差均可控制在 1%以内；当缩比达到 0.01 时，最终的预测结果误差也不超过 3%。这两种方法在预测精度上均可满足工程需要。

以上两种方法尽管都可以建立几何畸变缩比模型和原型之间的关系，且对最终响应结果预报精准，然而有限元系数预测法仅能使最终预测参数的数值与原型的一致，在整个时间曲线上无法保证高度契合，并且其预报准确性在极大程度上依赖有限元程序自身的计算精度。对于某些复杂情况，通过该方法得出的预报结果值得商榷。相比之下，指数修正法很大限度上摆脱了对仿真软件的依赖，且该方法对动态响应过程的预测更加准确，可以直接建立畸变缩比模型与原型的动态响应之间的联系。基于以上分析，在爆炸载荷作用下加筋板原型动态响应的预报中采用指数修正法。

7.4.2　爆炸载荷作用下板厚畸变模型动态响应相似预报

1. 空爆下畸变模型的相似预报

7.3 节曾对某船体局部加筋板的动态响应相似性进行过分析。现在假设该板架在板厚方面发生畸变，板厚畸变系数 $\lambda_h=2$。若要通过缩比因了 β 为 0.05 的厚度畸变缩比模型来预测原型的板架中心最终变形，则步骤如下。

① 计算完全相似缩比模型关键部位的应变率，得到缩比下冲量的修正式，同时对作用在缩比模型上的药量进行修正。

② 计算用于修正几何畸变缩比模型冲量的修正预测指数 n_I。在缩比模型修正药量的基础上，对厚度畸变模型中的施加药量 W^d 再次修正，使畸变缩比模型与原型的板架中心最终变形 w 满足相似关系。

为了确定缩比模型中的应变率和畸变模型的冲量修正预测指数 n_I，分别计算板厚畸变系数 λ_h 取 1.5 和 2.5 时的冲量与板架中心最终变形关系曲线。在所有情况中，爆距均为 10m。

先计算厚度畸变系数 $\lambda_1=\beta_{h1}/\beta=1.5$ 时的药量与板架中心最终变形关系曲线，相关参数如表 7-21 所示。

表 7-21　板厚畸变系数为 1.5 时各种情况相关参数

情况	1	2	3	4	5	6
药量	130	135	140	145	150	155
板厚畸变系数 λ_1	1.5	1.5	1.5	1.5	1.5	1.5
冲量/(Pa · s)	365.07	373.29	381.38	389.35	397.20	404.93
变形/mm	7.556	8.052	8.518	8.980	9.463	9.983

计算畸变系数 $\lambda_2=\beta_{h1}/\beta=2.5$ 时的冲量与板架中心最终变形畸变因子关系曲线，相关参数如表 7-22 所示。

表 7-22　板厚畸变系数为 2.5 时各种情况相关参数

情况	1	2	3	4	5	6
药量	170	175	180	185	190	195
板厚畸变系数 λ_2	2.5	2.5	2.5	2.5	2.5	2.5
冲量/(Pa · s)	427.49	434.81	442.04	449.17	456.22	463.18
变形/mm	8.150	8.482	8.846	9.195	9.547	9.928

根据表 7-21 和表 7-22 中的数据，绘制冲量与变形的关系曲线，如图 7-23 和图 7-24 所示。

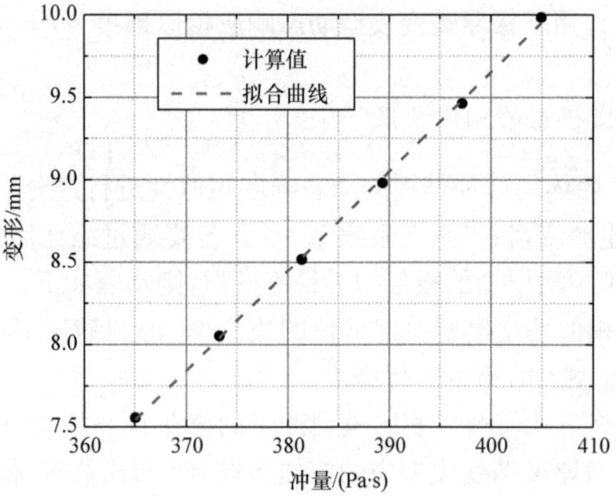

图 7-23　畸变系数为 1.5 时冲量与变形关系曲线

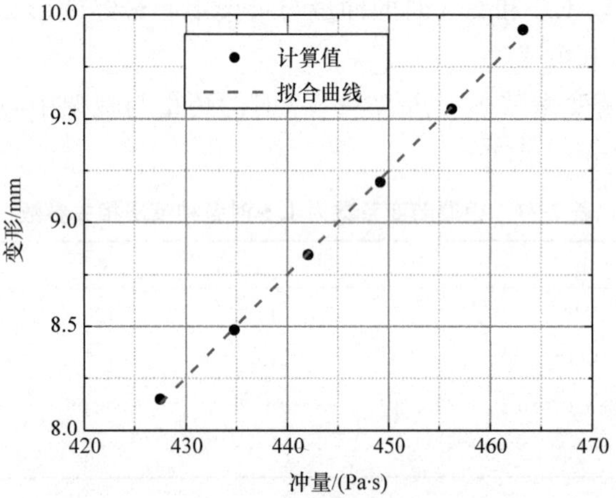

图 7-24　畸变系数为 2.5 时冲量与变形关系曲线

分别拟合两种厚度畸变系数对应的冲量与变形之间关系表达式 F_1 和 F_2，即

$$F_1: w=0.0603I-14.472$$

$$F_2: w=0.0498I-13.144$$

任意给定 n_I 一初值，分别计算两组板厚畸变系数对应的冲量修正系数，即

$$\lambda_I=\lambda_h^{n_I} \tag{7-58}$$

将计算所得冲量修正系数 λ_{I1} 和 λ_{I2} 分别代入下式，即

$$I'=\lambda_I I^m \tag{7-59}$$

其中，I^m 为完全缩比模型中的药量(125g)。

计算相应的冲量 I_1' 和 I_2'，将其分别代入 F_1 和 F_2 中，求出 w_1 和 w_2，比对两者之值。该步骤可通过迭代计算得到 $w_1=w_2$ 时 n_I 的值。

经程序计算可得 $n_I=0.259$，进而可分别计算出两组畸变模型中的冲量修正值，并根据药量和冲量之间的关系曲线得到两组模型的修正药量值。畸变系数为 λ_1 和 λ_2 的畸变模型对应的药量分别为 $W_1=144.0\text{g}$ 和 $W_2=180.4\text{g}$。在相应药量的作用下，两组畸变模型的最终变形分别为 $w_1=8.889\text{mm}$ 和 $w_2=8.895\text{mm}$，与完全缩比模型的最终变形 $w^m=8.919\text{mm}$ 十分接近。分别提取两模型中心处的应变率，得到 $\dot{\varepsilon}_1=18.82\text{s}^{-1}$ 和 $\dot{\varepsilon}_2=16.47\text{s}^{-1}$。若取其平均值作为缩比模型中心的应变率，可得

$$\dot{\varepsilon}^{m\prime}=\frac{\dot{\varepsilon}_1+\dot{\varepsilon}_2}{2}=17.65\text{s}^{-1}$$

该值与表 7-13 给出的缩比模型中心处的应变率 $\dot{\varepsilon}^m(29.00\text{s}^{-1})$ 相差较大。然而，当两应变率值大小处在同一数量级时，它们对载荷修正系数 f_1 的影响不大。将 $\dot{\varepsilon}^{m\prime}=17.65$ 和 $\dot{\varepsilon}^m=29.00$ 同时代入式(7-40)，可到 $\beta_I'^{cp}=f_1'=0.5164$，$\beta_I^{cp}=f_1=0.5163$。

在得到应变率后，可计算出在缩比模型中修正后的冲量 $I^c=I^p=359\text{Pa}\cdot\text{s}$，根据冲量和药量之间的关系推出相应的药量修正值 $W^c=127.5\text{g}$。然后，通过缩比因子 β 同为 0.05 的畸变缩比模型来预测该修正模型。再次利用畸变模型求 n_I。此时，式(7-59)中应代入修正后的冲量 I^c。经过程序计算后，可得到修正指数的值 $n_I=0.263$；将厚度畸变系数 $\lambda_h=2$，以及冲量修正预测指数 $n_I=0.263$ 代入式(7-58)，可得该畸变模型和缩比过渡模型动态响应相似时的冲量修正系数为 $\lambda_I^d=f_2=1.20$，因此可得作用在畸变模型板架中心的冲量，即

$$I^d=I^cf_2=I^pf_1f_2=430.8\text{Pa}\cdot\text{s}$$

根据冲量与药量之间的关系式可得几何畸变缩比模型的药量修正值为 $W^d=171\text{g}$。在该药量产生的爆炸载荷作用下，经计算可得板架中心处的最终变形值为 $w^d=9.58\text{mm}$，再将其按缩比因子进行放大，则相应的原型板架中心最终变形预测值为 $w^p=191.56\text{mm}$。

空爆下加筋板架相关修正数据如表 7-23 所示。

表 7-23　空爆下加筋板架相关修正数据

项目	β	β_h	n_I	f_1	f_2	f	药量 /kg	变形 /mm	预测值 /mm	误差 /%
原型	1.00	1.00	—	—	—	—	1000	187.89	—	—
畸变缩比模型	0.05	0.10	0.263	1.20	0.0516	0.062	0.171	9.58	191.56	1.93

将原型板架中心的变形、速度曲线与修正前后的厚度畸变缩比模型预报结果

进行对比，如图 7-25 和图 7-26 所示。

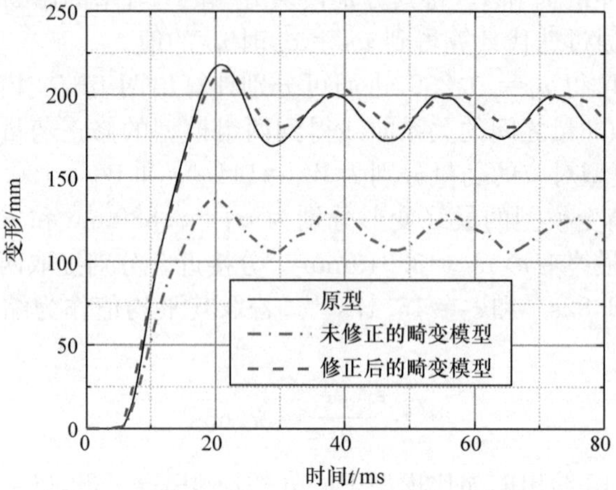

图 7-25　板架中心变形曲线

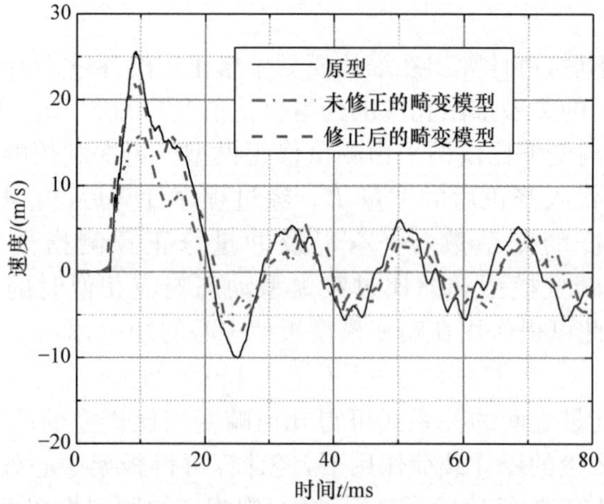

图 7-26　板架中心速度曲线

可以看出，利用指数修正法对畸变缩比模型中的药量进行修正，可以取得比较好的预测效果。即使缩比达到 1∶20，经过药量修正后，最终的变形预测值与原型的结果相比，误差仍在 3%以内。

2. 舱内爆炸畸变模型的相似预报

对于舱内爆炸缩比试验，先考察应变率效应在其中的影响程度，再考察单参数(板厚)畸变时预报的精确程度。我们开展过一列系列舱内爆炸试验，试验药量分别有 55g、110g，以及 200g 三种，爆距均为 900mm。试验板架边长为 800mm，板厚从 1.6～3.7mm 不等，加筋形式分为单向 2 或 3 加筋。

现从每种药量中选取几种典型情况进行考察，相关试验参数及仿真计算结果如表 7-24 所示。

表 7-24 典型情况相关试验参数及仿真计算结果

情况	药量/g	板厚/mm	加筋尺寸/(mm×mm×mm)	加筋数 n	最终变形/mm	仿真计算结果/mm	误差/%
1	55	1.6	1.6×20×800	2	35.374	35.22	0.435
2	55	2.3	2.3×30×800	2	26.341	26.36	0.072
3	110	2.3	2.3×30×800	3	43.837	43.73	0.244
4	110	3.7	2.7×30×800	3	24.058	24.03	0.116

采用本书的数值仿真方法进行计算，可以看出上述各种情况下的仿真模型计算值与原型板架测量值之间的误差很小，因此在舱内爆炸载荷作用下加筋板的动态响应可以用数值仿真方法进行评估，并借助计算结果分析不同缩尺比模型对实际模型响应的预报精度。

先考察应变率效应在其中的影响程度。采用上述原型，建立缩比分别为 1∶2、1∶4 和 1∶10 的有限元计算模型。模型和原型采用相同的材料参数。以各模型的板架中心最终变形计算值为考察对象，各缩比因子下完全缩比模型的预报结果如表 7-25 所示。

表 7-25 各缩比因子下完全缩比模型的预报结果

情况	缩比因子为 0.5			缩比因子为 0.25			缩比因子为 0.1		
	计算值/mm	预测值/mm	误差/%	计算值/mm	预测值/mm	误差/%	计算值/mm	预测值/mm	误差/%
1	17.56	35.12	0.28	8.669	34.68	1.53	3.452	34.52	1.99
2	13.15	26.30	0.23	6.527	26.11	0.95	2.603	26.03	1.25
3	21.71	43.42	0.71	10.73	42.92	1.85	4.288	42.88	1.94
4	11.97	23.94	0.37	5.871	23.52	1.91	2.337	23.37	2.75

可以看出，应变率效应在试验中的影响并不明显。即使缩比因子达到 0.1，按照完全几何相似准则来预测原型板架的中心最终变形，其误差仍保持在 3%。应变率效应在该系列试验中的影响不大，在后续的几何畸变模型中将忽略应变率效应的影响。

考虑单参数畸变——板厚畸变的情况。以情况 1 为例，假设在缩比 1∶10 的情况下，板厚因实际条件的限制发生畸变，且畸变因子 β_h 为 1∶5。考虑 A、B 两组情况，A 组情况的板厚畸变因子 $\lambda_{hA}=\beta_{hA}/\beta$ 均为 1.5；B 组情况的板厚畸变因子

$\lambda_{hB}=\beta_{hB}/\beta$ 均为 2.5。各种情况畸变模型的相关参数如表 7-26 所示。

表 7-26　各种情况畸变模型的相关参数

项目	板架边长/mm	板厚/mm	畸变系数 λ_h	爆距/mm	药量/g
原型	800	1.6	1.0	900	55
模型-*A*1	80	0.24	1.5	90	0.065
模型-*A*2	80	0.24	1.5	90	0.075
模型-*A*3	80	0.24	1.5	90	0.085
模型-*A*4	80	0.24	1.5	90	0.095
模型-*A*5	80	0.24	2.5	90	0.105
模型-*A*6	80	0.24	2.5	90	0.115
模型-*B*1	80	0.4	2.5	90	0.125
模型-*B*2	80	0.4	2.5	90	0.135
模型-*B*3	80	0.4	2.5	90	0.145
模型-*B*4	80	0.4	2.5	90	0.155
模型-*B*5	80	0.4	2.5	90	0.165
模型-*B*6	80	0.4	2.5	90	0.175

经计算后，各种情况畸变模型的相关计算结果如表 7-27 所示。

表 7-27　各种情况畸变模型的相关计算结果

项目	模型-*A*1	模型-*A*2	模型-*A*3	模型-*A*4	模型-*A*5	模型-*A*6
冲量/(Pa·s)	7.040	8.021	8.999	9.974	10.947	11.916
中心变形/mm	2.577	2.790	3.059	3.326	3.575	3.727
项目	模型-*B*1	模型-*B*2	模型-*B*3	模型-*B*4	模型-*B*5	模型-*B*6
冲量/(Pa·s)	12.88	13.85	14.81	15.77	16.72	17.67
中心变形/mm	2.548	2.756	2.922	3.067	3.239	3.344

对数据进行拟合，可得到中心变形 w 关于冲量 I 的多项式方程，模型-A 系列有

$$F_1: w_A=-0.02I_A^2+0.6051I_A-0.5644$$

模型-B 系列有

$$F_2: w_B=-0.0092I_B^2+0.4478I_B-1.6872$$

药量 W 与冲量 I 的线性拟合关系为

$$W=1.044\times10^{-2}I-9.524\times10^{-3}$$

药量 W 为 0.055g 时，相应的冲量 $I=6.054\text{Pa}\cdot\text{s}$，结合 F_1 和 F_2 求得相应的冲量修正指数 $n_I=1.242$。由此可得，对于厚度畸变系数 $\lambda_h=2.0$ 的畸变模型，其修正后的冲量 $I'=14.32\text{Pa}\cdot\text{s}$。将该值代入药量与冲量线性拟合关系曲线，可得

施加在该模型上的修正药量 $W'=0.140\text{g}$。

将计算出的修正药量施加在厚度畸变系数 $\lambda_h=2.0$ 的畸变模型中，可以得到板架的中心最终变形为 3.533mm。修正前后畸变模型变形、速度曲线如图 7-27 和图 7-28 所示。

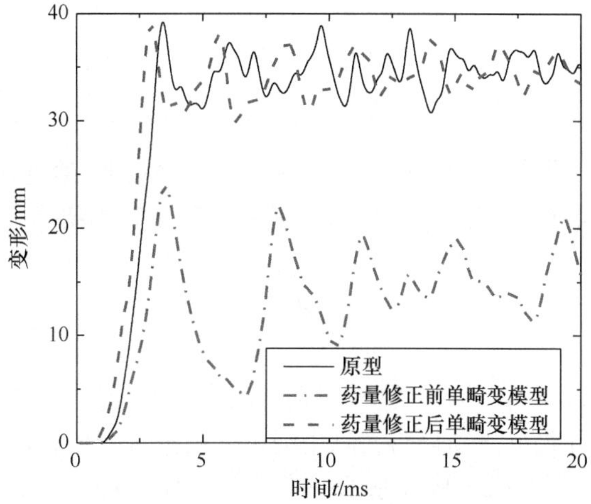

图 7-27　修正前后畸变模型变形曲线

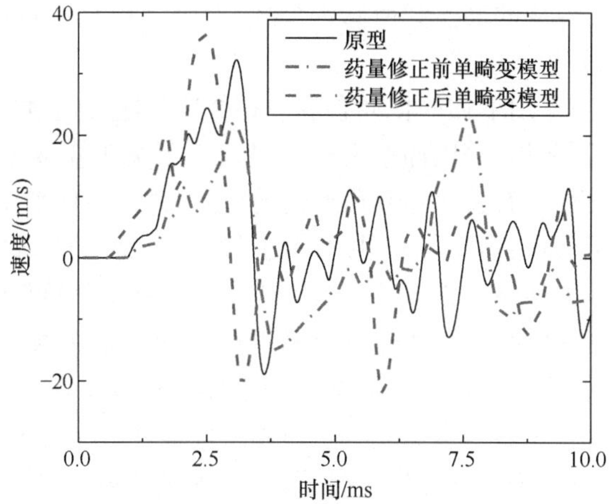

图 7-28　修正前后畸变模型速度曲线

同样按上述流程对情况 2～4 相应的畸变缩比模型药量进行修正。具体计算过程不再赘述，仅将四种情况的预报结果统计于表格中，如表 7-28 所示。

表 7-28 经修正后各种情况的预报结果

情况	缩比因子 β	畸变系数 λ_h	预测指数 n_I	药量/g	变形计算值/mm	预测值 w^p/mm	误差/%
1	0.1	2.0	1.242	0.140	3.533	35.33	0.311
2	0.1	2.0	1.556	0.176	2.746	27.46	4.190
3	0.1	2.0	1.169	0.261	4.284	42.84	2.039
4	0.1	2.0	1.342	0.297	2.291	22.91	4.665

可以看出，对于爆炸载荷作用下厚度畸变的加筋板架，通过指数修正法对药量进行修正后，其变形预报误差在 5%以内，满足实际工程的要求。

7.5 总结

基于经典的 Calladine 结构模型，首先对比分析了目前在金属结构中常用的三类动态本构方程，并将分析结果与文献中的试验数据进行比较，选出其中能较好描述冲击载荷作用下钢结构本构关系的一类本构方程，即 Johnson-Cook 模型，为本章相似准则和畸变相似准则的导出奠定了基础。然后，分析应变率效应对冲击载荷作用下结构动态响应的影响，以及由其导致的相似准则失真的原因。在此基础上，建立关于应变率效应的冲击载荷修正公式，对缩比模型进行修正，完成模型对原型动态响应结果的相似预报。

讨论了爆炸载荷作用下加筋板动态响应相似性问题。通过量纲分析法对该问题中的物理参量进行分析，并以冲量为修正量建立了关于应变率效应的相似修正公式。此外，参考文献中有关爆炸载荷的经验公式，并结合作者团队前期的爆炸试验相关数据，建立了药量、爆距与冲量之间的计算式。进一步，将对冲量的修正逆推到对药量的修正，方便该修正方法的实际应用。根据本章算例结果，将该修正方法应用至完全几何相似模型中，通过缩比模型准确预报空爆载荷下加筋板结构的动态响应问题。尽管应变率效应在本章算例中体现的并不十分显著，但在实际的缩比试验中，由于包含更多因素，如载荷、边界条件等并不能完全做到一致，导致预报误差往往比预期值更高。在这种情况下，尽可能地消除应变率效应在其中的影响，无疑将大大提高缩比模型预报结果的可靠性。

针对结构发生单参数畸变时动态响应的相似问题，主要探讨板厚发生畸变时如何对畸变模型进行修正，以使其能近似预测原型动态响应结果。本章对畸变模型的修正借鉴了 Oshiro 等提出指数修正法，并在此基础上解决了 n 值求解的问题。多个算例的计算结果表明，通过该方法可以较好地解决单结构参数畸变下的动态响应相似问题。

参 考 文 献

[1] 龚惠明."飞鱼"导弹是怎样击中英国谢菲尔德号驱逐舰的[J]. 外国海军导弹动态,1983,13(1):66-71.

[2] 朱锡,张振华,梅志远,等. 舰船结构毁伤力学[M]. 北京:国防工业出版社,2003.

[3] 李杰. 航空母舰的克星:超音速反舰导弹[J]. 太空探索,2001,21(6):18-19.

[4] 于文满. 舰艇毁伤图鉴[M]. 北京:国防工业出版社,1991.

[5] 李营. 反舰导弹舱内爆炸作用下舱室结构毁伤与防护机理[D]. 武汉:武汉理工大学博士学位论文,2017.

[6] 徐双喜. 大型水面舰船舷侧复合多层防护结构研究[D]. 武汉:武汉理工大学博士学位论文,2010.

[7] 侯海量,朱锡,李伟,等. 爆炸冲击波和高速破片联合作用下舱室结构破坏模式试验研究[C]// 中国钢结构协会海洋钢结构分 2010 年学术会议暨第六届理事会第三次会议,2010:314-320.

[8] 侯海量,朱锡,梅志远. 舱内爆炸载荷及舱室板架结构的失效模式分析[J]. 爆炸与冲击,2007,27(2):151-158.

[9] 孔祥韶. 大型水面舰艇舷侧防护结构内爆的数值模拟研究[D]. 武汉:武汉理工大学硕士学位论文,2009.

[10] 杜志鹏,李晓彬,夏利娟,等. 反舰导弹攻击舰船舷侧防护结构过程数值仿真[J]. 哈尔滨工程大学学报,2006,27(4):484-487.

[11] 孔祥韶. 爆炸载荷及复合多层防护结构响应特性研究[D]. 武汉:武汉理工大学博士学位论文,2013.

[12] Baker A D. U. S. Aircraft Carriers[M]. Maryland:Naval Institute Press,1983.

[13] Landau L D,Livshits E M. Mechanics of Continuous Media[M]. Mockba:World Scientific,1954.

[14] Stanyukovich K P. Non-stationary of a Continuous Medium[M]. Mockba: World Scientific,1955.

[15] 徐维铮,吴卫国. 爆炸波高精度数值计算程序开发及应用[J]. 中国舰船研究,2017,12(3):64-74.

[16] 徐维铮,孔祥韶,吴卫国. 改进的三阶 WENO-Z+格式及其应用[J]. 计算物理,2017,26(1):13-21.

[17] 徐维铮,孔祥韶,吴卫国. 基于映射函数的三阶 WENO 改进格式及其应用[J]. 应用数学和力学,2017,38(10):1120-1135.

[18] 徐维铮,孔祥韶,吴卫国. 三阶 WENO 格式精度分析与改进[J]. 计算力学学报,2018,35(1):51-55.

[19] 徐维铮,吴卫国. 泄压口大小对约束空间爆炸准静态超压载荷的影响规律[J]. 高压物理学报,2017,31(5):619-628.

[20] 徐维铮,孔祥韶,郑成,等. 一种改进的中心-WENO 混合格式[J]. 应用力学学报,2017,34(6):1115-1119,1221.

[21] 徐维铮,孔祥韶,郑成,等. 一种三阶 WENO-Z 格式改进方法[J]. 北京航空航天大学学报,2017,45(12):2400-2405.

[22] 徐维铮,孔祥韶,郑成,等. 约束空间爆炸冲击波高精度数值计算及实验验证[J]. 哈尔滨工程大学学报,2017,38(7):1151-1161.

[23] 徐维铮,吴卫国. 装药质量对约束空间内爆炸准静态超压载荷的影响规律研究[J]. 应用力学学报,2018,35(1):42-46.

[24] 陈攀. 舰船舱室内爆等效载荷研究[D]. 武汉:武汉理工大学硕士学位论文,2014.

[25] 孔祥韶,吴卫国,李俊,等. 角隅结构对舱内爆炸载荷影响的实验研究[J]. 中国造船,2012,53(3):40-50.

[26] Kong X, Li J, Li X, et al. Experimental investigation on characteristics of blast load in partially confined cabin structure[J]. Journal of Shanghai Jiaotong University, 2013, 18(5): 583-589.

[27] 孔祥韶,吴卫国,李晓彬,等. 截锥形弹体穿甲板架结构的数值计算研究. 船海工程, 2009,36(5):40-45.

[28] 黄涛,吴卫国,李晓彬,等. 截锥形弹体穿甲薄板的数值计算研究[J]. 中国舰船研究,2009,4(2):48-52.

[29] 徐双喜,吴卫国,李晓彬, 等. 截锥形弹穿甲单加筋板的破坏特性[J]. 爆炸与冲击,2011,31(1):62-68.

[30] 徐双喜,吴卫国,李晓彬,等. 锥头弹小斜角侵彻薄板剩余速度理论分析[J]. 弹道学报,2010,22(3):58-62.

[31] 黄涛,吴卫国,李晓彬,等. 截锥形弹体斜穿甲花瓣型破坏模型[J]. 振动与冲击,2010,38(2):125-127.

[32] Xu S, Wu W, Li X, et al. Petal failure characteristics of a conical projectile penetrating a thin plate at high oblique angle[J]. Journal of Shanghai Jiaotong University, 2010, 15(4): 1007-1172.

[33] Xu S, Wu W, Li X, et al. Research on petal failure characteristics of a conical projectile penetrating a thin plate at high oblique angle[J]. Journal of Shanghai Jiaotong University, 2010, 15(4): 434-440.

[34] Xu S, Wu W, Li X, et al. Analysis of anti-ship missile penetrating the side frame[C]// The Proceedings of The Twentieth International Offshore and Polar Engineering Conference, 2010: 691-698.

[35] Xu S, Wu W, Li X, et al. Research on failure characteristics of a frustum projectile penetrating a cross stiffened plate[C]// The Proceedings of The Twentieth International Offshore and Polar Engineering Conference, 2010: 706-712.

[36] Gurney G W. The initial velocities of fragments from bombs, shells and grenades[R]. Maryland: Ballistic Research Labs, 1943: 1-11.

[37] Hutchinson M D. The escape of blast from fragmenting munitions casings[J]. International Journal of Impact Engineering,2009,36(2):185-192.

[38] Zhang Q,Miao C Q,Lin D C,et al. Relation of fragment with air shock wave intensity for explosion in a shell[J]. International Journal of Impact Engineering, 2003, 28(10): 1129-1141.

[39] Danel J F,Kazandjian L. A few remarks about the Gurney energy of condensed explosives [J]. Propellants,Explosives,Pyrotechnics,2004,29(5):314-316.

[40] Hutchinson M D. Replacing the equation of Fano and Fisher for cased charge blast impulse-II-fracture strain method[J]. Propellants,Explosives,Pyrotechnics,2012,37(5):605-608.

[41] Michael D H. With-fracture Gurney model to estimate both fragment and blast impulses[J]. Central European Journal of Energetic Materials,2010,7(2):175-186.

[42] Szyndel M D E,Collard A D,Eyre J R. A simple relation between the detonation velocity of an explosive and its Gurney energy[J]. Propellants,Explosives,Pyrotechnics,2002,27(6): 365-368.

[43] 蒋建伟,张谋,门建兵,等. PELE弹侵彻过程壳体膨胀破裂的数值模拟[J]. 计算力学学报,2009,26(4):568-572.

[44] Hoggatt C R,Recht R F. Fracture behavior of tubular bombs[J]. Journal of Applied Physics,1968,39(3):1856-1862.

[45] Grady D E,Hightower M M. Natural fragmentation of exploding cylinders[R]. Albuquerque:Sandia National Labs,1990:13.

[46] 隋树元,王勋,马晓青,等. 内爆炸载荷下弹钢的动态变形与断裂准则研究[J]. 兵工学报,1996,17(1):88-92.

[47] Elek P,Jaramaz S. Fragment mass distribution of naturally fragmenting warheads[J]. FME Transactions,2009,37(3):129-135.

[48] 张奇,苗常青,白春华,等. 壳体对爆炸空气冲击波强度的影响[J]. 应用力学学报,2003,20(3):145-147.

[49] 孔祥韶,吴卫国,李晓彬,等. 圆柱形战斗部破片速度及等效装药特性研究[J]. 振动与冲击,2013,41(9):146-149.

[50] Goto D M,Becker R,Orzechowski T J,et al. Investigation of the fracture and fragmentation of explosively driven rings and cylinders[J]. International Journal of Impact Engineering, 2008,35(12):1547-1556.

[51] 孔祥韶,吴卫国,杜志鹏,等. 起爆点位置对战斗部爆炸破片特性的影响[J]. 哈尔滨工程大学学报,2013,34(7):855-861.

[52] 孔祥韶,吴卫国,杜志鹏,等. 圆柱形战斗部爆炸破片特性研究[J]. 工程力学,2014,31(1): 243-249.

[53] Kong X,Wu W,Li J,et al. A numerical investigation on explosive fragmentation of metal casing using smoothed particle hydrodynamic method[J]. Materials & Design,2013,51: 729-741.

[54] Arnold W, Rottenkolber E. Fragment mass distribution of metal cased explosive charges[J]. International Journal of Impact Engineering, 2008, 35(12): 1393-1398.

[55] Wang X, Kong X, Zheng C, et al. Effect of initiation manners on the scattering characteristics of semi-preformed fragment warhead-revised paper[J]. Defence Technology, 2018, 14(5): 578-584.

[56] 孔祥韶，吴卫国，李晓彬，等. 舰船舱室内部爆炸的数值模拟研究[J]. 中国舰船研究，2009，4(4)：7-11.

[57] Du Z, Li X, Xia L, et al. Numerical simulation of warship broadside protective structure rupture under inner explosion[J]. Journal of Ship Mechanics, 2007, 11(3): 453-461.

[58] 孔祥韶，徐维铮，郑成，等. 多层防护结构舱内爆炸试验[J]. 船舶力学，2017，21(1)：76-89.

[59] 孔祥韶，吴卫国，李俊，等. 爆炸破片对防护液舱的穿透效应[J]. 爆炸与冲击，2013，33(5)：471-478.

[60] 徐双喜，吴卫国，李晓彬，等. 舰船舷侧防护液舱舱壁对爆炸破片的防御作用[J]. 爆炸与冲击，2010，30(4)：395-400.

[61] 孔祥韶，吴卫国，刘芳，等. 舰船舷侧防护液舱对爆炸破片的防御作用研究[J]. 船舶力学，2014，18(8)：996-1004.

[62] Kong X, Wu W, Li J, et al. Experimental and numerical investigation on a multi-layer protective structure under the synergistic effect of blast and fragment loadings[J]. International Journal of Impact Engineering, 2014, 65(2): 146-162.

[63] 严波，彭兴宁，潘建强. 舱室爆炸载荷作用下舷侧防护结构的响应研究[J]. 船舶力学，2009，13(1)：107-114.

[64] 张婧，施兴华，王善，等. 水下接触爆炸载荷作用下舰船防护结构的仿真和实验研究[J]. 船舶力学，2008，12(4)：649-656.

[65] 侯海量，朱锡，李伟，等. 舱内爆炸冲击载荷特性实验研究. 船舶力学，2010，14(8)：901-907.

[66] Balden V H, Nurick G N. Numerical simulation of the post-failure motion of steel plates subjected to blast loading[J]. International Journal of Impact Engineering, 2005, 32(1): 14-34.

[67] 张振华，秦健，王乘，等. 固支加筋方板在均布冲击载荷作用下动态响应的相似畸变研究[J]. 哈尔滨工程大学学报，2008，29(3)：226-231.

[68] 张振华，肖昌润，陈亮，等. 加筋板结构在水下爆炸冲击波作用下动态响应的近似相似方法研究[J]. 船舶力学，2010，14(11)：1276-1283.

[69] Jones N. Structural Impact[M]. Cambridge: Cambridge University Press, 1997.

[70] Oshiro R E, Alves M. Scaling of structures subject to impact loads when using a power law constitutive equation[J]. International Journal of Solids & Structures, 2009, 46(18): 3412-3421.

[71] 郑成，孔祥韶，徐维铮，等. 舱内爆炸载荷作用下加筋板动态响应试验研究[J]. 中国造船，2018，59(2)：129-139.

[72] 郑成，孔祥韶，吴卫国. 爆炸载荷下矩形板弹塑性动态响应研究[J]. 中国造船，2015，56(3)：19-30.

[73] 李骁,孔祥韶,郑成,等. 方格夹层板在冲击载荷作用下的响应分析[J]. 兵工学报,2015,41(A1):182-188.

[74] Zheng C,Kong X,Wu W,et al. Experimental and numerical studies on the dynamic response of steel plates subjected to confined blast loading[J]. International Journal of Impact Engineering,2018,113:144-160.

[75] Zheng C,Kong X,Wu W,et al. The elastic-plastic dynamic response of stiffened plates under confined blast load[J]. International Journal of Impact Engineering,2016,95:141-153.

[76] Zheng C,Kong X,Wu W. An analytical method on the elastic-plastic response of clamped stiffened plates subjected to blast loads[C]// The 25th International Ocean and Polar Engineering Conference,2015:824-828.

[77] Yagi S,Kumamoto H,Muragishi O,et al. A study on collision buffer characteristic of sharp entrance angle bow structure[J]. Marine Structures,2009,22(1):12-23.

[78] Liu Z,Amdahl J,Loset S. Integrated numerical analysis of an iceberg collision with a foreship structure[J]. Marine Structures,2011,24(4):377-395.

[79] Lehmann E,Peschmann J. Energy absorption by the steel structure of ships in the event of collisions[J]. Marine Structures,2002,15(4):429-441.

[80] Barenblatt G I. Scaling[M]. Cambridge:Cambridge University Press,2003.

[81] Johnson W. Impact strength of materials[M]// Edward A. Impact Strength of Materials. New York:Springer,1972:264-265.

[82] Zhao Y P. Suggestion of a new dimensionless number for dynamic plastic response of beams and plates[J]. Archive of Applied Mechanics,1998,68(7/8):524-538.

[83] Li Q M,Jones N. On dimensionless numbers for dynamic plastic response of structural members[J]. Archive of Applied Mechanics,2000,70(4):245-254.

[84] Hu Y Q. Application of response number for dynamic plastic response of plates subjected to impulsive loading[J]. International Journal of Pressure Vessels & Piping,2000,77(12):711-714.

[85] Shi X H,Gao Y G. Generalization of response number for dynamic plastic response of shells subjected to impulsive loading[J]. International Journal of Pressure Vessels & Piping,2001,78(6):453-459.

[86] Atkins A G. Scaling laws for elastoplastic fracture[J]. International Journal of Fracture,1999,95(1/4):51.

[87] Yang F J,Hassan M Z,Cantwell W J,et al. Scaling effects in the low velocity impact response of sandwich structures[J]. Composite Structures,2013,99(5):97-104.

[88] Jacob N,Yuen S C K,Nurick G N,et al. Scaling aspects of quadrangular plates subjected to localised blast loads-experiments and predictions[J]. International Journal of Impact Engineering,2004,30(8/9):1179-1208.

[89] Oshiro R E, Alves M. Predicting the behaviour of structures under impact loads using geometrically distorted scaled models[J]. Journal of the Mechanics & Physics of Solids, 2012, 60(7): 1330-1349.

[90] Oshiro R E, Alves M. Scaling of cylindrical shells under axial impact[J]. International Journal of Impact Engineering, 2007, 34(1): 89-103.

[91] Oshiro R E, Alves M. Scaling impacted structures[J]. Archive of Applied Mechanics, 2004, 74(1/2): 130-145.

[92] Alves M, Oshiro R E. Scaling impacted structures when the prototype and the model are made of different materials[J]. International Journal of Solids & Structures, 2006, 43(9): 2744-2760.

[93] Alves M, Oshiro R E. Scaling the impact of a mass on a structure[J]. International Journal of Impact Engineering, 2006, 32(7): 1158-1173.

[94] Booth E, Collier D, Miles J. Impact scalability of plated steel structures[J]. Structural Crashworthiness, 1983: 136-174.

[95] Drazetic P, Ravalard Y, Dacheux F, et al. Applying non-direct similitude technique to the dynamic bending collapse of rectangular section tubes[J]. International Journal of Impact Engineering, 1994, 15(6): 797-814.

[96] Cho U, Dutson A J, Wood K L, et al. An advanced method to correlate scale models with distorted configurations[J]. Journal of Mechanical Design, 2005, 127(1): 78-85.

[97] Zhao X, Vikrant T, Michael A S, et al. Scaling of the deformation histories for clamped circular plates subjected to blast loading by buried charges[J]. International Journal of Impact Engineering, 2013. 54(4): 31-50.

[98] Calladine C R, English R W. Strain-rate and inertia effects in the collapse of two types of energy-absorbing structure[J]. International Journal of Mechanical Sciences, 1984, 26(11): 689-701.

[99] Tam L L, Calladine C R. Inertia and strain-rate effects in a simple plate-structure under impact loading[J]. International Journal of Impact Engineering, 1991, 11(3): 349-377.

[100] Kong X, Li X, Zheng C, et al. Similarity considerations for scale-down model versus prototype on impact response of plates under blast loads[J]. International Journal of Impact Engineering, 2016, 101: 32-41.